LE SIÈCLE SOVIÉTIQUE

DU MÊME AUTEUR

La Grande Mutation soviétique, Paris, La Découverte, 1989.
*La Formation du système soviétique : essais sur l'histoire
     sociale de la Russie dans l'entre-deux-guerres*, Paris, Galli-
     mard, 1987.
Le Dernier Combat de Lénine, Paris, Minuit, 1967.
La Paysannerie et le Pouvoir soviétique, 1928-1930, La Haye,
     Mouton, 1976.

Moshe Lewin

Le siècle soviétique

Traduit de l'anglais (États-Unis)
par Denis Paillard et Florence Prudhomme

Ouvrage traduit avec le concours
du Centre national du livre

Fayard / *Le Monde diplomatique*

Remerciements à Pierre Martin.

Titre original :
*Russia's Twentieth Century.
The Collapse of the Soviet System*
Édité par Columbia University Press.

Préface

L'Union soviétique n'est plus. « C'est de l'histoire, c'est du passé », aiment à dire certains. Autrement dit, « oublions tout cela ». Les politiciens, les universitaires ou encore les médias sont libres de prolonger cette formule par des considérations qui expriment leurs points de vue ou leurs intérêts. Mais le terme « histoire » est riche de sens. Et la période soviétique est une histoire encore récente. La majorité des populations de Russie et des autres républiques de l'ex-Union soviétique (même si leurs effectifs diminuent) ont été formées du temps de l'URSS, et beaucoup ont gardé la nostalgie d'une époque qui demeure une composante de la biographie de millions de personnes. À ce titre, le « passé » est toujours pertinent dans leur vie.

Cette dimension « biographique » n'est qu'une des manifestations de la rémanence du passé. La question de l'identité nationale du pays préoccupe les citoyens russes, et ce débat convoque des attitudes et des conceptions différentes de l'URSS. Mais, lorsqu'une analyse collective aux enjeux si importants est menée sans une connaissance sérieuse du passé (ce qui est encore souvent le cas), le débat tourne à la farce.

Pour les historiens et tous ceux qui sont conscients des mille façons qu'a l'histoire, même ancienne, de peser sur le présent,

---

Note du traducteur : Pour la translittération des mots russes figurant dans le texte (noms propres, mais aussi mots ou expressions russes), nous avons repris le principe retenu dans la traduction de l'ouvrage de Moshe Lewin *La Formation du système soviétique* (Gallimard, 1987). Pour les noms propres figurant dans le *Robert des noms propres*, nous avons conservé l'orthographe d'usage. Les autres termes sont translittérés selon les règles de l'Organisation internationale de normalisation : « č » se lit « tch », « š » se lit « ch », « šč » se lit « chtch », « ž » se lit « j ».

la formule « oublions tout cela » est une absurdité pure et simple. Certes, l'URSS, tout particulièrement au cours des quinze dernières années de son existence, n'a pas su affronter son présent. Mais, dans la mesure où elle appartient désormais au passé, elle constitue à jamais une réalité que ne sauraient modifier les interprétations successives qui en sont proposées. Elle est à jamais un moment essentiel de ce siècle dramatique que fut le XXe siècle. Et qui pourrait sérieusement penser que nous n'avons plus besoin de connaître le XXe siècle ?

La Russie soviétique demeure une composante forte de la tradition culturelle et politique de la Russie. Elle continue à influencer la vie du pays aujourd'hui, de la même façon que le passé tsariste restait présent dans la forme prise par l'URSS. Cet état de choses peut-il être ignoré par quiconque s'intéresse et réfléchit à la destinée de ce pays ?

Ainsi l'URSS comme passé est-elle nécessaire au présent, pour la simple raison qu'il est impossible d'évacuer l'histoire. L'une des thèses défendues dans ce livre est la suivante : l'URSS, qui, depuis sa création, a occupé une place si importante dans les débats et les préoccupations du monde entier, reste un système mal connu. Certains de ses principaux aspects, ceux précisément dont on parle le plus, comme le Parti, l'appareil du Parti, la machine bureaucratique d'État, les mécanismes de décision, sont très peu étudiés. Bien des aspects de la vie sociale, nombre de tendances sociologiques et sociopolitiques à l'œuvre dans la société et dans l'État, en surface comme en profondeur, commencent seulement à l'être, alors qu'ils ont joué un rôle essentiel dans la formation et l'effondrement du système.

Le voile du secret, qui était la caractéristique principale du système soviétique, a été levé pour les périodes les plus anciennes (y compris la période stalinienne), lesquelles désormais peuvent être étudiées de façon systématique. Auparavant, l'impossibilité d'accéder aux archives et aux autres sources d'informations faisaient de l'étude de l'histoire soviétique une entreprise aussi difficile que frustrante. Découvrir des données qui offraient quelques bons aperçus de la réalité ou tomber sur une publication soviétique bien documentée, même soigneusement censurée, était toujours un événement.

Aussi, quand les archives soviétiques sont devenues accessibles, les historiens se devaient d'en profiter. En ce qui me concerne, mon activité principale durant plusieurs années a consisté à rassembler des matériaux ou à lire des recueils de documents publiés par d'autres. Plus je lisais, plus la complexité de la réalité m'apparaissait clairement. Et, en même temps, je ressentais une nouvelle frustration due à l'impossibilité d'avoir accès aux matériaux concernant les dernières périodes de l'ère soviétique.

Dans cet ouvrage, je m'attache à mettre en lumière des aspects qui, selon moi, ne sont pas connus ou ont été négligés, bien qu'ils permettent de plonger plus profondément dans les entrailles du système. Les travaux occidentaux sont peu utilisés ici, mais ils devraient l'être dans un travail plus systématique dont j'ai le projet. Fonder ma recherche sur de nouveaux matériaux, provenant des archives, de Mémoires, d'autobiographies ou de recueils de documents, est ici un objectif en soi. Mais c'est aussi pour moi une forme d'autoévaluation : une fois consultée une telle masse de données nouvelles, que reste-t-il de ma compréhension antérieure du phénomène soviétique, en quoi est-elle modifiée, sur quoi me suis-je trompé ?

L'autre source privilégiée dans ces pages est constituée par les travaux actuels de chercheurs russes, qui soit ont accès à des matériaux de première main, soit ont travaillé dans des institutions gouvernementales ou, durant la période soviétique, ont écrit des textes critiques témoignant d'une réelle connaissance du système.

J'ai aussi pensé que le lecteur tirerait profit de la possibilité de se faire une idée de ce que sont ces sources, de ce qu'elles « disent » et de ce que le régime savait ou aurait pu savoir sur la base des informations transmises par ses différents services. C'est la raison pour laquelle je résume ou cite longuement des auteurs ou des documents afin de lui montrer les briques qui me servent à construire mes interprétations et de lui donner un échantillon de ce que lisaient les dirigeants soviétiques.

Il apparaît ainsi que, si la société était peu informée, et souvent gravement désinformée, le régime avait à sa disposition, surtout dans la période poststalinienne, une masse de matériaux de qualité et souvent aussi des analyses rigoureuses de la situation dans le pays et dans le monde. Mais de bonnes informations ne sont d'aucune aide pour des dirigeants médiocres. Le problème est alors de déterminer ce que ces dirigeants étaient capables de comprendre, ce qu'ils souhaitaient savoir, ce qu'ils savaient effectivement (même s'ils étaient incapables d'en faire quoi que ce soit), mais aussi ce qu'ils ne voulaient en aucun cas savoir.

Ces questions sont au cœur de notre recherche sur les « mécanismes » du système et ses fondations.

Introduction

Les jeux de pouvoir et les ambitions personnelles font partie de l'histoire. Ils exercent aussi de fortes pressions pour que l'histoire soit écrite de façon à servir des intérêts et des causes. Dès son apparition, le régime soviétique a présenté un défi radical, encore renforcé lors de la guerre froide, avec la bipolarisation du monde et la course aux armements qui s'est accompagnée d'une guerre idéologique sans précédent. Toutes les conditions étaient réunies pour que la propagande ait l'air d'une analyse. Les deux camps ont payé le prix fort pour cette confusion. Ils se sont infligé à eux-mêmes des dommages considérables qui ont affecté leur capacité à comprendre qui ils étaient et le monde qui les entourait. L'Union soviétique, qui interdisait la liberté de recherche dans les domaines du social, de la politique et de l'histoire, était la plus handicapée. Elle était aussi la plus pauvre. La frénésie idéologique, qui privilégie naturellement la propagande, lui a coûté particulièrement cher.

Durant les années soixante et soixante-dix, les dirigeants soviétiques ont créé un réel espace pour des recherches et des débats, parfois publiés, le plus souvent non. Ils ont ouvert des instituts de recherche de haut niveau, qui leur ont en partie permis de connaître le camp d'en face. Aux États-Unis, démocratie oblige, les statistiques et toutes sortes d'informations sur l'état du pays étaient disponibles ; ce qui a aidé les Soviétiques à comprendre le camp adverse, surtout à partir des années soixante, quand ils ont été à même d'utiliser ce type de données. De fait, les spécialistes ont fourni aux dirigeants du pays un tableau assez précis du monde extérieur et de la Russie. Ce qui a été fait de ce savoir est une autre histoire, elle concerne les mentalités conservatrices des dirigeants. Il reste que l'URSS, à différents moments, a su jouer la carte de la « coexistence » et a fait diminuer les tensions. Consciente de son infériorité (surtout dans les dernières étapes de son histoire), elle a essayé de mettre en place des politiques correspondant à cette perception réaliste.

Aux États-Unis, le fait qu'une recherche indépendante se développe et que les idées et les positions puissent s'opposer ne signifie pas pour autant qu'elles sont prises en compte. La liberté de publier des analyses critiques n'est pas tout. Il faut encore se poser la question : qui les écoute ? Certaines analyses ont souvent servi à légitimer des politiques douteuses et des conceptions erronées, présentées comme des vérités du seul fait qu'elles émanaient du monde libre...

En voici une illustration. Un groupe de chercheurs américains qui ont analysé le travail des services secrets des États-Unis[1] affirme qu'une organisation comme la CIA (et, à sa suite, tous les milieux dirigeants qu'elle influençait) n'a pas su évaluer correctement les forces et les faiblesses de l'Union soviétique et n'avait pas la moindre idée de ce à quoi tout cela menait, alors même que ses services étaient capables d'écouter les conversations téléphoniques de Brejnev et, vraisemblablement, de connaître le nombre exact des missiles soviétiques. De toute évidence, l'aveuglement idéologique, les logiques de pouvoir (qu'il soit personnel ou impérial) mais aussi l'obsession du secret n'ont pas été le monopole de la propagande d'État soviétique (même si tous ces éléments jouaient à plein en URSS, servant les intérêts des éléments conservateurs au détriment de ceux du pays). La capacité d'analyser et de comprendre n'est l'apanage d'aucun système. La guerre froide, qui a favorisé l'innovation dans certains secteurs technologiques, a eu des effets simplificateurs non négligeables pour ce qui est de la perception des réalités du monde, et l'Ouest, sur ce point, n'était nullement à l'abri de défaillances.

Indépendamment de ces problèmes d'analyse, l'Occident, y compris les États-Unis, a également souffert du « complexe sécuritaire », avec le rôle énorme dévolu aux services secrets et à leur idéologie du « tous les coups sont permis » (« opérations secrètes », alliance avec des formations militaires criminelles ou semi-criminelles, tendance à voir à l'œuvre partout et en tout lieu le communisme et la subversion, manipulation des médias, infiltration des organisations les plus diverses). L'obsession sécuritaire a eu des effets délétères sur les institutions démocratiques et a servi de couverture au développement de forces conservatrices, acharnées à saper la démocratie américaine. La moindre ressemblance entre les deux systèmes, le fait même qu'elle puisse être envisagée, étaient considérés par les dirigeants américains comme un danger pour les libertés au nom desquelles l'affrontement décisif était pensé.

Les représentations du système soviétique, malgré la contribution d'authentiques spécialistes attachés à mener une recherche rigoureuse, étaient largement influencées par les réalités idéologiques et politiques d'un monde bipolaire. La diffusion à grande échelle de jugements fondamentalement idéologiques, élaborés par les officines gouvernementales, les médias et les auteurs d'essais, peu soucieux d'étayer leurs déclarations par des faits et des arguments, visait à manipuler l'opinion publique. Sur d'autres questions ou d'autres pays, les débats étaient ouverts. En revanche, dès qu'il s'agissait de l'Union soviétique, on voyait surgir un discours officiel, qui reposait sur des affirmations aussi peu fondées que profondément enracinées.

Nous laisserons de côté cette caractéristique de la propagande qui consiste à concentrer unilatéralement le tir sur les méfaits et les crimes de l'adversaire, pour attirer l'attention sur d'autres limitations d'ordre méthodologique. En fait, les recherches objectives et méthodologiquement solides entrent en conflit avec des schémas de pensée rigides, largement répandus tant dans le public que chez ceux qui font l'opinion. Ces schémas de pensée sont les suivants :

1) se focaliser sur les dirigeants et les services gouvernementaux considérés comme les seuls acteurs, au lieu de les prendre comme objet d'étude pour mieux comprendre ce qu'ils entreprenaient et ce qui déterminait leurs actions ;

2) n'étudier l'URSS que du point de vue de son statut d'État « non démocratique », avec un recensement sans fin de tous les traits qui dénotent cette absence de démocratie, au lieu de chercher à comprendre sa réalité. Rappelons que la démocratie n'est que l'un des systèmes politiques de la planète, et que les autres systèmes doivent être étudiés pour eux-mêmes ;

3) ignorer le contexte historique dans lequel les dirigeants agissaient et qui conditionnait leurs actions. C'est une erreur

très répandue, et la plus grave défaillance de la pensée historique : les actions des hommes ne se produisent pas dans le vide et il n'y a pas de *deus ex machina*. Un exemple. En 1916-1917, Lénine n'était pas quelqu'un qui cherchait à détruire un système sain et prospère. Confronté, avec des millions d'autres, à un monde qui s'effondrait et à une Russie en pleine décomposition, il s'est lancé dans l'action, sans la moindre garantie qu'il ne perdrait pas la vie avant même d'avoir commencé à affronter les catastrophes présentes et à venir. Un autre exemple, postérieur, éclaire encore mieux la nécessité de prendre en compte le contexte. La crise du capitalisme dans les années trente est essentielle pour comprendre le prestige acquis par la Russie soviétique aux yeux de beaucoup, et elle a contribué à légitimer le stalinisme. La Seconde Guerre mondiale a également jeté un voile sur les atrocités de masse commises par Staline, à un moment où le régime et son pouvoir étaient visiblement ébranlés par leurs propres dysfonctionnements.

Sur la base de ces considérations, le lecteur doit s'attendre à ce que l'arrière-plan et le contexte historiques, tant intérieurs qu'extérieurs, occupent une place centrale dans l'argumentation développée au fil de ces pages.

Mais nous n'avons pas fini de passer en revue les obstacles auxquels se heurte la constitution d'un savoir véritable sur l'URSS. Il faut attirer l'attention sur un schéma de pensée encore plus alambiqué, qui consiste à faire un usage tout à fait abusif de la notion de stalinisme.

Je veux parler de la tendance à « diaboliser » Staline. Elle revient à amonceler sur lui et son système un nombre ridiculement gonflé, absurde et non démontrable de victimes, où se retrouvent et les victimes de la terreur, et celles des mesures politiques et économiques. Lorsqu'on constate que certains cumulent avec les pertes démographiques réelles des estimations portant sur les enfants qui ne sont pas nés, on ne peut qu'être frappé d'incrédulité : quel besoin y a-t-il de faire un tel calcul ? qui y a intérêt ? Dégonfler ces chiffres et d'autres tours de passe-passe arithmétiques a été une rude tâche pour les spécialistes, surtout à l'époque où ils n'avaient pas accès aux archives. Mais, depuis que celles-ci sont ouvertes, cette entreprise a été menée à bien et il est possible de traiter le stalinisme et Staline comme ce qu'ils étaient réellement. Nous nous retrouvons avec suffisamment d'horreurs pour condamner ce qui doit l'être, mais aussi pour démêler les fils d'un drame qui, après avoir occupé le devant de la scène, a cédé la place à un autre épisode après la mort du dictateur. Bien plus, il faut comprendre que même la terreur a connu des changements. D'une manière générale, en histoire il est indispensable de distinguer les différentes périodes. La tendance à perpétuer le stalinisme, en le faisant débuter en 1917 et en le prolongeant jusqu'à la fin de l'Union soviétique*, relève de ces « us et abus » de l'histoire dont les exemples ne manquent pas. À ce propos, il nous faut mentionner le « *historiker Streit* » (la « querelle des historiens ») lancé par des historiens conservateurs allemands. Dans leurs efforts pour justifier l'attitude des représentants de la droite allemande non nazie qui avaient aidé Hitler à prendre le pouvoir, et pour réhabiliter du même coup Hitler et ses visées diaboliques sur le monde, ils ont eu recours à un grossier stratagème, qui supposait une certaine connivence de l'opinion occidentale, favorisée par la guerre froide. Ils ont voulu nous faire croire que la responsabilité des folies d'Hitler devait être imputée en partie à Staline. À les écouter, ce dernier aurait créé en matière d'atrocités un précédent dont Hitler se serait inspiré. En particulier, l'Holocauste aurait eu pour modèle le traitement infligé aux koulaks. Et l'agression hitlérienne, dirigée en fait contre la planète entière, n'aurait été qu'une guerre défensive contre celle que Staline planifiait de lancer un jour ou l'autre contre l'Allemagne[2]. L'endoctrinement anticommuniste caractéristique de la guerre froide a permis ce genre d'entreprises idéologiques à l'Ouest. Par bonheur, il s'est trouvé assez de voix pour dénoncer l'opération et persister dans le projet de comprendre la dynamique du système soviétique.

Le présent ouvrage ne se veut pas une histoire de l'URSS. Il entend se limiter à une présentation des aspects généraux du système. Il se compose de trois parties. La première est consa-

---

* La fin de l'URSS est proclamée le 8 décembre 1991 par une réunion des présidents de Russie, d'Ukraine et de Biélorussie dans la forêt de Bielojève, près de Minsk. (*NdT*.)

crée à la période stalinienne ; l'accent est mis sur ses traits spécifiques, mais aussi sur ses hauts et ses bas. La deuxième partie traite de la période poststalinienne (« de Khrouchtchev à Andropov »), décrite comme un modèle différent qui, après avoir retrouvé une dynamique considérable, a basculé dans la stagnation (*zastoj*). La troisième partie aborde le « siècle soviétique » comme un tout, proposant une vue à vol d'oiseau du cheminement historique de ce système. Elle insiste sur les traits généraux et les spécificités de ce cheminement, ainsi que sur les fondements historiques de son succès, puis de son échec. Ces deux moments ont eu une résonance à l'échelle du monde, tout en étant l'un comme l'autre imprévisibles et surprenants. Nous soulignons la complexité et la richesse de ce processus historique – quelles que soient les horreurs qui caractérisent certaines de ses étapes –, mais aussi l'importance d'une prise de conscience de la dimension proprement historique, y compris lorsqu'on réfléchit au cours suivi par la Russie post-gorbatchévienne.

Ce sont précisément ces problèmes que V.P. Mežuev, de l'Institut de philosophie de l'Académie des sciences de Russie, a exposés lors d'une conférence prononcée à Moscou :

« Demandez-vous ce qui dans le passé vous est cher, ce qui doit être poursuivi, conservé, cela vous aidera à affronter l'avenir... Si le passé ne contient rien de positif, alors il n'y a pas d'avenir, et il ne reste plus qu'à se laisser aller et à sombrer dans le sommeil. Un avenir qui ignore le passé, ce n'est en rien le destin historique de la Russie. Ceux qui veulent effacer le XXe siècle, un siècle de grandes catastrophes, doivent aussi dire à tout jamais adieu à une grande Russie[3]. »

Dans notre conclusion, nous reviendrons sur ces considérations. Mais nous voulons insister sur un point : nous sommes parfaitement conscients du fait que les recherches historiques sont une entreprise difficile, et il nous paraît essentiel qu'elles soient menées de façon non passionnelle et sans *a priori*. Lorsqu'un auteur déclare proposer un travail de qualité, il est normal d'émettre certaines réserves : les intentions, aussi sincères soient-elles, ne sont en rien une garantie du succès de l'entreprise. Les pièges qui le guettent sont nombreux. Il peut s'agir des sources et des faits avancés à l'appui de ses dires, de sa compétence professionnelle, de ses partis pris, mais aussi et surtout de la complexité infinie des réalités historiques, mouvantes, ambivalentes, aux multiples facettes, refusant de se laisser saisir dans quelque schéma explicatif que ce soit. Et pourtant, sans un tel objectif, les historiens ne produiront pas même un récit convaincant. Nous n'aurons que de fausses histoires, ou plutôt une seule et même narration, infiniment ressassée.

Première partie

Un régime et sa psyché

Introduction

Dans l'histoire relativement courte du système soviétique, les années trente occupent une place tout à fait particulière. D'abord parce qu'elles se présentent comme un drame d'une très grande intensité frappant un pays qui ne s'était pas encore pleinement remis des séquelles de la Première Guerre mondiale et de la guerre civile des années 1918-1921. Ensuite parce que la trop brève nouvelle politique économique (NEP), dans les années vingt, bien qu'ayant réussi à ramener le pays à un niveau minimal de viabilité tant physique (biologique) que politique, le laissait encore loin du niveau qui lui aurait permis d'affronter les défis intérieurs et surtout extérieurs qui pointaient à l'horizon. Le lancement brutal des plans quinquennaux déclencha des événements en chaîne tout à fait inattendus et déroutants. La première surprise fut le « grand bond en avant » stalinien, intervenu au moment où une profonde récession économique s'abattait sur les États-Unis et l'Europe, ne s'arrêtant qu'aux frontières de l'URSS. La seconde fut la succession de bouleversements intérieurs consécutifs à cette nouvelle politique. L'effort national sans précédent imposé et réalisé par un groupe dirigeant déterminé et par un chef suprême impitoyable, recourant sans ménagements à l'appareil coercitif de l'État, a entraîné une cascade de changements radicaux tous azimuts. Ces bouleversements ont eu un effet en retour considérable sur le régime lui-même. La forme qu'il a prise alors était celle d'un système étatique nouveau, *sui generis*. Certains acteurs, mais aussi des observateurs extérieurs, l'ont perçu, au moins dans les premières phases, comme l'expression de la volonté d'arriver à davantage de justice sociale. D'autres, surtout quelques années plus tard, y ont vu une forme nouvelle d'esclavage d'État.

On est en droit de se demander pourquoi le même système au cours de ces années a pu susciter des jugements aussi contradictoires. Mais un fait est incontestable : le pays connaissait des transformations extrêmement rapides. Imaginons un officiel du Parti ou du gouvernement, qui, pour quelque raison, aurait été en mission à l'étranger durant les premières années du plan quinquennal. Il ne fait aucun doute qu'à son retour il eût été proprement stupéfait des changements intervenus. En tout cas, beaucoup plus qu'un Russe blanc revenant au pays dans les années vingt (on connaît des cas de ce genre) et comparant la Russie sous la NEP à la Russie tsariste. Si irrité qu'il eût pu être des nouveautés introduites par le régime, il aurait quand même discerné dans ce qu'il voyait la « Mère Russie » qu'il connaissait. Il aurait même pu se sentir quelque peu rassuré. En revanche, l'officiel soviétique de retour à Moscou dans les années trente n'aurait presque rien retrouvé de l'URSS des années vingt. La presse, les *nepmen*, les magasins, le système d'approvisionnement, les débats politiques, l'essentiel de la vie culturelle, tout cela avait disparu. Les lieux de travail, le rythme de vie, les slogans, mais aussi, à condition d'y regarder de plus près, le Parti lui-même : tout avait changé. La vie politique et les orientations adoptées étaient radicalement différentes et menées tambour battant. Les portraits de Staline, les slogans à sa gloire couvraient tous les murs, dans les villes comme sur les places des villages. Au début représenté aux côtés de Lénine, il fut très vite, et de plus en plus souvent, figuré seul. Pour autant, le sens de ces déplacements iconographiques n'était pas encore facilement interprétable.

Ce système a reçu très tôt le nom de stalinisme, et l'homme qui tenait la barre était clairement et sans la moindre ambiguïté le seul maître à bord. Mais cela ne signifie pas que les traits caractéristiques du système doivent être attribués exclusivement à celui qui se trouvait à sa tête. À bien des égards, ils transcendent la manière dont le dirigeant menait la barque. Les changements considérables intervenus dans la manière de diriger le pays après la mort de Staline le montrent. Mais la constatation inverse est également vraie : nombre de caractéristiques fondamentales sont restées en place. Déterminer ce qui a réellement changé et ce qui a perduré est une question centrale lorsqu'on écrit l'histoire de ce pays. Mais cette tâche renvoie aussi l'historien à un obstacle récurrent, qui relève de la philosophie de l'histoire : quelle part un dirigeant prend-il dans le cours des événements ? Si l'on considère qu'il est un acteur indépendant, autrement dit un facteur autonome, alors la seule chose à faire est d'écrire une biographie. Si, au contraire, il est un produit des circonstances, des conditions historiques, des traditions du pays, de ses potentialités et de ses limites, alors c'est d'un travail d'historien que nous avons besoin.

Que l'on considère les personnes ou les facteurs objectifs, les années trente ne constituent pas un chantier facile pour les historiens. Elles recèlent suffisamment d'éléments contradictoires pour que les uns les dépeignent sous un jour éclatant, tandis que d'autres n'y voient qu'un « chemin des tourments » (titre d'un célèbre roman d'Alexis Tolstoï). Beaucoup d'autobiographies montrent que leurs auteurs oscillent entre ces deux pôles. Le fait que tant de personnes, à l'époque et par la suite, aient refusé d'adhérer à l'image d'un Staline criminel, ordonnateur d'un régime de terreur, doit être mis en relation – même si cela n'explique pas tout – avec les aspects de sa politique qui, sans conteste, ont servi les intérêts du pays. La victoire de l'URSS dans la Seconde Guerre mondiale – pour beaucoup d'observateurs, tant russes qu'étrangers, une épopée qui a sauvé le pays et a eu un impact international considérable – n'aurait pu être acquise par le tsarisme ou tout autre régime du même ordre. D'un autre côté, l'ignorance, conséquence de la politique du secret caractéristique de l'État stalinien, a sans aucun doute contribué au succès de l'image du « grand Staline », celle-là même qu'il souhaitait imposer.

Une approche scientifique ne peut ignorer ces deux « pôles » ; mais son objet n'est pas d'osciller entre les conceptions déterministes du type « aucune autre voie n'était viable », « Staline était inévitable », et les thèses opposées qui mettent en avant ce qu'il y a de fortuit, d'usurpé et d'arbitraire dans le stalinisme. Mieux vaut se concentrer sur le cheminement historique, où le contexte, c'est-à-dire l'interaction des facteurs pertinents, est pleinement pris en compte dans l'analyse de la formation d'un régime qui, malheureusement, a abandonné les règles si nécessaires du jeu politique – des règles qu'il possédait incontestablement dans les premières années de la NEP.

Le stalinisme est la face négative d'un système de parti qui n'avait plus la maîtrise de son existence politique. Le fait que nombre de fonctions vitales de l'État aient continué à être assumées ne change rien à l'affaire, mais c'est aussi une incitation à ne pas cesser d'explorer la manière dont les différents facteurs sont restés actifs. Le pouvoir arbitraire de Staline ne l'a à aucun moment mis à l'abri des effets en retour des événements. Cela vaut aussi bien pour ce qui constituait un progrès que pour ce qui se décomposait lentement à l'échelle du pays, autour de lui et, finalement, en lui-même. Il est temps pour l'auteur de révéler l'une de ses découvertes : l'histoire, tout en rendant ce régime profondément dysfonctionnel, préparait les facteurs et les acteurs qui, le moment venu, allaient permettre de passer au chapitre suivant.

La période 1928-1939 se détache pour des raisons évidentes. Si brève soit-elle, elle est un concentré de tous les problèmes passés et à venir du système soviétique. L'étude de la période stalinienne est indispensable, mais cela ne signifie pas que nous reprenons à notre compte ce cliché largement répandu qui veut qu'il suffit de s'en tenir à elle. Enfin – et l'on ne saurait trop le répéter –, si beaucoup de traits distinguent le système stalinien aussi bien de la NEP que du système poststalinien, un grand nombre aussi sont communs aux trois périodes. L'étude des années trente devrait contribuer à éclaircir ce point, mais aussi une série d'autres problèmes, qui sont autant de nœuds à défaire si l'on veut comprendre l'histoire de la Russie.

Chapitre premier

Staline sait où il veut aller, et il y va

Staline est mort il y a cinquante ans. De nouvelles sources sont disponibles et plusieurs ouvrages de qualité sont en cours de rédaction. Malgré cette abondance, la pleine mesure du personnage reste difficile à saisir tant les jugements et les témoignages directs proposent des portraits et des instantanés différents. Certains nous présentent un dirigeant réaliste, bien informé, souvent poli, bienveillant même – bref, un homme d'État raisonnable. D'autres nous montrent un tacticien froid et manipulateur, d'autres encore un obsédé du pouvoir, se méfiant de tout et de tous, un monstre irritable et vindicatif qui contient avec peine ses accès de rage, voire, pis encore, un fou capricieux qui se livre à des massacres de masse et voit dans cette activité sa plus grande invention politique. Est-il un histrion à grande échelle, ou un organisateur doué ? Pour beaucoup, il n'est que l'homme pathétique de tous les gâchis. Avait-il du talent, voire du génie – ne serait-ce que pour faire le mal –, ou n'était-il que médiocrité perverse et vulgaire ?

Ce tableau kaléidoscopique est encore compliqué par les observations de ceux qui, ayant déclaré une chose un jour, ont révisé leur jugement après avoir vu le même Staline dans d'autres situations.

De telles appréciations, diamétralement opposées (dont une partie correspond à la réalité et à la nature de Staline), ont de quoi surprendre. On peut se demander si les différents Staline des observateurs ne sont pas tous réels, le personnage étant connu pour contrôler très soigneusement ses apparitions. En tout cas, il faut rappeler une évidence : le phénomène pris comme un tout a eu un commencement et une fin. Non seulement parce que tout homme est mortel, mais aussi parce que la phase d'aberration systémique que l'URSS a connue sous son règne a eu ses propres limites. Cela nous force à replacer Staline dans le flux de l'histoire, d'où il a émergé, auquel il a apporté sa contribution et dont il est sorti en mourant de mort naturelle. Ce parcours sinueux, sanglant, violemment dramatique et profondément personnel n'est, d'un autre côté, que l'un des composants d'une « carte mère » historique, et à ce titre un produit impersonnel. Les pages qui suivent permettront d'éclairer certains de ces aspects ; d'autres points seront abordés dans la troisième partie.

Nous commencerons par questionner ce qui est généralement considéré comme indiscutable. Staline était un membre du parti bolchevique, un léniniste comme tout le reste de la direction. En tout cas, telles sont les apparences. Et, effectivement, il appartenait aux instances dirigeantes, il était membre du Comité central, et par la suite du Politburo. Il était, surtout durant la guerre civile, l'homme de Lénine pour des missions spéciales. Pourtant, intellectuellement et politiquement, Staline était différent des figures historiques du mouvement. Les autres dirigeants bolcheviques étaient capables de produire des analyses politiques, ils connaissaient bien l'Occident pour y avoir séjourné. Plus « européens », plus faciles à « déchiffrer », ils avaient de l'intérêt pour les questions théoriques et étaient intellectuellement supérieurs à Staline. Ce dernier avait reçu une éducation sommaire et connaissait mal le monde extérieur. Capable de mener des discussions et d'argumenter, il n'était toutefois pas un orateur. C'était un homme secret, intensément préoccupé de lui-même, toujours sur ses gardes, retors. Son ego exacerbé ne trouvait d'apaisement que dans le sentiment de sa propre grandeur, qui devait faire l'objet d'une reconnaissance sans réserve de la part des autres. L'acquisition d'un pouvoir personnel lui apparaissait comme le moyen le plus sûr de contraindre les autres à plier devant lui. En dépit de ses hautes fonctions (il entra au Politburo dès sa création en 1919), il était éclipsé non seulement par Lénine et Trotski, les deux figures de premier plan, mais aussi par une pléiade d'autres dirigeants qui ignoraient, et ne pouvaient même pas imaginer, qu'ils devraient un jour lui céder sur tous les points. Staline a dû compenser cette infériorité relative en mobilisant ses propres fantasmes de grandeur et en s'attribuant un rôle bien plus important que celui qu'il détenait dans la réalité. Il le fit aussi en réunissant autour de lui un groupe toujours plus important d'acolytes sans réelle envergure et de sycophantes, comme Vorochilov et Budennyj ; on y trouvait également Ordjonikidzé, plus capable mais encore mal dégrossi, Mikoyan, doué mais encore très jeune, et, un peu plus tard, Molotov, qui allait devenir, peut-être involontairement dans un premier temps, le principal soutien du futur dictateur et le grand prêtre de son culte.

Ces traits d'une personnalité profondément autoritaire se sont librement manifestés à l'occasion de la guerre civile (1918-1921), expérience qui a largement contribué à l'élaboration de sa conception de ce que devrait être le nouvel État qui surgirait des ravages de la guerre et de la manière dont il devrait être gouverné. Dans le même temps, les idées qui l'agitaient venaient alimenter sa soif de grandeur. Bref, on ne peut qu'être frappé par ce qui distingue sa personnalité de celle des autres membres de la « vieille garde », Lénine compris. Le monde tel que le concevait Staline était naturellement fortement marqué par les traditions de son Caucase d'origine et, plus tard, par son expérience de la Russie populaire profonde. En revanche, l'Occident et la IIe Internationale n'ont eu qu'un impact minime sur lui, si tant est qu'ils en aient eu un. Rien d'étonnant par conséquent à ce que, à l'issue de la guerre civile, lui et ses proches aient imaginé ce qu'il fallait faire en Russie d'une façon totalement différente de celle de Lénine, Trotski, Kamenev et autres – qu'il s'agisse du type de socialisme à privilégier ou de la nature de l'État qui devait conduire le pays. Deux univers politiques et culturels très dissemblables coexistaient donc au sein de ce qui se présentait comme le « bolchevisme », et cette coexistence a duré aussi longtemps que l'objectif central a été le même pour tous. Mais au-delà du projet commun se retrouvaient deux courants divergents pour ce qui était de la conception de l'avenir : l'un entendait doter la Russie d'un État qui défendrait les intérêts de la majorité de la population, l'autre concentrait toute sa stratégie sur l'État lui-même – cette seconde tendance avait de nombreux partisans en Russie, surtout parmi les anciens combattants de la guerre civile.

À cette époque, le seul choix possible était la dictature. La guerre civile, pendant un temps, avait pu laisser penser que ce terme ne désignait qu'une seule réalité. Ce qui, en fait, est loin d'être le cas : les régimes dictatoriaux peuvent prendre des couleurs et des formes différentes, tout comme les autres régimes, à commencer par les démocraties, qui oscillent trop souvent, et parfois dangereusement, entre les variantes autoritaire, libérale et social-démocrate. Une fois la paix revenue, alors que le problème était désormais de créer un État pour temps de paix, on assista pendant une période relativement longue à l'affrontement de ces deux modèles antagoniques. Les divergences concernaient les représentations de ce qu'était la Russie, le type de pouvoir à mettre en place pour régler le problème des nationalités, le système coopératif, la paysannerie, la structure à donner au Parti, les stratégies de développement et la nature des transformations sociales. Deux camps politiquement opposés se retrouvaient au sein de ce qui, formellement, se présentait comme un seul et même parti. Le camp qui finit par l'emporter conserva, comme on pouvait s'y attendre, l'ancien nom. Mais nous savons ce qui est advenu par la suite, et avec quelle rapidité.

Staline avançant en grande partie « masqué », les dirigeants du Parti n'ont rien vu venir. Lorsqu'ils ont perçu le piège dans lequel ils s'étaient jetés, il était trop tard. Lénine lui-même a été longtemps abusé. Quand il a fini par comprendre à qui il avait affaire, il n'était plus possible de réagir efficacement. L'ascension de Staline a été grandement facilitée par la grave maladie de Lénine, à partir de la fin de 1920. Prenant régulièrement des médicaments et soumis à un traitement médical, Lénine abandonnait ses activités politiques pendant de longues périodes. C'est en particulier le cas durant une grande partie de l'année 1922. Mais, comme nous l'avons déjà souligné, le problème va bien au-delà du « décryptage » de la personnalité de Staline. Avec elle, c'est toute une conception de ce que devait être la ligne politique pour les années à venir qui est en jeu. Présente implicitement dans le comportement de l'homme au sein du Parti, elle n'est pas encore formulée explicitement en tant que telle. Néanmoins, les deux programmes en présence apparaissent très clairement à l'occasion du « dernier combat de Lénine », tel qu'il s'exprime dans ce que l'on a appelé son « testament[*] ». La position de Staline devient manifeste dans les propositions qu'il formule concernant la forme que doit prendre l'URSS. Celles-ci sont débattues et adoptées en 1922-1923, sous sa férule, car depuis 1922 il est secrétaire général du Parti. Les documents portant sur la formation de l'URSS sont les plus révélateurs de l'affrontement entre Lénine et Staline, même si la polémique est beaucoup plus large et plus profonde que le seul problème des nationalités. Elle touche tous les aspects de la construction du système : l'idéologie, le rôle respectif du Parti et de l'État, la politique économique, et notamment la politique à mener envers la paysannerie[4].

Les matériaux devenus disponibles après la perestroïka permettent de comprendre non seulement à quel point leurs positions divergeaient, mais aussi la profonde hostilité qui existait entre Lénine et celui qu'il avait lui-même choisi comme secrétaire général, un poste qui, à l'époque était loin d'avoir l'importance qu'il a prise par la suite. L'hostilité de Staline envers Lénine, l'irritation croissante de ce dernier à son égard, autrement dit une opposition personnelle et idéologique grandissante, dissimulée à tous, à l'exception de quelques intimes, s'exprime, ou plutôt se laisse deviner, dans une lettre de Staline à Lénine écrite en 1921 et restée inédite jusqu'ici[5]. Cette lettre, qui traite de l'appareil du Parti, de Krupskaja, l'épouse de Lénine, et du Politburo, donne un aperçu précis de la manière dont fonctionnait la pensée politique de Staline. L'histoire, d'après ce qu'il en ressort, a commencé par une plainte de Krupskaja à Lénine – qu'elle tenait informé de tout ce qui se passait. Ses griefs concernaient la création par Staline d'un important département d'agit-prop au sein du Parti, qui « ressemble beaucoup à un nouveau commissariat du peuple à part entière », dans lequel elle voyait un concurrent direct, pour ce qui était des tâches et des objectifs, du département de formation politique qu'elle dirigeait au sein du commissariat à l'Éducation. Après avoir lu très attentivement cette note, Lénine l'avait transmise à Staline, accompagnée de ses propres

---

* Au sens strict, le « testament » est constitué par des notes dictées par Lénine entre le 23 et le 31 décembre 1922, avec un supplément du 4 janvier 1923. Mais le véritable testament politique de Lénine, c'est l'ensemble des écrits de la dernière période de sa vie. (*NdT.*)

remarques, en lui demandant de ne pas s'occuper d'agit-prop. La réponse de Staline est celle d'un *kinto* – « voyou » en géorgien, surnom donné à Staline dans sa jeunesse. Il se comporte comme un petit intrigant effronté profitant de ce que son interlocuteur n'est pas au mieux de sa forme. Il conteste le nombre de personnes qu'il a, selon Krupskaja, recrutées dans ce département. Il affirme qu'il a été forcé de le monter et que cela s'est fait contre sa volonté, mais que désormais il refuse d'abandonner cette activité, « expliquant » à Lénine qu'il est de son intérêt qu'il y reste, sinon « Trotski en conclura que Lénine agit ainsi uniquement à cause de Krupskaja ». Bref, lui, Staline, refuse d'être une victime.

La ruse est évidente. Il ne s'agit naturellement pas de ce que Trotski va dire ; c'est le biais choisi par Staline pour signifier à Lénine qu'il sait que toute l'histoire vient de Krupskaja. Et pour laisser entendre que, face au redoutable Trotski, Lénine, affaibli par la maladie, n'est pas sûr d'avoir suffisamment de voix au Politburo sans l'aide de Staline.

L'année 1921 est riche en accrochages de ce type, tout aussi révélateurs. Le recours à l'« argument Trotski » apparaît durant cette période dominée par un conflit plutôt stérile entre la minorité du Politburo, menée par Trotski, et la majorité, conduite par Lénine, à propos du rôle dévolu aux syndicats. Trotski, qui avait échoué cette même année dans sa tentative de modifier la trajectoire en passant à un système du type NEP, ne voyait pas d'autre moyen de gérer le désastre économique que de maintenir provisoirement des méthodes de mobilisation quasi militaire de la main-d'œuvre. Lénine, pour sa part, n'imaginait pas possible le recours à une nouvelle politique économique, mais il voulait donner aux syndicats, ancrés dans la classe ouvrière, une plus grande autonomie. Les deux camps s'employaient activement à rallier à leur cause une majorité de délégués au XIᵉ congrès du Parti qui allait se tenir. Dans son autobiographie, *Cela s'est passé comme ça*, Mikoyan raconte que, si Lénine avait effectivement participé à certaines réunions destinées à mettre au point la tactique pour contrer Trotski, c'était Staline qui dirigeait toute l'opération. Faire un front commun avec Lénine contre Trotski, sa bête noire, semblait à Staline un bon moyen de manipuler le premier. Et c'est ce qu'il faisait aussi dans l'« affaire Krupskaja ». Il est possible que ces menées, tout comme la rancune de Staline à l'égard de Lénine, soient apparues plus tôt, pendant la guerre civile, mais soient passées complètement inaperçues en raison de l'urgence des tâches militaires et parce que les intrigues de Staline étaient toujours dirigées contre Trotski. Sa totale absence de respect envers Lénine, et bientôt sa haine – c'est la thèse que je défends ici –, étaient indirectement alimentées par son conflit obsessionnel et déjà ancien avec Trotski, lequel se dressait comme un obstacle irréductible face à l'image fantasmatique de grand stratège militaire et d'homme d'État que Staline voulait donner de lui-même. Trotski, accablé par Staline et ses partisans de mille épithètes malsonnantes et souvent non publiables, était le fondateur de l'Armée rouge, le commissaire du peuple à la Guerre et le coorganisateur de la révolution de 1917 : rien à voir avec le portrait qu'en brossait Staline. Le nom de Trotski était associé à celui de Lénine, et cette association irritait plus que tout Staline. Les intrigues permanentes et les pressions qu'il exerçait sur Lénine avec ses acolytes pour écarter Trotski de son commandement militaire, mais aussi de son poste de dirigeant (une histoire bien connue des biographes des deux hommes), rendent plausible une telle interprétation de l'attitude de Staline. En dehors de quelques moments d'hésitation, ce « siège » de Lénine est resté sans succès. Lénine avait besoin de Trotski et de son prestige. Il travaillait en étroite collaboration avec lui, et ce bien au-delà des seules questions militaires. De plus, il avait des contacts quotidiens et confiants avec Skljanskij, qui était le bras droit de Trotski au Conseil révolutionnaire militaire et au commissariat à la Défense. De toute évidence, ce dernier a joué le rôle d'intermédiaire de confiance entre les deux hommes. Des documents datant de la guerre civile font apparaître son importance absolument cruciale dans l'activité quotidienne du pouvoir central. En revanche, on sait très peu de chose sur sa noyade, en 1925, alors qu'il faisait du bateau sur une rivière.

Ce réseau serré de relations ne pouvait qu'alimenter la profonde hostilité de Staline à l'égard de Lénine. Elle n'est apparue de façon manifeste que lorsque Lénine a été mourant, quand Staline contrôlait déjà presque tout le pouvoir. Attaquer ouvertement un tel adversaire en bonne santé n'était pas dans la manière d'un Staline prudent et calculateur. Mais, avec la mala-

die de Lénine – dont Staline était parfaitement informé –, tout a
changé. En tant que secrétaire général, il était chargé par le
Comité central de suivre le traitement médical de Lénine, ce qui
lui permettait, en toute impunité, de faire espionner le malade.
La secrétaire de Vladimir Ilitch, Fotieva, semble avoir informé
Staline de tous les textes que lui dictait Lénine, alors même que
celui-ci lui avait spécifié qu'ils devaient dans l'immédiat rester
secrets. Il est facile d'imaginer l'état d'esprit de Staline
lorsqu'il apprend que Lénine veut lui retirer son poste de dirigeant, et peut-être même briser sa carrière politique. S'il n'en a
pas déjà été informé par Fotieva, il l'apprend en tout cas, en
même temps que le Politburo, en lisant le texte que leur a transmis Lénine à la veille du XII⁰ congrès du Parti, où il expose son
intention de demander que Staline soit démis de ses fonctions
de secrétaire général, et explique pourquoi. C'est précisément à
ce moment que son état de santé s'aggrave brutalement, et
désormais il n'est plus possible de lui demander son avis sur
quoi que ce soit. À l'époque le souhait de Lénine n'est encore
connu que des seuls membres du Politburo. Il faudra attendre
Khrouchtchev pour que, trente-trois ans plus tard, ce texte soit
porté à la connaissance du public soviétique.

Le débat sur la place des nationalités dans l'URSS en formation, mené dans des réunions et dans les allées du pouvoir,
révèle la profondeur des désaccords sur le futur État et la forme
qu'il doit prendre. Ces différends ont suscité des réactions
extrêmement fortes chez Lénine qui, gravement malade, a, de
façon étonnante, réussi à formuler ses propres vues avec une
très grande clarté.

La conception par Staline de ce que devait être le futur État
soviétique s'est élaborée, pour l'essentiel, au lendemain de la
révolution, alors qu'il était en charge des nationalités. Son
premier poste au gouvernement, après 1917, a été celui de
commissaire aux Nationalités. Et le premier livre qu'il a
publié, à la demande de Lénine et avec l'aide de Boukharine
pour la rédaction, était consacré à la question nationale (écrit
avant la Révolution). Le fait de toucher à de tels problèmes,
infiniment compliqués et conflictuels, a pu le persuader que
ces nationalités d'une grande diversité, turbulentes et combati-
ves, risquaient à tout moment de mettre la pagaille dans les
mécanismes du gouvernement central.

La dernière prise de position de Lénine sur ce sujet est un manifeste qui contient l'analyse la plus forte et la plus claire qu'il ait produite durant toute la période postérieure à la guerre civile. Staline, selon lui, voulait donner aux nationalités non russes une « autonomie », ce qui signifiait qu'elles feraient partie de la Russie (à l'époque baptisée République socialiste fédérative soviétique de Russie, ou Fédération de Russie), ou, autrement dit, constitueraient des entités administratives subordonnées à la Russie. Les débats autour de cette approche, mais aussi sur d'autres propositions concernant la forme du futur État, furent féroces, et l'affrontement sur ces points entre Lénine et Staline en fut l'épicentre, avec des conséquences très lourdes pour l'avenir du système. C'est pour cette raison qu'il convient de s'y arrêter.

Chapitre II

Autonomies versus fédération
(1922-1923)

Les éditeurs russes des documents qui constituent notre principale source sur ce sujet[6] écrivent dans leur introduction que les idées de Lénine sur la place des nationalités dans l'État ont connu des évolutions majeures. Il est passé d'une foi profonde dans les vertus du centralisme à la « reconnaissance du caractère inévitable du fédéralisme ». Au départ, il pensait que les spécificités nationales devaient être prises en compte dans le cadre d'un État unitaire, puis il s'est mis à défendre la nécessité de créer des États fondés sur des critères ethniques, entretenant les uns avec les autres des rapports contractuels. Il est passé du rejet pur et simple des autonomies culturelles à la reconnaissance de leurs dimensions territoriale et extraterritoriale. Les idées de Trotski, Rakovskij, Mdivani, Skrypnik, Maharadzé, Sultan-Galiev et d'autres proches de Lénine ont connu une évolution similaire, le plus souvent de façon indépendante – on notera qu'à l'exception de Lénine aucun n'est mort de mort naturelle.

Staline a été un défenseur conséquent de ce que ses opposants ont appelé l'« unitarisme ». Son rapport sur les problèmes du fédéralisme, présenté dès janvier 1918 au congrès panrusse des Soviets, est un fervent plaidoyer en faveur de cet « unitarisme ». Plus tard, dans une note adressée à Lénine le 12 juin 1920, mais qui ne figure pas dans ses *Œuvres complètes*, il écrit : « Notre forme soviétique de fédéralisme a ouvert pour les nations de la Russie tsariste la voie de l'internationalisme. [...] Ces nationalités n'ont jamais eu leur propre État dans le passé ou, si elles en ont eu un, cela relève d'un passé lointain. C'est la raison pour laquelle elles ont accepté sans résistances particulières la forme (centralisée) du fédéralisme soviétique. » À plusieurs reprises au cours des années 1918-1920, Staline célèbre le caractère centralisé de la fédération soviétique, visiblement héritier direct de la fédération tsariste, « une et indivisible ». Celle-ci incluait des « autonomies » comme la Pologne, la Finlande, l'Ukraine, la Crimée, le Turkestan, la Kirghizie, la Sibérie et la Transcaucasie, qui risquaient, un jour, d'aspirer à constituer des entités séparées. Mais Staline soulignait avec fermeté que « l'autonomie ne signifie pas l'indépendance », et ne saurait déboucher sur une séparation. Le pouvoir central devait conserver entre ses mains toutes les fonctions essentielles. Selon les éditeurs des matériaux que nous utilisons, garantir l'autonomie n'était pour Staline qu'une mesure administrative sur la voie de l'« unitarisme socialiste ». Son argumentation n'était rien d'autre que l'expression de l'idée russe d'un super-État (nous serons souvent amenés à utiliser le terme russe de *deržavnost,* qui désigne une conception de l'État comme grande puissance), produit d'une expansion fondée sur le rôle messianique de la Russie. Dans cette conception, l'incorporation d'autres nations était présentée comme servant la cause du progrès. Une remarque en passant : les éditeurs russes n'ont peut-être pas compris que d'autres impérialismes ont souffert d'un messianisme comparable. La nouveauté ici, c'est l'insistance de Staline sur la dimension « suprarusse » (*sverhrusskost'*) de sa propre politique impériale lorsqu'il combat les conceptions de Lénine, désormais présentées comme une déviation nationaliste qui porte atteinte aux intérêts de l'État soviétique.

Le 10 août 1922, le Politburo décide de créer une commission chargée d'examiner la question des relations entre la Russie et les autres républiques, qui pour l'heure ont le statut d'États indépendants. Staline, spécialiste de la question nationale et devenu cette même année secrétaire général du Parti, se déclare prêt à présenter son plan dès le lendemain. Les cinq États soviétiques indépendants, liés entre eux par une forme d'accord contractuel, étaient l'Ukraine, la Biélorussie et les trois républiques transcaucasiennes : l'Arménie, l'Azerbaïdjan et la Géorgie. Staline proposait un statut d'« autonomisation », qui signifiait simplement que les républiques devenaient formellement des composantes de la Fédération russe ; la question du statut des autres entités – Boukhara, Khorezm et la république d'Extrême-Orient – restait ouverte. Des traités seraient signés avec ces républiques pour les questions de douane, de commerce extérieur, de politique étrangère, de défense, etc. Les organes dirigeants de la Fédération de Russie – le Conseil exécutif central, le Conseil des commissaires du peuple, le Conseil du travail et de la défense – coifferaient formellement les différents conseils centraux des républiques qui seraient incorporées. Leurs commissariats aux Affaires étrangères, au Commerce extérieur, à la Défense et aux Transports ferroviaires fusionneraient avec ceux de la Russie ; les autres – Justice, Éducation, Affaires intérieures, Agriculture, Inspection d'État – relèveraient de leurs compétences. Et, sans surprise, leur GPU* se fondrait dans la GPU russe.

Staline explique que ces propositions ne doivent pas encore être rendues publiques – elles doivent préalablement être débattues dans les comités centraux nationaux du Parti, pour ensuite être traduites sous forme de lois par les conseils des républiques – les comités exécutifs ou congrès des soviets. De la manière la plus simple qui soit, le principe d'« indépendance », qui de toute façon n'est pour Staline qu'un mot creux, est donc éliminé, ces républiques devenant des entités administratives d'un État russe centralisé.

Les protestations ne tardent pas à fuser. Le 15 septembre 1922, le Comité central du PC géorgien rejette « l'autonomisation » comme « prématurée ». Ordjonikidzé, Kirov, Kahiani, Gogoberidzé ont voté contre cette décision. Tous sont des hommes de Staline au sein du « Comité transcaucasien du Parti », une structure imposée par Moscou pour chapeauter les trois républiques, source de frictions sans fin avec les dirigeants nationaux du Parti. Le 1ᵉʳ septembre 1922, Maharadzé, un des dirigeants communistes géorgiens, se plaint à Lénine : « Nous vivons dans la confusion et le chaos. » Le Comité transcaucasien, au nom de la discipline de parti, cherche à imposer au parti géorgien toutes sortes de décisions qui remettent en cause

---

* GPU s'écrit parfois en français Guépéou. (*NdT.*)

l'indépendance du pays. « La Géorgie, insiste-t-il, n'est ni un Azerbaïdjan, ni un Turkestan. »

Dans une note adressée à Lénine le 22 septembre 1922, intitulée « Jouer à l'indépendance », Staline se plaint également du « chaos complet » qui règne dans les relations entre le centre et la périphérie, avec son cortège de conflits et de griefs. Mais, ici, les torts sont dans l'autre camp. Staline attaque les petites républiques qui « jouent à l'indépendance ». Selon lui, « l'économie nationale fédérale unique devient une fiction », et l'alternative est la suivante. Soit c'est l'indépendance : dans ce cas, le pouvoir central se retire et s'abstient de toute intervention dans les affaires des républiques, qui s'occuperont seules de leurs chemins de fer, de leur commerce et de leurs relations avec le monde extérieur ; les problèmes communs exigeront des négociations permanentes entre des partenaires égaux, et les décisions des instances suprêmes de Russie ne s'imposeront plus aux autres républiques. Soit on choisit une unification réelle au sein d'une entité économique unique, et alors les républiques se soumettent aux décisions des organes suprêmes de la Fédération de Russie. En d'autres termes, il s'agit de remplacer une indépendance fictive par une autonomie interne réelle des républiques dans les domaines de la langue, de la culture, de la justice, des affaires intérieures et de l'agriculture. Et Staline de sermonner ses camarades : « Durant les quatre années de la guerre civile, nous [Moscou] avons été contraints de faire preuve de libéralisme à l'égard des républiques, et, de ce fait, nous avons contribué à former en leur sein des socio-indépendantistes purs et durs, qui considèrent les décisions du Comité central comme étant celles de Moscou. Si nous ne mettons pas en place immédiatement l'"autonomie", l'unité des républiques soviétiques est une cause perdue. Aujourd'hui, nous faisons tout pour ne pas offenser ces nationalités. Dans un an, si nous continuons ainsi, nous frôlerons l'éclatement du Parti. » Désormais, les indépendantistes sont les ennemis du jour pour Staline. Il les peint sous les couleurs les plus noires et, dès qu'il sent que le « spectre » (de l'indépendance) passe, il en fait une arme dans les batailles au sein du Parti. Pour l'instant, cette technique et d'autres similaires n'en sont qu'au stade expérimental. Par la suite, il en fera un outil privilégié. Dans son texte, Staline reprend les principales idées de son projet d'autonomisation. Il ne s'attend pas à la réaction de Lénine.

Le moins que l'on puisse dire, c'est que ce dernier n'est pas content. Il subodore des conflits. Dans une note à Kamenev en date du 26 septembre 1922, il lui demande d'examiner les propositions concernant l'intégration des républiques dans la Fédération russe. Il a déjà discuté de ce problème avec Sokol-nikov, il va essayer de rencontrer Staline et, dès le lendemain, verra Mdivani, dirigeant géorgien accusé par les partisans de ce dernier d'« indépendantisme ». Il ajoute que, selon lui, « Staline a tendance à précipiter les choses », et que des amen-dements sont nécessaires. Il lui en a déjà envoyé quelques-uns, et Staline a accepté le tout premier, mais aussi le plus important : remplacer sa formulation – « intégrer la Fédération russe » – par celle de Lénine – « une unification formelle avec la Fédération russe dans une Union des républiques socialistes soviétiques d'Europe et d'Asie ». Et Lénine explique : nous ne devons pas détruire leur indépendance, nous devons construire un étage supérieur qui sera une fédération de républiques indé-pendantes disposant de droits égaux. Il veut discuter d'amen-dements supplémentaires avec Staline, et émet le souhait de rencontrer d'autres dirigeants. Les amendements proposés jusqu'ici ne sont que des préliminaires, il compte en envoyer d'autres à tous les membres du Politburo. Cette note n'est qu'un premier jet : après avoir discuté avec Mdivani et d'autres dirigeants, il proposera de nouvelles modifications, mais il demande que, sous sa forme actuelle, le texte soit communiqué au Politburo dans son entier.

La réaction de Staline aux propositions de Lénine est acerbe. Dans une note qu'il lui adresse, ainsi qu'aux membres du Politburo, le 27 septembre 1922, il déclare être d'accord avec la modification du premier paragraphe suggérée par Lénine – il n'a pas le choix –, mais écarte toutes les autres avec des remarques narquoises du type « prématuré », « absurde », « inutile », etc. Il cherche à retourner contre Lénine l'accusation de précipitation : « Sa hâte risque d'apporter de l'eau au moulin des indépendantistes. » C'est la preuve que le « national-libéralisme » de Lénine est une erreur. L'argumentation n'est pas très cohérente. Staline est furieux d'avoir dû retirer son projet d'« autonomisation », il ne peut se contenir et essaie de reprendre l'avantage : il parle de « déviation » (le « national-libéralisme »), une accusation qui pourrait être portée contre Lénine dans l'espoir de conserver le soutien de ses propres partisans. Staline n'est pas homme à s'accommoder d'une défaite. Or celle-ci est imminente.

Lors d'une réunion du Politburo, le 28 septembre 1922, a lieu entre Kamenev et Staline un échange de mots griffonnés. Kamenev fait passer un premier billet à Staline : Lénine « a décidé de se battre jusqu'au bout sur la question de l'indépendance », et il lui a même demandé « d'aller à Tbilissi rencontrer les dirigeants offensés par les partisans de Staline ». Dans sa réponse, Staline dit : « Il faut tenir bon face à Ilitch [Lénine]. Si quelques mencheviks géorgiens peuvent influencer quelques communistes géorgiens qui, à leur tour, influencent Lénine, on est en droit de se demander : qu'est-ce que tout cela a à voir avec l'"indépendance" ? » Mais Kamenev le met en garde : « Je pense que si V.I. [Lénine] persiste, *s'opposer à lui* [c'est Kamenev qui souligne] ne peut qu'envenimer les choses." »

Quel jeu Kamenev joue-t-il ? Ne fait-il pas preuve d'une certaine duplicité en exécutant les demandes de Lénine tout en en informant Staline ? Ou considère-t-il que Lénine n'en a plus pour longtemps ?

Staline répond au dernier message : « Je ne sais pas. Laissons-le faire comme il l'entend. » Voilà une pratique dans laquelle il excelle : il s'arrange pour présenter son recul sous le meilleur jour possible. Il écrit à tous les membres du Politburo pour les informer qu'« une version plus précise, légèrement abrégée », est en cours de rédaction, et que lui et son comité aux relations entre les nationalités la soumettront au Politburo. Mais, désormais, ce texte est celui de Lénine : toutes les républiques, y compris la Russie, se rassemblent pour former une Union des républiques socialistes soviétiques commune, mais conservent le droit de la quitter. L'organe suprême de cet État sera désormais le Comité exécutif de l'Union, où chaque république sera représentée au prorata de sa population. Ce comité nommera un Conseil des commissaires de l'Union.

Puisque c'est le jeu de Staline qui nous intéresse ici, nous ne nous attardons pas sur les détails de la constitution du gouvernement. Contraint de céder sur tout ce qui, de façon évidente, concernait son projet d'autonomie, il ne renonce pas pour autant à atteindre son objectif par une voie détournée, en jouant sur les mots et en manipulant les formulations qui définissent les prérogatives des commissariats (c'est-à-dire les ministères) basés à Moscou de façon à étouffer dans l'œuf toute velléité d'indépendance, quelles que soient les belles phrases de la Constitution. Les républiques, de leur côté, comprennent parfaitement ce qui se joue : en l'absence de garanties spécifiques formulées clairement dans la Constitution, les ministères situés à Moscou seront en fait entre les mains de la Fédération russe ou, pour dire crûment les choses, entre les mains de la Russie.

Ce point est abordé dans un long mémorandum adressé à Staline, le 28 septembre 1922, par le chef du gouvernement ukrainien, Christian Rakovskij. Voici ce qu'il dit en substance : votre projet parle de républiques se soumettant aux décisions du centre, mais il ne dit rien de leurs droits en tant que républiques, de leurs comités exécutifs ni de leurs conseils des commissaires propres. La nouvelle politique des nationalités risque de porter un coup sévère aux efforts visant à ranimer les économies locales, car elle entrave considérablement leurs capacités d'initiative. Elles n'ont pas de moyens, et l'on est en train de leur retirer les droits qui leur permettraient de se développer et d'acquérir ce qui, aujourd'hui, leur fait défaut.

Rakovskij, s'il déclarait comprendre la nécessité d'un gouvernement fédéral capable d'agir, pensait qu'elle devait être satisfaite en donnant aux républiques des droits formulés clairement. Il discernait dans les propositions de Staline non pas le projet de construire une fédération, mais celui de liquider les républiques, qui ne pourrait que nuire à l'URSS sur le plan intérieur aussi bien qu'extérieur. Ces problèmes préoccupaient tout autant Lénine : absolument furieux, il était prêt à en découdre. C'est ce que l'on a appelé l'« incident géorgien », lequel, dans son esprit, a sonné l'alarme décisive.

Dans le cadre de la lutte menée par le Comité central géorgien contre une adhésion forcée à la Fédération transcaucasienne, le bouillant représentant de Staline, Ordjonikidzé, avait giflé un des représentants géorgiens[7]. À la suite de cet incident, le Comité central géorgien avait démissionné collectivement, tout en critiquant violemment l'ensemble du nouveau projet d'union. L'événement risquait de se transformer en une longue affaire riche en scandales. Au départ, Lénine comprend mal ce qui se passe, mais très vite il s'informe et apprend que Staline a envoyé pour « enquêter » sur place Dzerjinski et deux autres non-Russes. Ces trois émissaires sont, sans le moindre doute possible, favorables à Ordjonikidzé. Profondément troublé par cet « incident », il en retire la conviction que, sur la question des nationalités, le comportement de Staline et de ses comparses est celui de « représentants d'une grande puissance dominatrice » (*velikoderžavniki*) – c'est l'expression utilisée par Lénine, mais elle lui a peut-être été suggérée par les Géorgiens qui le côtoyaient en permanence. Le 6 octobre 1922, il écrit à Kamenev une lettre qui commence comme une plaisanterie pour se finir le plus sérieusement du monde : « Je déclare la guerre au chauvinisme grand-russe : il faut affirmer de la façon la plus catégorique qui soit que le Comité exécutif central de l'Union sera présidé, à tour de rôle, par un Russe, un Ukrainien, un Géorgien, etc. Je dis bien de la façon la plus catégorique qui soit. »

Le texte programmatique sur la question nationale que Lénine dicte les 30 et 31 décembre 1922 traduit la nouvelle conception de l'État qu'il s'agit de construire. C'est un document unique, critique et autocritique[8], dans lequel il déclare se sentir coupable à l'égard des ouvriers du pays pour n'être pas intervenu avec suffisamment d'énergie et de fermeté sur « la fameuse question de l'autonomie », qui, dans le discours officiel, est présentée comme la question de l'Union des républiques socialistes soviétiques. C'est la maladie qui l'en a empêché. Voici ce qu'il dit en substance : l'unité de l'appareil est nécessaire, mais de quel appareil parlons-nous ? D'un appareil emprunté au passé tsariste, mélange de partisans du tsar et de petits-bourgeois chauvins, utilisé pour opprimer le peuple. Il faudrait au moins attendre que cet appareil s'améliore, sans quoi le principe tant vanté du droit à quitter l'Union ne sera qu'un bout de papier et ne protégera nullement les minorités face à ces « Russes véritables que sont le bureaucrate oppresseur et la racaille grand-russe » – Lénine utilise une série d'épithètes, difficiles à traduire, qui toutes désignent l'oppresseur nationaliste russe. Et il poursuit son réquisitoire : les défenseurs du projet déclarent que l'administration attache de l'importance au respect de la culture et des mentalités locales, qui doivent rester du ressort des républiques, mais on peut se demander si ce sera pleinement le cas. Une autre question se pose : a-t-on pris des mesures pour protéger les allogènes – les nationalités non russes – de « ces authentiques brutes russes » (*ot istinno russkogo deržimordy*[*]) ? La réponse est : non.

Il est important de comprendre la violence avec laquelle Lénine dénonce les traits oppressifs d'une partie de la bureaucratie et des ultranationalistes russes. Ces caractéristiques sont vieilles de plusieurs siècles, d'où la nécessité de dissiper la méfiance des minorités qui ont subi tant d'injustices et sont – Lénine insiste sur ce point – très sensibles à toutes formes de discrimination. Et il poursuit : « Staline, dans sa hâte et son engouement pour les méthodes administratives, sans parler de son hostilité déclarée envers le social-nationalisme, a joué un rôle catastrophique. L'animosité rancunière [*ozloblenie*] est ce qu'il y a de pire en politique. » Par ces mots, Lénine lance une attaque directe contre Staline, en le présentant comme incapable d'exercer les plus hautes responsabilités.

Mais alors, que faire ? Lénine répond : la création de l'URSS est une nécessité, l'appareil diplomatique – ce que nous avons de mieux – doit rester au centre. L'usage des langues nationales doit être garanti de façon stricte. Ordjonikidzé doit être sanctionné. Staline et Dzerjinski sont responsables de toute cette campagne nationaliste russe. Plus largement, l'ensemble du projet d'union doit être repensé et, si nécessaire, réécrit. Cela peut être fait au prochain congrès des Soviets. Que le centre conserve les fonctions militaires et diplomatiques, les autres prérogatives doivent être rendues aux républiques. Puis Lénine se fait plus rassurant : il n'y a pas lieu de craindre un éclatement du pouvoir. L'autorité du Parti, si elle s'exerce de façon judicieuse et impartiale, suffit pour réaliser l'unité nécessaire. « Il est inacceptable qu'au moment précis où l'Orient s'éveille nous sapions notre prestige en maltraitant nos propres minorités nationales et en

---

[*] *Deržimorda* : littéralement, « celui qui vous tient par la gueule ». C'est le surnom des policiers tsaristes. Il est parfois traduit par « argousin ». (*NdT.*)

commettant des injustices à leur égard. Il faut critiquer l'impérialisme étranger. Mais il est encore plus important de comprendre que lorsque nous adoptons nous-mêmes une attitude impérialiste, ne serait-ce que sur des points de détail, à l'égard des nationalités opprimées, nous revenons sur nos positions de principe. »

Désormais, il est évident que l'attaque contre Staline s'apparente à une attaque contre ce que Lénine perçoit comme une reproduction pure et simple de l'ancienne idéologie impériale grand-russe (*velikoderžavničestvo*). Et aucun doute n'est permis ici : Lénine désigne et attaque des ennemis politiques. Il pressent ce qui va se produire – on pourrait même parler d'anticipation, voire d'illumination. De fait, telle est bien la direction dans laquelle Staline s'est engagé et qui, le moment venu, va devenir le cours officiel.

Il n'y a donc rien de surprenant à ce que Lénine, dans son « testament », déclare ouvertement que Staline doit être démis de ses fonctions au sommet du Parti. Conscient du handicap que représente sa maladie, voici ce qu'il écrit à Trotski dans une note du 5 mars 1923 : « Je vous demande de prendre vous-même la défense de l'affaire géorgienne devant le Comité central. » Le même jour, dans une lettre adressée aux Géorgiens Mdivani et Maharadzé, il écrit : « Je prends très à cœur votre affaire. » Mais son activité politique s'interrompt brutalement quatre jours plus tard, le 9 mars 1923, une journée fatale pour lui : une nouvelle et très violente attaque le paralyse définitivement. Désormais, et ce jusqu'à sa mort, le 21 janvier 1924, il est incapable de rien faire, si ce n'est écouter Krupskaja lui lire des articles de presse. Il comprend ce qu'il entend mais, privé de l'usage de la parole, il ne peut réagir que par des sons inarticulés et des mouvements d'yeux.

Entre-temps, comme Lénine le lui a demandé, Trotski rédige un vigoureux mémorandum à l'intention des membres du Politburo, dans lequel il affirme que les tendances hyper-étatistes doivent être résolument et impitoyablement rejetées, et critique les thèses de Staline sur la question nationale. Il souligne qu'une partie importante de la bureaucratie centrale soviétique voit dans la création de l'URSS le moyen de commencer à éliminer toutes les entités politiques nationales et autonomes (États, organisations, régions). Une telle attitude doit être combattue en tant que comportement impérialiste et antiprolétarien. Le Parti doit être averti que, sous couvert de « commissariats unifiés », il s'agit en fait d'ignorer les intérêts économiques et culturels des républiques nationales.

Toutefois, le jour suivant, dans une lettre à Kamenev, Trotski adopte une position pour le moins ambiguë. Il écrit : « Les résolutions de Staline sur la question des nationalités ne valent rien, il faut effectuer un tournant radical » – ce qui est tout à fait dans l'esprit de ce que Lénine lui a demandé personnellement. Mais, par la suite, on a le sentiment que Trotski, déjà au courant de la nouvelle attaque de Lénine, ne sait trop que faire lui-même. De façon inattendue, il exprime une grande magnanimité et un véritable esprit de conciliation à l'égard de Staline. Il se déclare opposé à des changements radicaux, et ne veut punir personne : « Je suis contre la liquidation de Staline et l'exclusion d'Ordjonikidzé. Mais je suis d'accord avec Lénine sur le fond : il faut changer radicalement de politique sur les nationalités, les persécutions contre les Géorgiens doivent cesser, il faut mettre un terme aux méthodes administratives de pression sur le Parti, s'engager plus résolument dans l'industrialisation, instaurer au sommet un esprit de coopération. Il faut arrêter les intrigues. Nous avons besoin d'une collaboration sans arrière-pensées. » Trotski rêvait-il tout haut ?

Le 7 mars 1923, Kamenev informe Zinoviev que Lénine a désavoué Ordjonikidzé, Staline et Dzerjinski, qu'il s'est déclaré solidaire de Mdivani et qu'il a adressé à Staline une lettre lui annonçant que toutes les relations personnelles étaient rompues, car il s'était mal conduit envers Krupskaja. Kamenev ajoute que Staline a répondu par de courtes et revêches excuses qui ne devraient guère satisfaire le « Vieux », lequel « ne se contentera pas d'un règlement pacifique en Géorgie mais, à l'évidence, *entend que soient prises certaines mesures organisationnelles au sommet* » (c'est lui qui souligne). Il conclut : « Tu devrais être à Moscou en ce moment. »

Entre-temps, Staline fait marche arrière, car la situation est devenue très critique pour lui. Il ordonne à Ordjonikidzé d'y aller plus doucement avec les Géorgiens et de chercher un compromis (7 mars 1923). Le même jour, il écrit à Trotski qu'il accepte ses amendements, car ils sont « incontestables ». Par ailleurs, Fotieva, la secrétaire de Lénine, lui a envoyé le mémo-randum de ce dernier sur les nationalités, ajoutant qu'Ilitch (qui vient de subir une nouvelle attaque) a l'intention de le faire publier, même s'il ne lui a pas donné d'instructions formelles sur ce point. Fotieva écrit aussi à Kamenev, avec copie à Trotski, pour leur dire combien ce texte et le problème des nationalités sont importants pour Lénine. Kamenev se déclare partisan d'une publication. Trotski écrit aux membres du Comité central pour les inviter à prendre connaissance de ce texte.

Le 16 avril 1923, nouvelle lettre de Fotieva à Staline. Elle lui offre une sérieuse porte de sortie : Ilitch ne considère pas le texte comme achevé ni publiable en l'état, et Marija Uljanova (la sœur de Lénine) l'a prévenue que son frère n'a pas donné l'ordre de le faire paraître. Tout ce que l'on peut faire, c'est le communiquer aux participants du XII⁰ congrès qui va se tenir.

Que Staline ait suggéré lui-même ces phrases à l'une ou l'autre est probable, mais finalement sans importance. Il a désormais obtenu ce qu'il voulait : il n'y aura pas d'attaques frontales contre lui au congrès. Ce même jour, il déclare aux membres du Comité central : « Il s'avère que l'article de Lénine ne peut être publié », et attaque Trotski pour avoir dissimulé un texte de cette importance aux délégués qui sont en train de se réunir – qualifiant cette attitude d'« acte déloyal ». Bien entendu, il ment, mais il ne craint pas d'en rajouter : « Pour ma part, je considère qu'il faudrait le publier, mais, malheureusement, comme le dit la lettre de Fotieva, ce texte ne peut être publié parce qu'il n'a pas encore été revu par le camarade Lénine. »

Le Présidium du XII⁰ congrès du Parti communique toutes les notes de Lénine sur la question nationale aux membres du très restreint Conseil des sages, les informant également des décisions du plénum du Comité central sur la question géor-gienne. En revanche, les participants à la session chargée de discuter ces questions, pourtant particulièrement mobilisés, n'auront pas connaissance de ces textes.

Le Présidium déclare en outre que le Comité central n'a été informé du contenu des notes de Lénine qu'à la veille du congrès, non pas à la suite de l'initiative de l'un de ses membres, mais exclusivement en raison des instructions de Lénine et de l'aggravation de son état de santé. Faire courir le bruit que quelqu'un au sein du Comité central a bloqué la publication de ces notes n'est que pure calomnie. Cette déclaration vise à laver Trotski de l'accusation portée par Staline d'avoir dissimulé le texte aux congressistes.

Ces querelles pour savoir que faire de ces textes, à qui ils devaient être montrés, n'étaient que des intrigues minables, mais les enjeux, eux, étaient considérables. Il s'agissait de savoir qui allait rester au pouvoir, et de décider de ce que serait ce pouvoir. La dictature allait-elle poursuivre (ou reprendre) l'orientation populiste et sociale du bolchevisme, ou bien adopter idéologiquement et en pratique une politique de grande puissance, profondément conservatrice, dirigée contre le bolchevisme, dont les cadres étaient toujours socialistes et opposés à la perpétuation d'une forme d'État reposant sur les modèles politiques du passé ?

De façon étonnante, Trotski, dans sa note à Kamenev, perdait le sens des réalités. Si les orientations affichées par Staline représentaient une grave menace, suffisait-il vraiment, pour les combattre, de proposer aux partisans d'une politique chauvine de grande puissance (*velikoderžavniki*) un compromis mou, en se limitant à leur demander de se conduire plus loyalement, de cesser d'intriguer et de ne plus parader ? Attendre de la loyauté de Staline ? L'épisode montre surtout que les plus proches collaborateurs de Lénine n'avaient pas compris à quel point Staline était capable de les manœuvrer et de les enfoncer à sa guise. Le « Vieux » n'était pas simplement très en colère, comme semblait le croire Kamenev. Pour lui, écarter Staline et sa bande, c'était écarter le spectre d'une idéologie et d'une orientation politique étrangères au bolchevisme et représentant un danger mortel pour l'avenir de la Russie. Lénine se montrait véritablement prophétique, comme allaient le prouver les événements ultérieurs. La décision de laisser Staline et ses partisans au pouvoir montre qu'à ce moment-là Trotski ne comprenait ni Lénine, ni Staline.

Connu pour ses nombreuses et brillantes analyses, tant historiques que conjoncturelles, Trotski, en mars 1923, était à coup sûr au plus bas de sa vigilance politique. En effet, Staline n'avait jamais été aussi vulnérable. Une coalition léniniste, ou une majorité soutenant les positions de Lénine, était encore parfaitement possible à établir. Révéler la totalité du

« testament » au congrès et susciter une discussion, au lieu de jouer au petit jeu de la « rééducation de Staline », était la dernière chance sérieuse d'entamer un cours nouveau. Mais Trotski l'a laissée filer, même si nous savons qu'il est passé très vite à une opposition déclarée à Staline. Les deux autres léninistes supposés du Politburo, Zinoviev et Kamenev, étaient eux aussi en pleine confusion. En l'absence de Lénine, ils étaient complètement désorientés. Par la suite, tous deux constituèrent avec Staline un « triumvirat », dirigé contre Trotski.

La maladie ou une extrême fatigue ont-elles joué un rôle dans ce délabrement de l'intelligence politique de Trotski, dont la suite des événements allait offrir d'autres exemples ? Sans doute est-ce une explication possible[9]. Mais ce sont les configurations larges des forces sociales et politiques et les alternatives possibles à un moment donné qui définissent l'espace où un leader peut gagner ou perdre – l'issue semblant parfois accidentelle. Encore faut-il préciser que de tels « accidents » se produisent quand les facteurs en jeu sont en devenir, non encore stabilisés ou dans une impasse temporaire.

Il est tout à fait symptomatique que la « question nationale », c'est-à-dire la question du mode de formation de l'URSS, ait débouché sur une bataille gigantesque autour de l'avenir et de la forme de l'État soviétique. Son issue montre que ce que l'on appelait le « bolchevisme » (ou le « léninisme »), confronté à la tâche immense de redresser le pays après la guerre et aux caractéristiques négatives, jusque-là invisibles, du régime, était alors fragilisé et en plein désarroi. La situation exigeait de repenser bien des choses, d'opérer des regroupements, de procéder à des adaptations. En fait, une situation classique où la personnalité des dirigeants peut jouer un rôle décisif dans le choix de la direction à suivre.

La performance de Lénine dans cette situation fut unique. Impressionnante sur le plan politique et humain, au milieu d'un imbroglio extraordinaire, elle fut aussi le fait d'un homme mourant, à demi paralysé, mais qui resta lucide jusqu'à l'attaque fatale.

Pour Staline, évidemment, l'enjeu n'était pas tant la question des nationalités que le choix d'une orientation stratégique. Son projet d'« autonomisation » renvoyait à une conception tout à fait différente du régime et de la nature du pouvoir d'État.

Une lecture attentive des textes de Lénine montre que pour lui les priorités n'étaient pas les mêmes. Sans doute les considérations de pouvoir n'étaient-elles pas étrangères à Lénine, mais, dans le cas présent, la place à accorder aux nationalités était pour lui une question en soi, à laquelle l'État devait apporter une réponse adéquate. Ainsi, pour les deux hommes, l'enjeu était l'âme de la dictature. Aux yeux de Lénine, le projet stalinien était une tentative de restauration de l'ancienne autocratie impériale, et il entendait profiter de la prochaine session du Soviet suprême pour réécrire tous les textes sur la formation de l'URSS qui venaient d'être adoptés et rendre aux républiques les prérogatives ministérielles qui vont de pair avec l'indépendance, ne laissant au centre que les Affaires étrangères et la Défense.

En fait, les nombreux ministères fédéraux proposés par Staline constituaient une pomme de discorde et une source de ressentiments. Les républiques n'avaient aucun doute quant au fait qu'ils seraient purement et simplement confisqués par la Russie. Et c'était bien là le but de Staline. La vision simple et claire qui était la sienne était directement inspirée par la guerre civile. C'était alors la puissance militaire qui avait tranché. Maintenant que le pays avait retrouvé la paix, il fallait forger un outil plus puissant encore : un pouvoir sans entraves, sans la moindre contrainte, au service de lui-même, centralisé à l'extrême – bref, une machine de guerre en temps de paix. Le rôle que Staline entendait jouer au sommet et la manière dont il entendait s'y prendre pour y parvenir, y compris le type de parti qu'il envisageait – à supposer qu'il en ait envisagé un –, étaient au cœur du puzzle qu'il assemblait patiemment.

Chapitre III

La transformation des « cadres »
en « hérétiques »

Les documents présentés jusqu'ici donnent une vision assez précise des projets politiques et de la personnalité de Staline. Les deux thèmes suivants les éclaireront davantage encore.

Quelques années après les événements rapportés, alors qu'il a tous les leviers du pouvoir en main, Staline continue de se voir ou de se rêver en grand homme, mais il le dissimule. Taciturne et toujours sur ses gardes, il apparaît et est généralement décrit comme un homme à la tête froide. Il affecte la simplicité sans prétention de celui qui n'est que le modeste successeur d'un grand homme. Mais son action politique – en fait, la quasi-totalité du puzzle – est facile à déchiffrer : derrière cette image se cache un tout autre personnage. Nous avons déjà une certaine idée de ses projets quant à la forme de l'État. Par ailleurs, ses déclarations sur les tâches et la fonction des cadres de l'État et du Parti sont révélatrices de la manière dont il conçoit l'exercice du pouvoir, y compris son propre rôle. Ces propos sont tout à fait éclairants, même si leur sens a pu échapper à ses contemporains ou aux observateurs. Ses positions, parfaitement claires dans son esprit, avaient été formulées publiquement dès le XIII\ :superscript congrès (1924) : « Un cadre doit savoir comment exécuter les directives, il doit les comprendre, les adopter comme les siennes propres, leur attacher le plus grand prix et en faire une composante de son existence même. Sans quoi, la politique perd tout son sens et n'est que gesticulation. D'où l'importance décisive du département des cadres dans l'appareil du Comité central. Chaque fonctionnaire doit faire l'objet d'un examen attentif, sous tous les angles et de la façon la plus minutieuse qui soit[10]. » L'attention portée par Staline au département des Cadres n'indique en rien qu'il accordait une quelconque importance au Parti lui-même. C'est particulièrement clair si l'on se reporte à l'une de ses déclarations faite quelque temps plus tard à de « futurs cadres », étudiants de l'université Sverdlov du Parti. Il leur explique en substance que, « pour nous, il n'existe pas de difficultés objectives ; le seul problème est celui des cadres. Si les choses n'avancent pas ou si elles tournent mal, la cause ne doit pas en être cherchée dans quelque condition objective, c'est la faute des cadres ».

Ainsi, pour ce « marxiste », les conditions objectives sont-elles frappées d'inexistence. Le chef décide des tâches en toute liberté, mais il ne peut être tenu pour responsable d'une mauvaise décision ou d'un échec. Ces deux courts textes contiennent en substance toute la philosophie et la pratique staliniennes telles que Staline se les était formulées pour lui-même. Avec de bons cadres, il n'est rien d'impossible. Les politiques décidées au sommet sont toujours justes ; quant aux échecs, ils sont dus à l'entourage et aux exécutants. À la base de la conception que se fait Staline de son pouvoir personnel (telle qu'elle est exprimée ici) se trouve l'idée que ce pouvoir doit être « brut ». Staline n'a jamais écrit un *Mein Kampf*, un livre qu'il suffirait de lire pour savoir qui il est et quel est son projet. Mais son idée d'un pouvoir personnel par définition irresponsable, à la tête d'un État responsable… uniquement devant lui, autrement dit sa conception d'une « dictature irresponsable », a été exprimée très tôt, en quelques phrases succinctes, qui ont pu échapper aux membres du Parti les plus chevronnés. Ces positions avaient déjà été mises en pratique dans des situations d'exception – clandestinité, révolution ou guerre civile –, où les membres du Parti n'avaient qu'à obéir. Mais cette fois la logique était transposée à une tout autre situation, appliquée à l'administration, aux différents appareils et à la bureaucratie du Parti. Dans la gestion du quotidien, faite de routine et non d'urgence, le chef exigeait un comportement propre aux temps de guerre, quand l'armée est encerclée de toutes parts. Ainsi appliquée, cette exigence d'une « dictature libre de toute entrave » ne pouvait qu'entraîner des dysfonctionnements, au niveau le plus élémentaire.

On en trouve un exemple très éclairant dans les Mémoires de l'interprète de Staline, Valentin Berežkov[11]. Sans connaître les déclarations de Staline en 1924 ni ce qu'elles impliquaient, il relate un épisode survenu pendant la guerre, alors qu'il travaillait sous l'autorité de Molotov au ministère des Affaires étrangères. Cette « logique illogique » lui avait été expliquée par ce dernier, qui en était l'un des plus fins connaisseurs : quand quelque chose tournait mal, Staline demandait de « trouver et de punir sévèrement le coupable ». La seule issue était d'en trouver un, et Molotov s'y employait. Un jour, on constate qu'un télégramme adressé par Staline à Roosevelt est resté sans réponse. Molotov demande à Berežkov d'enquêter et de déterminer qui est coupable dans cette affaire. Berežkov ne découvre aucune faute imputable à quelque service que ce soit. Il en déduit que l'erreur doit venir du département d'État américain. À l'écoute de son rapport, Molotov lui rit au nez et lui explique que pour toute erreur il y a un responsable. Dans le cas présent, quelqu'un avait bien défini le cheminement du télégramme et son suivi. Cette procédure ne concernait que le côté soviétique, et le destinataire n'était en rien impliqué. Staline avait donné l'ordre de trouver un coupable, ce ne pouvait donc être que la personne qui avait établi cette procédure. Chargé de la trouver, l'adjoint de Molotov, Vychinski, l'identifie sans peine. L'infortuné chef du service du Chiffre est aussitôt démis de ses fonctions, chassé du Parti, et l'on perd sa trace. L'ordre de Staline a été strictement exécuté. La source de cette logique folle est simple : si chaque erreur n'a pas son coupable désigné, la faute pourrait être attribuée à ceux qui se trouvent au sommet. Et ça, il n'en est pas question.

La méthode utilisée par Staline pour « construire » l'image de son pouvoir comporte d'autres aspects. Ainsi, il forge dans sa tête les scénarios requis, et tout le reste doit suivre – le plus souvent, sans la moindre imagination. L'un des moyens les plus simples consiste à s'approprier les images, rémanentes, du pouvoir et de l'influence de Lénine et de Trotski. Trotski est un personnage récurrent dans cette fantasmagorie. Il est systématiquement vilipendé et couvert de toutes les calomnies possibles et imaginables. Nul doute qu'il occupe une place privilégiée dans la psyché de Staline et que, dans son cas, l'élimination politique ne suffit pas. Tant que l'ordre d'assassiner

Trotski n'a pas été exécuté, Staline ne connaît pas de repos. Il veut aussi l'effacer de l'histoire soviétique. Par la censure, bien sûr, mais aussi, de façon plus étonnante, en s'appropriant ses grandes réussites. Les citoyens pouvaient même voir des films où les exploits militaires de son ennemi juré – par exemple son rôle dans la défense de Petrograd en 1919, face à l'armée du général Judenič – lui étaient attribués. C'est un exemple parmi tant d'autres de l'incroyable petitesse de Staline et de sa jalousie.

Le processus d'appropriation de Lénine prend la forme plus alambiquée et curieuse du « Serment à Lénine », prononcé par Staline devant le Soviet suprême, le 26 janvier 1924, soit la veille des funérailles. La décision d'embaumer le cadavre, malgré les protestations énergiques de la famille, fait partie du scénario. Quant au Serment, c'est une longue incantation dans laquelle Staline énumère les commandements que Lénine aurait prétendument légués au Parti, puis il jure solennellement, au nom du Parti, de leur obéir loyalement. Maintenant que la véritable attitude de Staline à l'égard de Lénine est mieux comprise, il apparaît de façon évidente que cette apothéose n'est pas un acte sincère de respect, mais une manière de préparer le lancement du culte stalinien. Déjà à l'époque, certains adversaires de Staline avaient noté qu'absolument rien dans ce serment ne renvoyait aux idées qui étaient au cœur du « testament » de Lénine. Bref, le scénario était conçu sur mesure pour servir Staline.

Le stalinisme et le syndrome de l'hérésie

Le recours par Staline aux symboles de la religion orthodoxe est également révélateur. Ses biographes étrangers l'ont bien compris, lorsqu'ils évoquent la forme liturgique dudit Serment. Elle renvoie aux années passées au séminaire, seule période de sa vie où il ait reçu une formation, et dont l'influence se retrouvera plus tard dans les rituels de confession et de repentir imposés à ses ennemis politiques – et qui ne suffisent jamais : par définition, même pardonné, un péché reste un péché. Réfléchissons un instant au concept d'hérésie et à son utilisation en politique. Pour le stalinisme, le « péché » porte le nom de « déviation » ; il doit être extirpé, à l'instar d'une hérésie. L'expression « syndrome de l'hérésie » convient parfaitement pour rendre compte des rituels et de la propagande, des persécutions subies par ceux qui avaient – ou auraient pu avoir, ce qui est le cas le plus fréquent – des opinions divergentes par rapport au credo prétendument commun. De façon caractéristique, c'est Staline lui-même qui a « expliqué », dans l'un de ses discours, qu'il y a « déviation » dès lors qu'un fidèle du Parti commence à « avoir des doutes ».

Sur ce thème, citons Georges Duby, qui a étudié l'hérésie au Moyen Âge, une époque où des méthodes très élaborées ont été mises au point pour extirper la dissidence et assurer la conformité :

« On a vu que l'orthodoxie suscitait l'hérésie en la condamnant et en la nommant. Mais il faut ajouter enfin que l'orthodoxie, parce qu'elle punit, parce qu'elle poursuit, met en place tout un arsenal, qui vit ensuite son existence propre, et qui souvent même survit longtemps à l'hérésie qu'il devait combattre. L'historien doit considérer avec la plus grande attention ces institutions de dépistage et leur personnel spécialisé, souvent constitué par d'anciens hérétiques qui se rachètent.

« L'orthodoxie, parce qu'elle punit et qu'elle poursuit, installe également des attitudes mentales particulières, la hantise de l'hérésie, la conviction chez les orthodoxes que l'hérésie est hypocrite, qu'elle est masquée, et, par conséquent, qu'il faut de toute force et par tous les moyens la détecter. La répression crée d'autre part, comme instrument de résistance et de contre-propagande, des systèmes de représentation divers qui continuent très longtemps à agir [...]. Pensons également, beaucoup plus simplement, à l'utilisation politique de l'hérésie, du groupe hérétique traité comme bouc émissaire, avec tous les procédés d'amalgame momentanément souhaitables[12]. »

Cette analyse des temps médiévaux semble réellement traiter du stalinisme et de ses purges. La chasse à l'hérésie est au centre de la stratégie stalinienne et de l'édification du culte de la personnalité. En effet, ce qui justifie l'usage du terme « culte », tel que l'entendent les catholiques ou les orthodoxes, n'est pas tant l'attribution de qualités surhumaines au dirigeant suprême que le fait que l'exercice de ce culte repose sur une véritable technologie de la chasse à une hérésie le plus souvent créée artificiellement. Comme si, privé de ces arcs-boutants, le système ne pouvait pas exister. De fait, les déchaînements contre les hérétiques ont constitué la stratégie psychologique et politique optimale pour justifier la terreur de masse. En d'autres termes, la terreur n'était pas une réponse à l'existence d'hérétiques ; ceux-ci étaient inventés pour légitimer la terreur, dont Staline avait besoin.

Le parallèle avec la stratégie des Églises est encore plus patent si l'on considère que Trotski était la figure parfaite de l'« apostat » pour toutes sortes de gens, religieux ou antireligieux, nationalistes, antisémites, etc. Ce rejet a duré bien plus longtemps que l'adulation de Staline. Même après l'effondrement de l'Union soviétique, la haine de Trotski, tenace, reste très répandue, que ce soit chez les staliniens d'aujourd'hui, les nationalistes ou les antisémites. La question mérite d'être posée : faut-il y voir un concentré de la haine du socialisme ? de l'internationalisme ? de l'athéisme ? La lecture attentive des argumentaires des adeptes de Staline permettrait sans doute de mettre en évidence les ingrédients qui rendent Trotski odieux à tant de courants du spectre idéologique russe, où il est très rare que le personnage soit étudié avec un minimum de détachement.

Outre la religion orthodoxe, le passé offrait à Staline d'autres attraits. La comparaison de sa position avec celle d'un tsar n'a pas été établie immédiatement. En revanche, la décision de construire le « socialisme dans un seul pays » (en clair, « nous, nous pouvons le faire avec nos propres forces ») montre que, déjà, l'idéologie était manipulée pour les besoins de la cause, dans le sens d'un « chauvinisme de grande puissance », comme l'en ont accusé ses adversaires. Avant même de devenir une pure intoxication idéologique et politique, le slogan avait de quoi séduire un auditoire composé majoritairement de vainqueurs de la guerre civile. Dans le cas du tsarisme, la domination qu'il exerçait sur la religion était par ailleurs étroitement liée aux symboles de l'Église – le tsar s'appropriant cette légitimité supraterrestre. En revanche, Staline et son culte ne relevaient pas de l'ordre du religieux. Il s'agissait d'une construction purement politique, qui empruntait et utilisait des symboles de la foi orthodoxe sans qu'intervienne la question de savoir quelle part de cette foi et de ses substrats psychologiques Staline partageait personnellement. Aucune donnée, pour autant que je sache, ne peut nous aider à répondre à cette question, mais il y a tout lieu de penser que Staline était athée.

Il est essentiel de comprendre que Staline a mis en œuvre une politique conçue pour transformer le Parti en un instrument de contrôle de l'État, voire en un instrument tout court. Cela, une fois encore, découle de sa « philosophie des cadres ». L'entreprise, décelable très tôt, est pratiquement achevée à la fin de la NEP, en 1929. Elle est la conséquence logique de l'affirmation cavalière selon laquelle « il n'existe pas de difficultés objectives pour nous ». Une telle conception du rôle des cadres demandait plus qu'une simple transformation du Parti, déjà en pleine mutation : recrutement massif de nouveaux membres, expulsion des oppositions successives, sans parler des démissions spontanées, un phénomène d'une grande ampleur, mais nié officiellement. Ces mouvements de personnes tumultueux exigeaient l'extension de l'appareil du Parti, jusqu'alors limité et non perçu comme un danger par les cadres bolcheviques, lesquels se retrouvent pour la plupart dans une opposition déclarée ou non. Le modeste mais indispensable appareil du Comité central, qui s'était constitué en 1919, ignorait le nombre de membres du Parti. Mais, entre les mains de Staline, et surtout après sa désignation au poste de secrétaire général en 1922, il commence à jouer un rôle tout à fait différent.

Staline avait un sens infaillible de ce que devaient être les instruments du pouvoir. Les « vieux bolcheviks » œuvraient de préférence au sein de l'administration d'État, des commissariats du peuple et autres services gouvernementaux. Staline, lui, renforçait son contrôle sur le « Secrétariat ». C'était un instrument indispensable, non seulement pour gérer l'arrivée massive de nouveaux membres dépourvus de la moindre formation, mais aussi pour dominer le Parti et ses cadres présents depuis le début. Les « vieux bolcheviks » ont mis du temps à comprendre ce processus. Il a fallu attendre 1923 pour que certains commencent à critiquer, puis à déplorer, le pouvoir grandissant de la « machine du Secrétariat ». À l'évidence, celui-ci était alors passé maître dans l'art de fixer la composition des délégations aux conférences et congrès du

Parti, conformément aux desiderata du Politburo. Les historiens semblent d'accord pour considérer que le XIIIᵉ congrès, en 1924, lors duquel Staline fut réélu secrétaire général, était joué d'avance. Le Parti tel que l'avaient connu ses premiers membres et ceux qui l'avaient rejoint au cours de la guerre civile était en train de disparaître. À partir de cette date, tout le monde, à l'exception des membres de base, était « cadre », c'est-à-dire travaillait dans un appareil où chacun occupait une place précise dans une hiérarchie de fonctionnaires disciplinés. Certaines apparences étaient encore sauvées. C'était le cas du Comité central qui, pendant quelques années encore, a continué d'être élu, a procédé à des délibérations et a voté des résolutions. Mais le choix de ses membres échappait totalement au contrôle des membres du Parti.

Ainsi Staline avait-il réalisé son « plan directeur » : il était seul aux commandes. Le Parti se trouvait privé de ce dont Staline voulait précisément le priver : la possibilité même de changer, par des élections, l'équipe dirigeante. Cette capacité, il faut le souligner, le bolchevisme la possédait encore. La suppression d'une telle « procédure » était donc un préalable au succès de Staline ; elle sonnait le glas de tout parti politique, contrairement à l'idée reçue qui veut que l'Union soviétique était « dirigée par le parti communiste ». Sous Lénine, cette affirmation avait encore une part de vérité ; sous Staline, le gouvernement et le Parti ne faisaient qu'exécuter une politique, comme des cadres sont censés le faire aussi longtemps qu'ils donnent satisfaction.

Il est important d'étudier tout cela en détail, car chaque dictature a ses propres habits. Les « systèmes à parti unique » conservent la possibilité de maîtriser leur destin ou, à tout le moins, la composition de leur direction. Quand ce n'est pas le cas, un « système à parti unique » n'est plus que le décor de la scène, et non la pièce qui s'y joue. Les rôles principaux sont tenus par l'appareil qui administre le pays, selon les vœux du sommet, quel qu'il soit. L'histoire du système soviétique révèle un changement radical des règles du pouvoir, et non de simples inflexions au cours du temps : c'est cette question qu'il faut regarder de plus près.

Chapitre IV

Du Parti et de l'administration

La bureaucratie de l'État et celle du Parti n'ont pas encore d'« histoire ». Dans ce livre, je m'en tiendrai à quelques-uns de leurs éléments clés. Par souci de clarté, il importe de désigner les deux corps dirigeants par deux termes distincts. La bureaucratie de l'État peut être appelée « administration », et ses couches supérieures reçoivent souvent dans les sources soviétiques le nom d'*upravlency* (« cadres administratifs »). Quant à l'administration du Parti, le terme le plus adéquat pour la désigner est celui d'« appareil » : l'apparatchik est précisément celui qui occupe un poste de responsabilité dans cette administration. Il n'est pas toujours possible de distinguer nettement les deux catégories, mais l'emploi de cette terminologie est néanmoins utile.

Nous avons déjà laissé entendre que, dès son apparition, l'« appareil » a fait problème pour les membres du Parti. Dès 1920, des voix s'élevèrent, prises très au sérieux par la base comme par le sommet, pour dénoncer une disparité croissante entre les *verhi* (« ceux d'en haut ») et les *nizy* (« ceux d'en bas »). Ce qui allait devenir une évidence quelques années plus tard, pour les Soviétiques et pour les observateurs extérieurs, à savoir l'inégalité de statut entre les couches supérieures et les couches inférieures, était alors un choc pour les membres d'un parti qui était encore bolchevique. En cette terrible année 1920, dont je reparlerai dans la troisième partie, les dirigeants étaient embarrassés par ce problème, et la presse fut autorisée à en parler. Au cours des années vingt, le manque de démocratie au sein du Parti est devenu une des questions centrales soulevées par l'opposition, aussi longtemps qu'elle a pu s'exprimer.

Mais, très vite, elle s'est heurtée à des dénégations démagogiques. Jusqu'à la fin des années vingt et même plus tard, la bataille contre le bureaucratisme dans l'administration de l'État est restée officiellement autorisée, apparemment avec le soutien de la direction du Parti. Le thème emportait d'autant plus l'adhésion au sommet qu'il permettait de désigner des boucs émissaires. En revanche, attaquer le bureaucratisme du Parti, surtout si ces critiques émanaient des oppositions successives, était une tout autre affaire. Cependant, le Parti, qui à la fin des années vingt comptait plus d'un million de membres et des milliers d'apparatchiks, ne pouvait se permettre de passer sous silence les réactions qui s'élevaient en son sein contre le bureaucratisme interne, alors que les oppositions avaient été pratiquement éliminées.

Il apparaît que, si une administration est un instrument, elle a aussi un coût. Ce problème était de la compétence de la commission centrale de Contrôle du Parti. En juin 1929, son président, Ia. A. Iakovlev, expose à ses collègues les grandes lignes de l'intervention qu'il compte délivrer sur ce thème à la XVIᵉ conférence du Parti. La totalité de ses propos n'est pas reproduite dans les procès-verbaux publiés, mais ce qui y figure nous en dit déjà long[13].

Iakovlev, un des membres de la « vieille garde » encore en place, ne dissimule pas sa préoccupation. Selon lui, il faut lutter de la manière la plus résolue qui soit contre le bureaucratisme au sein même du Parti. Ce bureaucratisme s'explique selon lui par le nombre considérable de membres du Parti qui travaillent dans l'administration d'État, y acquièrent des pratiques néfastes avec lesquelles ils contaminent le Parti. Pour contrecarrer cette tendance, celui-ci doit se battre pour que règnent des pratiques démocratiques dans les institutions soviétiques et les autres services gouvernementaux, où les responsables concentrent tous les pouvoirs entre leurs mains et, de fait, se substituent aux organisations de type soviétique et coopératif. La démocratisation est le seul moyen, suggère-t-il, de tarir le mal à sa source.

Cette « analyse » d'un vieux bolchevik, connu pour être un administrateur intelligent et compétent, témoigne d'une époque où le Parti ne tolérait plus d'être présenté comme responsable de quelque phénomène négatif que ce soit. Mais ce vieux bolchevik comprenait que, s'il se laissait aller à une analyse sans guillemets du problème, il risquait d'être immédiatement accusé d'appartenir à telle ou telle opposition. Pourtant, les appels à davantage de démocratie et à moins de bureaucratisme, y compris dans le Parti, figuraient dans de très nombreux documents, adressés par des sections locales à la commission de Contrôle et à d'autres instances au sommet pour se plaindre des supérieurs hiérarchiques. Ces doléances faisaient l'objet d'une synthèse effectuée par le département de l'Information du Parti, synthèse ensuite publiée dans un bulletin destiné aux cadres de l'organisation. Le bulletin contenait également d'autres documents jugés importants, émanant des syndicats et de la GPU. Au moins deux fois par mois, il informait de l'état d'esprit qui régnait chez certains groupes sociaux, les ouvriers au premier chef. Il évoquait leurs opinions et leurs grèves, mais aussi les réactions de membres du Parti qui y avaient pris part. Certes, dans la *Pravda* de 1929, on ne trouvait plus les cris de colère des ouvriers membres du Parti en grève contre leurs patrons, eux aussi membres. Mais la direction en était constamment informée et elle discutait régulièrement des mesures à prendre, sans leur donner la moindre publicité. Le lecteur doit également savoir, quelles que soient les conclusions qu'il en tire, que dans les années vingt les rapports de la GPU sur les conflits du travail s'en prenaient surtout aux responsables de l'administration et du Parti, accusés de faire preuve d'indifférence et d'incompétence face aux plaintes justifiées des ouvriers. Ils donnaient souvent raison aux grévistes et critiquaient le comportement de certains chefs syndicaux. Ces rapports et les bulletins du Parti contenaient de nombreuses informations de ce type.

Il n'était pas faux de dire que l'appareil d'État contaminait le Parti. Ce phénomène était dû à l'existence d'un appareil propre au Parti, qui faisait tout pour éviter que l'aversion portée aux bureaucrates par l'opinion publique ne rejaillît sur lui. Le Comité central avait lancé une campagne à grande échelle, notamment au cours de la lutte contre les oppositions dans les années vingt, pour défendre et célébrer l'appareil du Parti, ceux que l'on appelait les *politrabotniki*, les cadres du Parti, ou encore la « garde fidèle » du Parti. Malgré cela, les non-membres du Parti et les membres restés fidèles aux idéaux bolcheviques en son sein continuaient à réunir les deux types de cadres sous la même étiquette de « bureaucrates ». Il y avait de bonnes raisons à cet amalgame. Une fois qu'un appareil est mis en place, surtout s'il est destiné à contrôler d'autres appareils plus larges, il s'inscrit dans un espace qui sécrète des habitudes, des comportements et un état d'esprit communs. L'usage du terme « camarade » perd beaucoup de sa magie lorsque le camarade en question est un supérieur, qui donne des ordres et décide de votre salaire et de votre carrière. Cette réalité nouvelle, qui fait désormais partie de la vie quotidienne, est fort simple : « Nous ne sommes pas sur un pied d'égalité mais sur une échelle, camarade Ivanov, et je ne suis pas ton camarade, camarade Ivanov. »

La machinerie des secrétariats est une pyramide. Au sommet, le Secrétariat du Politburo et l'Orgburo ; à la base, les secrétaires du Parti, avec leurs propres secrétariats au niveau des districts (*rajony*, la plus petite unité administrative). C'est un système au service exclusif de la direction du Parti, qui surveille deux pyramides plus vastes : d'un côté, l'échafaudage des soviets, de l'autre, l'administration gouvernementale, bien plus puissante, qui va du Conseil des commissaires du peuple jusqu'à ses institutions locales. Les soviets, des soviets locaux au Soviet suprême – complication supplémentaire d'un organigramme du pouvoir déjà très embrouillé –, peuvent être laissés de côté. Ils n'avaient de réalité que dans l'accomplissement de fonctions administratives locales. En tant que pyramide chapeautée par les soviets suprêmes de chaque république, au-dessus desquels se trouvait le Soviet suprême de l'URSS, ils n'étaient guère qu'une fiction, conservée uniquement pour signifier un reste d'allégeance au passé révolutionnaire et à la souveraineté du peuple qu'il avait prétendument instaurée. En fait, les soviets locaux étaient subordonnés au Conseil des commissaires du peuple (rebaptisés ministres en 1946) et à leurs départements. L'ensemble du paysage bureaucratique, composé de « pyramides » et d'« échelles », était soumis au contrôle d'un appareil parallèle, celui du Parti. La division entre les deux grands domaines administratifs était quelque peu atténuée au sommet, car le Premier ministre, et parfois un de ses adjoints, étaient aussi membres du Politburo. De même, au bas de l'échelle, l'interconnexion entre le Parti et les services relevant de l'État était assurée par l'existence, sur tous les lieux de travail, d'une cellule du Parti, elle-même intégrée à une organisation du Parti qui couvrait toute l'entreprise ou le ministère. Si l'on ajoute à cela le fait que la grande majorité des postes importants de l'administration étaient occupés par des membres du Parti, grâce à la procédure dite de la *nomenklatura* (sur laquelle nous reviendrons), on peut se poser la question : quel type de contrôle supplémentaire aurait-il fallu mettre en place pour créer un système « antichocs » ? S'il existe quelque part une compagnie d'assurances planétaire, offrant aux États d'assurer leurs systèmes politiques, elle devrait s'inspirer de la méthode soviétique.

Pourtant, à chaque étape de ce voyage dans les années trente, nous nous heurterons à une sorte de « syndrome d'insécurité permanente », dont l'ombre planait sur le déploiement d'un appareil destiné à la fois à gérer le Parti et à contrôler les couches stratégiques de cadres administratifs. Cette entreprise se heurtait à de multiples lignes de fracture dans tout le système. Nous aurons plus d'une fois à nous demander si un petit appareil peut contrôler efficacement un appareil beaucoup plus vaste, avec pour objectif ultime le contrôle de toute la société.

Le moment est venu de proposer une série de données sur les apparatchiks du Parti. La « bureaucratisation », objet de bien des plaintes dès la mise en place du système, avait pris rapidement une telle ampleur qu'elle était présente dans tous les organes dirigeants et les autres institutions. Ce phénomène, régulièrement critiqué par des institutions *ad hoc*, était, dans le discours public, réduit à l'énumération de divers dysfonctionnements bureaucratiques, non sans paroles rassurantes certifiant qu'il existait des remèdes dont on verrait le résultat… un jour. On notera cependant que des documents non publiés (surtout dans la période poststalinienne) abordent cette question, souvent avec une grande franchise. Ils tirent la sonnette d'alarme et offrent, parfois, de bonnes analyses. Les effets de cette bureaucratisation, tant sur les citoyens soviétiques que sur les membres du Parti, qu'ils soient des hommes de convictions ou des carriéristes, ont été multiples.

La lassitude de l'appareil du Parti (1924-1934)

Nombre de membres du Parti, notamment parmi ceux qui, mus par leur idéal, étaient prêts à servir le pays en occupant des postes de responsabilité à l'échelon local ou dans les institutions d'« avant-garde », étaient profondément troublés par les effets de la bureaucratisation sur le Parti et sur eux-mêmes. Certains n'osaient pas user explicitement de ce terme accusateur. Ils se contentaient de déclarer à leur supérieur qu'ils seraient mieux employés ailleurs. Mais d'autres en tiraient des conclusions plus graves. Quelques exemples, parmi tant d'autres, illustreront ici la difficulté d'être un apparatchik du Parti, avant même que le terme ne s'impose. Ceux qui, par le passé, avaient participé au combat révolutionnaire dans la clandestinité, en prison ou sur les champs de bataille, et travaillaient désormais à la tâche prestigieuse de construire le socialisme, s'apercevaient brutalement, ou découvraient progressivement, qu'un poste au sein d'un appareil hautement hiérarchisé était tout sauf exaltant. Ce qui dominait, c'était l'ennui face à la routine. Deux exemples, à des périodes différentes, expriment ce malaise.

Un militant connu, Ksenofontov, écrit à Kaganovič le 4 novembre 1924[14]. Il a d'abord servi dans la Tcheka, a pris part à la répression de la révolte des marins de Kronstadt et à la campagne pour rétablir le calme dans le pays. Il a ensuite demandé sa mutation et sollicité un poste qui lui permettrait de contribuer à l'édification du système dirigé par le Parti. Rattaché au Comité central, il a été nommé à la tête du département des Affaires courantes. Il est là depuis plus de trois ans. Tout est bien organisé, son travail est de pure routine. Et voilà qu'il demande à quitter ses fonctions. Il souhaite obtenir du Comité central une nouvelle affectation, pourvu que ce ne soit pas dans l'économie, le commerce ou le secteur coopératif, domaines sans attrait pour lui. À cette date, on peut encore présenter une telle requête sans craindre des représailles – bien que dire à Kaganovič que le travail que l'on effectue pour lui est sans intérêt ne soit peut-être pas très judicieux. Ksenofontov est autorisé à prendre un poste dans le secteur de l'éducation.

Le second exemple, dix ans plus tard (novembre 1934), est celui d'un révolutionnaire de la première heure qui se plaint de l'ennui profond du travail au sommet de l'appareil. Un certain Havinson, directeur adjoint du département de la Culture et de la Propagande du marxisme-léninisme, envoie à ses supérieurs un rapport au sujet du camarade Slepčenko. Cet homme, présenté comme discipliné et très travailleur, préside un comité du Parti chargé depuis 1933 de vérifier la liste des membres, mais ce poste de responsabilité lui pose beaucoup de difficultés. Il demande à être transféré dans la production : « Travailler dans l'appareil me déprime », aurait-il déclaré. De tels propos, tenus lorsqu'on lui avait proposé de devenir collaborateur du département de l'Industrie du Comité central, pouvaient lui attirer des ennuis. Il avait aussi écrit à Kaganovič pour lui dire qu'en trois ans il n'avait pas réussi à s'adapter au travail dans l'appareil : « Chaque jour qui passe, je perds mon identité. » Havinson est d'avis de lui donner satisfaction. Il est probable qu'on l'a laissé partir, 1934 étant une bonne année, comme nous le verrons plus loin[15].

L'évocation de ces deux attitudes personnelles, acceptables malgré les critiques de l'appareil qu'elles impliquaient, peut être utilement complétée par un troisième exemple, qui contient une critique directe du système. Cette dénonciation est fondée sur une analyse solidement argumentée. L'auteur en est un remarquable sociologue du politique, Christian Rakovskij, dont nous avons déjà parlé lorsqu'il était à la tête du gouvernement ukrainien en 1923 et qu'il s'opposait aux idées de Staline sur la future organisation de l'URSS. Accusé de trotskisme, il a été exilé en 1928 à Astrakhan, ville dont le climat est très mauvais pour sa santé (il souffre de problèmes cardiaques). Il réussit cependant à tenir jusqu'en 1934. Durant toute cette période, il rédige des études critiques sur l'état du système soviétique. En 1934, quand son état exige un traitement médical, il capitule – mais ce n'est pas la maladie qui l'a tué.

Son diagnostic est en substance le suivant. Le Parti est désormais un agrégat de plusieurs centaines de milliers d'individus. Ce qui les unit n'est pas une idéologie commune, mais le souci fiévreux de chacun pour sa carrière. La question est posée de savoir comment recréer un parti communiste sur la base d'une masse aussi amorphe. Le seul moyen est de réintroduire la démocratie au sein du Parti[16]. Mais régénérer le Parti est à coup sûr une illusion, et Rakovskij le sait. Dans une autre partie du texte, probablement rédigée plus tard, il commente les débats en cours au sein du Parti sur la préparation du deuxième plan quinquennal (1933-1937), qui, d'après les déclarations officielles, devait être un « plan quinquennal modéré ». Selon Rakovskij, la période correspondant à ce plan « modéré » allait entériner « la séparation complète entre la bureaucratie et la classe ouvrière » et permettre à la première de se transformer en une « couche dirigeante appuyée sur l'appareil d'État ». Quelque trente ans plus tard, le Yougoslave Milovan Djilas, dans un livre qui a connu un très grand succès[17], a proposé une innovation théorique, affirmant que l'URSS aurait été gouvernée par une « nouvelle classe ».

L'évocation de ces cas de désillusion chez certains cadres haut placés et proches du pouvoir doit être complétée par des informations sur la façon dont de simples membres du Parti ont perdu leur enthousiasme. On a longtemps pensé que, sous Staline, il n'était pas possible de quitter le Parti sans subir de représailles. Mais l'ouverture des archives a permis de découvrir que les défections étaient réelles, parfois même nombreuses, mais rarement démonstratives – ce qui explique que le phénomène soit resté si longtemps inaperçu. Elle a montré qu'entre 1922 et 1935 environ un million et demi d'individus ont quitté le Parti, la plupart en cessant de payer leur cotisation et, de ce fait, d'être membres. D'autres changeaient de travail et de lieu de résidence, et n'allaient pas se faire ré-enregistrer à la section locale du Parti. En d'autres termes, ils prenaient la tangente, et beaucoup d'entre eux ont fini par être exclus. Sur bien des lieux de travail, ceux qui quittaient le Parti étaient plus nombreux que ceux qui y restaient[18].

Ces ex-membres et les personnes exclues lors de la vague des « prépurges » (1935-1936), lorsque toutes les cartes furent vérifiées, ont constitué une cible toute trouvée pour l'« assaut » de 1937. Le million et demi de personnes qui avaient quitté le Parti représentaient un formidable vivier d'« ennemis » du peuple autodéclarés, dans lequel le NKVD allait jeter ses filets.

Compléments sur les administrations du Parti et de l'État

Au cours des années trente, l'appareil du Parti était devenu de plus en plus lourd et de plus en plus complexe. Staline avait le premier et le dernier mot sur tout, sur chaque réunion, sur chaque organisme. En un sens, cela simplifiait les prises de décision et leur mise en œuvre. Mais cette simplification – qui apparaissait certainement comme telle aux yeux de Staline – n'était qu'une illusion. L'appareil du Parti ne cessait de gonfler, ce qui ne pouvait que compliquer les choses.

Le nombre des commissariats du peuple va lui aussi croissant : 10 en 1924, 18 en 1936, 41 en 1940. S'y ajoutent les comités d'État du Gosplan, de l'Approvisionnement en céréales, de l'Enseignement supérieur, des Affaires artistiques, qui ont rang de commissariats. Leurs effectifs croissent au même rythme. La logique du contrôle par le Parti, tel qu'il est pratiqué alors, exige une adaptation correspondante. Chaque organisation du Parti, à tous les niveaux, et surtout au centre, a pour instruction de créer dans son propre appareil des départements par branche, dotés du personnel nécessaire : directeur, directeur adjoint, instructeurs, agents techniques[19]. En 1939, l'appareil du Comité central compte des directions aux effectifs considérables pour chaque secteur de l'administration d'État, ainsi qu'une énorme direction des Cadres. À l'époque où Malenkov en est le secrétaire, le Comité central comprend 45 départements, soit pratiquement un pour chaque secteur de l'action gouvernementale. Au niveau des républiques et des districts, les appareils du Parti sont en augmentation constante, avec des hiérarchies toujours plus rigides.

La conduite des affaires internes au Parti est strictement centralisée à Moscou, et toute affaire de quelque importance aboutit au Politburo, qui prend la décision finale. Cela représente au total des centaines de questions qui, dans un système moins centralisé, ne seraient jamais traitées à pareil échelon. Comme on peut s'y attendre, avec un nombre aussi infini de points à l'ordre du jour, le Politburo n'a pas le temps d'approfondir ceux qui sont vraiment importants. Il part certainement de l'idée qu'avant d'arriver jusqu'à lui ils ont été traités sur le fond, lors des navettes entre le Secrétariat et l'Orgburo. La surcharge au sommet et la croissance exponentielle de l'appareil du Parti et de l'administration créaient un cercle vicieux, et l'efficacité du système était reléguée au dernier rang des préoccupations. Aussi longtemps que l'accroissement du personnel était avant tout un moyen de répondre au besoin évident de contrôler une réalité anarchique et proliférante, dans une situation de pénurie permanente et de très bas niveau de vie, ce cercle vicieux ne pouvait être rompu. Pour attester la vérité de cette affirmation, il suffit de considérer brièvement la vision des choses qu'avait, tout au bas de l'échelle, le simple citoyen soviétique.

Dans une lettre accablante, rédigée à la suite d'une tournée d'inspection de l'organisation du Parti dans la province d'Extrême-Orient (Dalkrajkom) en compagnie d'un instructeur du Comité central, Ščerbakov, chef du département du Comité central pour les Cadres, écrit que ce qu'il a découvert ressemble à « une gare en plein chaos ». En un an (du 1ᵉʳ janvier 1933 au 1ᵉʳ janvier 1934), les effectifs du Parti dans la région sont passés de 44 990 à 23 340 : 7 651 membres ont été exclus, 1 892 rétrogradés au statut de sympathisants, 1 557 ont quitté la région avec une autorisation, 6 328 sans – ils ont tout simplement déserté. Ce dernier groupe compte certains membres avec un solide passé au Parti, mais aussi des spécialistes irremplaçables, dont on a cruellement besoin. Selon les deux inspecteurs, les causes de la fuite des uns et des autres sont les suivantes : « l'attitude excessivement bureaucratique » manifestée à leur égard par le comité provincial du Parti, l'indifférence face à leurs besoins de loisirs et leurs aspirations culturelles, ou encore des conditions de logement scandaleuses, pour les spécialistes comme pour les ouvriers. Certains vivent dans de simples abris creusés dans le sol, une famille campe dans des toilettes, d'autres habitent dans des dortoirs répugnants, cinq personnes occupent une surface de six mètres carrés, etc. On a beau envoyer chaque année dans cette province des matériaux de construction et des ouvriers du bâtiment, les choses demeurent dans un état lamentable et les services publics restent totalement négligés (bains, crèches, écoles, hôpitaux, théâtres). La situation alimentaire est désastreuse, et le comité provincial du Parti ne fait rien. Il se contente d'exclure après coup ceux qui ont déserté, et modifie sans cesse les lieux d'affectation des cadres. Personne ne peut dire exactement combien de membres compte le Parti.

L'apparatchik auteur de ce rapport catastrophique demande que la situation de cette province soit étudiée par l'Orgburo, l'échelon juste avant le Politburo, voire mise à l'ordre du jour de la commission de Contrôle du Parti, afin qu'il y soit porté remède.

Cette situation désolante était celle d'une région lointaine, non prioritaire, qui ne pouvait, en tout état de cause, recevoir que des responsables de deuxième ou troisième ordre. Mais les dysfonctionnements dans les organisations locales du Parti et les services gouvernementaux existaient de façon endémique dans de nombreuses régions plus centrales. La multiplication constante des tâches et les conditions de vie très difficiles y excédaient largement la capacité des cadres à gérer les problèmes. Ces régions se trouvaient dans un état d'urgence permanent, état qu'elles affrontaient avec succès, mal ou pas du tout, comme c'était le cas dans la province d'Extrême-Orient. En pleine croissance lui aussi, l'appareil de contrôle du Parti avait beau faire des rapports, il n'en était pas moins débordé.

Nous savons déjà que toute pagaille, souvent causée par la politique du centre, était imputée arbitrairement aux cadres des niveaux inférieurs. C'est là un trait inhérent aux méthodes staliniennes de gouvernement. Dans une telle optique, la moindre catastrophe, tragédie ou situation de chaos pouvait sans problème être assimilée à un acte de sabotage. Sous cet angle, les cadres du Parti n'avaient aucun privilège, ils étaient potentiellement coupables en tant que cadres, et cela d'autant plus qu'ils occupaient un poste proche du sommet. À un haut niveau de responsabilité, ils étaient susceptibles de causer des dommages plus importants que ceux que pouvaient provoquer les cadres inférieurs. Pour cette raison, ils étaient « naturel-lement » suspects.

Ce système de gouvernement paranoïaque comportait un palier supplémentaire. Il n'y avait pas de raison d'attendre que le danger se matérialise effectivement. Cela aurait même été très imprudent. Un grand dirigeant se devait de pratiquer un « traitement préventif ». Notre première analyse de la « philosophie des cadres », mais aussi la désorganisation et les souffrances humaines que l'on observe vers 1933 – consé-quences de l'échec de la politique de « collectivisation » de la paysannerie et de l'industrialisation à marche forcée, sans parler de la terrible famine qui frappe l'Ukraine et certaines régions de la Russie –, font que nous ne sommes aucunement surpris de voir Staline recourir massivement à cette « médecine préventive » en lançant des purges sanglantes à grande échelle. En effet, dans le pays, et surtout dans les campagnes, fermentait un mécontentement contre la politique du gouvernement qui pouvait prendre des formes incontrôlées et dont Staline lui-même risquait d'être la cible. Cette idée lui était insupportable, et la décision est prise de lancer une campagne spectaculaire pour détourner la colère sur d'autres. Des mesures de répression sont adoptées, mais surtout des signaux indiquent que quelque chose de plus sérieux est en cours de préparation. Staline, dans son discours à la réunion du Comité central de janvier 1933 consacrée à l'état du pays, fait référence à des ennemis en grand nombre, occupés selon lui à saper, tels des termites, les fondations du régime. Mais, en dépit de ces signes plus que menaçants, la politique adoptée en mai 1933 prend une tout autre direction : c'est l'interlude de 1933-1934, d'autant plus remarquable qu'il est inattendu. Lorsqu'un pays est en proie à la famine, il est impossible de lui faire accroire que le dirigeant suprême n'y est absolument pour rien. Il fallait donc dans un premier temps que la situation économique s'améliore et que le chef retrouve son prestige, avant que la terreur de masse ne soit lancée et n'apparaisse comme une manifestation légitime de fermeté. Staline était en train de planifier une de ses folies meurtrières, mais il le faisait de façon très méthodique.

L'« interlude »

Le XVIIe congrès se tient en avril 1934. Baptisé « congrès des Vainqueurs », il célèbre la gloire du principal d'entre eux, Staline. Mais il illustre aussi la politique d'apaisement interne entamée un an plus tôt. Il offre une chance aux opposants de paraître devant le congrès, essentiellement pour se repentir publiquement de leurs erreurs... Tout aussi remarquable est la décision de réduire substantiellement les taux de croissance fixés dans le cadre du deuxième plan quinquennal (1933-

1937), et un appel est lancé en faveur du respect accru de la légalité dans le pays. La nouvelle ligne est proclamée en fanfare. On multiplie les signes laissant croire que le régime a enfin les pieds sur terre. La même année se réunit un congrès des Écrivains. Il discute sérieusement des questions tournant autour de la littérature et se félicite que le temps soit passé où l'Union des écrivains se distinguait par son sectarisme. En revanche, presque personne ne prête attention au bref discours d'un certain Andreï Jdanov, qui n'est pas un écrivain mais un secrétaire du Parti. Il esquisse *sotto voce* la ligne du Parti, dite du « réalisme socialiste », pour tous les arts. Si son discours passe inaperçu, c'est qu'il est éclipsé par les interventions spectaculaires de Boukharine, Radek, Ehrenbourg et bien d'autres, beaucoup plus ouverts et brillants.

Ces changements sont des ingrédients majeurs de la « nouvelle ligne ». Dans une lettre à Staline du 13 septembre 1934[20], Ehrenbourg prend tout à fait au sérieux cette nouvelle orientation. Ses espoirs sont renforcés par la nouvelle politique étrangère de l'URSS, qu'il s'agisse de son entrée à la Société des Nations ou des « fronts communs » entre les communistes et les sociaux-démocrates face à la montée du fascisme. Pourtant, il se plaint de l'organisation soviétique chargée des relations avec les écrivains étrangers, dont il dénonce le sectarisme et le goût pour les querelles de boutique propres à dégoûter les écrivains de renommée mondiale. D'ailleurs, seuls quelques auteurs d'envergure, comme André Malraux et Jean-Richard Bloch, ont été invités au congrès des Écrivains. Quant aux autres, il aurait mieux valu ne pas les faire venir. En même temps, Ehrenbourg considère que, face à la montée en puissance et en agressivité du fascisme, il est possible de créer en Occident une association d'écrivains antifascistes qui réunirait les plus grands noms de la littérature et participerait à la défense de l'Union soviétique. Une telle entreprise semble réaliste, les participants étrangers ont été impressionnés par les discussions, sérieuses et libres, entre communistes et non-communistes, et ils ont pu se persuader du développement florissant de la culture et de la littérature en URSS. Ehrenbourg insiste pour que cette nouvelle organisation ne soit pas dirigée par des esprits sectaires.

Dans une note manuscrite adressée à Kaganovič, Staline se déclare d'accord avec Ehrenbourg. Il faut créer cette nouvelle association et l'organiser autour des deux thèmes proposés par l'écrivain : l'antifascisme et la défense de l'URSS. Il avance quelques noms et attend une réponse. Nous avons ici affaire à un Staline réaliste, bien différent de celui qui flaire partout des « termites ». L'interlude de 1934 est encore en cours. Kaganovič, numéro deux du Politburo à l'époque, consacre de son côté tous ses efforts à la promotion de la « nouvelle ligne » sur le respect accru de la légalité. « Nous pouvons désormais punir par l'intermédiaire du système légal, sans recourir aux moyens extrajudiciaires comme par le passé. Bien des affaires, qui jusqu'ici ne relevaient que de la GPU, seront traitées par les tribunaux. »

Cette déclaration est faite le 1er août 1934, lors d'une conférence spéciale réunie par la Procurature générale de l'URSS. La « légalité » est précisément du ressort de la Procurature, du moins lorsqu'elle en reçoit l'autorisation. Kaganovič rappelle aussi à son auditoire que la GPU elle-même va connaître des changements et se fondre dans un nouveau département ministériel, le NKVD (commissariat du peuple aux Affaires intérieures). Il explique que la Procurature générale est l'institution centrale du système judiciaire et qu'avec la création du NKVD elle aura beaucoup plus d'affaires à traiter. Dorénavant, la tâche principale est d'inculquer à la population et au personnel judiciaire le respect dû à la loi. Telle est, dit-il, la ligne décidée par Staline. Dans cette perspective, un des plus grands obstacles à surmonter est l'absence de formation des personnels judiciaires. Les magistrats sont censés juger en fonction des codes en vigueur mais, trop souvent, ce qu'ils disent n'est pas clair. Tout le monde doit se mettre à l'étude des textes juridiques. « Les citoyens doivent savoir qu'il y a des lois et qu'elles s'appliquent aussi à l'appareil. »

Mentionnons au passage que l'appareil judiciaire, sitôt son rôle revalorisé, demande des augmentations de salaires conséquentes, mais Kaganovič tergiverse. Il conseille de ne pas inaugurer la nouvelle ligne par une démarche aussi égoïste…

Dans ces effusions de modération, de pondération et de sagesse, absolument rien ne permettait de prévoir ce qui se préparait et allait exploser après l'assassinat de Kirov, à la fin de 1934. L'« interlude libéral », parfois attribué à d'autres dirigeants que Staline, était en fait sa décision propre, comme tout ce qui allait suivre.

Staline n'oubliait jamais ceux qui l'avaient critiqué dans le passé ni ne leur pardonnait. On en a aujourd'hui suffisamment de preuves. Prenons le cas de Boukharine : il est pardonné, devient rédacteur en chef des *Izvestja* et poursuit une correspondance amicale avec Staline. Il se sent autorisé à publier dans son journal toutes sortes d'opinions sur l'industrialisation, la collectivisation et la NEP. Il avance souvent des analyses ou des appréciations qui s'écartent des déclarations officielles. Il souligne par exemple avec sévérité le fait que le taux d'investissement élevé fixé unilatéralement en faveur de l'industrie lourde a des conséquences économiques pernicieuses, à un moment où d'autres solutions, plus prometteuses, seraient possibles. Alors que le Boukharine de 1928 avait bien compris qui était Staline, celui de 1934 joue avec le feu, probablement convaincu que la pause de cette année-là relève d'une volonté sincère de corriger une politique dont il avait prédit les résultats négatifs. Il y voit une légitimation de son opposition à Staline en 1928-1929. Au demeurant, c'est bien cette lecture qu'en fait ce dernier. Boukharine, lui, ne soupçonne pas que Staline lui tend un piège, poussant certains dirigeants à écrire des articles contre lui et faisant circuler au sein du Politburo toutes sortes de remarques acerbes à son sujet, tout en s'efforçant de dissimuler ce qu'il a réellement en tête.

Ce jeu plaît à Staline. Il est absolument certain que toute personne, y compris dans son entourage du moment, l'a un jour « offensé », a appartenu jadis à une autre fraction, a mentionné élogieusement Trotski ou encore a utilisé un adjectif peu flatteur à son égard. Tout cela reste à jamais gravé dans sa mémoire rancunière. Dans le cas de Boukharine, il y a aussi quelques raisons de penser que son discours au congrès des Écrivains et l'impressionnant programme qu'il y a formulé ont ravivé le ressentiment de Staline[21].

Quel que soit le responsable de l'assassinat de Kirov, il est clair que Staline est alors prêt à changer de ligne du jour au lendemain pour écrire le chapitre le plus meurtrier et le plus « stalinien » de tous. « L'autre politique », celle de la terreur, est toujours présente dans son esprit, prête à être activée. L'interlude n'était qu'une pause indispensable après un spasme. Que ces poussées et ces baisses de tension et de terreur politiques aient eu pour cause les fluctuations psychologiques de Staline n'est à ce jour qu'une hypothèse.

Chapitre V

Flux sociaux et « paranoïa systémique »

Le tissu social

Laissons de côté un instant les personnes pour aborder un problème entrevu lorsque nous avons évoqué la situation au sein de l'organisation du Parti dans la région extrême-orientale. Le moment est venu d'élargir le tableau et de plonger dans les réalités sociales des années trente. Ici, l'État et sa « psyché » sont toujours confrontés à des phénomènes très caractéristiques de ces années tumultueuses. Ceux-ci ont formé la matrice de ce que l'on peut appeler une « paranoïa systémique » (thème qui sera ultérieurement exploré). Les années trente ont connu des flux sociaux sans précédent, provoqués par des rythmes de développement auxquels les planificateurs eux-mêmes ne croyaient pas, mais aussi par la « collectivisation » de la paysannerie. Cette entreprise d'« ingénierie sociale », lancée avec une violence sans égale mais dont on n'avait pas mesuré les conséquences, a entraîné une pénurie alimentaire au moment même où le pays s'engageait dans un bond en avant industriel lui aussi inédit. La décision de collectiviser s'inscrivait dans une idéologie attribuant à l'industrie des pouvoirs mythiques. Pour les tenants de cette idéologie, il suffisait d'industrialiser l'agriculture pour que le passé rural de la Russie s'évanouisse, pour que la nourriture abonde et soit déversée par containers entiers. C'était oublier un « détail » : la paysannerie. Alors que l'entreprise devait être menée par les paysans, elle l'a été contre eux. Le résultat ne fut pas l'industrialisation de l'agriculture, mais son étatisation, conformément à un trait du stalinisme que nous avons déjà rencontré.

Les conséquences sociales d'une telle politique apparaîtront au fur et à mesure que nous aborderons les différents aspects d'une société en plein bouleversement.

Population et main-d'œuvre

Pour dresser le « panorama social » de l'URSS des années trente et ses transformations, il nous faut commencer par les données démographiques. Mais nous ne pouvons nous contenter de reprendre les chiffres des recensements (147 millions de Soviétiques le 17 décembre 1926, 170,6 millions le 17 janvier 1939) : ces totaux importants mais obtenus de façon mécanique ignorent les tragiques déplacements de population et les lourdes pertes humaines intervenus au cours de ces mêmes années. Les dirigeants ont commandé un recensement en 1937 mais, au regard du chiffre de 162 millions, inférieur à leurs attentes, ils accusent les statisticiens d'avoir déformé une réalité censée être plus brillante. Leurs rangs sont décimés. Un nouveau recensement est ordonné. Son résultat final est pour ainsi dire fixé d'avance ; aussi, le fait que les statisticiens survivants parviennent à produire le chiffre de 167 305 749 habitants, et pas un de plus, est un véritable exploit. Quand cette enquête démographique a été reprise en 1992, les experts sont tombés d'accord sur un chiffre légèrement supérieur, 168 870 700 habitants, obtenu à partir de données corrigées et complétées. Selon eux, le chiffre publié à l'époque n'était pas falsifié : le décalage observé est parfaitement admissible dans un recensement[22]. Quand on sait que la direction soviétique avait beaucoup à cacher pour dégager sa responsabilité concernant les pertes démographiques causées par la « dékoulakisation », la famine de 1932-1933 et la vague des purges, il est remarquable que les démographes de l'époque aient, d'une certaine manière, réussi à faire comprendre au Kremlin qu'une falsification trop voyante aurait été plus compromettante que la réalité.

Les autres chiffres à prendre en compte sont ceux qui concernent les catégories cruciales de la main-d'œuvre disponible. En 1928, hors secteur agricole, elle s'élevait à 9,8 millions d'ouvriers et 3,9 millions d'employés, représen-

tant au total quelque 17,6 % de la main-d'œuvre nationale
(12,4 % pour les ouvriers, 5,2 % pour les employés). L'industrie comptait cette année-là 3 593 000 ouvriers et 498 000 employés – les techniciens et ingénieurs étaient regroupés sous le
sigle ITR, où le R est l'initiale de *rabotniki* (« travailleurs »), à
distinguer de *rabočie*, qui désigne les travailleurs manuels.

En 1939-1940, on observe des changements spectaculaires :
les ouvriers et les employés représentent alors une masse de 31
à 33 millions de personnes, dont plus de 21 millions d'ouvriers
et 11 à 12 millions d'employés, soit la moitié de la main-
d'œuvre nationale. Notons que la part des employés était passée
de 5,2 % à 16 % du total. Dans le secteur clé de l'industrie, le
nombre des ouvriers avait fait un bond de 3,5 à 11 millions, et
celui des employés d'environ 400 000 à 2 millions, tandis
qu'une évolution du même ordre s'observait dans les transports,
la construction, les télécommunications et la poste.

Des transformations structurelles d'une telle ampleur
portaient sur le devant de la scène des segments sociaux
correspondant à une main-d'œuvre substantiellement différente de celle de la période précédente, et dont la présence
annonçait des changements inéluctables dans les relations
entre les classes et dans la structure du pouvoir. À cela il faut
ajouter l'apparition ou la réapparition massive des femmes
dans le monde du travail. Ce point mérite d'être souligné, car
leur participation à la production allait bien au-delà de leur
concentration traditionnelle dans les secteurs du textile et des
services. En 1913, les femmes représentaient 24,5 % de la
main-d'œuvre dans la grande industrie, avant tout textile. En
1928, elles étaient 2 795 000 à entrer dans la catégorie
« ouvriers-employés », et 13 190 000 en 1940, soit 39 % (43 %
dans l'industrie) de la main-d'œuvre moyenne calculée pour
une année. Elles étaient également massivement présentes
dans l'industrie lourde et dans les mines, et leur rôle dans
l'industrialisation était devenu décisif.

Mais cette évolution importante, qui constituait apparemment un progrès, était contredite par des phénomènes qui
faisaient de leur émancipation une affaire ambiguë. La
progression des femmes dans le secteur industriel, leur nombre
prépondérant dans la médecine, l'enseignement primaire et
secondaire, l'égalité d'accès à l'éducation, leur présence

accrue dans les laboratoires de recherche étaient à coup sûr de grandes avancées. Mais les femmes avaient rarement accès aux responsabilités administratives, y compris dans les hôpitaux et les écoles où elles étaient majoritaires, et elles étaient totalement absentes des postes de responsabilité politique (en dehors de quelques-uns où elles n'avaient qu'un rôle de figuration symbolique). La disparité était évidente. En outre, bien des emplois dans l'industrie lourde ou dans d'autres branches demandaient un travail purement physique, accompli souvent sans aucune aide mécanique. Particulièrement inappropriés pour les femmes, ils avaient des effets délétères sur le taux des naissances et augmentaient le nombre des avortements. Cette situation était encore aggravée par le fait que rien n'était prévu pour alléger les tâches ménagères qui étaient le lot quotidien des femmes. Le prix qu'elles payaient pour entrer sur un marché du travail en pleine expansion était réellement très lourd. Le patriarcat invétéré de la société continuait à imprégner en profondeur l'establishment soviétique, dont le conservatisme allait croissant.

Les données statistiques présentées ici pour la période qui commence en 1928-1929 sont souvent empruntées à des estimations beaucoup plus « douces » que les résultats du recensement de 1926. Mais, mon objectif étant de permettre au lecteur de prendre la mesure de l'intensité des changements, plutôt que de rechercher la précision statistique, je préfère (ici et par la suite) recueillir les données auprès de différentes sources et de plusieurs auteurs, même si elles ne concordent pas toujours[23].

Le quiproquo « employés-spécialistes-intelligentsia »

Le terme *služaščie* (« employés »), très largement utilisé, désignait toute personne qui n'était ni un ouvrier ni un paysan. La diversité des catégories sociales qu'il recouvrait était telle qu'il en devient plutôt inopérant, sauf quand il désigne les employés de bureau – un équivalent des « cols bleus ». Les chiffres globaux des « employés » incluaient une catégorie particulière d'une importance « stratégique » pour le développement du pays, celle des « spécialistes », c'est-à-dire ceux qui

avaient achevé leurs études dans un institut technique supérieur ou un établissement secondaire spécialisé. En 1928, ce
groupe comptait 521 000 individus (233 000 avec une formation dans le supérieur, 288 000 avec une éducation secondaire
spécialisée). Au 1ᵉʳ janvier 1941, ils étaient déjà 2,4 millions
(environ 4 % des salariés), et représentaient 23 % du total des
« employés » ; 909 000 étaient issus de l'enseignement supérieur, 1 492 000 du secondaire spécialisé. L'industrie employait
310 400 de ces ingénieurs et techniciens. Leur nombre avait
quasiment quintuplé en douze ans. Nous disposons d'une
décomposition en sous-groupes de cette catégorie de
« spécialistes », établie à la fin de l'année 1940. Elle permet de
mesurer la part des professions techniques, médicales, économiques, juridiques et, avec moins de précision, celle des ensei-
gnants, bibliothécaires et autres professions culturelles.

La catégorie des « spécialistes » au sens strict s'arrête là :
elle n'inclut pas les scientifiques, ni les artistes, ni les écrivains. En les ajoutant, nous sommes approximativement en
mesure de quantifier une catégorie additionnelle, utilisée
dans les statistiques (comme dans la propagande), celle de
l'« intelligentsia ». Elle recoupe souvent, mais non complètement, celle des « spécialistes ». Si on l'ajoute au nombre des
personnes employées dans la sphère de la culture tel qu'il
nous est donné par d'autres tableaux et d'autres sources (au
1ᵉʳ janvier 1941) celui des spécialistes, nous arrivons au
chiffre de 2 539 315 individus[24]. Certaines publications officielles, pour leur part, donnaient le chiffre de 5 millions, qui
visait à rendre plus crédible la « révolution culturelle »
proclamée par les dirigeants pour ces années. Dans le même
but, les documents officiels utilisaient une autre catégorie,
plus large et plus vague, celle des « personnes employées
principalement à des tâches intellectuelles ». Cette catégorie
était assimilée, non sans quelque légitimité, à celle de l'intelligentsia, ce qui permettait de manipuler l'image que le
pouvoir voulait donner du développement culturel du pays.
Dès 1937, Molotov avait annoncé un chiffre énorme pour les
« intellectuels » ainsi définis. Cette même catégorie floue est
probablement à la base des affirmations imprudentes émises
par la suite par des chercheurs soviétiques, qui déclaraient,
comme on l'exigeait d'eux, qu'« au début des années

quarante, la question d'une intelligentsia populaire était résolue ». Mais certains de ces chercheurs savaient parfaitement que ceux qui avaient obtenu un diplôme d'une institution supérieure ne formaient qu'une partie des personnes employées à des « tâches principalement intellectuelles ». Le plus gros contingent était formé par des *praktiki*, c'est-à-dire des gens qui avaient appris leur métier sur le tas ou lors de cours de rattrapage intensifs, en dehors de tout cursus scolaire, quand bien même l'emploi occupé demandait un savoir spécialisé[25]. Au début de 1941, ce manque de formation était surtout répandu parmi les personnes classées comme « ingénieurs » dans l'industrie. Pour 1 000 ouvriers, on comptait 110 ingénieurs et techniciens, mais seuls 19,7 % d'entre eux avaient un diplôme du supérieur et 23,3 % un diplôme du secondaire ; 67 % étaient des *praktiki* qui n'avaient probablement pas terminé leurs études secondaires. Et le tableau est comparable pour d'autres groupes professionnels, tous emportés dans un processus de croissance quantitative plus rapide que la capacité du pays à les former convenablement.

Les rythmes accélérés de l'industrialisation étaient la cause inévitable de toutes ces insuffisances dans le domaine de la formation, mais aussi des coûts économiques et socioculturels qui font partie du tableau que nous allons décrire. Autour de 1928, les ouvriers de l'industrie n'avaient en moyenne que 3,5 ans d'école primaire derrière eux, et leur niveau d'éducation en 1939 ne dépassait pas 4,2 années. Quant aux personnes employées à des « tâches principalement intellectuelles » – disons, pour simplifier, les employés de bureau –, leur niveau de formation n'était guère supérieur, surtout quand on retranche de l'effectif total les « spécialistes ». Si les « employés » représentent 16,6 % de la population active, seuls 3,3 % peuvent être décomptés comme des « spécialistes », dont la majorité n'avait en fait qu'une formation secondaire incomplète. Cela n'a pas empêché certains auteurs de la période poststalinienne de les regrouper sous la rubrique « intelligentsia ».

Les données globales sur le niveau d'éducation de la population active, tant dans les villes que dans les campagnes, en 1939 aident à clarifier le problème : sur 1 000 actifs,

242 avaient bénéficié d'une éducation supérieure ou secondaire dans les villes, 63 dans les campagnes. Quand on ne considère que l'éducation supérieure, ce chiffre dans les villes est de 32, et dans les campagnes de 3. Pour le secondaire, le chiffre est de 210 pour les villes et 60 pour les campagnes. Mais voici le point crucial : les statistiques sur l'éducation « secondaire » recouvrent en fait deux catégories, « complète » et « incomplète », et l'on a de bonnes raisons de penser que la majorité des individus concernés n'avait pas effectué le cursus secondaire dans son intégralité[26].

L'apparition de nouveaux groupes dotés d'une bonne formation intellectuelle et l'augmentation du nombre de ceux qui pouvaient légitimement être inclus dans cette catégorie prestigieuse[27] sont des phénomènes incontestables. Pour autant, on ne peut ignorer à quel point les chiffres ont été gonflés par le régime. Ces manipulations (qui relèvent aussi vraisemblablement d'un autoaveuglement) visaient à embellir une réalité bien moins brillante : le bas niveau de formation quasi général des ouvriers, des employés et même de beaucoup de ceux qui occupaient des postes de responsabilité. Nous devons garder ces faits à l'esprit, car le bas niveau culturel qui caractérise toute la société forme la toile de fond sociale du stalinisme. Les dirigeants au plus haut niveau étaient suffisamment informés pour chercher à dissimuler et à embellir ce phénomène contrariant.

Mais ces chiffres gonflés – une intelligentsia comptant 5 millions de personnes – révèlent aussi un trait fondamental de toute l'expérience soviétique, et surtout de la période stalinienne : son caractère « extensif », sa propension à privilégier le « quantitatif ». Le recensement de 1939 estimait à 13 821 452 le nombre de personnes « employées à des tâches principalement intellectuelles ». Quand on décompose ces chiffres selon le niveau d'éducation, dans chaque secteur de l'emploi, on arrive effectivement à un total proche des 5 millions (4 970 536, pour être précis), mais il regroupe tous les individus ayant une formation générale, aussi faible soit-elle. De plus, la majorité d'entre eux occupait des postes requérant une formation spécialisée, et même supérieure, qu'ils n'avaient pas. Ils étaient donc de simples *praktiki*, catégorie gigantesque dans ces années-là, et qui reste très présente au lendemain de la guerre. On la retrouve encore dans la période qui suit la mort de Staline, même si elle commence alors à disparaître.

De tout cela, on retiendra que la masse des « cols bleus », qui prolifèrent, comme on l'a vu, dans la période qui sépare les deux recensements, comporte de larges couches de personnes dotées d'une formation et d'une éducation très réduites, qui comprennent aussi les employés de commerce, les caissiers, les télégraphistes, néanmoins mieux payés que les ouvriers, parfois de manière substantielle. En 1940, le salaire mensuel moyen d'un ouvrier est de 30,7 roubles, celui d'un employé de 53,5 roubles. Les ingénieurs et les techniciens (les ITR) sont inclus dans cette moyenne. Mais, même sans tenir compte d'eux, on constate que l'employé de bureau s'en tire bien mieux que l'ouvrier[28]. Le tableau est donc le suivant : en haut, les « privilégiés », tous ceux qui ont un début de formation, aussi rudimentaire soit-il (dans le domaine de l'écriture et de l'arithmétique) ; plus bas, une main-d'œuvre bien plus nombreuse, accomplissant un travail manuel et seulement dotée d'une éducation élémentaire ; enfin, la masse de la population rurale, encore moins alphabétisée que les ouvriers des villes. Mais, même dans les catégories des personnes employées à des « tâches principalement intellectuelles », le bagage éducatif dépassait rarement celui que l'on acquiert en sept années de scolarité.

L'avantage accordé aux employés de bureau, même si la propagande les tournait volontiers en dérision, mais aussi le chiffre artificiellement gonflé des membres de l'« intelligentsia » témoignent d'une évidence : le pays partait de très bas. Et la faiblesse générale du niveau de formation ne jouait pas dans le sens d'une uniformisation des conditions de travail et de rémunération, surtout pas dans les bureaux. La différenciation sociale y progressait à vive allure. Elle était perçue de manière très aiguë. En effet, quand le niveau de vie général est bas, l'obtention par certains d'avantages même mineurs suscite chez les plus démunis un sentiment exacerbé d'injustice, et chez leurs détenteurs à la fois une solidarité entre eux et une hostilité à l'égard de ceux qui en sont privés. Le phénomène est tout à fait compréhensible : en situation de pénurie, avoir une miche de pain en réserve peut être une question de vie ou de mort.

La couche sociale de plus en plus importante désignée sous le terme « employés » (« ni ouvriers, ni paysans ») est loin d'être et de rester socialement homogène. Elle recouvre en fait une réalité sociale de plus en plus disparate, avec la catégorie des « spécialistes », mais aussi une hiérarchie toujours plus différenciée de responsables de tous rangs, présents dans l'ensemble des sphères de la vie. Ce sont eux les bénéficiaires de la plupart des privilèges, et ils détiennent un large pouvoir. Dans la vie de tous les jours, cette différenciation croissante parmi les responsables va trouver son expression tant dans le discours officiel que dans le langage courant, et ce d'autant plus que cette tendance, puissante mais spontanée, devient dès le milieu des années vingt, mais surtout à partir des années trente, la conséquence d'une politique délibérée de motivation et de contrôle social.

Au cours des années trente, les divisions sociales et idéologiques ne cessent de s'accroître, confirmées par la stratégie connue sous le nom de « révolution des statuts ». Elle consiste en des avantages en nature et des privilèges accordés à la couche des « employés ». En fait, les catégories réellement favorisées sont l'« intelligentsia » et les *rukovoditeli* (« détenteurs d'un poste de direction »), catégories qui se chevauchent mais qui, l'une et l'autre, sont dissimulées pour des raisons idéologiques. Cette politique est jugée indispensable pour normaliser le climat social et donner au régime une stabilité. Notons cependant qu'aucun des bénéficiaires de ces traitements préférentiels n'a la vie facile à l'époque. Leurs relations avec le sommet sont en dents de scie. Chaque fois que la politique et l'idéologie officielles subissent des revers, les « employés », du haut en bas de la hiérarchie, sont pris comme boucs émissaires et sacrifiés à la colère populaire. L'opération est facile à mener, en raison même du fossé qui sépare les citoyens ordinaires de ces privilégiés, surtout quand ils occupent de hautes responsabilités politiques ou économiques. Ainsi, les « privilèges » si convoités par ceux qui cherchent à grimper l'échelle sociale sont aussi, dans les conditions politiques de l'époque, un piège dangereux. Après avoir traité des catégories générales d'« employés », de « spécialistes » et d'« intelligentsia », esquissons maintenant le portrait des *rukovoditeli*.

Les détenteurs d'un poste de direction

Dans la nomenclature statistique soviétique, les personnes occupant des postes de responsabilité, les *rukovoditeli*, sont aussi appelés *rukovodiaščie rabotniki* (« travailleurs dirigeants »), parfois *otvet-politrabotniki* (« travailleurs politiques responsables »), plus tard simplement *otvet-rabotniki* (« travailleurs responsables »). Pour faire partie de cette catégorie, il faut être à la tête d'une unité structurelle, avec au moins quelques subordonnés, dans les services de l'État, du Parti, d'un syndicat ou d'une autre organisation officielle. Selon le recensement de 1926, ils étaient 364 816 à occuper des postes de responsabilité dans les entreprises, sur les chantiers de construction, dans les institutions administratives et leurs services. Dans le recensement de 1939, la catégorie en question compte 445 244 individus, auxquels viennent s'ajouter 757 010 personnes occupant des postes subalternes, mais dotées de pouvoirs importants, dans toutes sortes d'entreprises : les directeurs d'usines et autres cadres supérieurs de l'industrie sont 231 000, les responsables d'ateliers et d'autres unités de moindre importance 165 191, les présidents et vice-présidents de kolkhozes 278 784. Les administrateurs de sovkhozes, pour leur part, figurent dans la rubrique « entreprises ». Cela donne un total de 2 010 275 personnes (dont 924 009 dans les campagnes). Enfin, au sommet du Parti et de l'État, à l'échelle de l'Union, des républiques et des districts, on trouve 67 670 individus à la tête d'institutions dans les villes et 4 968 dans les campagnes, ce qui donne un total de 72 638 *načal'niki* (« chefs ») dans tout le pays. C'est autour d'eux, et sous leurs ordres, qu'opèrent les *rukovoditeli* que nous venons d'évoquer, eux-mêmes étant assistés par des responsables de moindre rang, sans compter le personnel affecté à des tâches techniques et de service (transport, réparation, nettoyage).

À ce stade, il nous faut revenir à la large catégorie de l'« intelligentsia » pour mettre en évidence certaines composantes importantes, à savoir les écrivains influents, savants, architectes, inventeurs, économistes et autres experts dont le complexe militaro-industriel, entre autres, a le plus grand besoin. Cette couche devient socialement et politiquement proche des dirigeants supérieurs dont nous venons de parler, et forme avec eux une élite, ou plus exactement l'un des éléments clés de l'élite du pays.

Les catégories des *rukovoditeli* et de l'« intelligentsia » sont importantes, car elles permettent d'identifier les couches qui désormais ont du poids, sont potentiellement capables d'exprimer leurs besoins propres, d'exercer des pressions et, souvent, d'obtenir ce qu'elles veulent. L'émergence de groupes sociaux à même d'accéder à des positions de pouvoir et de défendre leurs intérêts est observée de très près et avec une grande vigilance par Staline. Son problème est précisément d'essayer d'empêcher l'apparition effective de tels « phénomènes négatifs », encore largement virtuels.

Une urbanisation galopante : villes, baraquements, casernes

Les modifications du paysage socioprofessionnel, qui, nous l'avons vu, se traduisaient par une croissance de la population ouvrière et des couches intellectuelles, administratives et techniques, s'observaient dans l'ensemble de l'économie, et à une moindre échelle dans l'agriculture. Les secteurs de l'industrie, du bâtiment, des transports, ainsi que l'éducation et la recherche, étaient inextricablement liés à l'urbanisation du pays. Au demeurant, l'industrialisation était à elle seule un puissant facteur d'urbanisation, tout comme la multiplication des établissements d'enseignement, de recherche, de santé publique et d'administration.

L'urbanisation était aussi le vecteur d'un processus d'une plus grande ampleur, annonciateur d'un moment crucial dans l'histoire de la Russie : la disparition d'une société (celle que nous décrivons ici) et l'apparition d'une autre, entièrement différente. Les changements de proportion entre la population urbaine et la population rurale nous placent au cœur du problème. La brève période qui nous occupe a simplement planté le décor d'un tournant rapide et décisif, dont les premières manifestations, dans les années trente, ont été un ensemble hétéroclite de phénomènes caractéristiques d'une phase de transition, dominée par les conflits entre des couches sociales et des cultures en train de se mélanger. Les choses ne devaient prendre forme qu'à plus long terme, même si ce « long terme » arriva vite. Les années trente ont été le lieu d'une impulsion initiale profondément déstabilisante, dont les répercussions ont affecté tout le système.

En 1928, la population du pays était estimée à 154,3 millions d'habitants : 27,6 millions (18 %) vivaient dans les villes, 121,2 millions (82 %) dans les campagnes. L'historien V.P. Danilov a contesté ces chiffres. Bon nombre de localités incorporées dans la catégorie des « villes » dans les années vingt n'étaient en réalité que de gros villages, ce qui n'a pas empêché les démographes de l'époque de rattacher leur population à l'ensemble de la population urbaine. Le pourcentage (en 1926) serait en réalité de 84 % pour la population rurale, soit 3 millions de personnes en plus[29]. Ce rectificatif est une bonne introduction à l'un des traits dominants de la période : l'urbanisation en cours avait pour toile de fond une réalité et des racines encore profondément rurales. Ce fait a été relevé par bon nombre de visiteurs étrangers, qui ont observé, à la fin des années vingt, à quel point dans les villes, Moscou incluse, « la ville et la campagne jouaient toujours à cache-cache » (Walter Benjamin). La prédominance des origines rurales dans le présent était par bien des aspects générale et cette réalité socio-historique était loin d'avoir disparu, en dépit de la « collectivisation » et des autres stratégies de « modernisation ». Les chiffres gonflés de l'« intelligentsia », les proclamations sur la réalisation des plans ou les salves saluant l'avènement du « socialisme », fixé par un caprice de Staline à 1937, *annus mirabilis*, exprimaient le besoin d'accélérer, au moins en paroles, la fin d'une étape historique encore profondément ancrée dans un passé très prégnant. Mais tout cela ne diminuait en rien, bien au contraire, l'intensité et les souffrances de la transition.

Le recensement de janvier 1939 donnait pour l'URSS, dans ses frontières d'avant 1937, 170,5 millions d'habitants, dont 114,4 millions (67 %) dans les campagnes et 56,1 millions (33 %) dans les villes. La population urbaine avait donc doublé en douze ans, ce qui représentait une croissance de 30 millions de personnes – une progression extraordinairement rapide, jamais enregistrée en matière d'urbanisation. Le taux de croissance annuel de la population urbaine le démontre éloquemment : il est de 2,7 % entre 1926 et 1929, de 11,5 %

entre 1929 et 1933, de 6,5 % entre 1933 et 1936, ce qui fait une moyenne de 9,4 % entre les deux recensements (1926 et 1939)[30].

Les données en chiffres bruts ne sont pas moins parlantes : entre 1926 et 1929, la population urbaine augmente de 950 000 personnes par an ; entre 1929 et 1932, de 1,6 million par an ; entre 1932 et 1939, de 2,34 millions par an. En 1940, la population urbaine totalise 63,1 millions d'habitants (dont 7 millions dans les territoires récemment annexés), mais, comme nous l'avons déjà noté, ce monde urbain est encore profondément pris dans les rets des campagnes et de la paysan- nerie, qui reste largement majoritaire et sert de « réservoir » pour toute la structure sociale. On peut résumer les profonds changements sociaux de cette courte période en soulignant l'interaction de trois puissants « facteurs de transformation » : à une extrémité, la collectivisation « déruralise », à l'autre extrémité, l'urbanisation fait de même, et l'industrialisation, autre démiurge puissant, opère aux deux bouts.

Conséquence de cette mutation, la croissance des villes et l'afflux vers elles des paysans prennent des proportions gigantesques. Entre 1926 et 1939, les villes grossissent de 29,6 millions d'habitants – 18,5 millions de nouveaux arri- vants, 5,3 millions par accroissement naturel (naissances, mariages, etc.), et 5,8 millions du fait du rattachement par déci- sion administrative de localités rurales importantes à la catégo- rie « villes ». En 1939, 62 % des nouveaux citadins viennent donc de la campagne : la croissance endogène de la population des villes et des « communes de type urbain » ne compte que pour 17,8 % ; les 19,5 % restants sont devenus citadins par simple décision administrative – autrement dit, 5,8 millions de paysans ont acquis le statut de citadins sans quitter la campagne.

Ce processus ne concerne pas seulement les 640 villes exis- tant sous la Russie tsariste. Environ 450 villes nouvelles ont été créées en treize ans. Soixante et onze villes comptent 100 000 à 500 000 habitants – alors qu'en 1926 le pays n'avait que vingt-huit villes de cette taille –, et onze dépassent les 500 000 habitants, contre trois seulement en 1926. En outre, alors que dans la période 1897-1926 c'étaient les villes de plus de 100 000 habitants qui enregistraient la croissance la plus rapide, les années 1926-1939 voient surtout le développement,

sous l'effet de l'industrialisation, de villes moyennes, celles de
50 000 à 100 000 habitants. Bien des agglomérations se créent
« là où il n'y a rien », c'est-à-dire autour d'un chantier. En
1926, 17,4 % de la population vivent dans les villes. Treize ans
plus tard, le pourcentage atteint 32,9 %[31].

Cependant, ni le chiffre de la croissance moyenne par année,
ni le chiffre global de 30 millions de nouveaux citadins ne
suffisent à rendre compte de l'intensité des bouleversements
engendrés par la croissance des villes. Les 18,5 millions de
paysans concernés ne se sont pas contentés de venir en ville et
d'y rester. Ce chiffre, déjà énorme, est la résultante de deux
flux qui vont en sens contraire. D'un côté, des millions de
paysans tentent l'expérience de la ville ou, pour les plus aisés,
y cherchent refuge à la suite de persécutions ; de l'autre, des
masses de gens quittent les zones urbaines, parfois à toutes
jambes. C'est un véritable maelström humain.

On se doute que le pays n'était guère préparé à affronter de
tels mouvements migratoires. En raison des mauvaises récoltes
et des difficultés d'approvisionnement en blé, le niveau de vie
avait considérablement baissé, comme le montre la crise du
logement. Le plus souvent, on trouvait à se loger dans des
baraquements, ou dans le coin d'une pièce déjà occupée. La
situation la plus favorable était celle où une famille pouvait
disposer d'une pièce à elle dans un appartement communautaire surpeuplé. Ces difficultés n'étaient pas le seul lot des
nouveaux arrivants. Les données sur le logement soulignent la
gravité de la crise : les baraquements, généralement un simple
toit, sans le moindre confort, et les appartements communau-
taires, en nombre toujours croissant, avec une pièce par famille
et une cuisine pour quatre foyers ou plus, faisaient désormais,
et pour des décennies, partie intégrante du paysage urbain.

En 1928, un logement était considéré comme « normal », au
regard des normes d'hygiène et de confort, si chaque personne
disposait de 6 m². Mais cette superficie, si modeste fût-elle,
n'était qu'un rêve – un des objectifs du premier plan quinquennal (jamais atteint) était que chacun puisse en disposer. En
attendant, les ouvriers devaient trouver par eux-mêmes un
logement misérable ou un « coin » dans les villages avoisi-
nants, loin de leur lieu de travail. Dans bien des complexes
industriels, la situation du logement empirait, les appartements

se délabraient et ne répondaient plus en rien aux exigences minimales d'hygiène. À la date du 6 janvier 1936, les habitants d'une ville nouvelle type en Russie d'Europe disposaient en moyenne de 4,4 m^2 par personne, contre seulement 3,2 m^2 en Sibérie occidentale. Les chiffres ayant trait aux services et aux équipements dans les villes étaient déprimants. Les indicateurs concernant le tout-à-l'égout, l'eau courante et le chauffage central en Russie d'Europe et en Sibérie étaient très bas. Seule l'électricité échappait à la règle : elle équipait 92,3 % des logements en Russie (70 % en Sibérie occidentale). Le tout-à-l'égout concernait 22,8 % des logements en Russie et 5 % en Sibérie ; l'eau courante, respectivement 43 % et 19 %.

Ces chiffres permettent de se faire une bonne idée des conditions de vie à l'époque. Ils laissent aussi deviner les difficultés de la cohabitation dans ces logements surpeuplés, où toute intimité était impossible, et la vie personnelle et familiale réduite à l'extrême. La sous-alimentation, les conditions de logement déplorables, le manque d'hygiène, l'épuisement physique et nerveux dû à la difficulté de se reposer, sans oublier l'emploi massif des femmes, soumises aux mêmes contraintes que les hommes – si ce n'est à pis encore –, expliquent la baisse de la natalité dans les années trente. Les difficultés économiques, la famine (surtout en 1932-1933) et les diverses autres épreuves du début de cette décennie entraînent une chute de la croissance de la population. La pénurie alimentaire, le rationnement, l'intensité du processus migratoire, la « dékoulakisation », les flux incessants vers les villes et hors d'elles, ébranlent le mode de vie traditionnel et les relations au sein de la famille.

De 1923 à 1928, la population avait encore connu une croissance sans précédent de 4 millions par an, résultat d'une baisse de la mortalité et d'un fort taux de natalité. En 1928, le taux de natalité était de 42 ‰, le taux de mortalité de 18 ‰, et le taux de croissance de la population de 24 %, en premier lieu dans les campagnes. Tout autre est le tableau des années 1928-1940 : le taux de croissance démographique est en perte de vitesse, surtout en 1930-1931. Dans les années qui suivent, la chute se poursuit. En 1932, le taux des naissances n'excède plus que de 5,6 % celui des décès. Et l'année 1933 connaît pour la première fois une balance démographique négative dans les villes de Russie d'Europe. À l'évidence, dans les années 1930-1935, la situation est particulièrement alarmante. En 1938, la croissance démographique s'améliore et retrouve le niveau de 1929 (20 %) dans ces mêmes régions, avant de retomber à 19,2 % en 1939 et à 13,2 % en 1940 à cause des menaces de guerre, et aussi parce que le nombre d'individus en âge de se marier diminue, conséquence logique des morts de la Première Guerre mondiale et de la guerre civile[32].

Il est difficile de dire si ces données, tirées des sources soviétiques, rendent effectivement compte de la réalité. Sans doute la baisse de la natalité peut-elle être attribuée pour partie à une tendance à long terme. Mais le fait que le gouvernement ait pris des mesures drastiques pour tenter d'enrayer ce déclin et d'inverser la course porte à penser qu'il disposait de chiffres plus alarmants encore. L'amélioration du niveau de vie n'était pas un objectif facile à atteindre à la fin des années trente, compte tenu de l'accroissement des dépenses d'armement. Le gouvernement privilégiait des mesures draconiennes, comme l'interdiction et la criminalisation de l'avortement (décret du 27 juin 1936), qui étaient peu efficaces et ne constituaient pas une réponse adéquate à la situation. La politique nataliste brutale, sans effets réels – l'image de la « mère héroïque » (titre et médaille décernés aux femmes qui avaient au moins dix enfants), source d'innombrables plaisanteries –, pas plus que le massacre des femmes livrées aux avortements clandestins, n'explique en rien la hausse des naissances proclamée officiellement en 1937 (au plus fort des purges). Elle est suivie par une nouvelle baisse, en 1939, où l'on retrouve le niveau de 1935. À cette date, un facteur supplémentaire intervient, celui de la mobilisation des hommes sous les drapeaux.

Chapitre VI

L'impact de la collectivisation

Même limitée à l'industrialisation à marche forcée, la politique que la couche dirigeante du Parti, désormais fermement tenue en main par Staline, lance en 1928-1929 aurait constitué un événement sans précédent. Mais cet énorme effort économique intervient dans une conjoncture où l'approvisionnement en céréales est de plus en plus difficile. Et l'industrialisation semble menacée aussi longtemps qu'une restructuration parallèle de l'agriculture n'est pas entreprise de façon radicale. Comme pour l'industrie, il s'agit de faire un grand bond en avant et d'appliquer au secteur agricole des méthodes industrielles qui apparaissent comme le moyen le plus rapide de révolutionner l'économie des campagnes. Une fois que les machines auront remplacé la charrue (un simple araire, dans certains cas), les résultats spectaculaires ne manqueront pas de suivre rapidement.

À la fin de 1939, les travailleurs des kolkhozes sont au nombre de 29 millions, soit 46,1 % de la population active, auxquels il faut ajouter 1 760 000 travailleurs des sovkhozes et des autres entreprises agricoles, et 530 000 employés des stations de machines et tracteurs (MTS)[33]. Cependant, alors que dans l'industrie les ouvriers entrent dans un système d'usines et d'emplois historiquement préexistant, le système social et productif de l'agriculture est très différent. Le transformer de fond en comble par une simple décision bureaucratique imposée d'en haut, sans demander son avis au producteur, revient à exproprier une masse énorme de paysans. Les séquelles non prévues de cette politique pèseront jusqu'au bout sur l'agriculture et l'État soviétiques.

L'éditorial d'une revue agricole met le doigt sur un syndrome crucial : le camarade Krivcov, secrétaire de la MTS de Matveevo-Kurganskij, dans le district de Rostov, y est critiqué pour ne pas avoir effectué au sein des brigades de conducteurs de tracteurs un travail politique adéquat qui aurait permis de mener à bien la moisson. Il ressort de cet article que les conducteurs de tracteurs ne lisent pas les journaux qui leur sont destinés, qu'ils ignorent les décrets gouvernementaux et ne savent pas qu'ils ont droit, durant les 95 premiers jours de moisson, à une double rémunération, à condition de remplir les normes.

Le journal cherchait à populariser les avertissements formulés par le secrétaire du Comité central, Andreev, dans son discours devant le XVIII⁰ congrès du Parti, où il s'en prenait à ceux qui croyaient que tout allait pour le mieux dans l'agriculture. Pour la revue, Andreev avait raison : l'agriculture « étatisée » était incapable de fonctionner convenablement sans une intervention politique massive qui ne saurait être confondue avec une simple opération d'agit-prop. Selon lui, les autorités devaient être prêtes à exercer une forte pression sur les producteurs, et l'agriculture devait être pilotée par les responsables locaux de l'administration et du Parti, exactement comme un commissariat du peuple gère ses services en transmettant ses instructions pour application. Le commissariat à l'Agriculture devait intervenir à tous les niveaux, jusqu'à celui du kolkhoze ou du sovkhoze – à l'instar de l'État et du Parti, dont les pressions s'exerçaient sur le commissariat et ses services –, et directement sur les producteurs, par l'intermédiaire du Parti, de la police et de l'administration locale.

Cela passait aussi par l'élaboration, dans tous les districts, de plans détaillés pour chaque étape de la production agricole, décidée au niveau central, ou en tout cas avec son aval. Autant de fois que nécessaire, des nuées d'émissaires devaient s'abattre comme des sauterelles sur le district et ses kolkhozes pour surveiller l'exécution des travaux saisonniers, considérés comme autant de campagnes menées par l'État. Une attention toute particulière était accordée au battage du grain : lors de cette étape cruciale, des fonctionnaires, voire des équipes spéciales, étaient envoyés pour prélever la part due à l'État, avant même que le paysan ait reçu la sienne. De façon plus perfide encore, toute une pyramide de commissions spéciales, créées pour évaluer la récolte attendue, recouraient à des manipulations statistiques pour « décréter » par avance le volume de la future moisson et taxer les paysans au prorata de ces estimations gonflées. Une telle accumulation de pressions décourageait toute volonté de travailler honnêtement et entraînait l'affaiblissement, voire la disparition, de l'attachement naturel du paysan à la terre et aux travaux des champs. Désormais, les paysans réservaient l'essentiel de leur énergie au lopin familial. Sans ces terrains, ils seraient morts de faim, et le pays aussi. Malgré leurs dimensions ridicules, ces lopins jouaient un rôle essentiel dans l'alimentation des campagnes, et aussi des villes. Ils constituaient tout ce qui restait aux paysans pour demeurer une classe et conserver à leurs villages le statut de communauté viable.

Bien des années plus tard, dans la période poststalinienne, et en dépit de nombreuses améliorations et réformes, les traces de cette politique agricole volontariste des années trente avaient encore une conséquence humiliante : alors que les « collectifs » étaient dotés de champs immenses et d'une armada de tracteurs, et malgré une population rurale toujours considérable, le pays était obligé d'importer des céréales des États-Unis.

Ce qui est arrivé à l'agriculture soviétique est un exemple particulièrement dramatique d'une entreprise de modernisation imposée envers et contre tous. L'État s'était fixé pour tâche de gouverner par en haut la totalité du monde agricole. La majeure partie de la nation – la paysannerie – n'accomplissait sa tâche productive qu'en traînant les pieds. Et encore fallait-il s'appuyer sur une lourde machine associant contrôle, stimulants et répression. Le système kolkhozien était une structure hybride combinant des principes incompatibles : le kolkhoze, la MTS et le lopin privé étaient condamnés à coexister péniblement, mais le tout ne formait ni une coopérative, ni une usine, ni une exploitation privée (le terme « collectif » était dans ce cas totalement inapproprié[*]).

---

[*] Rappelons que « kolkhoze », en russe, est l'abréviation de « exploitation collective » (*kollektivnoe hozjajstvo*). (*NdT*.)

La « collectivisation » – qui n'avait donc rien de collectif – a également eu une profonde influence sur le système étatique. Les dictatures, on l'a dit, peuvent prendre des formes et des couleurs diverses. Dans le cas de l'URSS, le régime s'est doté d'un énorme appareil étatique de coercition, indispensable pour contraindre la majeure partie de la population à accomplir un travail qu'elle faisait jusqu'alors sans que personne l'y oblige.

Quel qu'ait été le destin de l'agriculture soviétique comme mode de production, les processus qui ont conduit à la transformation historique du paysage social de la Russie ont été démultipliés par ces nouvelles méthodes agricoles. Le passage d'un passé rural millénaire à une ère nouvelle était désormais largement amorcé, mais on restait dans une phase de transition. La composante industrielle et urbaine progressait à vive allure, mais la composante rurale, en dépit de sa stagnation et des bouleversements qui la frappaient, demeurait massivement présente. Autrement dit, la transition se caractérisait par un mélange explosif de structures technico-administratives modernes à grande échelle et d'une société rurale qui, sociologiquement et culturellement, avait encore un mode de vie profondément traditionnel, avec des rythmes et un horizon propres.

La Russie tsariste avait connu une contradiction comparable. De fortes vagues de développement capitaliste avaient déferlé sur un pays profondément rural dominé par un État absolutiste, entraînant toutes sortes de déséquilibres et de crises. Dans le cas de l'URSS, cependant, les vagues de l'industrialisation étaient encore plus fortes et, à la différence de ce qui se passait du temps du tsar, le mouvement était piloté par un État régénéré, déterminé, prompt à la répression, dirigé par un groupe étroit, très conscient de son pouvoir. Faute de prendre en compte le choc entre une société industrielle en devenir et la réaction – ou l'absence de réaction – de la paysannerie, ainsi que l'impact de ce mélange complexe sur le régime politique, le cheminement de l'histoire russe et soviétique au XXᵉ siècle – 1917, le léninisme, le stalinisme et l'effondrement final – reste impossible à déchiffrer.

Il faut donc insister : la composante rurale du pays, forcée par le régime à renoncer à ses traditions séculaires, a « pris sa revanche » en obligeant le régime à renforcer encore sa lourde machine administrative et répressive, sans laquelle il n'aurait pas tiré grand-chose de son agriculture. L'affrontement a eu bien d'autres conséquences, tout aussi décisives, à commencer par la « ruralisation » des villes. L'afflux de paysans venus chercher du travail ou fuyant simplement les campagnes a fait de la croissance urbaine un problème majeur pour le régime. La ruée vers les villes était *ipso facto* un exode rural massif. Elle était une démarche préventive chez ceux qui se savaient menacés et, parfois aussi, la conséquence des persécutions subies par ceux qui avaient été déplacés de force vers des territoires lointains. L'exode vers les villes se produisait alors que le système des kolkhozes récemment mis sur pied n'était pas encore assez solide pour assumer ses tâches au rythme des saisons.

La fuite vers les villes était aussi celle de milliers de conducteurs de tracteurs et de moissonneuses-batteuses ou autres spécialistes. Après avoir reçu une formation accélérée, ou même durant la période de leur enseignement professionnel, ils préféraient s'enfuir vers le monde urbain, ce qui traduit bien la contradiction interne à la démarche fondée sur les stimulants matériels : alors que l'État les formait pour aller travailler dans les champs, eux choisissaient de partir à la ville.

Les chiffres sur les flux sociaux, les mouvements chaotiques vers les villes et hors d'elles, l'urbanisation « ruralisée », la culture du baraquement caractéristique de la mentalité et du mode de vie dans les villes, le traitement brutal de la main-d'œuvre sur les chantiers et dans les kolkhozes, tous ces traits du système doivent être modulés par la prise en compte d'un autre phénomène qui tend à atténuer la dureté du tableau. Alors même que les besoins en main-d'œuvre sur les chantiers et dans les entreprises étaient considérables, on observe une mobilité spontanée des travailleurs, au grand dam des autorités et des directeurs d'usines. Des ouvriers quittaient leurs usines, ce qui même en temps de paix était considéré comme un acte de désertion. Il s'agissait souvent de jeunes gens, qui allaient se cacher dans leur village natal avec le soutien et la complicité de l'administration locale. Les mêmes raisons qui poussaient les hauts dirigeants à intensifier les mesures de coercition et de répression contre la mobilité spontanée des travailleurs et les désertions incitaient les autorités locales, surtout dans les campagnes, à accorder leur protection aux jeunes gens qui fuyaient l'usine, ou tout autre emploi trop dur, pour rejoindre les kolkhozes et les sovkhozes. Un phénomène plus étonnant et moins bien étudié est l'indulgence des tribunaux et des ministères publics à cet égard. Soucieux des intérêts locaux, ou ne considérant pas comme des criminels ces jeunes qui refusaient d'être forcés à travailler là où ils ne le voulaient pas, des procureurs évitaient de lancer des poursuites, des juges prononçaient des peines légères, sans emprisonnement.

L'État stalinien avait remis en vigueur la tradition de l'Ancien Régime tsariste, qui considérait (au moins jusqu'à la suppression du servage, en 1861) que la main-d'œuvre était attachée à son lieu de travail (*glebae adscripti*). C'est là un trait majeur du stalinisme, avec toutefois une réserve : les « acteurs sociaux », y compris les administrations elles-mêmes, atténuaient la sévérité de l'État dictatorial grâce à des sas de secours et des échappatoires créés par les intérêts et les « besoins » objectifs. Ces correctifs et ces « adoucissements » dans le carcan de la dictature ne doivent pas être ignorés. Cette réserve s'applique à la totalité de la politique répressive de Staline dans les années trente. Il est vrai que la formule « sécurité + terreur » est une composante quasi intrinsèque et centrale du développement du système stalinien, qui justifie l'attention critique qu'on lui a portée. Nous aurions nous-même beaucoup à dire sur les horreurs du régime, mais avec des réserves du même ordre que celles que nous avons apportées en traitant du problème spécifique de la main-d'œuvre. L'ensemble des mesures de répression et de terreur a trop souvent monopolisé l'attention des chercheurs au détriment d'une évocation plus large des changements sociaux et de la construction de l'État. Pourtant, ce tableau est indispensable si l'on veut comprendre en profondeur les interactions multiples et variées à l'œuvre dans cet édifice complexe. C'est pourquoi nous chercherons ici à examiner au moins certains des éléments qui permettent de plonger au plus profond des processus sociaux en cours durant ces années-là.

Le « climat » général de la période peut être résumé de la manière suivante : urbanisation, industrialisation, collectivisation, purges et procès truqués, développement de l'enseignement, dépréciation démagogique de la culture, mobilisation des énergies et des personnes, criminalisation croissante de bien des aspects de la vie, création fiévreuse de structures administratives, etc. Tout cela, et bien d'autres choses encore, caractérise les tumultueuses années trente. Ces événements et ces processus de grande ampleur et simultanés, qui interfèrent et se chevauchent, ont produit des changements historiques à un rythme rarement égalé, le tout dans une atmosphère de grande confusion, voire de chaos. Il est raisonnable de penser que le système politique ne peut être compris indépendamment des chocs qu'il subissait en retour de ses initiatives. En d'autres termes, le système politique qui était à l'origine de tous ces bouleversements a été à son tour conditionné par les résultats obtenus, ce qui a donné forme à une dictature d'un type très particulier.

Il s'ensuit que l'histoire sociale ne peut être négligée quand on traite du « système politique », voire, plus spécifiquement encore, quand il s'agit du complexe État-Parti.

Le mot *tekučka* (que l'on peut rendre par « mobilité spontanée de la main-d'œuvre ») traduit bien l'ampleur de ces mouvements de population en tous sens, en particulier durant les premières années de cette période. Des millions de personnes circulent dans tout le pays : elles affluent vers les villes ou les grands chantiers, mais les abandonnent parfois tout aussitôt, elles fuient les campagnes où règne la menace d'être exproprié et déporté comme « koulak », elles viennent acquérir une formation ou prendre un nouveau travail, qu'elles quittent avec la même rapidité. Ces différentes formes de *tekučka* composent un immense flux social, difficile à contrôler et à maîtriser, avec une population sans cesse sur les routes ou dans les trains, à travers tout le pays.

Telle est la toile de fond qui conduit à considérer la situation comme explosive. L'instauration du passeport intérieur et de la *propiska* (enregistrement obligatoire dans les villes auprès des services de police pour avoir le droit d'y demeurer) n'est qu'un des moyens adoptés par le régime pour remettre de l'ordre dans le pays. D'un côté il recourt à toute une gamme de méthodes administratives et répressives, de l'autre il expérimente des stratégies sociales et économiques.

L'aménagement élémentaire de l'espace urbain, dans sa phase initiale, était au cœur et à la source de cette instabilité et de ces flux. Même par la suite, une fois la situation en partie stabilisée, ce trait sociologique important a perduré. Outre ses villes partiellement ruralisées, la Russie de Staline comptait toujours 67 % de ruraux, et une part conséquente de sa population active était encore « non industrielle », en dépit des tracteurs des MTS. Le cadre de vie de ces dizaines de millions de personnes restait pour l'essentiel un village de petites ou moyennes dimensions, jouxtant parfois d'autres villages, mais le plus souvent isolé. Sans doute en existait-il d'autres plus vastes, essentiellement dans certaines régions de la steppe ou du Nord-Caucase, mais ils étaient bien moins nombreux. Au demeurant, ces grosses agglomérations rurales se distinguaient des grandes villes tout autant que des petits villages. Les réseaux de voisinage qui régissaient la sociabilité au sein de la commune, le rythme saisonnier de l'activité productrice, une culture encore profondément religieuse et imprégnée de croyances magiques influaient fortement sur la vie quotidienne et les comportements des populations rurales.

L'élaboration d'une culture urbaine et l'adaptation qu'elle exige sont des processus plutôt lents. Dans une période aussi brève que celle que nous étudions ici, le passage d'un mode de vie à un autre, même dans des conditions plus favorables, aurait de toute façon représenté un grand bouleversement. Cependant, si frustes qu'elles aient pu être, les villes, et surtout les plus grandes, constituaient un monde des plus complexes pour des gens tout juste débarqués de l'univers villageois que nous avons décrit. Un des traits distinctifs de la ville par rapport aux campagnes dit tout : dans les grandes villes, on dénombrait environ 45 000 professions différentes, contre 120 dans les campagnes.

La pénurie alimentaire et le manque de logements, pour ne citer que les deux aspects les plus manifestes et les plus durs des villes d'alors, sont révélateurs d'un état de crise qui ne pouvait qu'aggraver les difficultés que les habitants venus des campagnes rencontraient dans l'univers industriel et urbain. Au village, chacun vivait dans l'univers familier de son foyer, de ses animaux domestiques et des voisins qu'il connaissait presque tous, et cette familiarité s'exprimait sous la forme d'un véritable besoin psychologique. En revanche, la foule des villes, anonyme, est facilement perçue comme hostile.

D'autres traits déjà mentionnés rendaient l'adaptation encore plus difficile. Dans les villes soviétiques, à l'époque, les jeunes étaient majoritaires et l'insécurité régnait. Le « hooliganisme » est le nom qui a été donné à ce phénomène, qui représentait un fléau patent. Pour les jeunes qui arrivaient tout droit de leur village, l'assimilation était plus facile, et ils abandonnaient rapidement les valeurs des migrants plus âgés.

Pour beaucoup de paysans, la seule manière d'affronter les défis de cet environnement difficile était de préserver le plus grand nombre possible de traditions villageoises au sein de leur nouveau lieu de vie. Ce comportement défensif renouait avec le caractère rural de nombreuses villes, qui perdurait depuis le tsarisme et recréait un mode de vie hybride, lequel constitue un trait de l'urbanisation soviétique jusqu'à nos jours. Il nous faut donc insister une fois encore sur un point, de plus en plus évident : la Russie de Staline, qui est entrée en guerre en 1941 et l'a gagnée, n'était pas encore une importante puissance urbaine et industrielle, même si elle s'était déjà engagée sur cette voie. À bien des égards, sociologiquement, mais aussi culturellement, elle était dans la continuité de son passé agraire, y compris quant à la forme de son État modernisateur.

Chapitre VII

Vers le règne de l'arbitraire

Nous n'avons encore rien dit des vagues de critiques, des manifestations de désaccord et des paroles souvent amères qui montaient des classes inférieures jusqu'aux boîtes à lettres de l'administration et du Parti. De fait, le mélange de séduction et de harcèlement qui caractérisait la politique à l'égard de l'administration et de l'intelligentsia avait pour objectif de faire d'elles un rempart solide pour le régime et les cadres dirigeants de l'État. Toute expression de mécontentement populaire à grande échelle, toute critique acerbe et argumentée, même quand elles ne se transformaient pas en désordres ou en manifestations de rue que l'on aurait pu qualifier d'« opposition » ou de « contre-révolution », étaient considérées comme dangereuses. Même les réactions de membres du Parti qui travaillaient hors de l'appareil étaient jugées préoccupantes par les dirigeants. Et tous ces mécontentements n'avaient pas attendu le plan quinquennal pour surgir.

Des membres du Parti participent à des grèves (1926)

Les rapports de la GPU et du service d'Information du Parti notent que les membres de celui-ci n'étaient pas tous des briseurs de grève, même si certains étaient perçus comme tels et l'étaient effectivement. De janvier à septembre 1926, sur les 603 grèves recensées dans le pays, 45 avaient impliqué des membres du Parti[34]. Certains d'entre eux étaient même à l'origine de ces mouvements, voire à leur tête. Les rapports déploraient les comportements négatifs de membres du Parti travaillant dans différentes usines. Ils soulignaient le fait que les difficultés économiques favorisaient l'apparition de comportements qualifiés de « paysans » : passivité dans la vie sociale et professionnelle, préjugés religieux et nationalistes, prises de position hostiles aux décisions de la cellule.

Des exemples sont cités de membres du Parti tenant des propos très critiques. « Nous sommes bien plus exploités qu'avant. Avant, il y avait la bourgeoisie ; maintenant, il y a les directeurs. » Un autre cas est évoqué dans ces rapports, celui d'une cellule qui, exigeant de ses membres qu'ils cessent une grève, s'était attiré cette réplique d'une ouvrière communiste : « Mais qu'est-ce que vous voulez ? Est-ce que le Parti me nourrit ? Il est devenu impossible de survivre. » Autre réplique : « On nous pressure jusqu'à la moelle, nos délégués syndicaux sont de connivence avec la direction de l'usine et ne tiennent aucun compte des revendications ouvrières. »

Dans une verrerie de la province de Krasnoïarsk, des groupes d'ouvriers se mettent en grève pour exiger une hausse des salaires de 42 à 52 roubles. Un membre du Parti est au nombre des meneurs. Tous les grévistes sont licenciés, probablement parce qu'ils sont peu nombreux. Lorsque les grèves sont plus massives, les revendications sont souvent satisfaites.

Aux chantiers navals Nevski, à Leningrad, une grève éclate. Elle pourrait être stoppée par deux membres du Parti qui jouissent d'un grand prestige parmi les ouvriers, mais ils refusent d'intervenir dans ce sens quand la direction le leur demande.

Les rapports citent copieusement les critiques émises par certains membres du Parti contre tous les aspects de la politique qui est menée. Un exemple : deux d'entre eux viennent voir leur secrétaire de cellule, posent leur carte sur le bureau, paient la cotisation du dernier mois et annoncent qu'ils quittent le Parti : « Votre cellule est au service de la direction, vous l'aidez à opprimer les ouvriers. »

Les rapports de la GPU sur les élections dans les syndicats et les autres organisations font état d'une grande passivité des ouvriers, même membres du Parti. Des ouvriers veulent quitter une réunion ; bloqués à la sortie, ils répliquent : « Pourquoi nous empêcher de sortir quand les membres du Parti sont les premiers à s'en aller ? »

Les rapports citent également des propos antisémites tenus par des ouvriers membres du Parti – un air connu : « Tout le pouvoir est aux mains des Juifs », « Les youpins sont au pouvoir et oppriment les ouvriers », « Impossible de trouver quelqu'un de convenable chez les Juifs », « Il y a longtemps que j'ai envie d'en découdre avec cette tribu haïssable ».

Cependant, il faut interpréter avec prudence ces fragments de conversations mouchardés. Si les propos de ce type sont nombreux, les rapports, qu'ils viennent de la GPU ou du service d'Information du Parti, ne nous donnent jamais les moyens de mesurer l'ampleur de la contestation. D'autres documents affirment que les instructions et les interdictions formulées par la cellule étaient rarement transgressées par ses membres – ce qui n'empêchait pas ces derniers d'exprimer ou de partager des opinions que seule une minorité déclarait ouvertement. Les membres du Parti étaient tacitement solidaires des griefs des ouvriers, mais ils oscillaient entre la peur des représailles de la part de ceux-ci – fréquentes à leur égard quand ils étaient hostiles aux ouvriers ou à une grève – et la crainte d'une réprimande du Parti, qui pouvait déboucher sur un licenciement.

Il est également clair aujourd'hui que les membres de base du Parti, au même titre que tout un chacun sur le lieu de travail, étaient espionnés par des *stukači* (informateurs non rétribués) ou des agents secrets.

Si les documents venant de la base témoignent de revendications en faveur d'une « démocratisation » des conditions de travail et de la vie du Parti, les tendances du régime vont dans la direction opposée et donnent lieu à différentes réactions, y compris politiques, même chez les apparatchiks. Le problème n'est pas seulement l'apparition de critiques, le plus grave est que de vieux bolcheviks dévoués ou des nouveaux venus qui ont adhéré par idéal se déclarent profondément déçus, voire dégoûtés, par leur travail, et ne veulent plus servir au cœur de la citadelle. Certains apparatchiks qui n'ont pas choisi leur emploi par carriérisme se retrouvent pris dans une machine où le sens de leur mission, les perspectives politiques et le destin du pays sont littéralement moulinés en « vermicelles » bureaucratiques – un terme fréquemment utilisé par les révolutionnaires de la première heure. Nous avons déjà cité des documents allant dans ce sens. Des manifestations encore plus négatives de rejet du système et des accusations de trahison circulent également, le plus souvent non signées.

Cependant, dans les années trente, le régime dispose de bien plus d'instruments que dans les années vingt pour imposer son autorité à tout un chacun, y compris aux membres du Parti – le Code pénal et la police secrète sont les deux principaux. Mais un autre phénomène se révèle encore plus puissant : avec l'expansion de son appareil, le Parti finit par en devenir le simple appendice, bien que cela n'ait pas été l'objectif ultime poursuivi par Staline – dans les années quarante, il développera des projets encore plus radicaux. Qu'il ait adopté cette politique en 1933 ou quelque temps plus tôt est secondaire. L'important, c'est la manière dont les différents facteurs se combinent. Dominer un pays lancé à plein régime dans l'industrialisation et la « collectivisation » exige l'affaiblissement définitif de l'ancien parti révolutionnaire et sa transformation en un instrument docile. Des services policiers « adéquats » et un lexique idéologique pour justifier la répression sont fabriqués à cet effet, ou simplement réactualisés, en rapport avec l'usage que l'on compte en faire à l'avenir. Ainsi, la notion de « crime contre-révolutionnaire » inscrite dans le Code pénal, et qui semblait aller de soi dans une situation révolutionnaire, est revue pour répondre aux nouveaux besoins. Un procureur militaire, B.A. Viktorov – qui, sous Khrouchtchev, a pris une part active à la description très critique des tendances et des pratiques terroristes de l'ère stalinienne – parle des « amendements lourds de graves conséquences » introduits dans le Code pénal en 1926, malgré l'opposition très forte de plusieurs cercles[35].

L'article sur les « crimes contre-révolutionnaires », dans sa rédaction initiale, exigeait pour engager des poursuites que fût clairement prouvée une « intention suivie d'action ». Mais la GPU nouvellement créée manœuvre habilement pour que les arrestations et les interrogatoires échappent à la supervision de la Procurature, censée veiller à leur légalité. Elle réussit également à contourner les dispositions juridiques « peu confortables » du Code pénal. Les nouveaux « amendements » introduits dans le Code et les nouveaux droits consentis à la GPU par le gouvernement lui permettent de poursuivre et de punir sans preuve établie, c'est-à-dire sans que le « coupable » ait réellement commis de crime. L'enquête n'a plus à prouver l'existence d'une « intention suivie d'action ». L'analyse de Viktorov montre que la porte était désormais ouverte à un type de répression « judiciaire » où la seule preuve requise était l'accusation elle-même. Si extravagant que cela puisse paraître, la culpabilité était établie de façon ferme et définitive avant même que la mise en accusation ne soit décidée.

Au bout du compte, la conjonction de ces manipulations pseudo-juridiques du Code et de l'usage abusif du « syndrome d'hérésie » conduit à une situation surréaliste mais néanmoins très réelle, où la culpabilité est inscrite génétiquement dans chaque citoyen, susceptible d'être poursuivi à volonté. Paradoxalement, cette absurdité juridique, enrobée d'une terminologie des plus vagues, est très vite utilisée pour lutter non seulement contre des courants considérés comme hostiles au régime, mais aussi, et en premier lieu, contre l'« organisation dirigeante », au nom de qui l'opération est censée être menée. Dans les années trente, les membres du Parti, ainsi que le vaste vivier des ex-membres, deviennent la cible d'une chasse aux sorcières, alors même qu'aucune opposition sérieuse à Staline n'existe plus –, à moins de considérer comme opposition l'attitude de ceux qui abandonnent ou laissent discrètement tomber leurs obligations de membres du Parti, ou encore les nombreuses plaintes et critiques émanant de la base du Parti, et de certaines de ses strates supérieures, présentées comme autant de crimes par ceux qui les dénoncent.

Ainsi, tandis que Staline se retranche de plus en plus dans sa citadelle et que le concept de « crime contre-révolutionnaire » devient de plus en plus vague, dans la pratique et dans le Code, les services de sécurité, parallèlement, se soustraient au contrôle des lois et des autorités judiciaires et accroissent le champ de leur pouvoir arbitraire de punition. C'est une véritable machine de terreur qui est désormais disponible, prête à être utilisée contre n'importe qui. L'appartenance au Parti, ancienne, récente ou nouvelle, n'a plus de sens, voire est dangereuse. Staline a des comptes à régler avec bien des membres d'un Parti censé être le sien, y compris avec certains de ceux qui l'ont aidé à se donner les moyens d'agir de la sorte. Avec un parti soumis et une police libérée de toute entrave et directement subordonnée au « chef de meute », la voie est libre pour que, débarrassé de toute attache et sans « sentimentalité » aucune, Staline se retrouve seul à la tête d'un État puissant et centralisé qui est une véritable machine de guerre prête à la bataille et disposant de tous les moyens nécessaires pour cela. Comme l'exprime le titre de cette première partie, cet État est associé à une « psyché ». Il est étonnant de constater à quel point les membres de la vieille garde, Lénine excepté, sont restés si longtemps aveugles à tout ce dont Staline était porteur, ne le découvrant que lorsqu'il était trop tard. Étaient-ils trop « occidentalisés » pour décrypter une psyché aussi trouble ? Étaient-ils simplement myopes ? Ou, hypothèse plus charitable, trop dominés par l'idéologie socialiste pour comprendre qu'ils étaient partis pour un voyage qui les ramènerait dans les entrailles les plus sombres de la « Mère Russie », et qu'il aurait fallu d'autres moyens pour empêcher le pire ?

Quelle que soit la bonne réponse, une fois entrés en opposition à Staline, les différents courants de la vieille garde, trotskistes, zinoviévistes, boukhariniens – chaque groupe se « réveillant » quand le précédent venait d'être vaincu –, se sont battus du mieux qu'ils pouvaient pendant quatre ans. La plupart ont fini par rallier le camp de Staline. Trotski, contraint à l'exil, est la principale exception. Après la défaite des oppositions un tant soit peu consistantes, de petits groupes de dirigeants qui ont perdu leurs illusions tentent encore quelques critiques, entre 1929 et 1932, mais ils sont rapidement réduits à l'impuissance. Il faut mentionner une petite organisation illégale et courageuse, avec à sa tête un ancien secrétaire du Parti pour Moscou, l'intrépide Ivan Rjutin. Il avait fait circuler un manuscrit de mille pages intitulé *Plate-forme des marxistes-léninistes*, qui accusait Staline de trahir le Parti et la Révolution. Selon certaines informations, le Comité central n'aurait pas autorisé Staline, en 1932, à l'éliminer physiquement. On sait que Rjutin a eu le courage de déclarer à l'un de ceux qui l'interrogeaient : « Je ne me mettrai pas à genoux. » Il fut jeté en prison et disparut quelques années plus tard. Nous avons déjà mentionné une autre personnalité de l'opposition, l'ancien allié de Trotski, Christian Rakovskij. Jusqu'en 1934, il a écrit de remarquables analyses critiques de Staline et de son régime, avant de « se repentir », ce qui n'a prolongé sa vie que de quelques années.

De petits courants, parfois infimes, mais aussi de très nombreux individus ont continué à exprimer leurs critiques. Les autorités en étaient informées par des écrits saisis par la police lors de perquisitions à domicile, ou par des textes envoyés par la poste à la presse, au Parti, aux dirigeants, à Staline lui-même, mais toujours non signés pour éviter la répression. Aujourd'hui, les chercheurs en découvrent encore en grand nombre dans les archives.

Toute opposition organisée, déclarée ou clandestine, était désormais impossible. Mais les manifestations individuelles, ainsi que les réactions collectives chargées de sens politique (désordres, grèves, départs – même discrets – du Parti), autorisent à dire que la population et de nombreux membres du Parti n'étaient pas tout à fait muets. Ce sujet demanderait une recherche approfondie, mais nous disposons d'ores et déjà d'un livre pionnier, *L'Année 1937*, par Oleg Hlevnjuk, qui apporte pour la première fois la preuve de l'existence, à une grande échelle, de multiples formes d'opposition et de protestation. En 1937, elles concernent plus directement les purges. Une des formes de protestation évoquées est celle des vagues de suicides. La propagande officielle insinuait que le suicide d'un « suspect » était la preuve de sa culpabilité ou de sa lâcheté. Mais les mesures entreprises pour enrayer le phénomène sont restées inefficaces. Privés de tout appui face à la terreur d'État, certains n'avaient souvent d'autre moyen de se défendre. Selon une de nos sources, les suicides se comptaient par milliers. En 1937, dans les rangs de la seule Armée rouge, on en compte 782. L'année suivante, le chiffre s'élève à 832, flotte non comprise. Ces suicides n'étaient pas toujours des gestes de désespoir ou de faiblesse, ils étaient aussi des actes courageux de protestation.

Les turbulences sociales engendrées par le « grand bond en avant » – les mouvements de population à grande échelle, notamment ceux que recouvre le mot *tekučka* – et l'obligation de contrôler les secteurs où la crise se manifestait de façon aiguë ont poussé le régime à adopter deux stratégies aux dynamiques contradictoires :

1) le recours à différentes formes de pression désignées par le terme de *sturmovščina* (« assaut »), c'est-à-dire le lancement de campagnes de grande ampleur pour atteindre à tout prix les objectifs fixés par le « calendrier du plan » ;

2) l'édification d'une administration hypertrophiée pour contrôler les flux de population en les systématisant et en les canalisant.

Les deux stratégies semblaient inévitables, et pourtant elles se contredisaient l'une l'autre. Les mobilisations alternaient avec les efforts de « régularisation », quand elles ne se déroulaient pas parallèlement. En somme, dans le rôle du Docteur Jekyll, la terreur, et dans celui de Mister Hyde, la bureaucratie soucieuse de programmation, de stabilité et de « titularisation ». Ces deux mouvements étaient constitutifs de l'horloge interne du régime.

Ce jeu alterné de la carotte et du bâton s'est poursuivi, même au plus fort de la terreur. Les purges sanglantes de 1937-1939 ont connu elles aussi ce mouvement de pendule. L'incapacité à mener la course à un rythme soutenu et une préférence innée pour les accélérations violentes finissaient toujours par produire une série de dégâts qu'il importait d'éliminer avant la prochaine mobilisation[36]. Cette « préférence innée » pour des avancées brutales était la marque d'une concentration de pouvoir considérée comme la seule manière de tenir le cours choisi jusqu'au bout. Quelle que fût la ligne momentanément privilégiée, la dure ou la douce, le régime ne relâchait jamais son attachement compulsif à un centralisme poussé à l'extrême, regardé comme la seule position sûre dans une situation de chaos. Cette démarche n'était pas dépourvue de logique : la gigantesque entreprise qui était poursuivie n'aurait jamais pu venir d'en bas, et ne pouvait pas non plus être gérée au niveau local. Mais un tel centralisme était la source de déséquilibres incessants. Le centralisme stalinien est issu d'une situation spécifique : un centre puissant était déjà en place depuis la fin des années vingt, et il avait alors un sommet, aussi étroit fût-il. L'organisation du pouvoir était telle que l'évaluation de la situation, le diagnostic, la définition même de la réalité et des politiques à adopter dépendaient de l'opinion et des conceptions d'un petit nombre de dirigeants. Une fois lancé le grand bond en avant, la manière dont ils gouvernaient le pays avant 1929 devait, rétrospectivement, leur apparaître comme la simplicité même. Désormais, l'objet à gouverner était littéralement pris dans un mouvement perpétuel. Cette immense fluidité dans la société et les institutions était évidemment la conséquence de la rapidité et de l'ampleur des transformations entreprises. C'était un phénomène par définition inévitable, et qui n'aurait pu être corrigé que sur le long terme. Mais, surtout au début des années trente, le régime devait sans plus attendre entreprendre de gigantesques efforts dans le domaine économique, tout en affrontant les bouillonnements du magma social. La croissance inéluctable de l'ensemble de l'appareil administratif, qui, à cette échelle, était quelque chose de totalement nouveau, a eu des conséquences sociales inévitables. Avant même d'avoir appris à faire correctement leur travail, les personnels de l'administration manifestaient une capacité incroyable à formuler leurs besoins, leurs appétits et leurs intérêts, et à développer des pratiques qui permettaient de les satisfaire. Chaque problème résolu en engendrait de nouveaux, ce qui est bien dans la ligne de ces années tumultueuses. Le temps est donc venu de se pencher sur la structure bureaucratique de l'État.

Le « gène » bureaucratique

Un document du début de 1929, et deux autres de 1940, jettent un éclairage intéressant sur des aspects essentiels de l'édification d'un État bureaucratique entre ces deux dates, ou à tout le moins sur la perception qu'en avaient les dirigeants. Le premier témoignage nous vient de Kouïbychev, membre du Politburo, chef de l'Inspection d'État, composée de membres de la commission centrale de Contrôle du Parti, et de l'Inspection ouvrière et paysanne, qui avait le statut de commissariat du peuple. Le discours qu'il prononce devant ses chefs de service au début de 1929 est pour le moins alarmant : « Rien dans notre nouvel État ne ressemble davantage à l'ancien régime tsariste que notre administration. » Il énumère les tares bien connues de cette dernière, avant de conclure, comme Lénine l'avait déjà fait, qu'il est très difficile d'y remédier. Les abus et les scandales sont si énormes que des mesures urgentes s'imposent. Mais elles permettraient tout au plus d'évacuer quelques escrocs, bien vite remplacés par d'autres, au désespoir des militants des services de l'Inspection ouvrière et paysanne. Leur commissariat est censé être exemplaire et jouir d'une grande autorité parmi les autres services gouvernementaux. Mais l'entreprise est périlleuse : aucun service n'en est capable. Tout le monde sait, ajoute Kouïbychev, que les querelles internes sont la règle ici, et aucun service n'est prêt à accepter les solutions proposées par une autre instance, surtout si elles entraînent la moindre gêne. Les services gouvernementaux des échelons supérieurs, qui doivent coordonner l'action des services subordonnés, sont déchirés par ces mêmes querelles, et les décisions adoptées ne sont le plus souvent que le fruit de majorités quasi accidentelles. Les organismes supraministériels comme le Conseil du travail et de la défense ou les conseils économiques au niveau des régions ne sont pas assez puissants, poursuit Kouïbychev, car la partie qui se sent lésée en appelle au Conseil des commissaires et parvient souvent à faire annuler la décision. « En un mot, il est impossible de trouver dans ce système une autorité incontestée. » Et il ajoute : on garde encore l'espoir que l'Inspection ouvrière et paysanne deviendra une autorité de ce type. Aussi incroyable que cela paraisse, Kouïbychev, dans son diagnostic sur l'absence d'« autorité incontestée », ne mentionne pas le Politburo comme une exception – mais il est possible que ce ne soit pas intentionnel.

Le Politburo cherchait lui aussi des remèdes à cette situation, notamment en évinçant les anciens cadres encore présents dans l'appareil et en en formant de nouveaux. Nous en savons assez désormais sur Staline pour deviner qu'à ses yeux une organisation aussi déficiente ne pouvait qu'être une entreprise de sabotage à grande échelle.

En 1940, les grandes purges terminées, le communisme « sans déformations » – et surtout « sans bureaucratisme » – que certains attendaient pour bientôt était encore bien loin. Il suffit de lire dans les *Izvestja* ces lamentations, qui font écho à celles de Kouïbychev douze ans plus tôt : « Un grand nombre de départements et de services inutiles sont apparus dans notre administration, d'innombrables superstructures où les employés ne font qu'écrire et écrire, réaliser des enquêtes et répondre au courrier. Et, trop souvent, ce torrent de papier ne débouche sur rien du tout. » Précisons qu'il s'agit d'un éditorial. Il poursuit en dénonçant la pléthore des services d'approvisionnement et donne l'exemple de la province de Gorki, où ils prolifèrent sans raison – on en compte 60 pour cette seule ville. Chaque commissariat a plusieurs services d'approvisionnement, chaque service dispose d'un personnel disproportionné, et les dépenses de fonctionnement ne cessent d'augmenter. Ces services font double emploi, car ils remplissent à peu près tous la même tâche. À Gorki, les dépenses de fonctionnement ont doublé en 1940, et le rédacteur des *Izvestja* ne comprend pas pourquoi. Ce qui le préoccupe au plus haut point, c'est que ce phénomène est généralisé.

Ainsi, le régime qui était à l'origine de cette situation, qu'il s'agisse de la « mobilité sociale » ou de la prolifération des administrations, était à son tour mis à l'épreuve et contraint de réagir, passant d'une urgence à une autre, chacune étant perçue comme une menace. Cette vision des choses allait devenir le principal moteur du stalinisme. Non seulement les menaces existaient, mais elles étaient nécessaires au régime pour mobiliser ses partisans et justifier la politique de terreur. Cependant, la terreur ne permettait pas davantage d'endiguer les facteurs de déstabilisation de la structure sociale. Avec les camps, elle ne faisait qu'aggraver l'instabilité et le sentiment d'insécurité dans la société, qui à son tour rejaillissait sur l'État. Les dirigeants étaient hantés par le spectre d'un système devenant ingouvernable et par la crainte de perdre tout contrôle sur le « magma » social. La réponse consistait à renforcer l'étatisation de presque tous les aspects de la vie, à accroître la centralisation et à transformer le système en un véritable camp retranché, en multipliant les chefs à tous les niveaux de l'administration, ce que, précisément, dénonçaient les *Izvestja*.

Nous savons que les bureaucraties, qu'elles soient efficaces ou paresseuses, ne sont pas des outils si dociles. La stratégie stalinienne entendait pallier cette difficulté en « maîtrisant les maîtres », c'est-à-dire les sommets de chaque bureaucratie.

Mais l'entreprise allait être compliquée par un piège inattendu, dans lequel les dirigeants se sont eux-mêmes jetés, par crainte de perdre le contrôle. Ils avaient concentré entre leurs mains d'énormes pouvoirs en arguant de la spécificité de leurs tâches. Leur stratégie consistait à exercer par en haut une pression forte qui avait sa propre logique. Le fait que tant de décisions portant sur le destin du pays dépendent des capacités et de la psychologie d'un petit groupe de dirigeants, et de chacun d'entre eux individuellement, aurait pu sembler à première vue contribuer à l'unification du groupe et à sa consolidation. Mais, dans la tourmente des années trente, plus les dirigeants renforçaient leur contrôle et leur emprise sur le pouvoir, plus ils avaient le sentiment que les choses leur échappaient. Chaque rapport lu, chaque usine inspectée, chaque village (ou ville) visité leur faisait s'apercevoir que des masses de gens n'exécutaient pas ce qu'ils avaient ordonné, dissimulaient la réalité du mieux qu'ils le pouvaient ou étaient tout simplement incapables de tenir la cadence imposée. Ils constataient que les milliers d'ordres et de décrets qu'ils promulguaient n'étaient même pas convenablement archivés. Ces observations ont contribué à répandre chez cette poignée de dirigeants la conviction que leur pouvoir était bien plus fragile qu'il n'y paraissait. Ils partageaient un sentiment d'insécurité, une perte des repères, et chez certains surgissaient des doutes sur le bien-fondé même de la ligne politique suivie.

Ce phénomène peut être appelé « paranoïa systémique », formule qui caractérise bien cet état de précarité du pouvoir. Il constitue un des éléments essentiels de l'autocratie stalinienne et de son « autobéatification ».

Submergé de problèmes et rongé d'incertitudes, l'échelon supérieur devient plus vulnérable à l'influence de celui de ses membres qui semble suffisamment fort et déterminé pour affronter cette marée historique. Sa dureté et même son caractère impitoyable apparaissent comme les qualités requises par les tâches du moment. Pour un maître de l'intrigue et de la manipulation en coulisses, c'est l'occasion rêvée de rassembler entre ses mains tous les pouvoirs, y compris celui de décider du destin individuel de chaque autre dirigeant. C'est là que le pouvoir autocratique atteint son apogée. Ainsi le destin du pays se trouve-t-il, en grande partie, à la merci d'une psyché unique, d'une personnalité portée à la paranoïa et sur les épaules de laquelle repose tout le poids des années trente. C'est dans cette conjoncture particulière que le titre de cette première partie, « Un régime et sa psyché », trouve sa justification. Il y a de bonnes raisons de penser que le maintien d'une direction collective aurait atténué les effets de ces tensions ; mais, à partir du moment où le pouvoir était personnalisé à ce point, des explosions d'irrationalité, y compris meurtrières, ne pouvaient que se produire. La « paranoïa systémique » (au niveau politique) allait prendre corps dans les tendances paranoïaques (au niveau psychique) d'un individu. Les rancunes, la perversité, les accès de fureur, qui étaient au cœur de la personnalité trouble de Staline, tout cela devint par différents biais une composante du *modus operandi* du système.

Mais le moment est venu de souligner que le système en cours de création était intrinsèquement impossible à « maîtriser », alors même que c'était l'image d'un « maître » que Staline entendait projeter sur le pays et le monde extérieur. Sans doute l'objectif de la centralisation extrême du pouvoir était-il atteint. Mais, désormais, il n'y avait nulle part où progresser, à moins de s'agripper convulsivement au sommet du pouvoir. Une telle situation était lourde de tensions internes et d'effets en profondeur : moins vous délé-guez le pouvoir, plus celui-ci s'échappe imperceptiblement vers de « petits Staline » locaux ; plus vous monopolisez l'information, plus on vous la cache ; plus vous contrôlez d'institutions, moins vous les maîtrisez. Cette configuration intrinsèquement instable était nécessairement perçue comme chargée de menaces. Aussi, il n'y a rien d'étonnant à ce qu'une dimension centrale du stalinisme ait été la lutte contre des « hordes d'ennemis ». Le stalinisme n'était pas en mesure de surmonter les effets d'une surconcentration de pouvoirs aussi patente. Et pourtant ces « ennemis » n'étaient pas des individus – jamais la vie de Staline n'a été en danger. Ils étaient en fait les limites objectives (dont il avait déclaré en 1924 qu'elles n'existaient pas « pour nous ») : les courants sociaux et les transformations en cours, l'usure des institu-tions, les structures psychologiques et culturelles. Plus loin, nous étudierons ces limitations à l'œuvre.

En attendant, si nous tenons pour acquis que l'essence de Staline consistait à tenir tout le pouvoir dans ses mains, il nous faut aborder la question de la façon dont il gouvernait la Russie. S'il n'avait pas été obsédé par cet exercice solitaire du pouvoir, nous aurions pu emprunter au livre de l'historien

Merle Fainsod, *Comment la Russie est-elle gouvernée ?*, le titre du chapitre qui suit. Mais notre recherche nous amène à formuler autrement la question.

Chapitre VIII

Comment gouvernait-il ?

D'emblée, une découverte toute simple et surprenante : cet homme pour qui la famille comptait si peu (en fait, cela ne l'intéressait pas) et dont la vie personnelle a été un terrible ratage (mais cela l'a-t-il seulement affecté ?) est le même qui, en tant que dirigeant politique, a choisi de personnaliser et de privatiser à l'extrême le pouvoir et ses institutions. Rien d'étonnant à cela. Sa vie était là et nulle part ailleurs. Pour mener à bien cette étrange entreprise, il a utilisé la méthode consistant à fragmenter et à vider de leur substance les institutions politiques clés.

Commençons par le Parti, c'est là que les choses sont le plus claires. Le Parti, organisation autonome, avec ses propres règles de fonctionnement sous le « bolchevisme », est liquidé et transformé en un appareil fondamentalement bureaucratique et traité comme tel, c'est-à-dire avec un total mépris. De façon symptomatique, un vieux principe du Parti appelé « part maximum » (tout membre, quelle que soit sa position dans la hiérarchie, ne peut gagner plus qu'un ouvrier qualifié) est abandonné dès 1932, en même temps que d'autres vestiges de l'esprit égalitaire des premières années, pour être désigné par le terme méprisant *uravnilovka*, soit « nivellement par le bas ». Les raisons ne manquent pas : un « appareil égalitariste » est à peu près aussi réaliste que la quadrature du cercle. Pour motiver et contrôler les apparatchiks, il n'est rien de mieux qu'une échelle de responsabilités et de privilèges à grimper (le temps des appareils !). Les petits chefs, dans le Parti et l'administration (où ils sont la plupart du temps membres du Parti), ne jouent plus à la « fraternité prolétarienne ». Ce que veut le sommet, ce sont des chefs autoritaires (Staline les appelle les « commandants »), formant une couche dirigeante (*načal'stvo*) dont la structure hiérarchique couvre tout le système. On les soutient, on les flatte, mais sans leur permettre de s'installer ni de stabiliser leur position. C'est là un trait spécifique de la dictature stalinienne, qui sera abandonné après elle. Au fur et à mesure que Staline consolide son emprise sur le pouvoir, on le voit démanteler les multiples organes consultatifs du Parti et de l'État, que le Politburo avait coutume de réunir systématique-ment par le passé. Il affaiblit toutes les institutions qui ont quelque poids, y compris le Politburo lui-même − au grand dam de ceux qui n'ont pas encore compris ce qui est en train de se tramer.

Le Politburo (1935-1936)

Cette institution clé est encore assez mal connue, et il vaut la peine de jeter un coup d'œil sur son fonctionnement en 1935-1936, deux années de secousses violentes qui précèdent le véritable « tremblement de terre » de 1937.

Le 1ᵉʳ février 1935, le plénum du Comité central éleva Mikoyan et Čubar au rang de membres du Politburo à part entière, tandis que Jdanov et Eikhe devenaient membres associés[*]. L'affaire ne relevait pas d'un équilibre complexe entre « modérés » et « extrémistes ». Il s'agissait simplement de remplir les vides. Mikoyan et Čubar succédaient à Kirov, assassiné, et à Kouïbychev, décédé. Ils étaient membres asso-ciés de longue date et occupaient des postes importants depuis 1926. Eikhe, dirigeant d'une lointaine et importante région, la Sibérie occidentale, ne pourrait pas assister souvent aux réunions. Quant à Jdanov, impossible de lui refuser le titre de membre associé : il était un des secrétaires du Comité central depuis 1934, *de facto* membre du Politburo, et il allait remplacer Kirov comme secrétaire du Parti à Leningrad.

---

* Un membre associé (*kandidat člen*) participe aux réunions mais n'a pas le droit de vote. (*NdT.*)

La redistribution des fonctions et des responsabilités au sein du Politburo (27 février 1935), probablement décidée lors d'une réunion de certains de ses membres avec Staline, revêt la plus grande importance. Andreev quitte le commissariat aux Chemins de fer et devient secrétaire du Comité central. Kaganovič reprend le commissariat en question, gardant son poste de secrétaire du Comité central, mais il abandonne ses fonctions au sein de la commission centrale de Contrôle du Parti et du comité du Parti pour Moscou. Andreev prend la tête du très puissant Orgburo, qui prépare les dossiers pour le Politburo. Cependant, pour établir l'ordre du jour de cette instance, il lui faut travailler avec Ežov, désormais à la tête de la commision de Contrôle du Parti. Andreev est également placé à la direction du département industriel du Comité central (où il remplace Ežov), et chargé de superviser le département des Transports, ainsi que celui des Affaires courantes. Ežov, lui, se voit attribuer le poste important de chef du département des Organes dirigeants du Parti. Tous les autres départements, notamment la Culture et la Propagande, restent sous la supervision de Staline. Kaganovič conserve la tutelle des comités du Parti pour Moscou et sa région, mais on lui demande de consacrer prioritairement ses efforts au commissariat aux Chemins de fer. C'est un homme de confiance qui sait gérer les situations difficiles, et ce secteur exige un dirigeant à poigne.

Cette réorganisation donne une idée de l'activité du Comité central et, notamment, des départements et des positions les plus importantes. Mais notre source, Oleg Hlevnjuk, nous donne une autre clé de lecture, montrant que la redistribution des fonctions ressemble fort à un puzzle que Staline est en train d'assembler[37]. En orchestrant ces changements, il cherche à disperser et à diluer le pouvoir de ses alliés les plus proches. Kaganovič, jusque-là considéré comme son second, perd ce rang. Formellement, il est remplacé par Andreev, qui, dans certains domaines, partage ses responsabilités avec Ežov. Andreev se voit confier d'importantes fonctions au sein du Politburo, mais dans un département de moindre importance, celui de l'Industrie, tandis qu'Ežov, qui n'est pas membre du Politburo, dirige des départements clés et, à ce titre, participe aux réunions de l'instance suprême. Staline lui a également confié des responsabilités de premier plan aux Affaires intérieures, le NKVD. C'est à ce titre qu'Ežov a organisé le procès de Zinoviev. Chargé de superviser le NKVD pour le Parti, il a élaboré les statuts de la section qui s'occupe de l'espionnage et du contre-espionnage, la GUGB (Direction générale de la Sécurité d'État). Il a contrôlé *de facto* pour le Parti tout le NKVD pendant un an et demi, avant de devenir officiellement commissaire aux Affaires intérieures. Sa première tâche, à la tête de la Commission de contrôle du Parti, a consisté à organiser la campagne de vérification des cartes – une « prépurge ». Puis il a été responsable des purges pendant un an et demi.

Jdanov est nommé à Leningrad, mais il est convenu qu'il passera dix jours par mois à Moscou. Poursuivant sa politique de « dispersion », Staline décide ensuite qu'au lieu de trois secrétaires du Comité central (lui-même, Kaganovič et Jdanov) il y en aura désormais cinq. Et le statut de « suppléant » de Staline tombe en désuétude. Désormais, il ne voit plus les membres du Politburo que rarement et selon un calendrier strict, et il passe moins de temps avec Molotov et Kaganovič. Ce n'est pas qu'ils soient tombés en disgrâce, mais, en 1935-1936, Kaganovič doit sur toutes les questions demander l'avis, c'est-à-dire l'approbation, de Staline. Il lui envoie des missives remplies de formules obséquieuses, alors qu'auparavant il prenait des décisions seul et écrivait à Staline sans servilité. Qu'un dignitaire de ce rang soit dorénavant obligé de lécher les bottes du patron est un bon indicateur de la perte d'influence du Politburo et de l'accroissement du pouvoir personnel de Staline. De plus en plus, au lieu de voter les décisions en réunion plénière, les membres du Politburo sont invités à apposer leur signature au bas d'une feuille. On se contente de leur demander leur approbation. Le temps est fini des critiques et des réserves qui jusque-là étaient considérées comme normales de la part de dirigeants de ce niveau. Les demandes de mise à la retraite, les refus de préparer tel ou tel rapport, les ultimatums posés pour défendre les intérêts de tel ou tel service disparaissent sans laisser la moindre trace. Souvent, la feuille où figurent les décisions à approuver ne circule même pas. Bien des résolutions portent le seul visa de Molotov. D'autres sont prises par quelques membres seulement, venus rendre visite à Staline en villégiature à Sotchi. Parfois, un simple télégramme de Staline fait l'affaire. La célèbre lettre qui annonce

la nomination d'Ežov à la tête du NKVD et signifie le limogeage de Jagoda, à qui Staline reproche d'avoir quatre ans de
retard dans l'organisation d'une vaste purge, est signée par
Staline et Jdanov. Kaganovič en reçoit une copie le 25 septembre
1936. Quant au « pauvre » Jagoda, qui n'avait pas compris
qu'il aurait dû sévir dès 1932, il est, bien entendu, exécuté.
Désormais, le pouvoir de Staline est si bien installé et accepté
par les autres qu'il peut leur faire avaler n'importe quoi – ainsi
les accusations contre Jagoda : à l'évidence, celui-ci ne pouvait
pas lancer cette vaste opération de purges sans en avoir reçu
explicitement l'ordre de Staline.

La maîtrise du Politburo a été obtenue par la technique de
fragmentation d'un organe déjà restreint. Selon les caprices de
Staline, il fonctionne par « segments ». Les réunions ont lieu à
sept, cinq, trois ou deux. Ne sont invités que ceux qui sont
appelés à prendre en main telle ou telle affaire. Les réunions
prennent souvent la forme d'un dîner à la datcha « entre
amis ». Le fait est attesté par Mikoyan[38], qui nous explique
qu'un quintette (Staline, Molotov, Malenkov, Beria et lui-
même) a fonctionné au sein du Politburo jusqu'en 1941 sur les
questions de politique étrangère et dans les « domaines
opérationnels ». Après la guerre, ce petit groupe est rejoint par
Jdanov, et plus tard encore par Voznesenskij. Vorochilov, qui
en fait partie au début de la guerre, en est exclu en 1944.

C'est sans doute ce que l'on a appelé le Politburo
« restreint », sans Kaganovič, Kalinine ni Khrouchtchev, tous
trois accablés de lourdes responsabilités administratives en
dehors du Politburo. L'« habitude » de réunir autour de soi
quelques fidèles s'impose quand commence la lutte du
triumvirat (Staline, Zinoviev, Kamenev) contre Trotski, et se
poursuit avec une distribution différente au moment de la lutte
contre Rykov, alors même que ce dernier est encore à la tête du
Conseil des commissaires du peuple. Dans les années trente,
Staline envoie à Molotov une lettre où il lui demande de réfléchir à un problème important et d'en parler aux « amis ». Tous
les membres du Politburo n'entrent pas dans cette catégorie, et
ce statut n'est jamais acquis pour personne. Avant la guerre,
des gens comme Rudzutak, Kalinine, Kossior et Andreev
n'étaient jamais invités à ces conseils « intimes », dont vraisemblablement ils connaissaient l'existence.

En résumé, le Politburo entre les mains de Staline est un bureau dont il nomme et utilise les membres selon son bon plaisir. Il consacre beaucoup de temps à distribuer et redistribuer, comme dans un jeu de cartes, la place de ses plus proches collaborateurs, supputant sans fin leur fidélité ou leur déloyauté, avec un instinct qu'il croit infaillible.

L'appareil du Parti

À l'ombre de son chef, le Parti perd peu à peu toute identité politique. Mais son appareil, véritable citadelle administrative, grossit et devient toujours plus complexe. Afin de « simplifier » les choses et d'assurer un meilleur contrôle, un superdépartement, parfois appelé « spécial », parfois « politique », et pour finir « général », est constitué pour servir directement Staline, à l'insu du reste de l'appareil central. Ses effectifs sont en augmentation constante, ainsi que la place qu'il occupe par rapport aux autres départements du Comité central. Le secrétaire personnel de Staline, l'omniprésent et très discret Poskrebyšev, en prend la tête et bénéficie à ce titre d'une promotion et d'une augmentation de salaire. Quant au Conseil des commissaires du peuple, institution supposée très puissante, avec ses départements, ses spécialistes et ses consultants, son autorité est minée par les techniques de conspirateurs pratiquées au sommet. Il est en fait mis sur la touche, puisque toutes les décisions sont prises, en dernière instance et en tête-à-tête, par Staline et Molotov. Il existe entre eux deux un canal de transmission totalement secret : Molotov fait passer ses propositions à Staline, qui corrige, approuve ou désapprouve, avant de renvoyer par le même chemin sa réponse, qui a valeur d'ordre. Une affaire des plus privées ! Si nous connaissons aujourd'hui tous ces détails, c'est grâce aux travaux d'Oleg Hlevnjuk et de son équipe, chercheurs aguerris aux archives soviétiques.

Pour donner une vue d'ensemble de ce système complexe de pouvoir en pleine expansion, il nous faut insister sur quelques caractéristiques. Il s'agit d'un « État sécuritaire », coiffé par une figure qui organise son propre « culte » et recourt à une méthode sophistiquée, définie dans les moindres détails, pour gouverner et contrôler tout le dispositif. L'objectif est non seulement d'en garantir le bon fonctionnement, mais aussi d'éviter que son entourage et les responsables de moindre niveau n'accumulent trop d'autorité et de pouvoir. Il est atteint grâce à la fragmentation des plus hautes institutions de l'État, qui sont vidées de leur substance. Ce mode de gouvernement, à l'opposé de celui auquel on pourrait s'attendre dans une telle situation, entraîne des excès et des goulots d'étranglement auxquels le centre répond par des mesures d'urgence.

Staline, le Politburo, l'Orgburo et le Secrétariat se plongent souvent dans le détail d'affaires parfaitement subalternes et locales, une forme de gouvernement « sur le tas ». On peut parler d'une « microgestion d'un continent » à partir du cœur du pouvoir à Moscou – la célèbre Vieille Place où se trouvait le Comité central.

Pour comprendre comment les dirigeants et leurs équipes se livrent à cette « microgestion » des groupes sociaux, des institutions, des personnes et des biens matériels, il faut jeter un œil aux procès-verbaux des deux principaux services du Comité central, l'Orgburo et le Secrétariat. Les ordres du jour de ces deux organismes chargés de préparer les textes à soumettre au Politburo donnent tout simplement le vertige, de même que le nombre d'affaires et de documents dont ils s'occupent. Mais la meilleure illustration de ce qu'est, dans la pratique, cette « microgestion » est à chercher dans les nombreux télégrammes de Staline (signés de sa main) adressés à tel ou tel service (du Parti ou de l'État) à l'autre bout du pays, que ce soit pour lui ordonner de fournir à un chantier les clous dont celui-ci a désespérément besoin, de construire une voie ferrée à l'intérieur d'une aciérie ou de trouver du fil de fer barbelé – une denrée dont on manquait toujours. Ajoutons que ces innombrables messages sont rédigés comme des ultimatums.

Le Secrétariat et l'Orgburo procèdent de même en permanence, traitant chaque problème dans le plus grand détail. Leur travail est impressionnant, et tout particulièrement leurs efforts pour former ou recycler des ouvriers, des spécialistes et des cadres dans toutes sortes de métiers, pour créer des cursus, des écoles et des académies, dresser la liste des étudiants et des professeurs. Il s'agit de doter l'État des cadres dont il a besoin et de remplacer, couche après couche, les spécialistes si difficiles à obtenir.

Tout État fortement centralisé fonctionne ainsi : il prend en charge une masse de tâches, souvent non réalisables. Le système souffre alors d'une pathologie d'« hyper-centralisation », et le remède consiste à déléguer certains pouvoirs à des échelons inférieurs, en ne laissant au centre que les orientations générales. Mais, dans le système qui nous occupe, le dirigeant suprême confond sa propre sécurité avec celle du pays, et il voit dans chaque erreur une faute qu'il convient de punir. Le chef doit paraître omnipotent. En conséquence, il peut déclarer, dans un pays qui manque désespérément de cadres, que « personne n'est irremplaçable », formule d'un despotisme qui abrite mille démons, en premier lieu parce qu'elle est erronée.

Dominer les talents et les utiliser

Tous les traits évoqués, et notamment la gestion « sur le tas », se retrouvent dans le gouvernement de la culture et, bien entendu, dans les rapports que le pouvoir entretient avec les grandes figures du monde culturel et scientifique. Sur ce point, la dictature stalinienne a été tout à fait novatrice.

Une fois Staline solidement installé au pouvoir, apparaît un nouveau trait de sa psychologie : une étrange fascination, mélange d'attirance et de répulsion, pour les génies ou les grands talents, un désir compulsif de les dominer, de les utiliser, de les humilier et, finalement, de les détruire, comme un enfant qui brise son jouet pour mieux affirmer sa maîtrise sur lui. Les rapports de Staline avec les grands écrivains, les scientifiques ou les cadres de l'armée témoignent de cette même pulsion de destruction. Certains ont été épargnés (de manière imprévisible), mais le simple fait pour quelqu'un que Staline s'intéressât à lui était toujours dangereux et lourd de menaces.

Ce sujet nous permet d'analyser une autre facette importante de l'insatiable quête par Staline d'une maîtrise totale sur son univers. Il rêve d'un procédé qui lui permette de pénétrer les esprits, les âmes et la totalité de la vie affective de ses sujets, grâce au pouvoir de la fiction littéraire, théâtrale ou cinématographique. Il comprend, et jalouse, le pouvoir de l'écrivain qui, à lui seul, a plus d'emprise sur les esprits et les affects que toute l'agit-prop. Dans le pouvoir de l'art, il voit un outil qui peut lui être directement utile, à condition d'encadrer les créateurs, de revoir personnellement leurs pièces, d'en être en quelque sorte l'éditeur et le conseiller, ou de discuter avec les romanciers sur le comportement de leurs héros. Ces « héros », le lecteur s'en doute, doivent obéir. Pour obtenir cela, nul besoin d'être un écrivain.

Staline n'est pas un homme de science, mais c'est pourtant lui qui prépare la publication du texte de la conférence de Lyssenko à l'Académie des sciences – sans comprendre que ce célèbre biologiste est un imposteur. Staline prétend aussi avoir le dernier mot sur les questions économiques et linguistiques et, bien entendu, en histoire. Puisque c'est lui-même qui la fait, pourquoi ne pas « éditer » un manuel pour les écoles ? Bref, le travail, chez Staline, prend des proportions pathologiques : il aspire à la maîtrise absolue d'une totalité complexe, que personne n'a jamais maîtrisée, pour lui imposer sa loi. Se prend-il pour un génie ? Ce qui est sûr, c'est que les grands talents le fascinent. S'agit-il d'une jalousie qu'il apaise en se disant que, s'il le veut, il peut les détruire ? Ou est-ce le simple plaisir de prouver qu'il sait débusquer les erreurs dans les œuvres et prodiguer ses conseils ? Difficile à dire. Mais le sujet est pertinent pour évoquer ce cas singulier de pathologie politique.

Staline « s'excuse » devant Toukhatchevski

L'attitude de Staline à l'égard du brillant maréchal Toukhatchevski, alors âgé de quarante ans[39], fournit un premier exemple de ses attentions et de ses zigzags envers les hommes de talent. Staline a une haute opinion de ses propres capacités de stratège. En 1929-1930, Toukhatchevski lance une campagne insistante, où il apparaît comme anticipant les bouleversements qui vont intervenir dans la stratégie militaire. Il attire l'attention de la direction soviétique sur les nouvelles technologies d'armement et sur les changements imminents dans les méthodes de combat. Staline soutient Vorochilov, qui rejette toutes ces idées. Il lui écrit que Toukhatchevski « patauge dans l'antimarxisme, l'irréalisme, voire dans le militarisme rouge ». Comme pour Lyssenko, Staline prend une nouvelle fois le parti d'un ignorant médiocre. Au même moment, il fait arrêter et fusiller environ 3 000 anciens officiers tsaristes. Le NKVD arrache à l'un d'eux un « témoignage » dans lequel Toukhatchevski, lui-même ancien officier du tsar, est présenté comme membre d'une organisation de droite et accusé de préparer un coup de force.

Staline boit du petit-lait. Il garde des souvenirs très amers de la guerre contre la Pologne, en 1920, durant laquelle beaucoup, dont Toukhatchevski, l'ont accusé d'être un piètre chef de guerre. Mais l'heure de la vengeance n'a pas encore sonné. Il écrit à Molotov et à quelques autres qu'il a vérifié personnellement ces accusations et établi que Toukhatchevski est « propre à 100 % ». En 1932, il va même jusqu'à envoyer personnellement une lettre d'excuses au maréchal, avec copie expurgée de la lettre qu'il a adressée en 1930 à Vorochilov. L'allusion au « militarisme rouge » a disparu. Il s'accuse d'avoir été affreusement injuste, fait exceptionnel sous sa plume. En fait, Staline a désormais adopté le point de vue de Toukhatchevski en matière de technologie militaire, mais, dans ce domaine comme dans bien d'autres, les objectifs fixés pour 1932 sont loin d'être atteints. Notons que la lettre d'excuses ne mentionne pas les accusations fabriquées en 1930 par le NKVD contre le maréchal. À l'évidence, elle est tout sauf sincère, et si Toukhatchevski connaissait bien Staline, la duplicité de cette missive ne lui échapperait pas. Le geste de Staline signifie en fait : « J'ai besoin de vous pour le moment, mais il y a toujours une épée au-dessus de votre tête. »

Naïveté ou audace, en 1934, Toukhatchevski est le seul à ne pas conclure son discours devant le XVIIᵉ congrès par la « louange au chef » (de rigueur). L'heure des comptes sonne en 1937, quand Staline entreprend de détruire la haute hiérarchie militaire : il réserve un traitement spécial à Toukhatchevski, certainement le plus brillant de tous. Des « informations de source allemande » entièrement fabriquées sont produites, « prouvant » que la fleur de l'armée trahit le pays. Toukhatchevski, après avoir été atrocement battu, est traîné devant Staline pour une « confrontation » avec ses accusateurs. D'où il ressort, évidemment, qu'il est coupable. Nous sommes bien en présence d'un dément qui casse un objet précieux pour le plaisir de montrer qu'il peut le faire. Préférer l'incompétent mais servile Vorochilov à Toukhatchevski et aux autres, et anéantir le haut commandement militaire sont des erreurs monumentales. Cette purge à elle seule mériterait la peine de mort.

Impossible de savoir si Staline était hanté par le souvenir de ses victimes. Les stratégies qui seraient celles de la Seconde Guerre mondiale avaient été brillamment annoncées par Toukhatchevski. Il avait littéralement « bombardé » Staline de notes et d'articles sur la nécessité de se préparer à une guerre de haute technologie, où la mobilité des armées devait jouer un rôle sans précédent (pour des percées suivies d'encerclements). Le tout exigeait un nouveau système de commandement et de coordination des forces. De fait, dès le début du conflit, les Allemands ont utilisé cette stratégie contre les troupes soviétiques, avec des succès foudroyants. Personne, bien entendu, ne pouvait demander à Staline pourquoi il avait tué les plus brillants généraux. Qui était le traître ? Quoi qu'il en soit, avec des Toukhatchevski, Bljuher, Egorov, la tragédie du 22 juin 1941 aurait certainement été évitée.

Nous pouvons tout de même citer un épisode où Staline a reçu une « gifle morale », sans que nous sachions s'il s'en est rendu compte sur le moment. Après la liquidation du haut commandement des forces aériennes, Staline et Vorochilov se rendent à une réunion du nouvel état-major de l'armée de l'air pour réfléchir au moyen de sortir les forces aériennes de l'état lamentable où les ont laissées les purges. Les officiers exposent la situation : tout est dans un piteux état – les avions, l'armement, les services de réparation, le carburant, le ravitaillement, les finances, l'administration. L'entraînement des hommes est désastreux et le nombre de pilotes perdus alarmant. Staline écoute attentivement, demande des détails, pose des questions concrètes pour montrer sa compétence et sa maîtrise du sujet. Vorochilov est en retrait, mais c'est lui qui clôt la réunion par une explosion de colère contre les officiers de l'état-major, accusés de ne pas avoir mentionné « l'évidence ». Cette situation, explique-t-il, est le résultat des actes de sabotage et des opérations de diversion de l'ancien état-major de l'armée de l'air, qui a été puni à juste titre pour ces crimes. Les minutes de la réunion montrent qu'en fait, sur les quelques dizaines d'officiers appelés à commenter la situation, aucun n'a prononcé le terme « sabotage ». Un tel silence signifie clairement que leur explication des faits est toute différente. L'état lamentable de l'armée de l'air est la conséquence de l'assassinat d'une pléiade d'officiers supérieurs très compétents. Et Vorochilov explose de colère parce qu'il comprend que ce silence équivaut à une condamnation de ses propres capacités. Il craint une éventuelle réaction de Staline, qui pourrait estimer que les subordonnés de Vorochilov ont manqué de la vigilance la plus élémentaire à l'encontre des ennemis de l'URSS. Nous ignorons ce que Staline a dit à Vorochilov en sortant, en tout cas il n'a rien manifesté, préoccupé sans doute par la constatation que les forces aériennes n'étaient pas en état de combattre. L'armée dans son ensemble était décapitée et n'avait plus grand-chose à voir avec des forces opérationnelles. Staline savait être réaliste et lucide. Pour qu'il perde son sang-froid, il fallait qu'il se sente personnellement attaqué. Il n'avait pas eu ce sentiment, ou n'avait pas voulu l'avoir, ce jour-là.

Mais un deuxième épisode, qui concerne également l'armée de l'air, révèle l'autre visage de Staline. Il figure dans les Mémoires de l'écrivain Constantin Simonov. Celui-ci raconte une réunion au sommet à laquelle il a participé au début de la guerre, consacrée aux trop nombreux accidents d'avions et aux lourdes pertes en pilotes. Un jeune général n'hésite pas à donner son explication : les avions, mal construits, sont de véritables « cercueils volants ». Staline est alors commandant en chef. Face à une accusation aussi directe, son visage se convulse de rage. Il réussit pourtant à contenir sa colère, mais murmure : « Vous auriez mieux fait de vous taire, général ! » Le jour même, ce jeune homme courageux disparaît pour toujours[40].

Le Don n'est pas si tranquille

Notre dernier exemple concerne l'écrivain Mikhaïl Cholokhov, auteur du célèbre roman Le Don paisible et devenu, après la mort de Staline, le porte-parole d'un courant nationaliste et conservateur, ce qui lui a valu de solides inimitiés. Les événements rapportés remontent à 1933. Cette année-là, la région cosaque du Kuban, si chère à Cholokhov, est frappée par la famine, comme bien d'autres régions de Russie et d'Ukraine. Cholokhov écrit à Staline pour dénoncer la tragédie des paysans du Kuban, dépouillés par la force de leur récolte sur ordre des services d'approvisionnement, au moment même où la famine s'installe. Ce faisant, Cholokhov ne manque pas d'audace, mais Staline tolère cette évocation dramatique des conséquences de sa propre politique. Pourquoi ? En fait, tout est calculé. Staline se force littéralement à lire cette vigoureuse dénonciation des exactions subies par les paysans condamnés à mourir de faim, des pratiques arbitraires de l'administration locale et des provocations de la police secrète. Une fois sa lecture terminée, il ordonne de fournir aux paysans du Kuban la quantité de céréales que Cholokhov estime nécessaire pour empêcher qu'ils ne meurent de faim. Il protège même l'écrivain contre la vindicte des autorités locales (y compris de la police secrète), qui font tout ce qu'elles peuvent pour jeter le discrédit sur cette communication directe entre les deux hommes, qui leur cause tant d'ennuis. Le jeu est ici des plus pervers, et Staline y joue tous les rôles : il organise des « confrontations » truquées, prétend avoir lui-même vérifié les faits et réhabilite les amis de Cholokhov dans l'appareil local du Parti. Il fait tout cela parce qu'il aspire à posséder quelque chose que Cholokhov détient : le prestige dont il jouit auprès du public russe. L'homme est un authentique cosaque russe, ce que Staline n'est pas ; il est un grand écrivain et un bon orateur, et là encore Staline ne fait pas le poids. Il choisit donc de faire semblant d'accepter les critiques et les faits exposés par l'écrivain, alors qu'il est irrité au plus haut point par toute cette affaire. Mais vient un moment où, c'est plus fort que lui, il laisse apparaître ses véritables sentiments. Dans un bref passage d'une lettre prétendument amicale adressée à Cholokhov, il laisse éclater sa contrariété. C'est du Staline à l'état pur : « Vous ne voyez qu'un côté des choses. Mais, pour éviter les erreurs politiques (vos lettres ne sont pas de la littérature, elles sont politiques), il faudrait aussi voir l'autre côté. Vos très respectables cultivateurs de céréales sont en fait engagés dans une guerre "secrète" contre le pouvoir soviétique, une guerre qui prend la famine comme arme, cher camarade Cholokhov. Bien entendu, ceci ne justifie nullement le traitement scandaleux qu'on leur fait subir, mais il est clair comme le jour que ces respectables cultivateurs de céréales ne sont pas aussi innocents qu'il pourrait y paraître de loin. Bon, tous mes vœux. Je vous serre la main, J. Staline. »

Nous laisserons de côté la question de savoir qui affamait qui en 1933. Ce que nous lisons dans cette lettre, et ce qu'a lu Cholokhov avant nous, c'est un exposé de la vraie politique de Staline, un appel politico-idéologique à la guerre contre le sabotage des « respectables cultivateurs de céréales ». C'est en des termes identiques que, lors de la réunion du Comité central de janvier 1933, Staline a appelé le Parti et le pays à se mobiliser contre des hordes d'ennemis de l'ombre, décidés à « saper pernicieusement » les fondations du régime. Dans sa lettre à Cholokhov, il laisse entendre qu'un ennemi plus nombreux encore – la totalité de la paysannerie – utilise l'arme de la famine contre le système.

Cholokhov comprend certainement immédiatement le danger qu'il encourt en se voyant accusé par Staline de défendre des ennemis « pernicieux » pour lesquels ce dernier éprouve une haine viscérale. Son prestigieux correspondant est en train de lui signifier que la vie peut à tout moment lui être ôtée. Bien sûr, Staline hait Cholokhov, mais il a besoin de son talent pour servir ses propres plans.

Staline ne se souciait pas des souffrances du peuple, mais il savait qu'il en était la cause et que son image aurait beaucoup à en souffrir si les masses paysannes se retournaient effectivement contre lui. Les répercussions seraient immédiates dans l'armée et la police, composées majoritairement de jeunes gens venus des campagnes, qui n'hésitaient jamais à envoyer des lettres de protestation quand ils apprenaient que leurs parents mouraient de faim ou étaient injustement traités par les autorités.

Or la construction de sa propre image était le grand jeu de Staline. Le fait de se tenir sur un piédestal, au-dessus de la mêlée, garantissait bien plus efficacement sa sécurité et son pouvoir qu'une armée de gardes du corps. Et, en ces temps de famine et de persécution des paysans, pouvait-il rêver meilleur soutien à son image qu'une déclaration publique d'un défenseur de la paysannerie comme Cholokhov attestant que le camarade Staline avait personnellement ordonné l'envoi de tonnes de blé pour sauver des vies ? C'était là le fond de l'affaire, et ce fut bien ce que déclara Cholokhov à la presse, sans même avoir à mentir.

La vie au sommet (années quarante)

Une autre image que Staline aimait à donner de lui-même était celle du maître de maison sobre et économe. C'était effectivement un trait de sa personnalité. Il ne supportait pas que l'on boive, que l'on ait des relations extraconjugales ni que l'on aime le luxe. Cela valait en premier lieu pour son entourage le plus proche. Il veillait à être parfaitement informé de ce genre de comportements. Il avait ainsi donné l'ordre d'espionner les membres du Politburo pour connaître leurs faiblesses et, au besoin, les utiliser.

Nous avons un aperçu de cette cuisine stalinienne à la fin des années quarante dans les Mémoires d'Alexis Kossyguine. Au sortir de la Seconde Guerre mondiale, Kossyguine était une étoile montante. Parmi ses titres de gloire acquis pendant la guerre figuraient l'évacuation vers l'arrière des usines situées sur des territoires qui étaient sur le point d'être occupés par les nazis et le ravitaillement de Leningrad pendant le blocus. Au sommet du pouvoir, on n'aimait guère Kossyguine, jalousé pour son ascension fulgurante. Mais on le craignait aussi, car Staline l'avait pris sous sa protection et lui avait confié la « délicate » mission de dresser un inventaire des privilèges des membres du Politburo. Comme Kossyguine l'a par la suite rapporté à son gendre Gvišiani, Staline, au cours d'une réunion du Politburo, lui avait dit détenir la liste de tout ce que les familles Molotov, Mikoyan, Kaganovič et autres dépensaient pour elles-mêmes, leurs gardes et leurs domestiques, et il était scandalisé : « C'est tout simplement révoltant. » À cette époque, si les membres du Politburo étaient assez peu rémunérés, ils disposaient d'un accès illimité aux biens de consommation, d'où leur fureur quand Staline avait demandé à Kossyguine de mettre de l'ordre dans la maison. Ils n'osaient pas s'en prendre à Staline lui-même, et certains d'entre eux, comme Mikoyan, avaient compris que cette attitude était une manière pour le chef de forcer les hauts dirigeants à ne pas se laisser aller. Mais peut-être était-ce aussi un prétexte pour se débarrasser d'une partie d'entre eux.

De fait, cette pratique a été constamment utilisée par Staline. Un jour, Kossyguine informe Gvišiani qu'une des accusations lancées contre Voznesenskij, patron du Gosplan et vice-Premier ministre jusqu'à son élimination en 1950, est qu'il détient une ou plusieurs armes. Aussitôt, Kossyguine et son gendre fouillent leur propre demeure et jettent toutes les armes dans un lac. Ils cherchent également d'éventuels micros dissimulés, et en découvrent dans la maison de Kossyguine – mais peut-être étaient-ils destinés à espionner le maréchal Joukov, qui occupait les lieux auparavant. Rien d'étonnant si, au cours de ces années (1948-1950), Kossyguine, par ailleurs membre associé du Politburo, disait tous les matins adieu à sa femme en lui indiquant ce qu'elle devait faire s'il ne rentrait pas le soir. Mais, tout comme son gendre, il comprend assez rapidement qu'il sera épargné ; Staline éprouve une sorte de sympathie à son égard[41]. Et, de fait, il a eu de la chance. Les autres dirigeants, en tout cas ceux qui, au départ, étaient naïfs ou trop sûrs de leur position, ont vite appris la leçon, en voyant le sort réservé à leurs collègues ou à eux-mêmes. Après l'assassinat de Kirov en 1934, le comportement de Staline à leur égard change du tout au tout, et ils s'en rendent compte aussitôt. C'est manifeste dans la correspondance entre Staline et Kaganovič, alors numéro deux. Kaganovič, jusque-là sûr de lui et très direct, change brusquement de ton, se disant immensément « reconnaissant » au destin de lui avoir donné un tel ami, un tel chef, un tel père : « Qu'aurions-nous fait sans lui ? », etc. Il semble évident qu'à un certain moment Kaganovič a eu une « révélation ». Il réalise notamment que Staline est informé de tout ce qu'il peut écrire à d'autres. Le fait que de hauts dirigeants aient pu se retrouver dans une telle situation est absolument unique dans les annales de l'histoire. Rien de tel ne s'est produit dans l'entourage d'Hitler après la nuit des longs couteaux, alors que les SA étaient, au moins potentiellement, des rivaux politiques. Nous sommes en présence d'un régime despotique très élaboré, lancé à pleine vitesse. Avec, à sa tête, un maître en la matière, mais aussi un déséquilibré.

Dans la construction de son image, Staline avait recours à différentes méthodes. Il sélectionnait lui-même les termes utilisés pour chanter ses louanges dans les films, les discours ou les biographies. Il veillait à ce que fussent employés les superlatifs qu'il affectionnait, mais en censurait certains pour prouver sa modestie. Il choisissait ses décorations et ses titres. Les rituels des congrès et autres réunions publiques étaient minutieusement mis au point. Enfin, l'histoire était réécrite pour la faire entièrement tourner autour de sa personne.

Staline se pensait comme un autocrate, bien décidé à ne partager sa place et son image avec personne, ni dans le présent ni dans le passé. À ses yeux, les autres dirigeants ne possédaient ni sa classe ni son envergure. Ils ne comptaient pas vraiment ; il fallait simplement s'assurer de leur servilité – ce qui explique le changement de comportement de Kaganovič. À partir de 1934, il a fait d'eux des condamnés à mort en sursis. Ses espions lui apportaient continûment de quoi instruire les procès le moment venu. Pour mieux mettre à l'épreuve leur fidélité et garantir qu'elle était indéfectible, les persécutions s'étendaient aux membres de leur famille : les trois frères de Kaganovič ont été exécutés, la femme de Molotov arrêtée.

À différentes reprises, Staline a déclaré à ceux qui lui rendaient visite dans sa datcha que « le peuple » voulait un tsar, un généralissime. L'argument était fallacieux. Tout porte à croire que c'est ce qu'il désirait lui-même, et dont il avait un besoin pathologique. D'ailleurs, le spectacle de son Serment à Lénine en 1924 a créé un précédent pour son propre culte. Tout devient plus clair encore quand on examine ses relations avec son propre passé de révolutionnaire. Il est facile de montrer qu'il l'a effacé et a dépensé une énergie considérable pour créer non seulement un système inédit, mais aussi un panthéon entièrement nouveau, et un passé différent. Staline a un problème d'alibi historique, l'enjeu étant de se donner une légitimité. Contrairement à Hitler, par exemple, il n'a explicité ses véritables projets que par bribes, comme dans sa déclaration sur les cadres en 1925. En revanche, nous connaissons sa rancune à l'égard des chefs historiques et du parti bolchevique, qui ne lui avaient pas accordé la place qu'il pensait mériter. La direction historique, en la personne de Lénine, l'avait rejeté. Aux yeux du Parti, il n'appartenait pas à la catégorie des pères fondateurs et ne le méritait pas. Les figures emblématiques étaient Lénine et Trotski. Quant aux mérites historiques, beaucoup d'autres dirigeants le devançaient dans ce domaine. Ces « mauvaises performances » devaient être effacées dans le but de légitimer l'image de lui-même, fortement revisitée, que Staline voulait imposer au pays. Ce qu'il a fait, avec le succès que l'on sait.

Chapitre IX

Les purges et leur « raison »

Le besoin de se forger un nouvel alibi historique est sans doute l'une des raisons qui ont poussé Staline, en 1937, à lancer les purges contre les cadres du Parti, un projet qu'il méditait depuis longtemps. Il lui fallait éradiquer toute une période de l'histoire, celle des années héroïques, et se débarrasser de tous ceux qui en avaient été les témoins et connaissaient le rôle de chacun de ses acteurs. Mais ce scénario longuement mûri d'une vengeance calculée n'a pas toujours été mené de sang-froid. À certaines étapes, il s'est déroulé dans un état d'extrême tension.

La malédiction de Boukharine[42]

La liquidation d'une figure comme Boukharine, personnage faible politiquement mais intellectuellement très supérieur à Staline, et « coupable » d'avoir été, malgré son jeune âge, l'un des « pères fondateurs », « l'enfant chéri du Parti », éclaire la démarche de Staline et son état d'esprit. Elle se déroule selon un scénario précis. Tout commence par une longue phase de torture mentale. Vient ensuite l'avilissement, puis le terrifiant procès à grand spectacle. Et, pour finir, l'exécution.

Les premières manœuvres commencent en 1936. La réaction de Boukharine, angoissé mais encore capable de braver son bourreau, jette une vive lumière sur le drame. Il pense avoir encore des amis au sommet : il écrit une lettre désespérée à Vorochilov, où il lui demande de l'aider et de le défendre. Il y clame son innocence, avant de finir sur cette formule : « Je t'embrasse parce que je ne suis coupable de rien. » Vorochilov n'était pas la personne à qui il fallait s'adresser. Il montre aussitôt la lettre à Molotov, qui lui ordonne de la retourner à Boukharine, avec un mot disant : « Tu ferais mieux de confesser tes infâmes méfaits à l'égard du Parti », sans quoi Vorochilov le considérerait comme « une fripouille ». Vorochilov se soumet à la manœuvre.

Boukharine perd espoir, comprend qu'il est victime d'un complot mortel. Il écrit à Staline le 15 décembre 1936. Utilisant son surnom géorgien, comme au bon vieux temps, il l'appelle « mon cher Koba ». Il lui dit avoir lu dans la *Pravda* un article contre les droitiers (c'est-à-dire contre lui-même) qui l'a « terrassé ». La lettre se termine sur cette phrase : « Je meurs à cause de salauds, à cause de la lie de l'humanité, à cause d'infâmes vauriens. Ton Boukharine. »

Cette imprécation, qui se présente comme dirigée contre des vauriens anonymes, est en fait dirigée contre Staline. Il ne fait pas de doute que Boukharine, même égaré par la détresse, sait qui tire les ficelles. Staline comprend certainement, lui aussi, que la formule « infâmes vauriens » le vise personnellement. Sa réponse vengeresse aux appels au secours et aux accusations indirectes de Boukharine lui est apportée lors d'un « spectacle » soigneusement préparé, à savoir la réunion du Comité central de février-mars 1937. Par la façon dont il dirige les séances, Staline fait penser à un acteur à moitié dément. Il déploie toute son énergie pour plonger un public parfaitement sain d'esprit (les membres du Comité central) dans un état de folie collective où ils partagent ses propres fantasmes. Son discours est incohérent. Mais la réunion n'a pas pour seul but de détruire « son » ennemi, elle a un ordre du jour secret : tester le Comité central grâce à un stratagème à peine dissimulé. Trois propositions de résolution sur la « trahison » de Boukharine sont soumises au vote. La première, « arrestation et transmission de l'affaire au NKVD », a évidemment la préférence de Staline. Elle signifie une condamnation à mort, probablement précédée de tortures. La seconde prévoit de « ne pas procéder à une arrestation mais [de] faire poursuivre l'enquête par le NKVD », et la troisième enfin de « ne pas l'arrêter et [de] le laisser partir ». C'est là un piège tendu aux membres du Comité central présents. La plupart s'en sont vraisemblablement rendu compte. Personne n'ose se prononcer en faveur de la troisième proposition, mais plusieurs optent pour la deuxième – un geste qui leur coûtera la vie.

L'épisode n'est qu'une illustration, presque mineure, de l'incroyable cauchemar qu'ont été les purges de 1937-1938. « Lie de l'humanité » est le terme qui convient pour désigner les responsables de cette orgie d'arrestations, de procès truqués à grand spectacle et de condamnations sans jugement, menés à une échelle sans précédent dans l'histoire. Il y a de bonnes raisons de penser que les événements de ces deux années atroces étaient préparés avec soin depuis longtemps, peut-être depuis 1933.

Comme l'indique Hlevnjuk[43], le prétendu « réexamen de la réalité » à l'ordre du jour de la session du Comité central de février-mars 1937 rappelle beaucoup un point abordé lors de la session de 1933. De nombreux orateurs avaient alors prononcé des discours analogues à ceux qu'ils reproduisent en 1937 pour, espèrent-ils, démontrer leur lucidité et leur vigilance. En 1933, Staline était déjà prêt à déclarer la guerre à la société et, pourrait-on ajouter, au Parti, avec l'appui de ses « acolytes » et des services de répression. Mais certaines raisons (nous en avons avancé quelques-unes) l'en avaient empêché et il avait choisi l'« interlude », en dépit de son ressentiment contre les méthodes de « termites » de ses ennemis, notamment des « respectables cultivateurs de céréales » dont il parlait à Cholokhov.

Préparer les vaillants tchékistes

Dans le cadre de la préparation du déferlement de terreur, certaines mesures s'imposaient, indépendamment du ménage administratif que constituaient la vérification des listes de membres du Parti et le contrôle des cartes. Il fallait avant tout préparer la police secrète, les commandants et les exécutants, à l'horrible tâche qui les attendait. Les motivations idéologiques et morales s'ajoutaient aux stimulants matériels. Tandis que la propagande célébrait la vaillance des tchékistes, le nouveau commissaire à l'Intérieur, Ežov, augmenta les salaires de ses subordonnés à tous les niveaux. Jusque-là, le chef du NKVD à l'échelon d'une république recevait 1 200 roubles par mois, tout comme les autres responsables de haut rang. Sa rémunération passa alors à 3 500 roubles (le salaire moyen d'un ouvrier à l'époque était de 250 roubles). Les gros bonnets du NKVD, qui avaient droit jusqu'alors à des datchas et à des maisons de repos collectives, où ils étaient mêlés à d'autres membres du Parti, disposeraient dorénavant de datchas individuelles et bénéficieraient de primes conséquentes[44].

L'infâme décret du NKVD n° 00447 de juillet 1937, approuvé par le Politburo le 31 juillet, contient l'ordre d'agir et un plan d'action. Il distingue par avance deux catégories de victimes et fixe les peines : 75 000 personnes doivent être exécutées et 225 000 envoyées dans les camps. Il existe des versions précédentes du décret où les chiffres varient quelque peu. Mais les documents dont nous disposons prouvent que, dans les faits, les « normes » ont été multipliées au moins par deux. Un budget de 85 millions de roubles est alloué à l'opération. Staline atteint de nouveaux sommets dans l'art de séduire le NKVD quand, dans un discours, il octroie à l'appareil de sécurité le statut de « détachement armé du Parti[45] ». « Le culte du NKVD, écrit Hlevnjuk, le statut spécial, sans aucune limite juridique, de la police secrète, atteint alors son apogée. » Staline utilise et récompense les responsables du NKVD pour leurs vaillants services, tout en les tenant d'une main de fer. Il distribue avantages matériels et châtiments sévères avec le même degré d'arbitraire que celui dont il use avec les « ennemis du peuple ». Plusieurs auteurs y ont vu une ressemblance avec la manière dont Ivan le Terrible utilisait l'*opričnina* (sa milice) dans sa lutte contre les boyards.

Cette double attitude porte la signature de Staline. Les « tchékistes » (terme historique qui, aujourd'hui encore, est utilisé à titre honorifique) sont désormais séparés des autres membres du Parti, y compris socialement, puisqu'ils disposent de leurs propres datchas, clubs et autres équipements de loisirs. En décembre 1937, dans tout le pays, d'immenses cérémonies célèbrent la glorieuse tradition de la triade Tcheka-GPU-NKVD. Le Kremlin appelle les comités régionaux du Parti à organiser des procès publics contre les ennemis du peuple dans l'agriculture, et le NKVD reçoit l'ordre de « démasquer » – en fait de fournir – les ennemis en question.

De même, à l'occasion du troisième anniversaire de l'assassinat de Kirov (29 novembre 1937), Staline télégraphie aux autorités du Parti en leur donnant l'ordre de « mobiliser les membres du Parti pour extirper sans pitié les agents trotsko-boukhariniens ». Hlevnjuk conclut en écrivant que toute la société était en proie à une véritable psychose de la chasse à l'ennemi, rythmée par les descentes de la police secrète qui, le plus souvent au petit matin, venait frapper à la porte pour s'emparer de ses victimes et les emmener, dans de sinistres camions noirs, vers leur destin fatal.

Crime et châtiment au sein du NKVD (1935-1950)

Le rattachement symbolique du NKVD au Parti, c'est-à-dire à Staline personnellement, l'a placé au-dessus de toutes les autres institutions. Le Parti a désormais sa propre garde de fer, ses croisés, auxquels Staline dispense à profusion faveurs et honneurs. Il ne s'agit plus d'une police d'État au sens habituel. Le Parti stalinien, et surtout son appareil, est devenu lui-même un service de police – à cette réserve près que la police secrète en réfère à Staline, et à aucun autre membre du Parti. Elle est donc au-dessus du Parti et constitue une arme puissante pour le mater. Ici, une remarque impertinente s'impose. Si les tchékistes constituaient ce vaillant détachement au service de la morale et de l'idéologie, pourquoi ses chefs étaient-ils payés dix fois plus qu'un ouvrier ? Les vrais tchékistes de la guerre civile, ceux qui risquaient leur vie, étaient mal payés. Fallait-il vraiment rémunérer en espèces, en nature et en privilèges la mission de représenter l'avant-garde idéologique du pays ? En entendant cela, le pauvre Lénine s'en retournerait dans sa tombe, si son embaumement ne le lui interdisait pas…

L'ironie de l'histoire va plus loin encore. Ce NKVD porté aux nues était une bureaucratie avec ses routines. Une inspection interne veillait énergiquement à son bon fonctionnement. Ses rapports nous montrent une institution marquée par d'innombrables irrégularités, fautes professionnelles, déficiences et vols. On y trouve de longues listes d'actes délictueux ayant fait l'objet d'enquêtes et de rapports aux instances supérieures, assortis de demandes de sanctions sévères. Quelques exemples peuvent être éclairants. Dans une note au chef du département des Cadres du NKVD, le camarade Vajnštok, qui a le grade de commandant de la sécurité de l'État, recense les délits et crimes commis par des agents du NKVD en 1935. Sur la base des données fournies par tous les services à tous les niveaux (des républiques aux régions), pour les dix premiers mois de 1935, les infractions et les crimes sont au nombre de 11 436. La note livre également la liste des sanctions et punitions. Pour Vajnštok, quelque chose ne va pas dans la politique administrative des services régionaux et locaux du NKVD, et le problème doit être discuté. Les crimes et délits recensés sont au nombre de 5 639, dont 3 232 pour les sections urbaines. Mais ce qui préoccupe le plus le commandant, c'est que 2 005 d'entre eux ont été commis par des chefs de sections.

Une analyse des punitions par rang montre que toutes les catégories, dans toutes les branches, se rendent coupables de délits et de crimes, que ce soit dans les unités militaires ou dans les unités de transport, et à tous les niveaux administratifs – chefs, adjoints, personnel subalterne. Ainsi, sur 3 311 individus occupant des postes de responsabilité au niveau des sections de district ou de ville, 62 % (2 056) ont fait l'objet d'une sanction. Commentaire de Vajnštok : on doit reconnaître qu'un tel pourcentage est très élevé. On ne peut qu'être d'accord avec lui. Négligence, faute professionnelle, ivrognerie, débauche et autres actes jetant le discrédit sur le NKVD constituaient les motifs de 60 % des peines infligées aux agents régionaux. Une attention particulière doit être portée au fort pourcentage de sanctions (13 %) infligées pour non-respect des ordres ou des instructions, fautes contre la discipline (8,5 %) ou contre les normes de procédure (5 %). Dans la liste figurent également des détournements de fonds, des vols, des cas de dissimulation des origines sociales (au nombre de 67), des attitudes « anti-Parti et antisoviétiques » (17), des suicides et des viols (78 en tout), des cas de perte de la vigilance attendue d'un tchékiste, membre du Parti (76), et des propos mensongers.

La plupart des tchékistes sanctionnés étaient de jeunes agents des services auxiliaires, comme celui des transmissions. Mais la proportion des sanctionnés appartenant au noyau dur du NKVD et ayant parfois au moins douze ans de service était elle aussi jugée excessive : ils étaient 1 171[46].

Un autre rapport du département des Cadres pour la période allant du 1er octobre 1936 au 1er janvier 1938 nous renseigne sur les « départs » de la GUGB (qui succède à la Tcheka et à la GPU pour former un secteur indépendant au sein du NKVD). Parmi les causes de ces départs, on trouve notamment 1 220 arrestations, 1 268 licenciements et 1 345 versements dans la réserve, à quoi il faut ajouter 1 361 punitions pour avoir participé à des activités ou avoir eu des contacts avec des contre-révolutionnaires (trotskistes), des nationalistes d'extrême droite, des traîtres ou des espions, 267 punitions pour « désorganisation du lieu de travail » et 593 pour « dissolution morale ». Enfin, on compte 547 individus « socialement étrangers » ou en contact avec de tels individus, ou encore ayant servi dans l'armée des Blancs. Diverses autres causes expliquent les départs de la GUGB : 544 pour maladie, 138 pour décès, 1 258 pour transfert dans d'autres services.

Les choses ne changeront pas jusqu'à la mort de Staline, les rapports le montrent clairement. Les services d'inspection faisaient leur travail et une branche séparée, chargée du contrôle des finances, avait aussi beaucoup à dire sur le nombre considérable de vols et de détournements de fonds, de reçus contrefaits et de comptabilités falsifiées. Elle s'intéressait tout particulièrement à ce qui se passait dans les centres d'approvisionnement[47]. On dispose aussi de rapports comptables annuels à l'usage des autorités (et des chercheurs d'aujourd'hui), du moins pour la période stalinienne. En résumé, en termes de professionnalisme, de respect de la légalité et d'honnêteté, les services de sécurité n'étaient en rien plus brillants que les autres. Pour améliorer la qualité du personnel, on a recruté, par milliers, de nouveaux cadres, mais les effets positifs de cette mesure ont été longs à se faire sentir.

De tels documents, et bien d'autres, sur la propre force de sécurité du Parti, « prête » à sauver le pays de ses ennemis intérieurs, mettent en lumière une autre dimension du sinistre drame : les services de sécurité étaient remplis d'éléments moralement et professionnellement douteux. Les chefs avaient certes droit à tous les égards, mais ils n'en étaient pas moins démoralisés et désorientés par le caractère même de la tâche qu'ils avaient à exécuter. Ils ne pouvaient apporter aucune preuve. On leur demandait simplement de remplir des quotas et, comme c'est la règle dans un système planifié, de les dépasser pour obtenir primes, promotions et augmentations de salaire. Mais l'épée qu'ils tenaient suspendue au-dessus du pays l'était aussi au-dessus de leur tête, et leur ivrognerie comme leurs débauches n'y étaient pour rien. Tous les services, y compris ceux de l'espionnage hors des frontières, vivaient en permanence sous la menace d'une catastrophe qui pouvait surgir de l'intérieur même du régime. Une situation bien plus périlleuse que l'espionnage, la capture des espions, l'affrontement de contrebandiers armés ou d'autres bandits, qui faisaient partie des risques de la profession.

« Chasse à l'homme »

De nombreux détails sur les arrestations et les exécutions de masse ont été révélés des années plus tard, par un comité dirigé par le secrétaire du Parti, Pospelov, et qui avait été créé par Khrouchtchev en 1955, avant le rapport « secret » de 1956. En fait, la politique de réhabilitation a débuté dès 1954. Il est important de commencer par les révélations de ce comité pour comprendre à quel point le grand public ou même l'élite politique ignoraient presque tout de ces monstrueux événements[48]. Le comité Pospelov a recueilli des documents et des archives de la police secrète, ainsi que les dépositions de nombreux enquêteurs-bourreaux, qui racontaient comment ils « obtenaient » les confessions de leurs victimes. Les archives de la Procurature avaient également fourni au comité quantité d'éléments. Le rôle de Staline y est clairement attesté. D'autres documents prouvent que les « troïkas » (formées par le secrétaire local du Parti, le chef de la police secrète et le procureur local) qui coiffaient ces opérations de terreur dans les localités harcelaient le Kremlin pour qu'il augmente les « quotas d'exécution », sachant parfaitement qu'il était tout disposé à le faire.

Lorsque Pospelov présente les découvertes de son comité au Présidium du Parti, « le tableau est effrayant, les présents sont en état de choc ». C'est ce que rapportent les travaux de Pihoja, sur lesquels nous nous appuyons ici. Cette émotion n'est vraisemblablement pas feinte. Rares sont ceux qui ont pu imaginer dans leur intégralité le mécanisme et l'étendue de ces opérations par définition secrètes. Les données qu'on leur livre concernent en premier lieu des dirigeants du Parti accusés de trahison, ainsi que la vaste catégorie des personnes arrêtées pour « activités antisoviétiques », majoritairement des cadres du Parti ou de l'administration. En revanche, Pospelov ne dit rien de la catégorie, immense, des « éléments socialement étrangers ». Pour les deux années fatales de 1937 et 1938, le rapport donne le chiffre de 1 548 366 personnes arrêtées pour activités antisoviétiques, dont 681 692 ont été fusillées. Les cadres dirigeants du Parti et de l'administration avaient été décimés, à tous les niveaux. Ceux qui leur avaient succédé l'avaient été à leur tour, puis les remplaçants des remplaçants, et ainsi de suite. La majorité des délégués au XVIIe congrès (celui de 1934, le « congrès des Vainqueurs »), qui avaient massivement chanté les louanges de Staline, avaient été arrêtés : 1 108 personnes au total, dont 848 avaient été fusillées.

Le rapport cite également des instructions du NKVD sur la façon dont la répression devait être conduite, et donne une idée de ses pratiques : invention pure et simple de toutes sortes d'organisations antisoviétiques, violations grossières de la légalité commises par les enquêteurs, complots montés de toutes pièces par des agents du NKVD, défaillance totale de la Procurature dans le domaine du contrôle qu'elle était censée exercer sur le NKVD, arbitraire judiciaire du Collège militaire des forces armées de l'URSS, qui a fermé les yeux sur les « procédures extrajudiciaires ».

L'origine de toute l'entreprise, selon le rapport, est l'autorisation, donnée par le Comité central exécutif en décembre 1934, d'agir massivement en dehors de la légalité, à la suite de l'assassinat de Kirov. Le télégramme de Staline et Jdanov à Kaganovič et Molotov, destiné à préparer le terrain pour la session de février-mars 1937 du plénum, est cité comme le signal du déclenchement de la répression de masse. La responsabilité de Staline dans la décision de recourir massivement à la torture contre les accusés est attestée par de nombreux témoignages, dont ceux d'officiers du ministère des Affaires intérieures (MVD), eux-mêmes victimes de la répression, et

par trois documents cités en annexe du rapport : un télégramme en date du 10 janvier 1939, où Staline réaffirme la
nécessité d'utiliser des « méthodes physiques », une note où il
donne son accord pour l'exécution de 138 personnes de haut
rang, et la lettre qu'il reçoit d'Eikhe, membre du Politburo,
avant son exécution. Au total, entre 1937 et 1939, Staline et
Molotov ont apposé leur signature sur environ 400 listes de
personnes à exécuter (44 000 noms en tout).

L'objet du rapport Pospelov n'était évidemment pas seulement de faire le point sur le passé. Son contenu était aussi un
sujet brûlant dans les débats et dans la définition d'une stratégie politique – qui seront étudiés dans la deuxième partie de ce
livre. Le bilan global des purges de la terreur est bien plus
important encore, puisque le rapport de 1956 ne prend en
compte que les victimes membres du Parti.

Chapitre X

L'étendue des purges

Il est très possible que l'on ne parvienne jamais à écrire l'histoire complète des purges de 1937-1938. Quoi qu'il en soit, si l'on veut saisir cette réalité qui dépasse l'imagination, il faut prendre en compte d'autres données. Nous partirons des estimations avancées par différentes administrations, souvent difficiles à interpréter parce qu'elles reposent sur des sources, des calculs, des chiffres et des dates différents, mais qui permettent néanmoins une approximation raisonnable. En ce qui concerne 1937-1938, phase centrale des purges, nous pouvons nous appuyer sur un texte rédigé par une commission *ad hoc*, désignée par le Présidium du Comité central à la mi-1963 et présidée par I.M. Švernik.

Selon certaines sources, les années 1937-1938 auraient vu l'arrestation de 1 372 392 personnes, dont 681 692 auraient été fusillées. Les chiffres donnés par Khrouchtchev devant le plénum du Comité central en 1957 sont un peu différents : plus d'un million et demi de personnes arrêtées et 680 692 fusillées (la différence est due aux critères retenus par les statisticiens du KGB). Des sources portant sur la période 1930-1953 indiquent 3 778 000 personnes arrêtées, dont 786 000 fusillées[49].

D'autres données concernent la seule catégorie « répression administrative », c'est-à-dire celle menée par des instances non judiciaires : la Conférence spéciale du NKVD à Moscou et ses homologues à des niveaux administratifs inférieurs, les « troïkas » déjà évoquées, responsables des plus grands ravages en 1937-1938. Elles avaient carte blanche, et l'on a déjà dit qu'elles pressaient le Kremlin d'accroître leurs quotas. La Conférence spéciale du NKVD à Moscou (créée en juillet

1934) n'a pas chômé non plus : elle a condamné 78 989 personnes en 1934, 267 076 en 1935, 274 607 en 1936, 790 665 en 1937, 554 258 en 1938. Si elle a pu réaliser un « aussi beau travail », c'est parce qu'elle ne s'embarrassait guère des règles de procédure. Le plus souvent, l'accusé n'était pas même présent. Un cas pouvait être traité en dix minutes et se conclure par une condamnation à une peine de camp allant de cinq à vingt-cinq ans, voire par une exécution immédiate. La plupart des victimes étaient accusées d'activités « contre-révolutionnaires », d'où la brièveté du procès et les innombrables exécutions.

Les données produites par les chercheurs du NKVD eux-mêmes constituent une autre source. Le « décret historique », déjà mentionné, du Comité central en juillet 1937 ordonnait au NKVD de détruire les « bandes d'ennemis ». Les quotas d'arrestations étaient fixés à l'avance et communiqués aux régions administratives afin qu'elles les réalisent, exactement comme ceux que l'on fixait pour les campagnes de ravitaillement en blé. Ces quotas étaient subdivisés en catégories de crimes, et les sentences étaient également fixées à l'avance. Ainsi, la catégorie n°1 comprenait 72 950 personnes à arrêter et à exécuter, le total étant ventilé entre les différentes régions. La catégorie n° 2 comptait 186 000 personnes à envoyer dans les camps. De nouveaux camps d'exploitation forestière allaient être ouverts pour les recevoir. Très vite, ils furent surpeuplés. La démarche était véritablement kafkaïenne : le nombre d'ennemis était fixé à l'avance sous forme de quota, mais il était permis de le dépasser. Il ne restait qu'à nommer les coupables.

Les chiffres des arrestations par année sont les suivants : au 1er janvier 1937, 820 881 ; au 1er janvier 1938, 996 367 ; au 1er janvier 1939, 1 317 195. Sur ces chiffres d'ensemble, les camps de travail, en 1937, ont reçu 539 923 prisonniers, et 600 724 en 1938. Cette année-là, le Goulag a atteint son point culminant, puis amorcé une course descendante. En effet, 837 000 détenus des camps et des colonies pénitentiaires furent libérés après un réexamen de leur cas organisé sous l'autorité de Beria au titre de la « campagne de rectification », ordonnée par Staline. Mais, en 1939, la répression est repartie de plus belle, et au 1er janvier 1940 la population des camps et des colonies totalisait 1 979 729 prisonniers, la plupart de droit commun. Les prisonniers politiques, condamnés sur la base des articles du Code visant les « contre-révolutionnaires », représentaient 28,7 % du total, soit 420 000 personnes. La population des camps s'était également accrue avec le transfert des détenus des prisons situées dans les territoires récemment annexés, auxquels il faut ajouter les personnes arrêtées à la suite de ces annexions. L'application des décrets de 1940 et 1941 réprimant le vol et l'abandon du lieu de travail sans autorisation explique également, mais dans une moindre mesure, cette augmentation des effectifs[50].

Les ravages causés par les purges, en particulier dans les rangs des cadres du Parti et des services gouvernementaux, ne sont pas faciles à évaluer numériquement. Une source précieuse sur le renouvellement du personnel du commissariat aux Chemins de fer en 1937-1938 révèle que 75 % des gestionnaires et des responsables techniques (cadres supérieurs et intermédiaires) ont été remplacés au cours de ces deux années[51]. Ces données ne peuvent être généralisées à toute la machine gouvernementale, mais elles permettent de parler d'une « hémorragie » des cadres, même dans les services les plus stratégiques.

Les conséquences de cette terreur se sont fait sentir dans l'ensemble de l'économie, dans toutes les administrations, dans le Parti et dans la vie culturelle. À la mi-1938, les dégâts sur les plans humain, économique, politique, et leur coût sont tellement considérables qu'un changement de ligne est indispensable et presque prévisible. Il faut procéder à une « normalisation », selon la recette habituelle : quelqu'un doit être « désigné » comme responsable des « déviations ». Cela n'est pas difficile, car dans cette affaire personne n'est innocent. Le premier signal d'un changement de direction est donné par le limogeage d'Ežov, chef du NKVD, remplacé par Beria, son premier adjoint, le 25 novembre 1938. Ežov est arrêté en 1939. Comme l'exige la méthode employée, il est accusé d'être « à la tête d'une organisation contre-révolutionnaire ». Il est exécuté en février 1940, selon le même scénario que celui qui a présidé à l'élimination de Jagoda en 1936. Ceux qui savaient de quoi il retournait pouvaient recommencer à spéculer sur la date à laquelle le scénario allait se répéter.

Dans le cadre de la « nouvelle ligne », plusieurs centaines de milliers de personnes sont libérées du Goulag, mais il est probable qu'il s'agit avant tout de détenus de droit commun, et guère de prisonniers politiques[52]. À l'issue du XVIIIe congrès, certaines victimes des purges sont réhabilitées, mais, une fois encore, cette opération de façade ne concerne qu'un nombre limité de personnes par rapport à l'étendue des purges. Juste ce qu'il faut pour que Staline puisse apparaître comme celui qui rétablit la justice et punit les coupables. Cette « bienveillance » s'exprime un peu plus tard par l'arrestation et le massacre partiel de nombreux agents du NKVD (à chacun son tour !), accusés d'en avoir trop fait en s'attaquant à des membres du Parti et à des citoyens innocents. Ils sont entre 22 000 et 26 000 à rejoindre leurs victimes dans les camps ou dans la tombe. Nul ne sait si cette cohorte incluait les pires d'entre eux. Mais le fait a dû rassurer de nombreuses personnalités de haut rang. Selon Oleg Hlevnjuk, la confiance était revenue dans les milieux dirigeants. Les salaires avaient augmenté et les arrestations obéissaient à des règles désormais plus contraignantes. En outre, le ralentissement des activités du NKVD, après le départ d'Ežov, a persuadé les cadres du Parti qu'ils avaient repris du terrain sur l'appareil de sécurité, même si nombre de chefs, dans les villes et les régions, étaient encore victimes de purges, en compagnie de tchékistes « indignes » pour avoir, comme eux, dévié du droit chemin.

Le même Hlevnjuk suppose que l'abandon de la terreur de masse s'explique par le sentiment qu'a Staline d'avoir atteint son objectif, très prosaïque, de rajeunissement des cadres du Parti. (Notons que la pédagogie employée pour faire éclore ces jeunes talents était pour le moins inhabituelle.) Staline annonce au XVIIIe congrès du Parti, en mars 1939, que, depuis avril 1934, 500 000 nouveaux cadres ont été recrutés pour insuffler une énergie nouvelle dans le Parti et l'administration, en particulier aux échelons les plus élevés. Sur les 32 899 titulaires de postes faisant partie de la *nomenklatura* gérée par le Comité central (du commissaire du peuple au responsable du Parti délégué par le Comité central dans des services importants), au début de 1939, 15 485 ont été nommés en 1937-1938. Ce chiffre présente un intérêt certain : ces jeunes cadres forment la « promotion Staline » d'après les purges. La rapidité de leur avancement est incroyable, alors que bien souvent ils n'ont pas encore terminé leurs études. Parmi eux se trouvent ceux qui dirigeront l'URSS après la mort de Staline.

Avec les pertes humaines, les pertes les plus lourdes sont celles qui frappent l'économie. Les nouveaux cadres, nommés immédiatement après la terreur, ne trouvent dans les bureaux que des chaises vides. Leurs prédécesseurs ne sont évidemment plus là pour les mettre au courant. Bien des nouveaux arrivants, inexpérimentés, ont peur de prendre la moindre initiative. Les purges ont détruit la discipline et sapé la productivité (même si beaucoup, en Russie, s'obstinent à affirmer qu'elles ont eu le résultat opposé). Toutes sortes de personnages moralement douteux peuplent désormais les services gouvernementaux. Pour remédier à cette situation, certains « spécialistes honnêtes » sont réhabilités (quand ils sont encore vivants) et libérés des camps. Parmi eux se trouvent de futurs généraux et maréchaux, des savants, des experts en stratégie, des ingénieurs comme Rokossovski, Mereckov, Gorbatov, Tjulenev, Bogdanov, Holostjakov, Tupolev, Landau, Miasiščev, et d'autres. Korolev, le grand spécialiste des fusées, devra attendre 1944 pour être libéré, et bien d'autres resteront détenus jusqu'en 1956. Mais ceux qui retrouvent la liberté en 1939 représentent tout de même un fort contingent. Certains ne sont pas en état de reprendre le travail immédiatement et ne peuvent donc aider à réparer les dommages infligés à l'armée, aussi bien dans le haut commandement qu'aux échelons subalternes. À l'été 1941, 75 % des officiers d'active et 70 % des commissaires politiques aux armées occupent leur poste depuis moins d'un an, si bien que le noyau dur de l'armée n'a aucune expérience du commandement de grandes unités. Le fait que l'Armée rouge n'ait pas été prête pour la guerre a été amplement prouvé par la désastreuse guerre de Finlande en 1940. Les analyses fort justes de la « défaite victorieuse », faites après coup par des militaires et des politiques, soulignent les lamentables déficiences du commandement, de l'entraînement des soldats, du corps des officiers et de la coordination entre les différents corps d'armée. Staline, pourtant le principal coupable, n'est jamais nommé.

Les délires des années 1937-1938 ne se reproduiront jamais à une telle échelle, mais ils se poursuivront à un niveau plus modeste. En 1939, le Parti recrute un million de nouveaux membres, et, apparemment, tout revient « à la normale ».

Ce brusque recul dans le recours à la terreur de masse, marqué, on l'a dit, par l'élimination d'Ežov, désigné comme le responsable des excès, n'est jamais reconnu comme tel. Par la suite, toute une série de manœuvres tentent de le camoufler. On proclame que le gros des saboteurs a été éliminé, tout comme ceux qui ont commis des excès pour les combattre. Pour autant, la propagande contre les « ennemis du peuple » et leurs activités continue, tantôt à grand bruit, tantôt insidieusement, car on ne veut pas laisser penser que les ennemis ont totalement disparu. Toute la machinerie et l'activité terroriste d'État restent couvertes d'un épais secret, y compris pour de hauts dignitaires, par ailleurs bien informés. Sans doute le Politburo impose-t-il une « rectification », mais d'une manière qui frise l'absurde, presque clandestinement, en niant sa réalité. Certains documents aujourd'hui accessibles dans les archives présidentielles russes aident à lever un coin du voile[53].

Dans le procès-verbal de sa séance du 9 janvier 1938, le Politburo enjoint à Vychinski de faire savoir au procureur général de l'URSS qu'il n'est désormais plus possible de priver quiconque de son emploi pour le simple motif qu'un de ses parents a été arrêté pour « crime contre-révolutionnaire ». C'est là un pas en avant vers la « libéralisation », qui met fin aux souffrances sans nom frappant les proches d'une personne accusée de trahison. Mais, dans le cas où le parent en question est « réhabilité » et même relâché, c'est-à-dire si l'État admet son erreur, personne ne doit savoir que le régime reconnaît ses torts. Un exemple : le 3 décembre 1939, la Cour suprême propose à Staline et à Molotov que les révisions de sentences pour crimes « contre-révolutionnaires » s'effectuent selon une procédure judiciaire (une correction bienvenue !), mais soient instruites par un tribunal siégeant en formation restreinte. Autrement dit, si les tribunaux reconnaissent que des erreurs ont été commises, il s'agit de tout faire pour ne pas attirer l'attention du public sur ces accusations et ces condamnations injustes. Le 13 décembre de la même année, le procureur général de l'URSS, Pankratov, propose à Staline et à Molotov de ne pas informer les parents de la révision des sentences intervenue alors que les victimes ont déjà été exécutées.

Le pouvoir craint également que les méthodes employées lors des interrogatoires ne soient rendues publiques. Afin d'éviter cela, le 7 décembre 1939, Beria écrit à Staline et à Molotov que les avocats et les témoins ne devraient pas être admis « lors des enquêtes préliminaires (lancées pour réviser les condamnations prononcées illégalement), afin d'éviter de rendre publique la manière dont ces enquêtes ont été menées ». Mais, même dans ce document ultrasecret, Beria recourt à une ruse. Il veut dire en fait : éviter de rendre public ce que les nouvelles enquêtes pourraient révéler à propos des premières. Le fait que celles-ci aient consisté à torturer des personnes, comme Staline l'a personnellement ordonné, et à les forcer à signer des « confessions », n'est jamais mentionné, même dans les notes les plus confidentielles. En écrivant cela, on aurait pris le risque qu'un fonctionnaire vienne à l'apprendre et l'ébruite. Autrement dit : ne dites à personne que les ennemis et les saboteurs, surtout ceux qui ont déjà été exécutés, étaient innocents. Ne révélez pas comment leurs confessions ont été obtenues, ni que telle personne qui vient d'être réhabilitée a déjà été exécutée. Cela reviendrait à avouer que ces actions, ordonnées par le dirigeant suprême, sont de véritables crimes. Les limites que le Politburo fixe à la « rectification » visent à éviter toute implication de ce type.

Deux autres de ses décisions soulignent les limites du recul[54]. Le 10 juillet 1939, il donne l'ordre aux responsables des camps du NKVD d'abolir les remises de peine dont pouvaient bénéficier des criminels de droit commun et, parfois, certains prisonniers politiques pour bonne conduite. Désormais, les peines doivent être purgées jusqu'au bout. De même, en matière d'accusation pour crime politique, il n'est pas question d'abandonner la ligne dure. L'infâme président du Tribunal militaire suprême, Ulrih, propose à Staline et à Molotov que, dans les affaires concernant « les trotskistes droitiers, les nationalistes bourgeois et l'espionnage », les avocats ne soient pas autorisés à prendre connaissance des dossiers avant de plaider devant la cour. Ceux que l'on a décidé de ranger dans l'une de ces catégories continuent de faire l'objet de poursuites et subissent de la part des enquêteurs les mêmes sévices qu'auparavant. Sans ces méthodes, comment ferait-on pour dénicher un « trotskiste droitier » ?

Ainsi le voile du secret restait-il épais. Les avocats étaient tenus à l'écart du tribunal, même si la loi exigeait leur présence. Rien ne devait transpirer des erreurs du régime, de ses méthodes, de ses cibles, même si, dans les faits, elles étaient en cours de révision.

Impossible d'échapper aux paradoxes : des millions d'innocents étaient innocents, mais le gouvernement lui aussi était innocent... Ce combat proclamé contre les ennemis du peuple était, en fait, un complot organisé par un gouvernement parfaitement conscient qu'il commettait à grande échelle des actes absolument illégaux. Et ce gouvernement entendait garder secrètes les erreurs qu'il avait commises. Certes, des changements étaient nécessaires pour rassurer les groupes dirigeants profondément démoralisés et apeurés. Ils intervenaient tantôt de manière publique, tantôt par des canaux plus discrets, mais, à l'instar des persécutions, le « recul » devait rester sous contrôle. Réussir un tel dosage relevait du grand art. Les proches de Staline admiraient cette maîtrise, du moins le proclamaient-ils.

Staline avait de quoi être satisfait après les purges. Maintenant que la plupart des anciens cadres étaient exterminés, il disposait enfin d'un nouveau système, le sien. Un grand nombre de ceux qui avaient négligé d'être transportés d'admiration à son égard ou le considéraient comme un traître à la cause avaient été anéantis. Les élites dirigeantes étaient presque entièrement rénovées, la société tout entière semblait domptée. Tous les acolytes de Staline, anciens et nouveaux, tremblaient devant lui, et le Politburo, organe dirigeant suprême, était pratiquement privé de pouvoir. Staline travaillait désormais avec un petit groupe, parfois limité à quatre personnes. Les autres n'avaient aucune information sur les « affaires secrètes » – et presque tout relevait du secret. Les dirigeants du Parti, auparavant tenus informés sur un grand nombre de questions par des bulletins réguliers, n'en recevaient plus aucun. Et le Comité central avait lui aussi perdu toute importance.

Chapitre XI

Les camps et l'empire industriel du NKVD

Les documents sur lesquels nous allons maintenant nous appuyer rendent plus tangibles l'étendue et la nature des camps, du travail forcé, et leur lien organique avec le système stalinien. Dans ce domaine, il n'y a pas eu de « recul ». Nous allons tenter de décrire ce que l'on peut appeler l'« empire économique du NKVD », en précisant ses principales caractéristiques et tendances.

Ceux qui ont étudié le fonctionnement de la justice et des pratiques pénitentiaires dans les années vingt (période de la NEP) savent que le camp était conçu pour être une forme de détention plus humaine que les « cages » appelées prisons. Ce lieu où l'on travaillerait dans des conditions proches de la normale était considéré comme le meilleur moyen de rééduquer et de réhabiliter. Les conditions de vie dans les camps à l'époque étaient assez peu rigoureuses, à l'exception de ceux où étaient détenus des prisonniers politiques – ce qui était le cas du camp des îles Solovki, sur la mer Blanche, dépendant directement de la GPU. Les grands criminels étaient bien entendu étroitement surveillés, mais d'autres détenus travaillaient au camp dans la journée et rentraient chez eux le soir. Les tribunaux cherchaient à limiter les peines de prison au profit de condamnations au « travail obligatoire » (*prinudraboty*), souvent traduit à tort en Occident par « travail forcé ». Cette formule impliquait que l'on conservait le même emploi, mais en payant une amende déduite du salaire pendant toute la période fixée par la sentence. Le système pénal de l'époque était en pleine expérimentation. Les débats et les publications sur la criminalité et les peines étaient très novateurs et publics.

Le libéralisme de la période de la NEP en matière de politique pénitentiaire souffrait cependant d'une limite objective : il n'y avait pas assez de travail à fournir pour la rééducation des prisonniers. Le pays connaissait un fort taux de chômage, et l'accès à l'emploi devait bénéficier prioritairement aux gens sans travail.

Tout cela prend fin dans les années trente, même si les conceptions libérales se maintiennent quelque temps encore. Des magistrats et des criminologues continuent à se battre pour que les camps ne deviennent pas un instrument de châtiment par le travail (en fait par le travail forcé), perdant leur fonction initiale de rééducation par le travail. Mais en vain. La conception du « travail forcé » qui prend alors le dessus est un « effet secondaire » de l'industrialisation à outrance. La main-d'œuvre incarcérée est facile à mobiliser, peu coûteuse, soumise à une discipline de fer et aisément remplaçable. Les anciens libéraux, encore présents dans les commissariats à la Justice, au Travail (ce dernier étant dissous peu de temps après), et même au sein du NKVD, mènent des batailles au sein du gouvernement et dans le Parti pour éviter que le système pénitentiaire ne restaure le bagne. Mais le centre est arc-bouté sur la nouvelle ligne, même si, dans ces années-là, elle ressemble fort à un bourbier. Les répits parfois laissés par le gouvernement n'impliquent aucun changement dans la politique adoptée, laquelle, au contraire, se renforce et s'organise.

Le NKVD et sa police secrète ne peuvent qu'être intéressés à jouer un rôle de première importance dans l'industrialisation du pays. Ils sont le fer de lance de la transformation du système pénitentiaire en un immense secteur industriel sous leur administration. Il va de soi que les condamnés en seront la main-d'œuvre. Il faut donc en fournir le plus grand nombre possible. Les tâches de basse police ne sont pas de celles qui peuvent donner du prestige au NKVD. Mais, dès lors que l'industrialisation est l'« ethos du jour », le commissariat peut espérer accroître son aura en devenant, grâce au Goulag, un acteur important du développement économique. Quant au Politburo, s'il n'est pas à l'initiative de cette nouvelle ligne, il y est intéressé à coup sûr. Le commissariat à la Justice perd ses prérogatives sur les institutions pénitentiaires, lesquelles deviennent progressivement du ressort du NKVD. Ce processus est achevé en 1934.

Ici, il nous faut entrer dans le détail d'une organisation administrative compliquée. Officiellement, on l'a dit, c'est le NKVD qui a absorbé la police secrète proprement dite. Mais, à cette époque, la sécurité n'est jamais là où l'on croit la trouver. C'est en fait la composante GPU, rebaptisée GUGB[55], qui, en interne, prend en main tout le NKVD – à la tête duquel se retrouve le chef de ladite GUGB. Cette complication est une bonne illustration du caractère confus des pratiques administratives soviétiques.

Pour coiffer le système pénitentiaire (camps, colonies, prisons), on crée un service administratif baptisé Goulag (*Glavnoe upravlenie lagerej*, la « Direction générale des camps »). Il gère également les prisons et les colonies pour les petits délinquants et celles pour les mineurs. En son sein, un service distinct est chargé des peines d'exil et d'isolement dans des colonies de regroupement – pour les koulaks, par exemple. Nous ne sommes encore qu'au tout début de l'histoire des camps. Autour du Goulag, le NKVD crée un important réseau d'administrations industrielles pour la construction de routes, voies ferrées, barrages hydroélectriques, mines, usines métallurgiques, l'exploitation forestière, la mise en valeur de la région extrême-orientale soviétique (le Dal'stroï). Des bureaux de recherche et d'ingénierie spécialisés dans la production d'armement, y compris atomique, sont mis en place dans des camps-prisons spéciaux, appelés *šaraški*, où sont regroupés des spécialistes de haut niveau, comme Tupolev (pour les avions) et Korolev (pour les fusées).

Le premier chantier spectaculaire, celui du canal de la mer Blanche (*Belomorkanal*), est lancé en fanfare en 1931-1932 et célébré comme l'exploit de prisonniers dévoués et de leur chaperon, la police secrète. Ces hymnes au travail soviétique et aux masses laborieuses dissimulent une tout autre réalité : l'ouvrage a été effectué par des travailleurs sans droits et non payés, en un mot par des esclaves.

Vers la même date, des rapports secrets informent les dirigeants de la croissance impétueuse de ce Goulag encore jeune, et de l'importance de ses grands chantiers. En 1935, le total des prisonniers inscrits sur la liste de ravitaillement atteint presque le million. Au nombre des grands travaux figurent la construction de voies ferrées (dans la région Transbaïkal, le long de l'Oussouri et pour la liaison Baïkal-Amour), le creusement de plusieurs canaux, dont l'un reliant Moscou à la Volga, l'édification de nombreuses usines, de sovkhozes, de scieries. Avec le temps, les rapports se font de plus en plus précis. En 1936, une carte du Goulag est dressée. Elle répertorie 16 lieux dont la désignation comporte le terme *lager'* (Dimitrovskij lager', Uhto-Pečerskij lager', Bajkalo-Amurskij lager', etc.). Il ne s'agit pas de simples unités pénitentiaires, mais de centres administratifs autour desquels prolifèrent les lieux d'emprisonnement, camps et colonies. À chacun de ces centres est attaché un représentant de la Procurature, assisté dans certains cas de quelques auxiliaires. En dépit d'un salaire substantiel, la présence de ces personnels ne change rien à ce qui se passe dans les camps. Ceux qui comptent vraiment, ce sont les fonctionnaires du système toujours plus nombreux à l'échelon central et local – responsables administratifs et responsables du maintien de l'ordre dans les camps.

Ces bureaucraties, comme toutes les autres, se signalent par un appétit sans limites. Au début de 1940, la structure administrative centrale du Goulag, à Moscou, est soumise à l'inspection d'une brigade de fonctionnaires du commissariat des Finances, qui conclut que l'appareil est hypertrophié[56]. Ordre est donné au Goulag de créer une commission chargée de revoir sa structure et son personnel, avec le concours des inspecteurs des Finances. Cette inspection est l'occasion d'apprendre que l'administration centrale du Goulag compte alors 33 services employant 1 697 fonctionnaires, auxquels s'ajoutent des unités annexes. Au total, le Goulag comporte 44 directions et départements, 137 services, 83 bureaux, soit 264 unités structurelles, surdimensionnées et faisant double emploi les unes avec les autres. La brigade propose des suppressions, des fusions et d'autres modifications de l'organigramme qui permettraient de supprimer 511 postes, soit 30 % du total des effectifs. Les services d'approvisionnement du Goulag à Moscou et Leningrad sont invités à procéder de même, la réduction étant de 110 postes. Au total, les inspecteurs veulent passer de 264 unités administratives à 143, et de 1 697 employés à 1 186. Ils souhaitent également que soient inspectées, simplifiées et réduites les structures locales, avec leurs 4 000 administrateurs et responsables du maintien de l'ordre. Les graphiques et les listes de ce rapport montrent à quel point le système était embrouillé. Nous ignorons tout de la suite donnée à ces propositions.

Nul doute en tout cas que, si la guerre n'avait pas éclaté, l'appareil du Goulag aurait continué à grossir. Le nombre des camps inclus dans les grandes unités régionales, désignés le plus souvent par un terme géographique, était de 528 au début de 1941, ce qui justifia un nouvel accroissement des directions basées à Moscou, du nombre de responsables et des personnels. Comme dans n'importe quelle autre administration, tous les prétextes étaient bons pour créer quantité de nouveaux bureaux (approvisionnement, finances, coordination), avec la complicité de ceux qui bénéficiaient du travail des camps. Et l'on observait une nette tendance à créer ces nouveaux services à Moscou ou dans quelque autre grande ville agréable, « où l'on aurait du bon temps, sans s'occuper de quoi que ce fût concernant les camps » – ce sont les propres termes d'une commission de Contrôle d'État, totalement abasourdie par ce qu'elle constatait. Elle ajoutait d'ailleurs que tous ces nouveaux fonctionnaires n'avaient rien à faire à Moscou, où ils étaient déjà si nombreux.

Toute administration, aussi sinistre que soit la fonction qu'elle remplit, peut se transformer en entreprise rentable. Cette administration voulait être comme les autres. Et, de fait, elle se retrouvait à la tête d'un gigantesque empire industriel.

Le MVD comme agence industrielle

En 1940, le commissariat aux Finances reçoit du NKVD (qui par la suite, à l'instar de l'ensemble des commissariats, prendra le nom de ministère et deviendra le MVD, ministère des Affaires intérieures) des rapports et des notes sur ses différentes activités en 1939 – industrie et autres secteurs. Dans son cas, c'est probablement la première fois. On y découvre un système administratif encore plus compliqué que celui du Goulag. Quarante-deux administrations envoient un rapport, mais deux unités seulement relèvent des camps et colonies du

Goulag. Toutes les autres sont des directions industrielles (papier, bois, carburant, agriculture, etc.). Les rapports sont rédigés dans la langue habituelle des ministères industriels, avec planification des financements, des coûts, des budgets, de la main-d'œuvre et de la production[57].

Cette activité diminua pendant la guerre en raison de la réduction du nombre de prisonniers – les *zeks* –, dont beaucoup furent mobilisés, le plus souvent dans les bataillons disciplinaires affectés aux offensives les plus dangereuses et aux attaques les plus désespérées. Ceux qui en réchappèrent rejoignirent les rangs des unités ordinaires et furent « réhabilités ». Nombre d'entre eux étaient des criminels endurcis, et il n'est pas difficile d'imaginer comment ils ont pu se comporter à l'égard des populations civiles dans les territoires libérés des Allemands et, à plus forte raison, dans ceux conquis sur eux. À la suite des exploits qu'ils y ont commis, beaucoup ont été condamnés à mort ou renvoyés dans les camps.

Mais le Goulag, comme producteur direct ou sous-traitant, connaît une forte expansion après la guerre (voir annexe 1). Je me contenterai ici de résumer le fonctionnement du NKVD comme « agence industrielle », en me fondant sur les travaux fiables de Martha Kraven et Oleg Hlevnjuk.

À partir du moment où la décision est prise d'utiliser les prisonniers des camps pour des tâches économiques, le NKVD, rebaptisé MVD, devient une composante clé du stalinisme. En 1952, ses investissements, qui atteignent 12,18 milliards de roubles, soit 9 % du PIB, sont supérieurs à ceux des ministères du Pétrole et du Charbon réunis. La production brute du MVD est estimée à 17,18 milliards de roubles en février 1953 (2,3 % seulement de la production totale du pays), mais il occupe la première place pour le cobalt et l'étain, produit un tiers du nickel, une part importante de l'or, du bois brut et du bois scié (12-15 %). Le plan en cours d'exécution accroît encore son poids, et l'un des derniers ordres donnés par Staline concerne la production de cobalt[58].

La lecture des rapports minutieux et réguliers sur la production, le financement et la main-d'œuvre n'autorise aucun doute sur la prospérité de ce complexe économique en pleine expansion. Cependant, quelques phrases, des plaintes sur les ministères qui ne paient pas, ce qui ne permet pas de nourrir correctement les détenus, mettent la puce à l'oreille. Cet énorme conglomérat industrialo-policier, très archaïque, malgré quelques secteurs de pointe, connaît en fait une crise profonde. Les conditions de travail et de vie (ainsi que les conditions de mort) des *zeks* ne permettent pas une véritable expansion industrielle. Tôt ou tard, d'une manière ou d'une autre, ce système devra être abandonné. Un tableau réaliste des problèmes des camps nous est donné par un rapport de Beria, adressé à Molotov en 1940[59].

Selon lui, la main-d'œuvre des camps, employée sur une grande échelle à la construction d'immenses usines, de voies ferrées, d'installations portuaires, de sites « spéciaux » (pour la défense), ou à l'exploitation des forêts et à la production de bois exportable, n'est pas utilisée à plein, car les détenus sont insuffisamment nourris et très mal vêtus pour affronter des conditions climatiques difficiles. Au 1er avril 1940, 123 000 détenus, épuisés, sont inaptes au travail faute d'une alimentation suffisante, et quelques dizaines de milliers d'autres le sont faute de vêtements adéquats. Ces conditions créent des tensions dans les camps, et des pertes humaines. La raison de cet état de choses ? Les directives du Parti et du gouvernement sur l'amélioration du ravitaillement et de l'habillement des prisonniers sont ignorées par le commissariat du Commerce. Pis encore, l'approvisionnement en nourriture et en vêtements va diminuant chaque trimestre. La farine et les céréales sont fournies à 85 %, mais, pour tout le reste, on ne dépasse pas la moitié des normes, et à peine le tiers pour les vêtements. D'où le nombre croissant de prisonniers malades, incapables de travailler.

Cependant, il y a lieu de s'interroger sur les normes elles-mêmes. Les dépenses quotidiennes effectives par *zek* étaient estimées à 4,86 roubles, alors que le plan prévoyait 5,38 roubles[60]. À l'évidence, ces directives n'étaient pas respectées, mais quand bien même elles l'auraient été, que représentait cette allocation ? Nous ne pouvons nous livrer ici qu'à des estimations indirectes. Un gardien armé coûtait 34 roubles par jour – six fois plus qu'un détenu. Mais, comme nous ignorons la date exacte de cette donnée, nous aurons recours à une autre référence, plus proche de 1940 : un général allemand prisonnier de guerre dans un camp coûtait, en 1948, 11,74 roubles par jour et il ne travaillait pas.

Une nourriture et un habillement insuffisants, un travail pénible non payé, la faim, la maladie rendaient donc de nombreux *zeks* inaptes au travail. Certains, plus courageux, refusaient de travailler. À cela il faut ajouter un taux élevé de criminalité interne, un fort taux de mortalité, sans parler des *dohodjagi*, les « prisonniers au bout du rouleau », qui n'étaient plus que des épaves humaines. Dans ce contexte, l'administration du Goulag apparaissait comme un énorme complexe profondément obscène. C'était un empire plutôt opulent, un État dans l'État aux intérêts économiques très compliqués, avec sa police secrète, ses services de renseignement et de contre-espionnage, ses écoles et ses activités culturelles. Le MVD était également en charge de la police, de la garde des frontières, de l'enregistrement des données démographiques et des mouvements de population, et enfin de la supervision des administrations locales. Bref, il s'agissait d'un pur produit du penchant irrépressible de l'administration soviétique pour la centralisation et l'hypertrophie. Vu d'en haut, pour gérer ce système très centralisé, le plus simple était de disposer de pyramides administratives surveillant d'innombrables services sous l'égide d'un seul et unique patron, flanqué de quatre ou cinq collaborateurs directs. L'idée n'aurait pas paru si absurde si les administrations n'avaient pas été à ce point hypertrophiées ou si elles avaient disposé d'organigrammes plus simples. C'était loin d'être le cas, et, en l'état, faire confiance à des « pyramides » était une illusion ruineuse, menaçant de paralysie le pouvoir central.

Dans le climat de l'époque, il était quasi impossible de toucher à un monstre comme le MVD. Pourtant, en parallèle, les problèmes ne cessaient de croître dans l'empire du Goulag, et d'abord dans son administration. Vols, détournements de fonds, faux rapports, traitement criminel des *zeks*, battus et même assassinés, tout cela était rendu possible par l'éloignement des camps et le secret entourant le Goulag.

Comme elle disposait d'une main-d'œuvre abondante à bon marché, l'administration du MVD ne faisait pas d'efforts particuliers pour l'utiliser de façon rationnelle. La tendance générale à la croissance de la bureaucratie et le nombre excessif de cadres favorisaient l'irresponsabilité. Le MVD se voulait le fer de lance de la « grande édification du communisme », tant célébrée par la propagande de Staline et consistant à couvrir le pays de grands chantiers aussi inutiles que coûteux. Mais d'autres administrations gouvernementales, tels le ministère des Finances, la Procurature générale de l'URSS ou les services d'inspection (la direction de l'Inspection des mines, par exemple), n'étaient pas aveugles. Elles ne cessaient d'en appeler au gouvernement pour lui faire lever le secret qui dissimulait tant d'irresponsabilité et d'inefficacité, et tant de violations graves de la loi. Elles devaient avoir eu vent du rapport de Kruglov, ministre de l'Intérieur, dans lequel il était dit que le coût d'un *zek*, si faible fût-il, était encore supérieur à la valeur de ce qu'il produisait. Selon le ministre, le seul remède pour atteindre l'équilibre budgétaire dans les camps était d'allonger la journée de travail et d'accroître les normes. La solution préconisée suffit à caractériser l'« expertise » et le sens de la réalité de Kruglov : relever les normes de travail d'une main-d'œuvre sous-alimentée et affaiblie était non seulement une diversion, mais aussi un acte de barbarie.

La direction du Parti et de l'État, la Procurature générale, la présidence du Soviet suprême et bien d'autres dirigeants savaient désormais à quoi s'en tenir. Eux-mêmes, comme les innombrables services du Parti et de l'État, recevaient un flot ininterrompu de lettres de *zeks* associant plaintes, appels, accusations, critiques du système et dénonciations. Et, pour couronner le tout, d'honnêtes membres du Parti en poste dans les camps ou dans les régions avoisinantes, et même quelques administrateurs de camps conscients de leurs responsabilités, faisaient parvenir en secret à Moscou des lettres et des rapports désespérés sur les terribles conditions de vie des détenus, leur état d'épuisement et le nombre de morts. Le problème n'était donc pas le manque d'informations : le gouvernement était au courant de la situation jusque dans les moindres détails. Mais, au sommet, la philosophie en vigueur était celle du « Et alors ? ». Ou, pis encore, la situation était traitée par le mépris : ce sont tous des simulateurs, des tire-au-flanc.

Cependant, dans ce domaine comme dans bien d'autres, on observait une certaine agitation annonciatrice de changements. Elle se manifestait dans les services gouvernementaux, spontanément, subrepticement, et cela même à l'apogée du stalinisme. Tout le monde savait que la faible productivité des *zeks* était un problème majeur, dont le gouvernement discutait. Une longue et intéressante analyse rédigée par un *zek* était parvenue au Comité central. Elle montrait que la main-d'œuvre pénitentiaire était gaspillée et que l'administration ne se souciait aucunement de productivité. Son auteur, un certain Jdanov, proposait de ne conserver les camps que pour les criminels dangereux. Tous les autres condamnés iraient purger leur peine sur leur propre lieu de travail : un travail obligatoire, mais en liberté. Kruglov tente de réfuter ces arguments (et ceux d'autres lettres produites à l'appui), mais très vite la plupart des responsables des branches de production du MVD demandent l'autorisation de verser un salaire partiel aux prisonniers pour améliorer leur productivité. Dans certains camps, on commence même à leur octroyer un plein salaire. Et, le 13 mars 1950, le gouvernement décide qu'une forme de rémunération doit être introduite partout.

Le MVD continuant à claironner partout ses réussites comme si de rien n'était, beaucoup de responsables économiques étaient persuadés que les camps ne cherchaient absolument pas à utiliser efficacement le travail des *zeks* et que compter sur cette main-d'œuvre était une entreprise ruineuse. La « planification » du MVD donnait le frisson. Alors même qu'il ne payait pas les *zeks*, il était en déficit. Compte tenu de cette anomalie, le système économique, pour continuer à se développer, ne pouvait que reconnaître la supériorité de l'industrie civile employant une main-d'œuvre salariée. La composante policière du système industriel n'était pas seulement inefficace, elle était moribonde. Tout comme l'homme qui l'avait créée, elle était sur la voie de l'autodestruction et menaçait d'emporter avec elle tout l'édifice. La chose était claire pour un grand nombre d'administrateurs, d'économistes et d'hommes politiques. Certains comprenaient qu'éliminer cette horrible verrue était une condition préalable à la relance du système.

La recherche d'un moyen pour restaurer cet énorme secteur du travail forcé en motivant la main-d'œuvre qui s'y trouvait a commencé avant même l'arrivée de Khrouchtchev au pouvoir. Différents administrateurs de camps avaient tenté d'expérimenter des changements modestes, dans la plus grande discrétion, bien avant que la gravité du problème et la nécessité d'intervenir aient été reconnues en haut lieu – aux Finances, au Gosplan, à la Justice, et par leurs homologues dans l'appareil du Parti. Certains proposaient des réductions de peine pour les *zeks* – par exemple, un jour de camp en échange de trois journées de travail productif. Cette pratique, qui avait existé avant la guerre et avait été abolie en 1939, était en passe d'être restaurée dans de nombreuses branches. Le 19 janvier 1948, le directeur adjoint du Gosplan, Kosiačenko, dans une lettre à Molotov, estimait qu'elle était digne d'intérêt[61].

Conséquence ou non de cette lettre, une réforme plus radicale est envisagée sur certains chantiers. Le terme de prison est supprimé, et les détenus sont maintenus sur leur poste de travail, mais comme salariés libres. Le Conseil des ministres, en avril 1952, étudie ces mesures et promulgue un décret prévoyant la libération de certains prisonniers avant le terme de leur peine, à condition qu'ils continuent à travailler pour les entreprises du MVD comme salariés. Le MVD lui-même se rend compte qu'il est préférable de disposer d'une main-d'œuvre relativement libre, reconnaissant par là l'inefficacité du travail forcé. Divers changements partiels sont mis en œuvre dans différents sites au bénéfice d'un nombre important de *zeks*, et il devient clair que la prochaine étape sera la suppression complète du travail forcé.

Les nouveaux « projets » pour le Dal'stroï (novembre 1948)

Une des expériences pilotes en la matière était celle de l'énorme complexe du MVD dans la province extrême-orientale, le Dal'stroï, employant 120 000 *zeks*, où un salaire ainsi que d'autres mesures destinées à stimuler la productivité avaient été introduits. Le Dal'stroï jouait un rôle pionnier dans le mouvement, sous la pression du ministère des Métaux non ferreux. Très vite, les responsables du canal Volga-Don le suivent sur cette voie – à moins qu'ils n'entreprennent leur démarche en parallèle. Le complexe du Dal'stroï atteint l'équilibre financier, et la procédure s'étend presque partout[62].

Selon Kraven et Hlevnjuk, le « dégel » de la période Khrouchtchev, que ces mouvements préfiguraient, aurait eu lieu de toute façon, indépendamment des calculs et des manœuvres des dirigeants au sommet. La cause de cette « dégoulagisation » (le mot est de moi) était la crise du Goulag et du travail forcé. À l'époque, le MVD avait beaucoup de difficultés à gérer ses camps. Les dernières vagues d'arrestations avaient amené des opposants difficiles à faire plier, notamment des officiers expérimentés, auxquels s'ajoutaient des criminels endurcis. Les refus de travailler étaient massifs et les anciens officiers étaient maîtres dans l'art de neutraliser les informateurs et les agents secrets à l'intérieur des camps, ce qui ébranlait un système d'espionnage pourtant soigneusement rodé – et rendait de plus en plus difficile le recrutement de nouveaux informateurs. De plus, il régnait une pénurie de gardiens, au moment même où les actes d'insubordination, voire de révolte, se multipliaient – le premier d'entre eux avait eu lieu dès 1942. Le MVD cherchait à garder tous ces événements secrets, en dépit du flot de lettres de protestation envoyées à Moscou, auxquelles il opposait des dénégations entêtées. Mais, désormais, les lettres de critique et les dénonciations émanaient des gardiens eux-mêmes, ainsi que des procureurs des camps, au moment où le MVD réclamait au gouvernement davantage de gardiens armés pour renforcer le régime des camps, aveu de son impuissance à les gérer. En 1951, sur 174 camps, colonies et autres établissements pénitentiaires, le nombre des « refus de travail » atteignait un million de journées. La banqueroute du Goulag, comme organisation tant économique que pénitentiaire, semblait sans remède[63].

Aussitôt après la mort de Staline, les changements s'accélèrent et la décision inévitable de détruire les fondements mêmes du système de travail forcé du MVD est enfin prise. Le 18 mars 1953, le Premier ministre, Malenkov, transfère la plupart des directions industrielles du MVD à des ministères civils, tandis que les établissements pénitentiaires, avec leurs détenus, sont de nouveau rattachés au ministère de la Justice – comme c'était le cas avant 1934. Le 27 mars, un nouveau décret libère un million de détenus sur un total de 2,5 millions. Au cours de ce même mois, ordre est donné d'interrompre plusieurs grands chantiers du MVD : le grand canal du Turkménistan, le réseau de canaux Volga-Baltique, certains barrages hydroélectriques et de grands travaux d'irrigation. Ces énormes chantiers, les canaux en particulier, utilisaient des masses considérables de prisonniers, et le MVD, dans ses rapports, n'avait cessé de se féliciter de la part qu'il avait prise à ces réalisations parfaitement chimériques, qui flattaient le goût pathologique de Staline pour le gigantesque. Pour Oleg Hlevnjuk, la direction du pays avait désormais compris que de tels programmes étaient ruineux. Et c'était pour les mêmes raisons que, dès 1950, Beria, en charge du MVD en sa qualité de vice-Premier ministre, avait envisagé une réforme de l'énorme ministère. Cependant, Staline vivant, personne n'osait mettre officiellement la question à l'ordre du jour. La seule chose à faire alors était de laisser le champ libre aux facteurs spontanés de décomposition du système, ainsi qu'aux protestations courageuses de personnes injustement emprisonnées. Ce n'est qu'à la mort de Staline que nombre de ces « glorieuses » entreprises furent liquidées comme inutiles au développement économique, ce qui porta un coup décisif au système du travail forcé.

Des chiffres de mauvais augure

Nous en savons désormais beaucoup plus[64] sur le nombre des détenus du Goulag et sur d'autres données chiffrables. Longtemps les spéculations ont fait rage sur cette question, donnant lieu à des exagérations parfois stupéfiantes. Nous laissons à leurs auteurs le soin d'expliquer le but qu'ils poursuivaient. Outre les pertes humaines dues au système des camps, une autre question peut aujourd'hui faire l'objet d'une étude statistique, celle des arrestations politiques pendant toute la période pré et poststalinienne, année par année, ainsi que des peines infligées aux accusés.

Le coût en vies humaines lié à des événements tels que les famines, l'exil forcé des koulaks et autres calamités est plus difficile à quantifier précisément sans susciter trop de controverses. Le meilleur moyen de l'apprécier est de passer par les études démographiques, qui calculent l'excès de mortalité pour les périodes en question. Ces études prennent en compte tous les événements et toutes les mesures politiques susceptibles d'avoir causé des décès supplémentaires. Elles permettent en outre d'identifier les pertes dues non pas à une mortalité accrue, mais au déficit des naissances. Il s'agit bien de pertes démographiques, mais le nombre d'enfants qui ne sont pas nés ne peut être inclus directement dans le total des victimes du régime, puisqu'ils n'en ont pas subi la terreur. Le lecteur peut se reporter aux statistiques et autres données qui figurent en annexes.

Je me contenterai de synthétiser les matériaux statistiques disponibles pour la période allant de 1921 à la mi-1953, dont le détail se trouve dans l'annexe 1[65]. Au cours de ces 33 années, le total de ceux qui ont été arrêtés pour des motifs essentiellement politiques et accusés de « crimes contre-révolutionnaires » est de 4 060 306, dont 799 455 ont été condamnés à mort ; 2 634 397 personnes ont été incarcérées dans les camps, les colonies et les prisons ; 423 512 ont été condamnées à des peines de relégation, c'est-à-dire qu'on leur interdisait de résider en tel ou tel endroit (*vysylka*), ou à des peines de déportation (*ssylka*) ; 215 942 entrent dans la catégorie « autres ». Comme le nombre des arrestations augmente dans des proportions considérables à partir de 1930, on peut légitimement séparer les chiffres de la période 1921-1929 du total du bilan proprement stalinien. En 1929, le nombre total des arrestations, déjà supérieur à celui de l'année précédente, s'élève à 54 221, dont 2 109 condamnations à mort, mais il est sans comparaison avec celui de l'année suivante, qui atteint soudain 282 926, dont 20 201 condamnations à mort. Au demeurant, nous disposons d'autres données, calculées par le KGB du temps de Khrouchtchev, pour la période 1930-1953 : 3 777 380 personnes ont été arrêtées pour « crimes contre-révolutionnaires », le nombre des peines de mort tournant autour de 700 000, pour la plupart au cours des purges de 1937-1938.

L'intensité des persécutions, la criminalisation d'activités jusque-là considérées comme légales, ainsi que l'inflation des accusations pour des crimes purement fictifs, sont sans nul doute de bons indicateurs du degré de « paix sociale » assuré par le système et de la situation qui prévaut au sein même de l'État. Le total pour les années 1921-1929, en dépit d'une considérable envolée de la répression en 1928, et surtout en 1929, reste inférieur ou à peine supérieur au total de la seule année 1930.

Dans la première moitié de 1953, l'appareil répressif subit un formidable coup d'arrêt, et les chiffres deviennent soudain relativement faibles : 8 403 arrestations, dont 198 peines de mort, 7 894 condamnations à des peines dans différents établissements pénitentiaires, 38 peines d'exil ou de déportation, 273 « divers ». À la mort de Staline, 600 000 prisonniers politiques étaient encore détenus dans les camps ou les prisons. À la fin de 1953, ils n'étaient plus que 474 950. À l'initiative de Khrouchtchev, le régime avait entrepris de reconsidérer la politique stalinienne de terreur.

Entre 1934 et 1953, selon certaines estimations, le nombre de prisonniers morts dans les camps est de l'ordre de 1,6 à 1,7 million, détenus de droit commun compris. La mortalité est plus forte chez les prisonniers politiques. On estime que, sur ces 20 années, un demi-million d'entre eux sont morts en captivité. Ainsi, sur une période de 33 années, environ 4 millions de personnes ont été condamnées pour crime politique – le motif le plus fréquent à partir de 1930 –, et 20 % d'entre elles ont été fusillées.

Pour les autres victimes de Staline, le décompte est plus difficile, mais il existe néanmoins des données fiables. En 1930-1932, 1 800 000 paysans considérés comme des « koulaks » ont été envoyés dans les « lieux de regroupement pour koulaks » (*kulackaja ssylka*), surveillés par la police secrète. Au début de 1932, ils n'étaient plus que 1 300 000 : les 500 000 disparus étaient décédés, s'étaient enfuis, ou encore avaient été relâchés après révision de leur sentence. Entre 1932 et 1940, ces « colonies pour koulaks » ont enregistré 230 000 naissances et 389 521 décès, 629 042 fuyards, dont 235 120 repris et réintégrés à la colonie. À partir de 1935, le taux des naissances dépasse celui des décès : entre 1932 et 1934, il y a 49 168 naissances et 271 367 décès, mais entre 1935 et 1940 on compte 181 090 naissances pour 108 154 décès[66].

Ajoutons, sans entrer dans le détail, que la grande majorité des koulaks ne sont pas morts. La plupart se sont enfuis de leur village et se sont dispersés à travers tout le pays, parmi les Russes ou les Ukrainiens. Ils se sont fait embaucher dans les grands chantiers du plan quinquennal, perpétuellement à court de main-d'œuvre et prêts à engager n'importe qui sans trop poser de questions. Les exilés ont progressivement recouvert leurs droits civiques et leur dossier a été clos. Certains se sont engagés dans l'armée, d'autres ont simplement été réhabilités.

En 1948, les colonies sous surveillance policière pour les koulaks exilés ont été fermées.

Nous sommes donc en présence d'une masse considérable de victimes de la terreur, une masse qu'il n'est nul besoin de gonfler, de manipuler ou de falsifier. Il reste à ajouter au bilan une autre triste catégorie de pertes, qui relève de la démographie au sens large. Il nous faut nous tourner vers un spécialiste de la démographie historique, en l'occurrence Robert Davies[67], pour parvenir à débrouiller ce chapitre complexe pour la période 1914-1945. Les chiffres concernent l'histoire de la population russe pour toutes ces années, mais la période stalinienne au sein de l'ensemble est distinguée.

Deux guerres mondiales et une guerre civile ont entraîné, en Russie-URSS, des pertes démographiques (ou un déficit démographique) plus importantes qu'ailleurs. Ces pertes sont mesurées à la fois par l'« excès de mortalité », dû à la violence, aux famines et aux épidémies, et par le « déficit des naissances », dû à une chute temporaire de la natalité. Pour la Première Guerre mondiale et la guerre civile de 1918-1920, l'excès de mortalité est estimé à 16 millions et le déficit des naissances à quelque 10 millions. Pour la Seconde Guerre mondiale, les chiffres sont respectivement de 26-27 millions et 12 millions.

L'industrialisation stalinienne a également entraîné un excès de décès en temps de paix de l'ordre de 10 millions ou plus, essentiellement lors de la grande famine de 1933. Ainsi, pour la période allant de 1914 à 1945, le total des pertes démographiques dues à l'excès de mortalité et au déficit des naissances s'élève à 74 millions : 26 millions dans les années 1914-1922, 38 millions en 1941-1945, et 10 millions dans les temps de paix (pour cette dernière période, Robert Davies ne fournit pas de chiffres concernant le déficit des naissances). De tels travaux nous aident à évacuer cette macabre comptabilité imaginaire, dans laquelle tous les moyens sont bons dès lors qu'il s'agit d'ensanglanter encore davantage le bilan du « communisme ». Si on lui impute, par exemple, 80 millions de morts, on est tenté de s'étonner : et pourquoi pas le double ?

Chapitre XII

Fin de partie

À la fin de la guerre, le pays est épuisé et les vastes territoires qui ont été un temps occupés par les Allemands, ou ont
été le siège des combats, sont littéralement dévastés. Dans les
régions reconquises, il n'y a ni économie, ni gouvernement. Le
système soviétique doit être entièrement reconstruit, sans base
économique préalable, et avec une population qui compte dans
ses rangs un bon nombre de collaborateurs avec l'occupant.
Sur l'histoire de la reconstitution du système soviétique dans
ces régions, je me limiterai ici à un point.

Trouver des cadres pour les territoires reconquis est une
tâche lourde et des plus chaotiques. Souvent un poste voit
défiler successivement plusieurs titulaires, parce qu'ils se
révèlent incompétents, peu fiables, voire sont des criminels
infiltrés. Les cadres que l'on fait venir des territoires ayant
échappé à la conquête allemande sont souvent peu compétents
et enclins à déserter une tâche difficile pour rentrer chez eux.
En Ukraine, en Lituanie, en Lettonie, on trouve encore de forts
groupes de partisans nationalistes qui combattent les troupes
soviétiques et les forces de sécurité, parfois même dans des
batailles rangées, avec de lourdes pertes des deux côtés. Il faut
du temps au régime, et bien des efforts, pour venir à bout de
ces partisans. Mais le travail reprend, les usines sont recons-
truites et la vie revient lentement à la normale.

À la mort de Staline, le pays a retrouvé la plupart des
niveaux économiques (notamment pour la production agricole)
et sociaux d'avant guerre. Mais la disparition de Staline ne
suffit pas à débarrasser totalement l'URSS de son héritage,
d'autant plus qu'après guerre la reconstruction du pays est

passée par la restauration d'un modèle stalinien en état de décomposition, incapable d'échapper à ses aberrations et à ses manifestations d'irrationalité.

Le retour à la paix pose de graves problèmes à l'État et au Parti, qui, jusque-là entièrement absorbés par l'effort de guerre, se trouvent soudain confrontés à des réalités inattendues. Pour l'administration de l'État, qui a fourni le plus gros de l'effort, il faut désormais affronter les difficultés de la reconversion. Pour le Parti et son appareil, les choses sont plus compliquées. Quoi qu'ait pu en dire la propagande, entre 1941 et 1945, l'appareil du Parti a été réduit au rôle d'auxiliaire. Certes, les membres du Politburo ont dirigé la machine de guerre par l'intermédiaire du Comité d'État à la défense, mais ils l'ont fait sous la férule de Staline, en tant que dirigeants de l'État, et non du Parti. L'instance du Comité central est tombée en sommeil, et aucun congrès n'a été réuni.

Pour remettre de l'ordre dans le Parti, Staline fait venir à ses côtés le chef du Parti pour Leningrad, Alexis Kuznecov, qui s'est distingué, pendant le blocus de la ville, comme second de Jdanov. Il le nomme secrétaire du Parti pour les Cadres, membre du Politburo. À ce titre, Kuznecov fait figure de successeur choisi par Staline. Ce n'est pas un sort enviable pour un débutant que d'être pris dans l'appareil complexe du pouvoir autour de Staline. Les prérogatives que celui-ci lui confie sont considérables, mais la tâche qui l'attend est quasiment insurmontable. Il a la responsabilité de trouver des dirigeants de grande qualité et politiquement dignes de confiance pour tous les grands services de l'État. À cette fin, il doit superviser le travail de la direction des Cadres du Comité central, qui a été réorganisée pour affronter cette tâche. La priorité est de dénicher des personnes compétentes pour occuper des postes de responsabilité dans les principaux secteurs de l'économie à travers tout le pays.

Un autre point de la réorganisation du Parti est à l'ordre du jour : si le personnel de l'appareil n'a cessé de changer, ses structures sont restées plus ou moins les mêmes. La nouvelle structure qui émerge est suffisamment instructive pour mériter que l'on s'y arrête un moment.

Il est décidé que le chef de la direction des Cadres aura cinq adjoints et que celle-ci ne comptera plus que 28 départements (au lieu de 50 auparavant), chacun chargé de superviser un groupe de ministères ou d'autres services gouvernementaux. Un seul département du personnel et quelques services sectoriels sont prévus pour toute la direction.

Sur les 28 départements, l'un doit s'occuper des cadres des organisations du Parti, un autre de la formation initiale et du recyclage des cadres, un troisième des cadres des institutions soviétiques (forces armées, intérieur et commerce extérieur). Les services de sécurité de l'État, de la Procurature et de la justice relèvent du même département. De même, un département est prévu pour les transports et pour chaque branche d'industrie, ainsi que pour l'agriculture, les finances, le commerce, l'enseignement supérieur et la recherche, l'édition, la vie artistique, etc. Bref, la nouvelle direction est une grosse machine, très complexe, employant quelque 650 hauts fonctionnaires. Elle constitue probablement le plus important des appareils du Comité central, et est organisée selon des principes fonctionnels. Pourtant, deux ans plus tard, on en reviendra à l'ancienne structure, dite par « branche économique ». En attendant, le nouveau secrétaire a son mot à dire sur tout, y compris sur les institutions les plus secrètes, car tous les secteurs ont besoin des cadres que la direction de Kuznecov fournit et contrôle – ou à tout le moins commence à fournir et à contrôler.

Les discours de Kuznecov (non publiés) et ses conversations avec ses subordonnés nous permettent d'affirmer qu'il s'agissait d'un homme d'une très grande intelligence. Ses capacités d'organisateur et la facilité avec laquelle il avait gagné l'estime de l'appareil disent l'étendue de ses talents. Cette entreprise de reconstruction et de revitalisation du Parti et de son appareil se faisait, à coup sûr, en accord avec Staline. Tant qu'il s'agissait d'organisation, Kuznecov était à l'évidence le maître chez lui. En revanche, sur le plan de l'idéologie, il devait se plier à la ligne adoptée. Aussi, avant de poursuivre notre exposé sur la réforme de l'appareil du Parti, il nous faut évoquer ces « problèmes idéologiques », et notamment une nouveauté due à l'identification croissante de Staline avec la symbolique tsariste du pouvoir pendant la guerre. La nouvelle ligne idéologique concernait directement les cadres de l'appareil central du Parti, qui devaient se soumettre à un réendoctrinement, au même titre que certains groupes sociaux et administrations.

Le jdanovisme et ses « tribunaux d'honneur » (1946-1950)

Le « jdanovisme », du nom d'Andreï Jdanov, à l'époque secrétaire du Parti[68], désigne un chapitre particulièrement sombre de l'histoire du stalinisme, dont il fut le principal artisan. Cette politique, qui a provoqué des ravages intenses, notamment dans la vie culturelle du pays, est étudiée dans toutes les histoires de la littérature soviétique. Aussi avons-nous choisi de l'aborder à la seule lumière des documents non publiés émanant de l'appareil du Parti. Sa cible principale était l'intelligentsia, accusée de « ramper devant l'Occident » et taxée de « cosmopolitisme » (terme qui traduit l'antisémitisme à peine camouflé du régime durant cette période). Mais elle a également profondément marqué l'administration et l'appareil du Parti, qui employaient un grand nombre de personnes ayant reçu une formation supérieure. Expression d'un ultranationalisme russe, le jdanovisme s'attaquait aussi aux manifestations de nationalisme dans les républiques non russes. L'introduction dans les hautes sphères du Parti et du gouvernement de « tribunaux d'honneur » (une appellation archaïque qui en dit long) était en contradiction avec toute logique administrative un tant soit peu cohérente et a considérablement gêné les efforts entrepris pour améliorer le niveau professionnel de l'appareil du Parti. Ces « tribunaux » étaient censés inculquer aux apparatchiks le patriotisme et un sentiment de fierté face aux réalisations uniques de leur patrie (stalinienne). Dans chaque administration étaient organisés des procès, où les coupables étaient accusés de toutes les infamies possibles – mais seule leur carrière en souffrait (ils gardaient la vie sauve). En somme, ces « tribunaux » jugeaient des « crimes » proches de la trahison, mais sans qu'aucune poursuite pénale soit engagée.

Cette pratique est exposée par Kuznecov dans un rapport présenté devant les apparatchiks du Parti le 29 septembre 1947. Les mesures envisagées visent effectivement les individus possédant une formation supérieure, y compris les spécialistes, en nombre croissant. L'appareil central n'est pas considéré comme immunisé contre ces maux. D'ailleurs, le rapport est présenté lors de la réunion organisée pour procéder à l'élection d'un « tribunal d'honneur » précisément appelé à siéger au sein de l'appareil du Comité central – une élection qui doit donner le signal de lancement d'élections semblables dans toutes les administrations du pays. L'objectif proclamé est : combattre tout comportement témoignant d'une fascination servile à l'égard de l'Occident.

Un tel tribunal doit également être créé au ministère de la Sécurité d'État (MGB). Ses représentants sont irrités d'être soumis à pareille procédure, mais Kuznecov les prend à part et leur explique que, si un tribunal de ce type est nécessaire dans l'appareil du Comité central, la grande citadelle du pays, il n'y a aucune raison d'en dispenser le MGB. Ses membres aussi ont des progrès à faire en matière de patriotisme et d'indépendance d'esprit, seuls garants de la reconnaissance de la supériorité de la culture soviétique sur celle de l'Occident.

L'argumentation développée par Kuznecov est la suivante. Dans la mesure où l'activité du pays dépend de la qualité de l'appareil du Parti, les « tribunaux d'honneur » ont un rôle décisif à jouer. L'appareil abrite nombre d'employés qui se laissent aller à des déviations antipatriotiques, antisociales et nuisibles à l'État. Jusqu'alors, quand de telles attitudes étaient découvertes, leur cas était traité avec la plus grande discrétion possible, au nom du raisonnement qui veut qu'une fois un individu devenu membre de l'appareil, il n'y a plus lieu d'être vigilant à son endroit, ni de chercher à l'améliorer politiquement. Cependant, de nombreux responsables semblent ne pas comprendre que leur travail au sein du Comité central, ce « saint des saints » (c'est l'expression employée dans le rapport), n'est en aucun cas une activité de routine, mais un devoir envers le Parti. Des comportements dissolus existent même parmi les dirigeants, observe le rapport ; c'est une situation inadmissible dans les rangs du Parti et, *a fortiori*, dans l'appareil du Comité central. Ivrognerie, débauche, négligence dans le traitement des documents confidentiels sont les fautes les plus fréquemment citées. Ces manquements sont fort dangereux, car le Comité central est le destinataire des rapports qui traitent de tous les aspects de l'activité du pays, y compris de la défense et de la politique étrangère. Pour cette raison, tout travail effectué au sein de l'appareil, quel que soit le poste occupé, doit rester confidentiel. La vigilance est la meilleure arme du Parti contre ses ennemis, elle doit être un principe intangible pour toute la société soviétique.

L'exposé de cette politique met en lumière un point resté sous-jacent, et pour le moins inquiétant. Lors de cette réunion, il est dit que la nouvelle ligne puise directement son inspiration dans les méthodes des grandes purges. Certains signaux qui avaient précédé ces dernières sont cités à titre de rappel, notamment les lettres « confidentielles » adressées aux membres du Parti, qui avaient marqué le lancement des purges : la lettre du 18 janvier 1935 à propos des actions contre les assassins de Kirov ; la lettre du 13 mai 1935 sur les cartes de membres du Parti ; la circulaire du 29 juillet 1936 sur le « bloc terroriste » Trotski-Zinoviev ; la circulaire du 29 juin 1941 envoyée aux services du Parti et de l'État opérant sur le front. Tous ces documents ont précédé ou suivi le déclenchement de la vague de terreur qui s'est abattue sur la population et tout spécialement sur les cadres. L'ombre de cette époque sinistre est évoquée de façon délibérée pour lancer un avertissement à une intelligentsia soupçonnée de déloyauté. Le discours de Staline sur la vigilance prononcé lors des séances hallucinantes du Comité central de février-mars 1937 – autre classique concernant la meilleure façon de traiter les ennemis – est également cité.

Tel est l'esprit de cette campagne visant à inculquer l'« indépendance d'esprit ». L'argumentaire fait aussi référence à l'espionnage étranger. Les apparatchiks sont informés du fait que les services de renseignement occidentaux tentent d'infiltrer le Parti et que leur famille n'est pas à l'abri d'une stratégie : « Vous dites quelque chose à votre femme, elle en parle aux voisins, et tout le monde a vent des secrets d'État. » Toute personne un tant soit peu familière avec la manière dont Staline formule ses critiques à l'égard des responsables et dirigeants du Parti reconnaît ici son style inimitable. Kuznecov ne fait que citer Staline, qui se veut fin connaisseur de la mentalité populaire. En fait, la dénonciation des « bavardages familiaux » des membres de l'appareil s'appuie sur un épisode récent : en 1948, le gouvernement avait pris la décision, ultrasecrète, d'augmenter les prix ; mais cette mesure avait été connue de toute la population avant même d'avoir été promulguée, et elle avait provoqué une ruée générale sur les magasins.

Les purges consécutives au jdanovisme n'ont rien eu de comparable avec celles de 1936-1939, mais elles ont fourni leur lot d'atrocités. Il faut citer l'exécution des écrivains du Comité antifasciste juif, l'assassinat du grand acteur Mihoels (dans un accident de voiture arrangé), les nombreuses arrestations et exécutions de personnalités culturelles, sans parler des carrières brisées, des œuvres d'art et des travaux scientifiques détruits. En 1950 éclate l'« affaire de Leningrad » : tous les anciens dirigeants du Parti et de l'administration de Leningrad – Kuznecov lui-même, ainsi que le vice-Premier ministre, chef du Gosplan, Voznesenskij – sont exécutés, et une centaine d'autres personnes sont déportées dans les camps ou fusillées.

L'idéologie jdanovienne est celle de Staline. Elle marque le point culminant de ses errances idéologiques. Désormais, il est fasciné par le « glorieux » passé tsariste. Les « tribunaux d'honneur » ne sont pas le seul emprunt à l'histoire de la vieille Russie, toutes les huiles des ministères portent dorénavant un uniforme, et leurs titres viennent directement de la « table des rangs » de Pierre le Grand.

Mais le plus grave, dans ce bric-à-brac idéologique, c'est le nationalisme russe extrême, aux relents protofascistes, du stalinisme sur le déclin. Staline voulait que cet esprit lui survive. Dans ce but, il avait personnellement révisé l'hymne soviétique, imposant à un pays multinational la glorification chauvine de la « Grande et Sainte Russie ».

Ajoutons dès à présent que les « tribunaux d'honneur », les titres archaïques, les uniformes et leurs ridicules épaulettes ont été abolis ou abandonnés sous Khrouchtchev, et vite oubliés. L'administration n'avait que faire de ces oripeaux à l'ancienne, et une bonne part des vapeurs putrides du jdanovisme se sont rapidement dissipées.

Tout cela doit être connu pour bien comprendre l'atmosphère qui règne dans le pays et le Parti au moment où Kuznecov s'attaque à l'importante tâche de rationaliser le travail des cadres, en priorité au sein du Parti. Son idée est de les traiter de façon ferme, mais juste, et d'attendre d'eux la réponse appropriée. On doit souligner ici la différence de ton et d'esprit entre ses propos lorsqu'il explique le jdanovisme en 1947 et les discussions franches et raisonnables qu'il a avec ses collaborateurs sur d'autres sujets en 1946 et 1947. Kuznecov sait ce qu'il a besoin de savoir, mais il doit aussi pouvoir formuler les problèmes en toute franchise. Lorsqu'il rencontre ses apparatchiks, il leur dit : « Ici, nous sommes entre nous », une invitation à parler sincèrement.

Une nouvelle approche des fonctions du Parti

Des sources inconnues jusqu'ici – notamment les procès-verbaux des réunions à huis clos de la direction des Cadres, probablement un fait sans précédent dans l'histoire de l'appareil – nous permettent de comprendre comment le Politburo entend remettre de l'ordre dans la maison. En premier lieu, il s'agit de redéfinir les fonctions de tout l'appareil, de rendre plus claire la division des tâches en son sein et, ce qui n'est pas le moins important, de changer les méthodes du Comité central pour gérer l'économie ou, plus exactement, les services en charge de l'économie. Aussi étonnant que cela paraisse, l'entreprise consiste en fait à désengager l'appareil de toute implication directe dans la gestion de l'économie.

Désormais, les fonctions et les domaines d'action du Parti et de l'État doivent être redéfinis et séparés. Selon la nouvelle doctrine, le Comité central est un organe chargé de fixer les orientations politiques, qu'il transmet au gouvernement. C'est par le biais de la gestion du personnel que le Parti est responsable des cadres dirigeants de l'État. Il a pour mission l'éducation idéologique de la nation et exerce un contrôle sur ses organisations locales.

Il n'y a là rien de neuf en soi, mais les apparatchiks sont surpris d'apprendre que le Comité central ne s'occupera plus directement des questions économiques. Les départements économiques en son sein, tels ceux de l'Agriculture et des Transports, vont être supprimés. La tâche centrale de l'appareil est dorénavant de s'occuper du Parti lui-même et de superviser les cadres dans tous les domaines, mais il n'est pas concerné par le détail de leurs activités, ni par la manière dont ils accomplissent leur mission. Il va de soi que le Comité central continue à donner des directives, y compris économiques, au gouvernement. Et, dans le cadre de sa mission de contrôle des cadres des services gouvernementaux, il s'intéresse indirectement au suivi de la politique économique. Enfin, les organes locaux du Parti, tels ses comités régionaux, qui ont des

« fonctions exécutives », continuent à superviser l'activité économique, comme par le passé. Leurs fonctions ne sont pas le simple décalque de celles du Comité central.

Pour rendre plus nette la ligne de démarcation entre les deux organismes situés immédiatement en dessous du Politburo, l'Orgburo et le Secrétariat, il est décidé que le premier s'occupera des organes locaux du Parti. Il les convoque, écoute leurs rapports et propose les améliorations nécessaires, ce qui n'entrait pas auparavant dans ses attributions, définies par les statuts du Parti. Ses réunions sont régulières, et leurs dates sont fixées à l'avance. Le Secrétariat, pour sa part, est un organe permanent. Il se réunit chaque jour, voire plusieurs fois par jour, en fonction des besoins. Il prépare l'ordre du jour des réunions de l'Orgburo et les documents afférents, et vérifie que les décisions prises par ce dernier et le Politburo sont effectivement appliquées. Il est également responsable de la répartition des cadres dirigeants pour l'ensemble du système, par l'intermédiaire des directions concernées.

Aider les organes locaux du Parti à contrôler efficacement les services de l'État et de l'économie, les critiquer, assurer la direction politique des masses, voilà en quoi consiste la principale mission de la direction du Parti, et c'est précisément en ces termes qu'elle est définie.

Les sources dont nous disposons mettent en lumière les causes de ce désengagement des affaires économiques – du moins au sommet, puisque la base conserve ses prérogatives en ce domaine. L'état des organes locaux du Parti – tous ceux situés en dessous du Comité central – était loin d'être brillant, et le Comité central lui-même était entré dans une zone de turbulences. La principale source d'inquiétude était la situation de dépendance et de soumission des cadres du Parti à l'égard des ministères économiques.

Un aspect de cette dépendance était ce que l'on a appelé l'« autoapprovisionnement », qui recouvrait différentes pratiques. Les chefs des services gouvernementaux, et avant tout ceux des ministères économiques et de leurs agences locales, distribuaient des pots-de-vin sous la forme de primes, de prix, de bonus, de cadeaux de valeur, de services de toutes sortes – construction de datchas, réparation des logements, réservation de places dans de confortables maisons de repos pour les secrétaires locaux du Parti et leurs familles –, le tout aux frais de l'État. Selon notre source, cette corruption économique de l'élite du Parti « prenait de très vastes proportions ».

Un autre texte de Kuznecov, datant de la fin 1947, nous fournit des informations supplémentaires sur ce point. Le Politburo venait de promulguer un décret sévère contre les primes offertes aux responsables du Parti par les responsables de l'économie. Cette pratique s'était généralisée pendant la guerre et concernait tout le monde, « du sommet à la base ». De plus, en ces temps de rationnement, le niveau de vie était plus proche de la famine que d'une simple pénurie quotidienne. Beaucoup de responsables du Parti pratiquaient des réquisitions illégales, voire de véritables extorsions de nourriture ou autres produits auprès des organismes économiques. Ces pratiques étaient considérées comme de graves délits. Pour Kuznecov, elles constituaient, « dans leur essence, une forme de corruption qui mettait les représentants du Parti dans la dépendance des services économiques ». Ces derniers faisaient passer leurs propres intérêts avant ceux de l'État, qu'ils avaient pour mission de représenter. Si la défense des intérêts de l'État devait prévaloir sur les intérêts particuliers, comment des cadres du Parti pouvaient-ils l'assurer, dès lors que l'amélioration de leur propre situation matérielle dépendait des primes et autres cadeaux des responsables de l'économie ?

Tous ces cas de corruption, dans lesquels les ministères économiques « rémunéraient » des responsables du Parti, dont certains très haut placés, et ce dans toutes les régions du pays, avaient été découverts et rapportés à Staline par son homme de confiance, Lev Mehlis, ministre du Contrôle d'État. Kuznecov avait visiblement eu accès à ces informations. De nombreux documents que j'ai réunis montrent que beaucoup d'apparatchiks locaux et leurs chefs dépensaient une bonne part de leur énergie à mettre la main sur des logements, des biens divers, des pots-de-vin, quand ils n'organisaient pas des réceptions coûteuses, où l'alcool coulait à flots, aux frais du soviet et de l'administration locale. Les corps d'inspection rapportent, avec un luxe de détails inouï, le nombre de bouteilles d'alcool vidées, leur coût, le montant de l'addition du restaurant ayant fourni le repas et le nom de l'organisme public ayant réglé l'ensemble. Les pots-de-vin n'étaient pas seulement proposés, ils étaient sollicités, voire exigés. Les bureaux de la Procurature regorgeaient de documents concernant les procès intentés à des chefs du Parti accusés de mauvaise conduite ou de délinquance pure et simple.

De toute évidence, au sortir de la guerre, les dirigeants locaux du Parti étaient sur une mauvaise pente. L'appareil central savait tout, mais n'en faisait pas état. Il n'accordait pas une grande importance à ces comportements, si fréquents que tout le monde s'en accommodait. On disait pourtant que Staline avait déclaré que ce pillage des ressources nationales était un crime. Pour Kuznecov, les pots-de-vin créaient de confortables relations de « famille », et les instances du Parti n'étaient qu'un jouet aux mains des responsables de l'économie. « Si cette situation devait se prolonger, ce serait la fin du Parti », et il était urgent que « les organes du Parti recouvrent leur indépendance ». Cette formule de Kuznecov était certainement inattendue pour tous ceux qui considéraient la primauté du Parti comme solidement établie. Il est clair qu'il reprenait à son compte ce qu'il avait entendu lors d'une réunion à huis clos de la direction des Cadres, en 1946, peu de temps après sa nomination. Une telle consultation, incluant tous les rangs de l'appareil, n'avait jamais été pratiquée auparavant. Kuznecov avait demandé à tous les participants de parler franchement. Et il en avait entendu de belles : les chefs des départements de la direction étaient des superbureaucrates, inaccessibles pour les fonctionnaires subalternes ; ils formaient des cliques et bénéficiaient de faveurs spéciales ; la hiérarchie y était très stricte, et aucune camaraderie de Parti n'était tolérée ; enfin, le climat de secret était suffocant. Ce que disaient les apparatchiks des ministres les plus importants était tout aussi éclairant. À les en croire, c'étaient autant de féodaux qui toisaient de très haut les fonctionnaires de la direction. Quelqu'un s'était même exclamé : « Est-ce qu'on a déjà vu un ministre nous rendre visite au Comité central ? » Et un autre avait ajouté : « Pas même un vice-ministre ! »

Il est intéressant de noter – et Kuznecov y était attentif – à quel point leurs critiques, surtout celles émises par des apparatchiks de niveau subalterne, appelés « instructeurs », étaient empreintes d'idéalisme et de l'amertume qu'ils ressentaient en voyant leurs attentes ainsi déçues. Kuznecov avait même entendu une phrase à laquelle il ne s'attendait pas (pas plus qu'un chercheur comme moi, quelque cinquante ans plus tard !) : « Nous [le Parti] avons perdu le pouvoir ! » Ces propos figurent au procès-verbal de la réunion de 1946. Rien d'étonnant à ce que, l'année suivante, le même Kuznecov déclarât que les organes du Parti devaient recouvrer leur « indépendance ». Il n'avait pas même besoin de préciser qui les en avait dépossédés. L'« économisation » du Parti était le nom du fléau qui alarmait la direction comme jamais auparavant.

L'enjeu était l'existence même du Parti comme institution dirigeante. Durant la guerre, sa transformation en « appendice » des ministères s'était accélérée, entraînant une perte de pouvoir. Cela n'était pas surprenant : l'effort de guerre et les exploits les plus retentissants avaient bel et bien été le fait des ministères. L'appareil du Parti était soudoyé et corrompu par les directeurs d'entreprises qui avaient tendance à traiter uniquement avec le Conseil des ministres, ignorant de plus en plus le Comité central et sa *nomenklatura*. On dispose d'abondantes données sur ce mépris pour les « règles de la *nomenklatura* » (un terme sur lequel nous allons revenir).

Libérer l'appareil central de tout engagement direct dans les affaires des services économiques, et dans l'« économie » tout court (sauf pour ce qui concernait les grandes orientations et le contrôle des cadres dans les différents secteurs), semblait le remède approprié. Mais le jdanovisme allait venir compliquer l'affaire. Dans le passé, la direction des Cadres préférait recruter pour le travail du Parti des personnes dotées d'une formation technique. Désormais, c'étaient les diplômés des sections « sciences humaines » qui avaient sa préférence. L'essentiel était d'éviter les bavures idéologiques, comme la non-censure de passages « idéologiquement hostiles » dans un opéra, la parution d'une biographie de Lénine insuffisamment expurgée, etc. Les « techniciens » n'étaient pas considérés comme capables de débusquer la subversion idéologique, et encore moins de la combattre. Une menace comme l'« économisation », plus prosaïque mais moins évidente, et qui commençait à brouiller singulièrement la vision idéologique du Parti, échappait totalement aux « techniciens ».

Mais quel était le cadre idéologique dont on pensait qu'il perdait de sa vigueur ? Et que fallait-il opposer à l'influence de l'Occident capitaliste ? Nous touchons ici un point névralgique de l'armure idéologique du Parti. C'est une caractéristique du stalinisme, à ce stade de son existence, que de ne pas vouloir critiquer le capitalisme d'un point de vue socialiste, et même de s'en montrer incapable. Comme nous l'avons dit, le choix qui avait été fait était celui d'un nationalisme russe virulent. Ce point sera repris dans le tableau plus large de l'histoire de l'idéologie que nous dressons dans la troisième partie. Quant au problème plus limité et pratique de la restauration du contrôle, par l'appareil du Parti, sur les ministères et sur lui-même, il apparaît comme lié à une trop grande implication dans l'économie, qui a permis aux dirigeants économiques de prendre le dessus. La réforme de l'appareil lancée en 1946 consistait, dans ses grands traits, à mettre un terme à cette implication directe et à l'« économisation » du Parti. Mais une « ligne » de ce type ne pouvait, en soi, remplacer le ciment idéologique qu'avait perdu le stalinisme. Kuznecov le dit, en termes voilés, lors de la réunion plénière de l'appareil du Parti, déclarant : « Le Parti n'a pas de programme », et affirmant que les seuls textes programmatiques étaient la constitution de Staline et le plan quinquennal. Ces paroles ont certainement résonné comme une déclaration audacieuse, car elles impliquaient que, sous Staline, le Parti avait perdu sa vigueur idéologique. Elles auraient été suicidaires si Staline ne les avait pas lui-même prononcées auparavant. Quand Kuznecov parlait du Parti comme « ayant perdu le pouvoir au profit des dirigeants économiques et devant recouvrer son indépendance », la phrase était probablement de Staline, ou avait en tout cas été approuvée par lui. Cependant, et Staline lui-même le savait, l'effritement de l'idéologie de départ dans sa plus grande part avait sans doute contribué à cette « économisation du Parti ». La politique du jdanovisme avait certainement été lancée sur ordre de Staline, ce qui tend à prouver qu'il était conscient des faiblesses idéologiques du régime, et qu'il avait décidé de proposer un nouveau ciment idéologique et des thèmes mobilisateurs. Nous avons vu brièvement ce dont il s'agissait. Mais c'était là une partie de la maladie, non le remède.

Quoi qu'il en soit, l'« économie » était désignée comme la cause du déclin de l'influence du Parti et de la perte de prestige de son principal appareil. Les mesures adoptées reposaient sur l'idée qu'une meilleure répartition des tâches entre le Comité central et le Conseil des ministres pouvait constituer un premier remède. Le Conseil des ministres continuerait à gérer le pays. De son côté, le Comité central s'occuperait de pourvoir les postes clés et surveillerait les départements des cadres de toutes les institutions.

Mais la ligne « sortir de l'économique et revenir aux tâches spécifiques du Parti » n'allait pas durer longtemps. Moins de deux ans plus tard, la réorganisation entreprise, qui témoignait d'une vision à long terme (même si l'objectif était impossible à atteindre), était stoppée.

Le retour en arrière

Cet arrêt intervient à la fin de 1948. Analysons brièvement ses conséquences. Au début de 1949, les secteurs spécialisés par branches de la direction des Cadres sont transformés en départements séparés, chargés de suivre les différents domaines de l'activité nationale. Officiellement, ils s'occupent des cadres de ces branches, non de leur champ d'action. Mais, dans les faits, ces départements du Comité central s'empêtrent de nouveau, *nolens volens*, dans les structures de gestion de l'économie, en raison du caractère même du système des branches, dérive que la réforme de 1946 a tenté de prévenir. C'est ainsi que le « tournant » se transforme en un retour en arrière.

Un document résume à lui seul le caractère de cette nouvelle étape. De tels mouvements de pendule, presque cycliques, n'étaient pas chose nouvelle dans la pratique administrative soviétique. Au système reposant sur une direction pléthorique des Cadres et des unités plus spécialisées en charge de l'inspection des organes du Parti succéda un nouvel organigramme. Désormais, l'appareil du Comité central, chapeauté pour l'essentiel par le Secrétariat et secondairement par l'Orgburo, réduit à un rôle mineur, devait suivre le fonctionnement des ministères et autres organismes du gouvernement central. Cette tâche était confiée aux nouveaux départements du Comité central, parmi lesquels « propagande et agit-prop », « Parti-Komsomol-syndicats », « relations internationales »,

les départements pour l'industrie lourde, pour l'industrie des biens de consommation, ceux pour l'ingénierie (construction de machines), les transports, l'agriculture, ainsi qu'un nouveau et très puissant département « administratif » chargé de contrôler tous les services de sécurité, mais aussi tous les services de planification, finances et commerce. (Notons que ces derniers furent rapidement séparés des premiers pour relever d'un département indépendant.)

En substance, la réorganisation consistait à transformer les unités structurelles de l'ancienne direction des Cadres en départements indépendants et à répartir, plus ou moins logiquement, les 115 ministères et tous les organes du Parti (au niveau des républiques et des districts) entre ces départements. L'entreprise n'était pas facile. Chacun des services gouvernementaux à superviser et à contrôler comportait lui-même une foule de branches locales, et notamment un ensemble labyrinthique de réseaux d'approvisionnement, qui ne pouvaient que donner de fortes migraines à toute instance de contrôle. Cet enchevêtrement de réseaux était encore plus compliqué que celui dont nous parlerons quand nous traiterons de l'administration d'État.

Chacun des départements du Comité central avait sa propre structure, plus ou moins complexe, et son bureau du personnel. Mais il existait aussi des services communs à tout l'appareil, comme l'Office central des statistiques, ou encore des services de coordination, comme l'« unité spéciale » du Secrétariat général, le service du Chiffre et celui des Affaires confidentielles. Sans compter différents « groupes » ou « bureaux spéciaux » mal connus de l'extérieur, dont un service pour l'accueil des visiteurs étrangers, un « département du Comité central », qui servait peut-être de secrétariat auxiliaire pour l'Orgburo, et surtout un « département général », par lequel passaient tous les textes et nominations d'importance en provenance des départements ou vers eux, un « département des Affaires courantes », un « bureau du courrier » pour les lettres de citoyens, un bureau chargé des cartes d'adhésion, une « commission pour les voyages à l'étranger », un bureau spécial pour la gestion du Kremlin et une unité traitant des « fermes auxiliaires », probablement rattachée au département des Affaires courantes, qui régnait aussi sur le parc automobile et le service des réparations mécaniques.

Il nous reste encore un mécanisme à explorer, et le lecteur ne doit pas se laisser décourager par la complexité de ce que nous cherchons à débrouiller (la simplicité naît souvent de la maîtrise des détails). Le penchant tout soviétique pour l'opacité administrative n'est pas, au bout du compte, si compliqué que cela. Et si une comparaison de la bureaucratie soviétique avec d'autres bureaucraties peut entraîner des confusions, elle constitue un exercice toujours éclairant et souvent riche en surprises.

La nomenklatura du Comité central

La tentative menée en 1946-1948 pour réorganiser l'appareil central du Parti peut être légitimement résumée par le terme *nomenklatura*, qui désigne la méthode utilisée pour maintenir les cadres dirigeants sous le contrôle du Parti. Cette technique a aussi été la cause de problèmes et d'effets secondaires qui seront la plaie du régime jusqu'à la fin de son existence.

La remise en vigueur, en 1946, de la *nomenklatura* du Comité central a requis un effort considérable de la part de la direction des Cadres et des trois instances suprêmes, le Politburo, l'Orgburo (supprimé en 1952) et le Secrétariat. Le terme russe *nomenklatura* signifie « liste », quelles que soient les entités qui doivent être « nommées » ; nous allons donc examiner cette « liste » de plus près pour comprendre comment elle était censée fonctionner en pratique.

Un document signé le 22 août 1946 par Andreev, chef de la direction des Cadres, ainsi que par son adjoint, Revskij, est envoyé aux quatre secrétaires du Comité central (Jdanov, Kuznecov, Patolitšev et Popov). Il présente une version de la *nomenklatura* pour approbation. Elle comporte 42 894 postes (ce chiffre peut varier d'une version à l'autre, mais le fait est sans incidence pour notre analyse). Soulignons encore une fois que cette liste est établie et contrôlée par le Comité central.

Le texte commence par une évidence : il est difficile de contrôler les cadres quand plus de la moitié des nominations et des révocations aux postes ministériels figurant dans la *nomenklatura* existante (une *nomenklatura* de fait) se font sans l'accord du Comité central. Il est donc urgent que celui-ci approuve la nouvelle liste, qui n'est qu'un projet mais est présentée comme mieux adaptée que les précédentes versions aux besoins du plan quinquennal pour 1946-1950. La direction des Cadres travaille parallèlement à l'élaboration d'une autre liste, dont la nécessité se fait grandement sentir, appelée « registre de réserve ». Il s'agit d'une liste complémentaire de candidats à des postes de la *nomenklatura*. Au cas où la demande augmenterait, elle permettrait de fournir rapidement les cadres requis. La dernière mouture de cette nouvelle liste élimine 9 000 postes par rapport aux versions antérieures et en introduit de nouveaux. Toutes ces modifications sont présentées comme nécessaires pour tenir compte des changements économiques et technologiques, et des transformations subséquentes dans l'importance relative des postes.

Il faut attendre encore environ trois mois pour que cette première « *nomenklatura* des postes du Comité central » de l'après-guerre soit approuvée par étapes. À la fin de novembre 1946, le Comité central dispose d'un texte qui peut servir de grille de base pour gérer les cadres dirigeants. La liste générale des postes qui doivent être affectés selon les règles de la *nomenklatura* est complétée par le recensement détaillé des fonctionnaires détenant ces postes. Portant sur 41 883 postes (et les noms de leurs titulaires), elle permet de dresser un portrait de cette cohorte censée être le pivot du système. La classification proposée est très minutieuse. L'énumération des postes que le Comité central souhaite voir figurer sur sa liste commence par les « postes dans les organes du Parti », classés par rang : les secrétaires du Comité central, leurs adjoints, les chefs de départements et leurs adjoints, les chefs des « secteurs spéciaux » et du Chiffre. Puis viennent les responsables locaux au niveau des républiques et des régions, suivis des directeurs des écoles du Parti et des titulaires des chaires d'histoire et d'économie marxistes-léninistes.

La liste aborde ensuite les postes de haut niveau pour l'ensemble de l'appareil gouvernemental, au niveau central, à celui des républiques et à celui des districts : les ministres, les vice-ministres, les membres des collèges ministériels, les chefs des directions. Puis on descend toute la hiérarchie des postes administratifs dans les services gouvernementaux, ainsi que dans l'appareil parallèle des soviets, et cela jusqu'au dernier rang des fonctions que le Comité central souhaite avoir sous sa tutelle, directe ou indirecte.

Le texte donne les chiffres par ministère, mais il est plus intéressant d'examiner les données par strates hiérarchiques. Sur les 41 883 « postes de la *nomenklatura* », la strate supérieure (ministères et Parti) en compte 4 836, soit 12 % de la liste. (Le lecteur doit savoir que ce « voyage » dans la *nomenklatura* nous amène à dresser un tableau de l'ensemble du système administratif soviétique, et nous y reviendrons.) Pour analyser ce que cela représente, il faut se tourner vers l'Office central des statistiques, qui donne le détail de tout l'appareil d'État. La *nomenklatura* au total représente environ un tiers des quelque 160 000 postes supérieurs, dont 105 000 dans l'appareil central du gouvernement, basé à Moscou, et 55 000 dans les ministères et autres services gouvernementaux des républiques. Notons qu'à cette époque l'administration de l'État compte environ 1,6 million de postes de cadres, soit 18,8 % sur un total de 8 millions d'employés – bien que des calculs plus réalistes ramènent ce dernier total à 6,5 millions, car il est raisonnable d'exclure de l'administration le personnel chargé du ménage ou d'autres fonctions techniques subalternes. Ces « cadres dirigeants supérieurs » sont des fonctionnaires placés à la tête d'une unité administrative à laquelle des personnels sont rattachés directement ou indirectement. On y trouve aussi ceux qui ont le titre (et probablement la fonction) d'« ingénieur en chef » et d'« ingénieur principal ».

Pour la *nomenklatura* du Comité central, nous disposons d'une décomposition des postes par champ d'activité. Le contingent le plus important est celui des fonctionnaires du Parti et du Komsomol : 10 533, soit 24,6 % de la liste. Viennent ensuite l'industrie, 8 808 postes, 20,5 % ; les services de l'administration générale, 4 082 postes, 9,5 % ; la défense, 3 954 postes, 9,2 % ; la culture, les arts et les sciences, 2 305 postes, 5,4 % ; les transports, 1 842 postes, 4,4 % ; l'agriculture, 1 548 postes, 3,6 % ; la sécurité de l'État et l'ordre public, 1 331 postes, 3,1 % ; le parquet et la justice, 1 242 postes, 2,9 % ; les affaires étrangères, 1 169 postes, 2,7 % ; les entreprises de construction, 1 106 postes, 2,6 % ; le ravitaillement et le commerce, 1 022 postes, 2,4 % ; les services sociaux, 767 postes, 1,8 % ; les syndicats et les coopératives, 763 postes, 1,8 % ; les services de la planification et du contrôle, 575 postes, 1,3 % ; les institutions financières et de crédit, 406 postes, 1 %.

Une analyse des profils professionnels qui figurent sur la liste, à la mi-1946, révèle que 14 778 postes sont occupés par des ingénieurs avec différentes spécialisations. Le fait que beaucoup d'autres aient un bagage moins élevé est compensé, selon la thèse officielle, par leur expérience professionnelle. Soixante-dix pour cent de ceux qui n'ont suivi que l'enseignement primaire ont plus de dix ans de service dans des postes de responsabilité. Ce chiffre à lui seul conduit aisément à des conclusions moins optimistes. Au total, 55,7 % des cadres de la *nomenklatura* ont plus de dix ans de service, 32,6 % de six à dix ans, 39,2 % de deux à cinq ans, 17,25 % de un à deux ans, et 22,1 % moins d'un an. La *nomenklatura* inclut également 1 400 titulaires de postes qui ne sont pas membres du Parti (3,5 % du total). Enfin, et ce n'est pas le moins important, 66,7 % des postes sont occupés par des Russes, 11,3 % par des Ukrainiens, 5,4 % par des Juifs, etc. (le « etc. » figure dans le document).

Les lecteurs qui s'intéressent tout spécialement à la bureaucratie trouveront ici de quoi nourrir leur réflexion sur les méthodes de contrôle, la logique et les irrationalités d'une politique aussi centralisée de nomination des hauts responsables. La complexité de la hiérarchie de cette *nomenklatura* soulève immédiatement le problème de ce que comporte d'illusoire une méthode bureaucratique de contrôle d'une bureaucratie. Une analyse plus détaillée montrerait que cette liste n'est en fait qu'une partie d'un système plus vaste. Le Comité central contrôle ou souhaite contrôler la couche supérieure des fonctionnaires. Les dirigeants au sommet ont un pouvoir sur les nominations. Ils ne l'exercent que sur une partie des postes en question, et doivent le faire en collaboration avec le comité du Parti, à chaque niveau, ou avec l'échelon inférieur de leur propre hiérarchie, lequel, à son tour, joue le même rôle pour les cadres des institutions placées sous sa tutelle (seul ou après consultation de), et ainsi de suite.

Ainsi, un système qui semble clair vu d'en haut est en fait composé de différentes hiérarchies de décision, où les prérogatives des uns et des autres sont floues et permettent bien des dérogations. Les innombrables plaintes de l'appareil du

Comité central à l'endroit des ministères montrent que les ministres ne manifestent pas beaucoup de zèle pour suivre les règles de la *nomenklatura* du Comité central. Ils nomment, transfèrent ou renvoient des titulaires de postes sans consulter le Comité central, ou l'en informent après coup. S'ils se dispensent de son autorisation, c'est que le fonctionnement réel de la *nomenklatura* n'est pas à sens unique. Quand un poste important est vacant, l'appareil du Comité central peut puiser dans sa réserve, mais il ne le fait que si le ministère concerné est dans une situation jugée critique. Dans le cas contraire, il demande au ministre de proposer le meilleur candidat et confirme ensuite cette nomination.

À un stade ultérieur de cette étude, dans les deux parties à venir, la question de savoir qui, en dernière instance, contrôle qui dans ce système sera de nouveau posée, et recevra une réponse. Mais nous voyons déjà que toute la logistique visant à contrôler la machine révèle en fait une situation de dépendance à son égard. Et c'est précisément dans ces termes que, lors des débats internes au Parti, sont formulés les dangers liés à l'« économisation du Parti » et à la perte de contrôle sur la machine gouvernementale et sa classe d'administrateurs.

En conclusion de ce chapitre, nous voulons insister sur une double caractéristique du système stalinien. Quand nous parlons des méthodes de gouvernement de Staline, nous nous retrouvons au royaume de l'arbitraire et du despotisme d'un seul homme, et quand nous parlons du gouvernement soviétique, nous sommes dans le royaume de la bureaucratie, ou plus précisément de ses deux branches, l'une mineure (l'appareil du Parti), et l'autre (l'administration) bien plus conséquente et hypertrophiée.

Chapitre XIII

Un despotisme agraire ?

Au lendemain de la guerre, Staline restait obsédé par la nécessité de se forger une nouvelle légitimité historique, et son esprit tortueux était toujours en quête d'un alibi adéquat. Il avait besoin de quelque chose de vraiment grand pour se sentir enfin pleinement libéré de ses engagements de départ. La guerre avait vu se dessiner le troisième volet de ce qui constitue un véritable « triptyque », mais il restait à le déployer pleinement. Le premier volet avait correspondu à la liquidation du léninisme et à la mise au pas du Parti, le second à l'extermination par les purges de l'aile historique du Parti et à la réécriture de l'histoire. Le troisième devait consister à se débarrasser de l'idéologie fondatrice au profit d'une idéologie de « grande puissance » nationaliste, comparable à celle du tsarisme, et qui en reprendrait tous les attributs.

Au cours de ces différentes étapes, d'innombrables citoyens avaient perdu la vie, dont beaucoup de cadres de valeur, dotés d'une grande indépendance d'esprit. La société tout entière vivait dans la terreur. Pourtant, le stalinisme à son tour allait être « enterré ». Mais il serait faux de penser que la mort du chef, inévitable à plus ou moins brève échéance, en fut l'élément décisif. Depuis la fin de la guerre, le système était sur le déclin, et Staline, qui continuait à donner l'impression de tout dominer, était en fait à la recherche d'un nouveau souffle. La première cause de ce déclin tenait aux contradictions internes au régime. Il y avait désormais une incompatibilité profonde entre cet absolutisme d'un autre âge et l'industrialisation à marche forcée lancée pour répondre aux défis des temps nouveaux. Le pouvoir, qui au départ avait maîtrisé ces rythmes effrénés de développement, ne pouvait intégrer ni les réalités nouvelles, ni les groupes d'intérêts, ni les contraintes dont étaient porteuses les structures et les couches sociales surgies au cours de ce processus. Les purges pathologiques en furent la preuve : le stalinisme ne pouvait s'accommoder de ce que sa politique avait créé, à commencer par sa propre bureaucratie : il ne pouvait s'en passer, mais ne pouvait pas non plus vivre avec elle.

Le cheminement personnel de Staline était inscrit d'une certaine façon dans son expérience de la guerre civile. Les conclusions qu'il en avait tirées concernant le présent et l'avenir de la Russie étaient celles que lui dictaient sa personnalité, son intellect et son expérience. Mais on ne saurait ignorer le rôle décisif qu'a joué l'histoire russe dans sa spécificité : elle a non seulement produit un Staline mais rendu possibles sa prise du pouvoir et sa conduite du pays dans une certaine direction. En effet, le système politique de l'ancienne Russie avait, sur son territoire et dans les régions qui l'entouraient (Moyen-Orient, Extrême-Orient, mais aussi, semble-t-il, Europe de l'Est), de nombreux ancêtres, voisins et cousins qui avaient connu des autocraties agraires. La transformation de la Moscovie en État centralisé s'est faite par la réunion de multiples principautés en une seule entité politique. Cela signifiait d'un côté une forme de « déféodalisation » – au sens où le morcellement diminuait –, et de l'autre l'introduction d'une féodalité d'un type nouveau, avec le servage des paysans sur les terres offertes, en échange des services rendus à l'État, à une noblesse en voie de formation : il fallait produire à la fois les propriétaires des serfs (les serviteurs de l'État) et les serfs eux-mêmes. L'agrandissement du domaine personnel du maître de Moscou a coïncidé avec l'édification d'une autocratie et la création, sur un immense territoire, d'une nation, par le biais d'une entreprise de colonisation qui est le trait dominant de la construction de la Russie. Le processus fut long et « dilué » dans l'espace, selon l'expression utilisée par l'historien russe Soloviev – c'est-à-dire qu'il s'est fait sur un mode extensif et répétitif. Un tel processus exigeait un État hautement centralisé et un souverain de droit divin. Aux XVIIIe et XIXe siècles, cette autocratie avait entrepris, non sans peine, de se dégager de son moule agraire originel, qui était devenu un handicap tant pour ses méthodes de gouvernement que pour son image impériale. Les changements intervenus au cours des siècles avaient rendu ce cadre de plus en plus intenable, même si Nicolas II était encore très attaché à ce modèle d'autocratie, qui remontait à l'époque où le souverain assimilait son État à un domaine personnel et le gérait comme on gère une exploitation familiale. Il n'est pas inutile de rappeler à ce propos que *despotès*, en grec, désigne le chef d'une maisonnée avec un grand nombre d'esclaves et de domestiques. Mais, au XXe siècle, le servage n'existait plus, et le système patriarcal paysan dans lequel le maître était, dans l'imaginaire populaire, l'équivalent du souverain autoritaire, ce qui aurait pu servir de pilier à une monarchie populaire *sui generis*, était en pleine mutation. Le chef de famille paysan avait longtemps soutenu le tsarisme, car lui, mini-monarque, se sentait des affinités avec le grand monarque, un « petit père » (*batjuška*), comme lui. Mais ce monarchisme rural primitif voyait sa base se dérober, à mesure que les paysans remettaient en cause une telle analogie.

On peut s'étonner de la tendance croissante de Staline à revendiquer la gloire du passé impérial russe et à utiliser ses traditions les plus anciennes au profit de son régime, d'autant que l'image du tsarisme était celle d'un régime en pleine décadence. Mais on aurait tort de réduire ce phénomène à un procédé destiné à mobiliser la Russie face à l'agresseur allemand, ou à la formule qu'il aimait à répéter à propos des Russes : « Ils ne peuvent pas se passer d'un tsar. » Chez Staline, cela correspondait à un besoin profond, à la fois politique et psychologique : l'enjeu véritable était une redéfinition radicale de son identité politique et idéologique personnelle, ainsi que de celle de son régime.

Il se peut que Staline ait eu connaissance de l'évolution historique des titres donnés aux souverains russes. Au début, on parlait de *knjaz'* (« prince »), un titre peu valorisant, car les princes étaient nombreux. Puis Vassili III adopta le terme *gosudar'* (« souverain »), mais il était encore trop proche du titre d'autres détenteurs de pouvoir. Le nom de « tsar » – équivalent russe de l'allemand *Kaiser* et du latin *Caesar* – pris par Ivan le Terrible était déjà plus imposant ; porté par une telle personnalité, il résonnait même de façon menaçante. Pour clore le tout, Pierre le Grand choisit celui d'*Imperator*, le plus prestigieux de tous. Ses successeurs conservèrent l'ensemble de ces titres, en commençant par celui d'*Imperator*. Staline voulait trouver sa place dans cette liste ascendante, mais ne trouvant rien de supérieur à « empereur », il opta pour « généralissime », titre qu'aucun tsar n'avait jamais porté.

Contrairement à ce que l'on pourrait croire, nous ne perdons pas notre temps en considérations ironiques et secondaires. Cet amour des titres ronflants n'est pas propre à Staline, il a été partagé par d'autres secrétaires généraux. Ce phénomène est toujours symptomatique du vide politique qui envahit le devant de la scène, quand des dirigeants, qui de surcroît n'ont pas été élus, ne savent que faire de leur pouvoir.

En même temps, les calculs politiques et psychologiques qui expliquent ces emprunts au passé ne doivent pas faire oublier l'essentiel : désormais, le « généralissime » n'allait plus nulle part. Affirmer une affinité avec l'Empire, et notamment avec les tsars, bâtisseur cruels de l'État russe, lui permettait de ne plus se sentir tenu par ses engagements initiaux, ses promesses de construire le socialisme et surtout de clore une fois pour toutes le chapitre du bolchevisme, dont les fondateurs étaient ses ennemis. Lénine avait qualifié Staline de « brute russe » et demandé qu'on lui retire le poste de secrétaire général du Parti, qu'il n'était pas digne d'occuper. Staline a eu à cœur de devenir une vraie « brute russe » et de se faire aimer à ce titre par la nation russe, ce qui supposait un changement d'idéologie. Rien de plus clair à cet égard que l'adoption d'un nouvel hymne chauvin à la gloire d'une « Grande Russie » mythique, en guerre contre toutes les nationalités non russes de l'Empire, et du nationalisme russe de la pire espèce qui se déchaîne après la guerre au cours de la campagne contre les « cosmopolitismes ». Tout cela était constitutif du dessein de Staline d'abandonner le passé révolutionnaire pour un autre passé. L'élimination des cadres bolcheviques du Parti ne suffisait pas. Et le problème n'était plus de savoir si l'on était sur le point d'atteindre ou si l'on avait atteint la phase 1, ou 2, ou 2,5 de quelque « isme » – une discussion parfaitement vide de sens. La grande réussite de Staline était ce super-État qu'il avait créé, libéré de toute promesse à l'égard de quiconque, un despotisme agraire qui peut être considéré comme un des retournements les plus stupéfiants du siècle. Le système stalinien a restauré un modèle historique ancien (plus proche de celui d'un Xerxès que de celui de Nicolas Ier ou d'Alexandre III), revitalisé grâce à une industrialisation à marche forcée (ce dont aucun Xerxès ou Nicolas n'était capable).

Le terme « despotisme oriental » vient à l'esprit, comme l'a suggéré il y a longtemps déjà l'orientaliste Wittfogel. Il désigne un système bureaucratique où la caste des prêtres (l'équivalent du Parti ?) occupe une place centrale. À sa tête règne un monarque doté d'immenses pouvoirs, auquel sa fonction confère une origine surnaturelle. La base économique et sociale d'un tel système est un vaste prolétariat rural. Les ressemblances sont frappantes, surtout lorsqu'on considère le « droit » despotique que s'arrogeait Staline de décider de la politique au gré de ses délires, ainsi que ce besoin d'ennemis, qu'il « nommait » ou inventait avant de déchaîner contre eux une police secrète totalement pervertie – un besoin qui avait une fonction précise, celle de justifier son image d'homme d'État courageux et clairvoyant.

Pourtant, le concept de « despotisme oriental » ne convient pas. Les despotismes anciens n'introduisaient que très lentement le changement dans leur société rurale. Dans le cas du système stalinien, le terme « despotisme agraire » est plus approprié. Même s'il était issu du passé rural du pays et y restait ancré – sous la NEP, les paysans représentaient 80 % de la population –, le régime avait pour moteur l'industrialisation, laquelle a entraîné des transformations considérables dans la société et l'a fait basculer dans une ère nouvelle. Dans un premier temps, cependant, ce mariage de deux systèmes autoritaires – le modèle étatique des temps passés et le modèle industriel – a contribué à accentuer encore le caractère despotique et répressif du régime, car ils se nourrissaient l'un l'autre dans une économie organisée par l'État et propriété de celui-ci.

C'est cet amalgame de formes qui permet de reconstruire la mise en place d'un despotisme personnel, centré sur le culte du chef suprême, avec des racines plongeant loin dans le passé. Ce despotisme s'est trouvé temporairement renforcé par l'injection d'une nouveauté, l'industrialisation. En fait, le même modèle, mais à moindre échelle, était en jeu dans l'entreprise de modernisation menée par Pierre le Grand. C'est sur cette toile de fond et dans ce cadre qu'il faut penser le travail forcé (le Goulag), le despotisme, qui laisse un champ énorme à la folie d'un individu (purges, travail forcé, déportations massives), et le gigantesque appareil de répression.

Il convient, à cette occasion, de rappeler que les grandes purges et les procès truqués ont été préparés par Staline en personne – avec l'aide de Vychinski et de quelques autres, mais supervisés personnellement par lui. Pour un homme de théâtre, écrire et mettre en scène un spectacle demande de grandes compétences ; mais celui qui dirige un empire au XXe siècle comme le marionnettiste régit son monde de pantins est un dirigeant totalement primitif, dépourvu du moindre talent.

Le super-État que Staline avait créé était et ne pouvait être que bureaucratique. Ce trait était génétiquement inscrit en lui puisqu'il était propriétaire de toutes les richesses du pays. Cela explique l'énorme pouvoir acquis par la bureaucratie, mais pose aussi la question de savoir si Staline pouvait coexister avec un pouvoir qui lui échappait. La réponse qu'il trouve à ce dilemme est aussi irrationnelle que pathétique : ce sont les purges, ces meurtres commis à une échelle de masse pour stopper ou au moins retarder des développements inévitables.

Pour Staline, les purges sont devenues, et sont restées jusqu'au bout, un mode de fonctionnement privilégié. Il y voyait la stratégie la plus efficace. Elles avaient l'effet d'une drogue, car elles semblaient toujours se solder par une réussite. Si Staline avait eu affaire à des ennemis réels, le système, même dictatorial, aurait été différent. En 1953, de nouvelles purges étaient en préparation, et seule la mort a probablement empêché Staline de faire exécuter ses acolytes les plus proches, Beria, Molotov, Kaganovič, Mikoyan et quelques autres.

La victoire de 1945 a, en quelque sorte, « réhabilité » le stalinisme, y compris, en partie, sur la scène mondiale, au moment précis où le système et Staline en personne entraient dans une phase de déclin marqué. En fait, ce dernier avait perdu toute capacité de diriger efficacement le pays. Il semblait avoir atteint tous ses objectifs. Mais la route qui s'ouvrait devant lui, indépendamment de toute question de santé, ne menait que dans une seule direction : en arrière ! La seule mention du jdanovisme suffit à faire comprendre où il voulait aller.

Nous pouvons maintenant nous tourner vers le dernier point de notre enquête : pourquoi le culte de Staline a-t-il connu un tel succès ?

Car en dépit de toutes ses aberrations, le culte de Staline, sa légende, son aura, sa personnalité étaient largement acceptés en Russie et dans le monde. Staline était considéré comme un *vožd'* (« guide ») sans précédent dans l'histoire. Et ce culte est resté vivant dans bien des esprits en Russie, même après la dénonciation du personnage et des atrocités du stalinisme par Khrouchtchev. Il existe de nombreux documents sur les réactions des masses russes à l'annonce de sa mort : une douleur immense et le désespoir ressenti face à l'impensable, la mort d'un immortel.

Mais ce phénomène a de nombreuses causes, que l'on peut résumer ici brièvement.

Pour commencer, il faut revenir à la vieille image patriarcale paysanne du maître (*hozjain*), dont on peut accepter la sévérité pourvu qu'il soit juste – une tradition profondément enracinée en Russie. La victoire contre l'Allemagne nazie a beaucoup contribué à légitimer une telle attitude, même si le régime était à bout de souffle. L'art avec lequel Staline a su construire son image est un autre facteur, et nombre d'esprits pourtant fort sophistiqués y ont succombé. Nous aurons l'occasion de revenir sur cette image, celle du fondateur craint et respecté d'un puissant empire, et sur sa dimension nationale – une image d'autant plus prégnante qu'elle renvoyait à une certaine réalité. Le manque d'informations, l'immensité du pays ajoutaient au mystère du chef, dont chaque apparition était soigneusement pensée : il savait rassurer, charmer ou terroriser. Il faut insister sur ce déficit d'informations : les éléments pertinents, lorsqu'ils étaient fournis, étaient entièrement travaillés par une propagande puissante et efficace. Beaucoup ignoraient les horreurs commises et ne pouvaient imaginer que l'État fût dirigé par un homme s'inventant des ennemis et exterminant des masses d'innocents. Comment faire coïncider cette image incroyable avec celle que Staline réussit à donner, au moment crucial, dans son intervention radiophonique au début de la guerre : « Frères et sœurs, je m'adresse à vous, mes amis. Ils viennent pour asservir notre patrie, mais il y aura encore un grand jour sacré sur notre sol. L'ennemi sera défait, nous serons victorieux. » Je cite de mémoire ce que j'ai moi-même entendu à la radio. C'est ce que les citoyens soviétiques ont entendu aussi, et ce en ignorant tout du Staline fou de rage qui signait des listes sans fin de condamnations à mort. D'ailleurs, même s'ils en avaient su plus long, quel poids cette information aurait-elle eu au moment où le destin de la Russie et de l'Europe était en jeu ? Difficile de le dire. Enfin, des facteurs religieux, dostoïevskiens, peuvent entrer en ligne de compte, sans qu'il faille trop y insister. Quoi qu'il en soit, un grand nombre de personnes, si ce n'est la majorité, parmi les plus honnêtes, les plus brillantes, les plus créatives, sont passées par le stalinisme et l'ont accepté, pour toujours ou pour un temps – on pourrait citer ici de nombreux noms. On pourrait aussi dresser la longue liste de ceux qui, tout en étant impliqués dans le processus, n'ont jamais accepté ni Staline, ni sa Russie.

Je terminerai sur ce sujet en soulignant un aspect du stalinisme déjà implicite dans ce qui vient d'être exposé. Je n'ai rien épargné au lecteur des aberrations de Staline, mais il faut bien comprendre que le stalinisme s'appuyait sur deux impératifs historiques : rattraper le niveau industriel de l'Occident, et créer un État puissant. L'image et la réalité de cet État, en fait de cette « grande puissance » (*deržava*) victorieuse et reconnue comme telle dans le monde entier, ont été – il faut insister sur ce point – un facteur puissant, et même hypnotisant, non seulement pour le peuple, mais aussi pour la classe politique, y compris les membres du Politburo, qui ont haï Khrouchtchev pour avoir jeté à bas de son piédestal le constructeur d'un État d'une envergure sans précédent dans l'histoire de la Russie. Le raisonnement consistait à dire : quel besoin de s'attarder sur ces folies si le résultat a été atteint ? – et il n'est pas propre à la seule Russie ou à son groupe dirigeant. L'insensibilité aux atrocités commises par un État fort au nom de ses intérêts stratégiques est une attitude très répandue dans les cercles gouvernants de par le monde. La « puissance de l'État » est la valeur suprême de beaucoup de nationalismes et d'impérialismes.

Ces réserves indispensables ne changent rien aux conclusions tirées des événements. L'irrationalité régnait partout du temps du stalinisme, et elle en a fait un système non seulement délabré, mais abject. Pour s'en débarrasser, il a fallu recourir à une sorte de chamanisme, et c'est bien ce qu'a fait Khrouchtchev, en s'inspirant des croyances populaires. Lorsque le corps de Staline fut retiré du mausolée de la place Rouge pour être enterré ailleurs, il le fut les pieds devant. Selon la démonologie paysanne, c'est la garantie pour qu'un mort malfaisant ne revienne pas hanter les vivants. Le fait de se débarrasser de ce spectre, comme le voulait Nikita, offrait à la Russie soviétique une nouvelle chance, plutôt prometteuse, même si elle a été de courte durée.

Deuxième partie

D'un nouveau modèle à une nouvelle impasse, de Khrouchtchev à Andropov

Chapitre premier

« E pur, si muove ! »

« Mes » années soixante sont aussi changeantes que les années trente, consacrées au stalinisme, et elles nous conduiront, à travers différents thèmes, jusqu'à la fin du régime. Après avoir manifesté une grande vitalité dans bien des domaines, celui-ci connaît, à partir du début des années soixante-dix, une phase descendante, avant de sombrer définitivement dans la « stagnation » (*zastoj*). La personnalité des dirigeants est un bon indicateur des variations de la vitalité du système. Khrouchtchev et Andropov incarnent un certain dynamisme, le changement et les réformes ; Brejnev et Tchernenko donnent la dimension du déclin. Ces courbes sur le graphique de l'histoire n'ont rien de neuf. Dès ses débuts, le mouvement historique de l'Union soviétique a été fait de flux et de reflux. Mais, ici, il s'agit de la dernière partie d'une courbe vers le bas, ce qui est nouveau et de mauvais augure, même si quelques aspects ne laissent pas d'intriguer.

Voilà qui nous amène à souligner une nouvelle fois une évidence : la Russie de Staline qui est entrée en guerre en 1941 et en est sortie victorieuse en 1945 n'était encore qu'à mi-chemin de sa transformation en puissance industrielle urbanisée. Sociologiquement et, à bien des égards, culturellement, elle était encore prise dans les rets de son passé agraire, un passé qui se retrouve dans les caractéristiques de l'État modernisateur. « Primitif » est le qualificatif qui vient en premier lieu à l'esprit pour caractériser l'après-guerre et les dernières années de Staline. Tous les efforts sont concentrés sur deux objectifs : retrouver le niveau d'avant guerre, mais aussi restaurer un semblant de système soviétique dans les vastes territoires qui ont été occupés par les Allemands.

Le chaos propre à cette période de reconstruction est, au départ, indescriptible. Des milliers de responsables sont envoyés dans les régions reconquises. Souvent, ils ne sont pas qualifiés pour la tâche qui les attend. Parmi les personnes recrutées sur place, beaucoup sont d'anciens collabos, et les adversaires du régime sont nombreux. En Ukraine, Lituanie et Lettonie, des unités de guérilla livrent de véritables batailles rangées contre l'armée soviétique. La reconstruction du système et la liquidation des résistances prennent du temps et entraînent de lourdes pertes. La réactivation de l'économie est lancée et menée avec énergie. En 1953, les niveaux de 1940 sont de nouveau atteints dans bien des domaines, mais ce n'est pas encore le cas dans le secteur des biens de consommation. En matière d'approvisionnement, l'Union soviétique des années 1945-1953 est toujours un pays dont les habitants connaissent la faim ou, en tout cas, sont sous-alimentés.

Nous voulons souligner ici un point : la reconstruction des forces du pays, qui est si manifeste, voire impressionnante dans certains domaines – à commencer par la production d'armements, et notamment de la bombe atomique –, coïncide avec la restauration du stalinisme, qui est alors un système en plein déclin, accablé de dysfonctionnements. On assiste au retour d'une terreur aveugle, principal instrument politique du dictateur vieillissant, et à l'affirmation d'une idéologie de grande puissance, nationaliste et rétrograde. Le dictateur, qui l'avait ouvertement adoptée pendant la guerre, la « perfectionne » en la coulant dans le moule autocratique impérial de l'ancienne Russie.

Le régime est la dictature d'un homme, dont les titres constituent une surenchère par rapport à ceux des tsars, et qui a imposé aux couches supérieures de la bureaucratie une réplique de la célèbre « table des rangs et des uniformes » établie par Pierre le Grand. La référence à la « Grande et Sainte Russie » dans l'hymne officiel de l'Union comme symbole suprême de l'État et de son idéologie vient compléter ce nouvel habillage rhétorique. Quant à la soumission de la population, elle est obtenue par la terreur. Rien ne caractérise mieux cette dimension de la « restauration », en apparence couronnée de succès, que les chiffres du Goulag. Le nombre de détenus, tombé à 800 000 pendant la guerre, dépasse en 1953 les 3 millions. Et quand on y ajoute les exilés et les emprisonnés, on obtient un total de 5 millions de personnes (record historique absolu). Cependant, la même année, leur nombre commence à baisser. Impossible de mentionner la moindre évolution politique un tant soit peu significative. Staline continue à préparer en secret des changements de personnel, et aucun dirigeant ne sait jusqu'où il veut aller. Molotov et Mikoyan sont convaincus qu'ils vont être éliminés physiquement. Ces incessantes nominations et réorganisations, réplique de la valse permanente des ministres à la fin du tsarisme, sont le signe de la confusion qui règne au sommet. Bref, on peut dire que l'URSS n'est pas vraiment gouvernée.

Quand Staline tombe gravement malade, les membres du Politburo veillent à tour de rôle à son chevet, ou plus exactement, semble-t-il, dans une pièce voisine. Mais, dès que sa mort apparaît comme imminente, ils se ruent sur les affaires politiques. La plupart d'entre eux ont déjà des plans, ils commencent à manœuvrer pour s'assurer la complicité d'alliés et la conquête de postes. Indépendamment des résultats de ces combinaisons, sans cesse rejouées par des dirigeants conscients d'hériter un régime qui appartient à une époque définitivement révolue, les changements interviennent presque immédiatement. Les mesures au départ isolées cèdent très vite la place à des vagues successives de transformations. Nous aurons l'occasion de revenir sur ces évolutions. Pour l'heure, il importe de comprendre que la disparition de Staline ouvre dans le système des soupapes qui étaient prêtes à fonctionner et qui rendent possible la constitution d'un groupe dirigeant capable de revitaliser le régime. Ceux qui occupent alors les plus hauts postes peuvent tous être qualifiés de « staliniens ». Rien d'étonnant donc si la première étape, dans la plus pure tradition stalinienne, consistera à éliminer l'un d'entre eux, Beria, ainsi qu'un bon nombre de responsables de la police secrète, qui seront fusillés ou jetés en prison sur la base d'un tissu d'accusations forgées à la hâte et parfaitement incohérentes.

Cette affaire s'explique en partie par le déroulement même des événements. Staline meurt le 5 mars 1953. Le même jour, le plénum du Comité central, le Conseil des ministres et le

Présidium du Soviet suprême décrètent que le MGB (ministère de la Sécurité d'État) et le MVD (ministère des Affaires intérieures) sont de nouveau réunis au sein du MVD, confié à Beria, qui a par ailleurs été nommé vice-Premier ministre. Ces décisions, y compris la fusion des deux ministères, sont officialisées par le Soviet suprême le 15 mars. Ce même jour, le Conseil des ministres nomme des proches de Beria et de Malenkov à diverses fonctions : Kruglov, Kobulov et Serov deviennent les premiers adjoints de Beria, et Maslennikov reçoit le poste de vice-ministre aux Affaires intérieures ; tous sont également nommés membres du collège du MVD. Le pourquoi et le comment de ces nominations restent en grande partie obscurs. Mais le fait est que Beria, sous l'égide de son allié supposé, Malenkov, le Premier ministre, conserve un rôle clé au sein du gouvernement et garde la haute main sur tout l'appareil de répression et sur les formations militaires, soit plus d'un million de personnes.

Dans ces mesures prises à la hâte, quelque chose inquiète Khrouchtchev. Je ne sais trop comment il parvient à convaincre Malenkov de laisser tomber son acolyte. Beria est arrêté le 26 juin, en pleine réunion du Politburo, et d'autres responsables du MVD connaissent le même sort. Le démantèlement des structures industrielles du ministère est décidé et sa Conférence spéciale extrajudiciaire est supprimée le 1er septembre. D'autres changements suivront.

Mais la véritable histoire des méfaits de Beria et de ses adjoints n'est pas portée sur la place publique. D'ailleurs, elle n'aurait convaincu personne. L'opinion n'a droit qu'à un communiqué dans le plus pur style stalinien. En fait, il est impossible de savoir si Beria voulait vraiment éliminer la totalité de ses collègues ou seulement certains d'entre eux. De plus, certains dirigeants en place (voire tous) ont fait exécuter des innocents et risquent à ce titre d'être mis en cause. Un seul haut dirigeant (incontestablement dangereux) et quelques personnages de second rang paient pour les crimes de tous les autres staliniens, qui n'ont toujours pas dit ce qu'ils pensent de ce passé sanglant. Néanmoins, un fait ressort : toutes les « enquêtes » cauchemardesques, les accusations truquées et les procès en cours – notamment l'infâme affaire des « blouses blanches » – s'interrompent du jour au lendemain. Les victimes sont réhabilitées. Les médecins retrouvent leurs postes au Kremlin. D'autres réhabilitations ont lieu, des prisonniers sont libérés des camps, d'abord discrètement.

C'est un signal clair que d'importants changements sont en préparation. Ilya Ehrenbourg évoque ces événements en parlant de « dégel » (dans un roman qui porte ce titre), alors même que le groupe dirigeant compte encore des fidèles de Staline qui, jusqu'à la fin de leurs jours, ne manifesteront jamais le moindre repentir. Lorsqu'en 1956, au XXe congrès, Nikita Khrouchtchev s'attaque au mythe de Staline, la société et surtout les intellectuels comprennent que le temps des procès à grand spectacle, des arrestations et des exécutions arbitraires est vraiment fini. Néanmoins, ce n'est pas ce XXe congrès qui inaugure le mouvement. Les participants sont aussi surpris que tout le monde. Les nombreux staliniens parmi eux sont en état de choc : aucun ne s'attendait à ce que Khrouchtchev lance une telle bombe, de façon aussi soudaine. Leur réponse survient un an plus tard : s'étant assurés d'une majorité au Présidium, ils tentent alors un coup de force « par en haut » contre Khrouchtchev. Mais il est réduit à néant par une alliance entre les militaires et la majorité du Comité central. Khrouchtchev conserve ainsi le pouvoir et consolide sa position. Ce qui suit n'a jamais été vu : aucune peine de mort, ni même de prison, n'est prononcée contre les conspirateurs. On se contente de les démettre de leurs postes. Vorochilov est pardonné et conserve même un poste honorifique.

Tous ces faits (et d'autres non encore mentionnés ici) sont vraiment sans précédent, et ils demeurent la règle dans la classe politique sous Nikita, et après son éviction. Un autre changement déterminant intervient, que les historiens, la plupart du temps, ne soulignent pas suffisamment : l'emprisonnement d'innombrables citoyens accusés faussement de « crimes contre-révolutionnaires » cesse. Cette notion même disparaît du Code pénal, où elle est remplacée par celle de « crimes contre l'État », qui visent les activités d'opposition politique – celles-ci continuent d'être réprimées, mais, comme nous le verrons, la répression se fait désormais à une échelle bien moindre et de façon moins brutale. Désormais, et ce n'est pas anodin, un accusé doit avoir fait quelque chose pour en être inculpé. Certes, pour celui qui la subit, la répression reste lourde et la comparaison avec le passé est une piètre consolation, mais il n'en reste pas moins que les changements qui interviennent sur le plan de la politique pénale sont significatifs. Les chances de survivre à une condamnation existent, et protester n'est plus une démarche suicidaire. Il existe des canaux, publics et confidentiels, d'intervention et de protestation contre l'arbitraire.

Le moment est venu d'évoquer les transformations en profondeur que connaît le système. Elles sont le produit de la politique menée par les autorités, mais s'imposent aussi spontanément comme une réalité de fait. Elles concernent le triptyque « militarisation-criminalisation-mobilisation de la société », caractéristique du régime stalinien.

Sous la rubrique générale des changements dans le système pénitentiaire, il faut évoquer le démantèlement d'une composante essentielle du précédent régime : le Goulag, ce système de travail forcé dont nous avons évoqué l'état de délabrement avancé. Il a duré une vingtaine d'années, pourtant certains font comme s'il avait toujours existé, et d'autres ne remarquent même pas sa disparition. La réforme commence pour de bon en 1954, même si certaines structures clés ont été abolies dès 1953. Le fait capital est le démantèlement, déjà évoqué, du complexe économico-industriel du MVD, élément essentiel de l'empire du travail forcé du Goulag. Avec le transfert à des ministères civils de la plupart de ses services industriels (construction des routes et des voies de chemin de fer, exploitation des forêts et des mines…), le sinistre complexe répressif, si profondément intéressé par l'afflux permanent d'une main-d'œuvre non payée, se trouve fortement réduit. Désormais, la main-d'œuvre n'est plus composée d'esclaves, mais de travailleurs rémunérés, bénéficiant des protections prévues par le Code du travail, lequel, au même moment, fait l'objet de sérieux amendements. Cette « expropriation » massive du MVD s'accompagne d'une transformation progressive de toute la structure du Goulag en un système pénitentiaire réformé qui change de nom. On observe une réduction de la population dans les camps (rebaptisés « colonies », « prisons », « lieux de déportation »). Le nombre de détenus dans ces différents établissements (prisons exclues) passe de 5 223 000 au 1er janvier 1953 à 997 000 au 1er janvier 1959 ; la part des « contre-révolutionnaires » passe de 580 000 à 11 000. À partir des années soixante, les persécutions arbitraires cessent d'être une pratique répandue.

Ces réformes ne se font pas en douceur. Les pressions de l'opinion pour accélérer la « normalisation » ont le soutien du ministre de l'Intérieur et du bureau de la Procurature générale de l'URSS. Ces derniers critiquent en des termes très sévères les pratiques de la direction des Établissements pénitentiaires du MVD, et lui demandent d'appliquer les décisions du Parti et de l'État concernant le système pénal. Sur ce point, la lecture de deux rapports rédigés à quatre ans d'intervalle est fort instructive. On doit le premier (1957) au ministre de l'Intérieur, Dudorov (c'est la seconde année qu'il occupe ce poste) ; il porte sur « Le problème des camps et la nouvelle politique pénale ». Le second (1961) a pour auteur le vice-procureur général de l'URSS, Mišutin. Nous commençons par lui, car il contient un survol historique des étapes franchies entre 1953 et 1956[1]. Voici les principaux points abordés par Mišutin.

Jusqu'en 1953, l'administration des camps ne se souciait pas de « corriger et rééduquer » les prisonniers. La population carcérale était avant tout considérée comme de la main-d'œuvre, et le MVD négligeait ce qui aurait dû être sa mission principale. Pendant des années, la législation dans le domaine de la politique pénitentiaire fut quasiment inexistante ; les représentants de la société n'avaient aucun accès aux établissements pénitentiaires et le contrôle des procureurs sur leur fonctionnement était limité. Le 10 juillet 1954, le Comité central adopte un décret visant à améliorer la situation dans les camps et les colonies du MVD. Ce dernier est critiqué pour ne rechercher que le rendement économique, alors que sa tâche principale devrait être d'associer les prisonniers à un travail productif et de préparer leur future réinsertion dans la société. Le 24 mai 1955, le Comité central, suivi de peu par le Présidium du Soviet suprême, promulgue un texte concernant « le statut du contrôle par la Procurature » en URSS, dont le chapitre V traite de la supervision des lieux de détention. Désormais, les procureurs des camps doivent en référer aux bureaux territoriaux de la Procurature, et non plus directement au procureur général. À elle seule, cette mesure constitue une amélioration. Mais la situation dans les camps reste peu satisfaisante. Le 25 octobre

1956, un décret conjoint du Conseil des ministres et du Comité central énumère des « mesures visant à améliorer le fonctionnement du MVD de l'URSS » et de ses homologues dans les républiques, accusés de délaisser leur mission de rééducation – la preuve étant le nombre de prisonniers libérés retombant dans leurs activités criminelles. Le gouvernement est désormais très pressé de réduire et de supprimer le système des ITL (camps de redressement par le travail), et de créer des instances de contrôle en relation avec les comités exécutifs des soviets locaux, chargées de suivre ce qui se passe dans les établissements rebaptisés « colonies ».

Les minutes d'une session du collège du MVD, au début de 1957, sous la présidence de Dudorov (ancien ministre et apparatchik du Parti), nous donnent une idée de la situation. Dudorov, nommé à la tête du MVD par le Parti pour en améliorer le fonctionnement, n'était pas du tout satisfait de la direction des Camps et des Colonies au sein de son ministère[2], notamment en matière de rééducation et d'utilisation de la main-d'œuvre pénitentiaire : environ 6 % des détenus ne travaillaient pas, car on n'avait aucune tâche à leur donner, et, pour ceux qui travaillaient, le système de rémunération était un véritable chaos. En 1956, le MVD avait consacré une grande partie de son énergie à traiter des affaires de police, et le ministre espérait qu'en 1957 il réussirait enfin à apporter des solutions aux problèmes encore non résolus du système pénitentiaire, conformément aux souhaits du Comité central : « Vous savez que le Comité central et le Conseil des ministres ont décidé de passer d'un système de *camps* à un système de *colonies*. Les colonies réalisent un bien meilleur travail, mais il y a encore beaucoup d'efforts à faire. À ce jour, 35 % des prisonniers sont dans des colonies, les autres dans des camps où ils travaillent, sur des bases contractuelles, avec différents services économiques. Il faut transférer tous les prisonniers dans des colonies. Pour les quatre à cinq années à venir, cela passe par la création de quelque 370 colonies. Tout le travail de production devra se faire dans ce cadre. La principale différence entre ces deux types d'établissements réside dans le système de rémunération normalisé mis en place dans les colonies. Les 66 colonies qui existent déjà donnent de bons résultats en matière de rééducation – l'objectif premier de la privation de liberté –, et le travail est la méthode privilégiée. » Le ministre remarquait au passage que « les colonies produisent des biens de consommation (vêtements, mobilier, ustensiles domestiques et certaines machines agricoles). Ainsi les *zeks* gagnent-ils de l'argent pour eux-mêmes et leur famille ».

Dudorov voyait les choses sous un jour un peu trop favorable. L'expérience montrait (il le reconnaissait lui-même) qu'il ne fallait pas rémunérer les prisonniers en espèces, car ils risquaient de perdre cet argent en jouant aux cartes ou de se le faire voler par d'autres détenus. Aussi certains préféraient-ils le paiement en nature. Dudorov terminait son rapport en affirmant que la direction et le collège du ministère espéraient régler ce problème au cours de l'année 1957 (en fait, l'implantation des colonies allait demander quelques années de plus).

Le texte de Mišutin (1961), lui, nous apprend que cette libéralisation, décidée quelques années plus tôt, est allée trop loin, qu'elle a entraîné des dysfonctionnements dans le système, et qu'il faut corriger le tir (une intention que l'on perçoit déjà dans les propos de Dudorov quand il recommande de ne pas donner trop d'argent aux prisonniers).

Les autorités locales sont chargées de trouver un emploi aux détenus libérés. Le 8 décembre 1958, le gouvernement approuve un décret élaboré conjointement par la Procurature et le MVD sur « le statut des colonies de rééducation par le travail et des prisons du ministère des Affaires intérieures ». Le texte exige une stricte séparation entre les différentes catégories de prisonniers pour ne plus mêler aux criminels endurcis les primo-détenus. Il ordonne la révision des procédures de réduction des peines basées sur le décompte des journées de travail et limite fortement le nombre des détenus autorisés à sortir sans escorte de l'enceinte de la colonie. Il introduit le paiement en nature, ainsi que d'autres mesures.

À partir de 1953, le nombre de détenus décroît régulièrement. Entre 1953 et 1957, le Présidium du Soviet suprême promulgue des lois d'amnistie pour différentes catégories de prisonniers. En 1955, la loi touche ceux qui ont collaboré avec l'occupant allemand. En 1957, le quarantième anniversaire de la révolution d'Octobre donne lieu à une nouvelle amnistie, qui concerne un nombre considérable de détenus. En 1956 et 1959, des commissions sont mises en place dans les républiques pour étudier directement, dans les établissements pénitentiaires, les dossiers des prisonniers accusés de crimes contre l'État, de sabotage et d'autres délits économiques, ainsi que de délits mineurs. La Procurature générale de l'URSS participe à l'élaboration de ces mesures et en suit l'application.

En janvier 1961, le nombre des détenus a considérablement diminué et la composition de la population carcérale par catégorie de crimes a changé. En 1953, 10,7 % des prisonniers étaient condamnés pour banditisme, vol, crime prémédité ou viol ; en 1961, ils représentent 31,5 %. Une grande partie des prisonniers est désormais constituée de condamnés de droit commun, avec un noyau dur de récidivistes et de criminels endurcis. C'est la raison pour laquelle le statut des colonies pénitentiaires et des prisons, promulgué le 8 décembre 1958, apparaît comme inadéquat : il n'est pas assez sévère pour les récidivistes dangereux, et la lutte contre le crime en est affaiblie d'autant. Aussi le Comité central, le 5 novembre 1959, enjoint-il au bureau de la Procurature générale d'intensifier la lutte contre cette catégorie de délinquants, et de prévoir pour eux un régime de détention approprié.

Deux ans plus tard, le gouvernement n'est toujours pas satisfait de la situation. Le 3 avril 1961, un nouveau décret du Comité central et du Conseil des ministres ordonne aux ministères des Affaires intérieures des républiques de s'occuper davantage du système pénitentiaire dont ils ont la charge, d'analyser soigneusement la situation de chaque établissement et de renforcer la séparation entre les différentes catégories de criminels, et il abolit le système libéral de réduction de peine pour bonne conduite au travail. Ces mesures et bien d'autres étaient discutées depuis bientôt 5 ans, mais elles n'étaient toujours pas mises en pratique : du côté conservateur comme du côté libéral, responsables politiques et juristes se disputaient sur chaque point, et il y en avait beaucoup. Une autre disposition importante est la création, le 27 février 1959, d'un collège de la Procurature générale et d'organismes correspondants dans les différentes républiques, nouveauté qui s'accompagne de nombreuses tournées d'inspection et de séminaires de formation par de hauts fonctionnaires de la Procurature générale de l'URSS, dans le but de renforcer la lutte contre la criminalité et d'améliorer la gestion des colonies pénitentiaires.

Nous n'en dirons pas plus concernant la façon dont les différentes instances gouvernementales abordent ces questions. Seules des monographies pourraient nous en donner une image plus précise. Nous pouvons néanmoins déjà tirer quelques conclusions provisoires. Le système stalinien de travail forcé pour les prisonniers, non payés, esclavagisés – pour la plupart des condamnés de droit commun, mais aussi des « contre-révolutionnaires » n'ayant commis aucun crime –, appartient désormais au passé. De même, les lieux d'exil où plus de 2 millions de personnes purgeaient des peines, souvent à vie, sont, en 1960, presque entièrement vidés de leurs occupants, et, désormais, ce type de peines n'est plus prononcé à grande échelle[3]. Mais la normalisation du complexe pénitentiaire et pénal n'est pas chose facile dans un système qui a hérité du passé une forte inclination à punir sans trop se préoccuper des preuves de culpabilité. Si l'ancien système n'avait rien à voir avec la justice, dans les années soixante, on assiste à une tentative pour créer un système proprement judiciaire. C'est ce qui apparaît clairement quand on étudie l'intense travail de rédaction et de réécriture du Code pénal et du Code pénitentiaire mené par les institutions pénales et les instances gouvernementales qui les administrent. Les discussions et les pressions amorcées dès la fin de la guerre pour pousser plus loin les changements se développent avec l'arrivée de Khrouchtchev au pouvoir, et elles se poursuivront jusqu'aux derniers jours du système soviétique. Une étude rapide de la législation en vigueur en 1984 dresse le tableau des principes juridiques demeurés en vigueur jusqu'à la fin du régime. Nous examinerons tout particulièrement la politique pénale et le « droit du travail pénitentiaire » tels qu'ils sont exposés dans les codes et leurs commentaires. Il s'agit là d'un exercice un peu fastidieux, mais, depuis la découverte du code d'Hammourabi, les historiens savent combien les textes juridiques sont instructifs, même s'ils ne sont pas appliqués...

Les changements introduits par ces codes ne doivent pas être sous-estimés[4]. Cela vaut au premier chef pour le droit désormais accordé à chaque prisonnier de s'entretenir avec un avocat, sans limitation de temps et en l'absence de tout surveillant. Cette avancée s'inscrit dans une définition plus large des droits des prisonniers, reposant sur une prémisse à laquelle les codes et la jurisprudence réservent davantage de place, à savoir que l'emprisonnement ne prive pas le détenu de son statut de citoyen, ni des droits afférents. Sans doute le châtiment limite-t-il ces droits, mais le détenu n'en continue pas moins d'appartenir à la communauté des citoyens. Avec, toutefois, quelques sérieuses réserves : la femme d'un détenu peut divorcer sans attendre sa libération, le détenu n'a pas le droit de vote, il ne peut disposer librement de son argent, etc. Mais il possède le droit fondamental de porter plainte et de critiquer l'administration de l'établissement pénitentiaire. Il peut le faire directement, par une lettre à l'administration, qui est tenue d'y répondre. Il peut aussi en appeler à d'autres instances (du Parti ou de l'État) par le canal de l'administration. Celle-ci tentera probablement de faire pression sur lui pour qu'il renonce à sa plainte, mais elle est obligée de transmettre la lettre s'il persiste, faute de quoi il pourra ébruiter l'incident par l'intermédiaire de parents ou d'amis qui lui rendent visite. L'administration n'a pas le droit d'ouvrir les lettres des détenus adressées aux procureurs, et elle doit les transmettre dans un délai de 24 heures.

On l'a dit, une avancée importante est le droit accordé au prisonnier de voir un avocat sans limitation de temps. Une autre source[5] précise que les visites des avocats aux prisonniers figurent dans la section « droits de visite ». Elles sont réglementées par les « codes du travail en détention » des républiques, et non par le code général de l'URSS. En l'absence de dispositions précises inscrites dans ces codes, tout entretien avec un avocat faisant suite à une demande écrite du prisonnier, d'un membre de sa famille ou d'un représentant d'une organisation sociale doit être autorisé. Il doit avoir lieu en dehors des heures de travail, et l'avocat doit avoir une accréditation *ad hoc*. À la demande du prisonnier ou de l'avocat, l'entretien peut se dérouler en tête à tête. (Je dois dire que la découverte de ces dispositions légales dans des textes de la fin des années soixante-dix et du début des années quatre-vingt a été une véritable surprise pour moi.)

De nombreux textes, émanant des procureurs, des tribunaux ou des administrations locales, attestent que des quantités très importantes de plaintes de détenus étaient reçues par le ministère des Affaires intérieures, par les services gouvernementaux de contrôle, centraux et locaux, par les instances régionales et les organisations sociales. Elles étaient instruites avec plus ou moins de vigilance, ou transmises à des autorités plus compétentes[6]. Le droit de vérifier le respect de la loi dans les lieux de détention était accordé à de nombreuses instances, les plus puissantes étant la Procurature et les services de contrôle d'État (quel que fût leur nom). Le MVD disposait aussi d'une inspection générale interne, dotée de réels pouvoirs et capable de mener des investigations poussées. Elle était soupçonnée, à juste titre, de partialité, puisque le système pénitentiaire entrait dans le champ du ministère dont elle dépendait. Cependant, il ne fait pas de doute qu'à un niveau élevé le personnel du ministère était bien informé de la situation dans les lieux de détention.

Le contrôle des tribunaux supérieurs sur l'application de la loi dans le système judiciaire avait une influence sur les institutions en charge des établissements de détention. C'étaient eux qui jugeaient les violations commises par l'administration pénitentiaire, les affaires en appel, ainsi que celles qui réclamaient leurs compétences pour déterminer le bien-fondé d'une sentence. Il est certain que leur action avait un impact sur le sort des détenus et l'atmosphère du système carcéral en général. Le droit des organismes sociaux à s'intéresser à la situation des prisonniers jouait dans le même sens, car il s'inscrivait désormais dans un large ensemble de droits et de possibilités.

Les prisonniers politiques, à commencer par les dissidents (le cas le plus connu), n'étaient pas totalement privés du droit de faire appel de leur condamnation, ni de la possibilité de déposer une plainte. Il existe beaucoup de documents sur les protestations de savants et d'autres membres de l'intelligentsia, transmises par des canaux confidentiels, ou encore directement au Comité central ou à d'autres instances supérieures. Certaines ont été suivies d'effets non négligeables. Les pressions internationales avaient aussi leur efficacité, et le pouvoir préférait alors contraindre le dissident à s'exiler à l'étranger, en le privant de sa nationalité, plutôt que de le garder dans une prison au pays.

Le souci des autorités et des magistrats de ne pas mélanger les petits délinquants aux criminels dangereux (un principe mis en pratique par les systèmes démocratiques) a entraîné la création d'établissements pour chaque catégorie de prisonniers, avec des conditions de détention idoines. Ceux qui purgeaient une première peine étaient séparés des récidivistes, et ce dans toutes les catégories de prisonniers. Des établissements spécifiques étaient prévus pour les femmes et les mineurs. Enfin, les quartiers de haute sécurité, séparés de tous les autres, accueillaient les condamnés pour « crimes particulièrement dangereux contre l'État », les « récidivistes particulièrement dangereux » et les condamnés à mort ayant bénéficié d'une grâce ou d'une amnistie. Les étrangers et les apatrides étaient détenus dans des établissements à part. Les républiques avaient en outre le droit d'isoler d'autres catégories de prisonniers. En revanche, aucune de ces distinctions n'avait cours dans les hôpitaux-prisons, dont le règlement était défini par le ministère de l'Intérieur, en accord avec les procureurs.

En tout, le système comptait 4 catégories de « colonies de rééducation par le travail », définies en fonction de leur régime interne : le régime général, le régime « renforcé » le régime « sévère », le régime « spécial ». À cela s'ajoutaient les différentes catégories de « colonies de peuplement ». Le régime « sévère » s'appliquait aux coupables de « crimes particulièrement dangereux contre l'État » et à ceux qui avaient déjà purgé une peine, le régime « spécial » aux multirécidivistes et aux femmes condamnées à mort dont la peine avait été commuée. Les « colonies de peuplement » étaient destinées aux détenus en voie de réhabilitation issus des trois catégories précédentes.

Les prisons formaient une sixième catégorie, réservée aux crimes atroces et à certains récidivistes particulièrement dangereux, selon la décision du tribunal. On y trouvait également des détenus des colonies punis pour mauvaise conduite, ainsi que des prisonniers gardés sur place pour accomplir des tâches auxiliaires. Les prisons connaissaient deux régimes, le régime « général » et le régime « sévère », où le détenu ne pouvait être maintenu que pour une période n'excédant pas 6 mois. Les femmes enceintes ou accompagnées d'un enfant en bas âge ne pouvaient être soumises au régime « sévère ». Dans le régime « général », les détenus occupaient des cellules collectives, mais, sur décision du directeur, approuvée par le procureur, ils pouvaient être transférés dans des cellules individuelles. Ils bénéficiaient d'une heure de promenade par jour – 30 minutes pour le régime « sévère ». Les détenus qui purgeaient leur peine en prison comme personnel auxiliaire pouvaient avoir de l'argent, bénéficier de visites de courte durée, recevoir des colis (selon les normes du régime général des colonies) et acheter de la nourriture.

Les colonies de rééducation par le travail pour adolescents, autre secteur important, n'avaient que deux régimes : le général, et le « renforcé » pour les crimes les plus graves.

Venaient ensuite les colonies de peuplement. Elles étaient contrôlées, mais sans gardiens. Les détenus pouvaient se déplacer librement sur le territoire de la colonie entre leur réveil et leur coucher. Quand le travail ou les études l'exigeaient, cette liberté s'étendait aux limites de la région administrative. Les détenus étaient autorisés à porter des vêtements civils, à posséder de l'argent et à en disposer à leur guise, à conserver des objets de valeur ; ils pouvaient vivre avec leur famille sur le territoire de la colonie, après autorisation de l'administration. Enfin, ils pouvaient acquérir un logement et cultiver un lopin personnel. Une fois mariés, l'homme et la femme pouvaient résider ensemble dans la même colonie, quel que fût l'établissement où ils avaient purgé séparément la première partie de leur peine.

Tous les détenus physiquement aptes devaient accomplir un travail adapté à leurs capacités et, dans la mesure du possible, à leurs compétences professionnelles. Ce travail était principalement exécuté dans des entreprises situées dans la colonie. Les détenus pouvaient également travailler pour d'autres services, mais il incombait alors au MVD d'organiser ses ateliers et usines. Les services économiques avaient l'obligation d'aider les institutions pénitentiaires à réaliser cet objectif.

Dans le régime « spécial », la règle voulait que les détenus soient astreints à des travaux pénibles. En fait, ils se voyaient attribuer les emplois disponibles dans les usines et les chantiers alentour, si bien que le travail n'était pas nécessairement « pénible ». Ceux qui souffraient d'un handicap physique avaient une charge de travail moindre. L'objectif proclamé étant la correction et la rééducation, le travail ne devait pas entraîner d'intenses souffrances physiques. Trop difficile, il aurait contredit le principe selon lequel il ne saurait être une punition. Il appartenait à une commission médicale d'évaluer les aptitudes physiques de chaque détenu en tenant compte de sa santé, du travail qu'il avait déjà effectué, etc. On ne pouvait refuser à un détenu une tâche relevant de sa spécialité, sauf si le jugement prononcé à son endroit l'interdisait expressément. Le but recherché était que chacun effectue un travail rentable et que les services internes de la colonie soient réduits au minimum.

Il nous faut signaler à ce stade que la question des « travaux pénibles » du régime « spécial » était controversée. On sent les juristes assez embarrassés sur ce point – comme le montrent les réserves qu'ils émettaient et que nous avons exposées. On devine qu'ils cherchaient d'une certaine manière à adoucir cette mesure, quand ils n'essayaient pas de remettre en cause (indirectement) l'idée même de « travaux pénibles ». Après tout, ces textes étaient étudiés dans les facultés de droit où les juristes étaient formés. Il est certain que ces derniers se posaient des questions dans les années quatre-vingt, voire plus tôt.

Le caractère flou de la catégorie « travaux pénibles » s'obscurcit encore quand on lit les paragraphes traitant de l'alimentation des détenus. Ceux du régime « spécial » n'avaient droit qu'à une alimentation rationnée et peu variée. On peut faire l'hypothèse que cette sous-alimentation était une manière de les faire mourir de faim. Le fait de sous-alimenter les détenus soumis aux travaux les plus durs (ou simplement d'avoir le droit de leur infliger une telle punition) est un point sur lequel les juristes qui commentaient les codes n'ont pas voulu s'étendre. Si atroce qu'ait pu être le crime commis (les criminels concernés étaient les plus dangereux), il y avait là un vrai risque d'abus. En revanche, les femmes enceintes et les malades avaient droit à une nourriture de meilleure qualité. D'une façon générale, les femmes (surtout avec un enfant en bas âge), les adolescents et les invalides étaient censés être mieux traités. Cette prescription était probablement suivie : la mort d'un bébé aurait immanquablement entraîné une enquête.

Le travail dans les colonies

Tous les détenus travaillaient 8 heures par jour, sauf le dimanche et les jours fériés. Mais ils n'avaient droit à aucunes vacances, et les années de détention n'entraient pas dans le décompte des années de travail pour le calcul de la retraite. Toutefois, les règles de sécurité et bien d'autres dispositions du Code du travail s'appliquaient aux colonies. Ceux qui devenaient invalides au cours de leur détention avaient droit à une pension et à une indemnité après leur libération. Le travail des prisonniers était rémunéré selon les normes civiles, après déduction de leurs frais d'entretien (nourriture, habillement) et, le cas échéant, des retenues sur salaire ordonnées par le tribunal.

Les recherches effectuées par W.I. Butler, spécialiste occidental du droit soviétique[7], nous apportent d'autres informations et permettent de clarifier la chronologie. C'est le 26 juin 1963 que les républiques de l'Union ont créé la catégorie d'établissements pénitentiaires connue sous le nom de « colonies de peuplement » (déjà mentionnées), destinées aux détenus qui avaient fourni la preuve de leur capacité de réinsertion. Le 3 juin 1968, une loi est adoptée sur « le statut des colonies de travail pour mineurs ». Ce type de mesures législatives, même si les textes n'étaient pas rendus publics, jouait sur l'évolution générale des institutions pénitentiaires ; il allait dans le sens d'un adoucissement de la sévérité injustifiée des peines. Les juristes[8] ont exercé une influence importante. Parmi eux, on peut distinguer une école de pensée cohérente qui cherchait à faire évoluer les choses dans le bon sens, mais avait évidemment besoin d'être soutenue en haut lieu.

C'était le MVD de l'URSS qui fixait les procédures d'envoi des condamnés dans telle ou telle catégorie d'établissements pénitentiaires ou, en accord avec la Procurature, dans des établissements psychiatriques. Les soins médicaux dans les prisons et les colonies étaient réglementés conjointement par le MVD et le ministère de la Santé. En 1977, un « Règlement sur l'ordre intérieur des établissements de redressement par le travail », valable pour toute l'URSS, a été adopté par le MVD. Il était néanmoins prévu que d'autres règles définissant le régime d'un lieu de détention pouvaient être fixées par le Conseil des ministres de l'URSS ou celui de la république concernée, ainsi que par les ministre et vice-ministre de l'Intérieur. Mais les juristes soviétiques étaient ouvertement hostiles à ce que de telles prérogatives soient accordées aux départements des Affaires intérieures (à l'échelon intermédiaire) ou aux directeurs d'établissements eux-mêmes. Ils avaient une approche réaliste, mais souhaitaient réduire les prérogatives du MVD dans la fixation des normes de traitement des détenus, parce que (c'est mon hypothèse) nombre de ces établissements étaient situés très loin de Moscou, et que le personnel de ces administrations comptait de nombreux partisans de la manière forte. Ajoutons que ces juristes connaissaient l'histoire de leur pays et savaient quel genre de personnages peuplait les institutions pénitentiaires.

Certains principes mis en avant par les juristes soviétiques sous l'étendard de l'« humanisme socialiste » ne visaient pas seulement à guider l'interprétation des lois. Tout en poussant à une application de la loi destinée à protéger la société des criminels, ils entendaient aussi promouvoir une politique diversifiée de réforme, de rééducation et de resocialisation des détenus en vue de leur réinsertion dans la société. L'association du châtiment et du travail (tel était leur *credo*) semblait le moyen approprié pour permettre au détenu de revenir à une vie normale. Ils ne cessaient d'insister sur le respect dû à la dignité humaine, sur les nécessaires remises de peine pour bonne conduite (combinaison de la coercition et de la persuasion), sur une différenciation des châtiments fondée sur la séparation des diverses catégories de détenus, et sur une adéquation de la sévérité des peines à la gravité des crimes. Ainsi, des six catégories de régime de détention que nous avons énumérées, les deux plus sévères ne concernaient qu'un nombre relativement réduit de détenus (les chiffres précis ne sont malheureusement pas disponibles). Les juristes mettaient également en avant l'« individualisation » de la peine, c'est-à-dire une adaptation du châtiment et des mesures de rééducation à la personnalité de chaque détenu, en partant du principe que tous pouvaient être rééduqués.

Il y a tout lieu de penser que de tels « principes » étaient inacceptables pour les conservateurs de tout poil, et même pour des esprits libéraux qui ne croyaient pas que les gardiens de prison ou l'administration puissent éduquer qui que ce soit, et redoutaient que ces mesures n'aient en fait des effets négatifs.

D'autres questions débattues par les spécialistes ne peuvent être abordées ici. Mais un point, déjà exposé, mérite une nouvelle fois d'être souligné. Il s'agit de la prémisse de départ, selon laquelle un détenu reste un citoyen. À elle seule, elle met en question le penchant soviétique, profondément enraciné, pour la répression. C'est la catégorie même d'« ennemis du peuple », avec le traitement spécial qui devait leur être appliqué, qui est condamnée, souvent de façon explicite, dans de nombreux textes à partir des années soixante. Ainsi, les articles qui permettaient de poursuivre quelqu'un pour « crimes contre-révolutionnaires » ou comme « ennemi du peuple » ont été supprimés dans le Code pénal, et ces désignations ont ensuite disparu du vocabulaire lié à l'application des lois. En 1961, ces articles ont été remplacés dans le Code par six paragraphes traitant des « crimes les plus dangereux contre l'État », sur lesquels s'appuieraient désormais toutes les persécutions politiques – sans que, par contraste avec les fureurs staliniennes, aucune peine de mort soit prévue. Plusieurs de ces crimes étaient punis par une privation de la citoyenneté soviétique et par une expulsion de l'URSS (ce qui n'était pas en soi une atrocité). La culpabilité devait avoir été établie conformément aux codes soviétiques. Ainsi prit fin le règne du pur arbitraire. Précisons cependant que le fait de poursuivre les opposants politiques, voire des citoyens qui n'émettaient que de simples critiques, était une source de problèmes pour le gouvernement soviétique, tant à l'intérieur du pays que sur la scène internationale.

Comment savoir avec certitude si ces textes réglementaires (articles de lois et exposés des motifs) étaient appliqués dans la pratique ? Je n'ai trouvé aucune monographie digne de confiance sur le système pénitentiaire poststalinien, sauf en ce qui concerne les conditions de détention des prisonniers politiques, et notamment de ceux appelés « dissidents ». Le plus souvent, ils étaient emprisonnés dans des colonies de haute sécurité (sous régime « spécial »), en Mordovie et dans l'Oural. Les conditions de détention étaient très sévères, et les rapports de ces prisonniers, dont certains étaient très combatifs et refusaient de plier, avec une administration pénitentiaire brutale contribuaient à rendre la vie au camp particulièrement dure. Il faudra effectuer encore un gros travail de recherche pour connaître la réalité de ces camps : leur nombre, les peines qu'on y purgeait, les pertes humaines, etc. Certaines informations ont été rassemblées par Amnesty International[9], et elles ne mentionnent presque aucun des droits que nous avons cités en référence aux codes. Amnesty International évoque les restrictions opposées à la présence d'un avocat au cours de l'instruction (elles sont connues), mais ne dit rien d'un éventuel accès du condamné à son avocat pendant qu'il purgeait sa peine. Tout porte à croire que, ayant été condamnés pour « crime particulièrement dangereux contre l'État » et soumis au régime le plus sévère dans des prisons de haute sécurité, les détenus politiques avaient des droits réduits comparés à ceux des autres condamnés. En particulier, alors qu'une disposition légale – généralement respectée – prévoyait pour la plupart des prisonniers qu'ils seraient détenus dans la région où vivait leur famille, les textes de loi prévoyaient exactement l'inverse pour les dissidents. Jusqu'à preuve du contraire, rien ne permet d'affirmer qu'ils aient été considérés comme des citoyens jouissant de droits imprescriptibles.

La situation de la population pénitentiaire au sens large a donc connu une amélioration appréciable, mais en l'absence de données supplémentaires il est impossible de dire dans quelle mesure la réalité correspondait à la nouvelle législation. En raison de la dispersion des colonies sur de vastes territoires, du faible niveau de formation des administrations des prisons et des habitudes de brutalité des personnels du MVD dans les camps, sans oublier la difficulté évidente à « tenir » les criminels endurcis, il est probable que les conditions réelles de détention s'écartaient, à des degrés variables, de ce que prévoyaient les textes.

Pour autant, l'existence des codes et d'institutions puissantes chargées de veiller à leur application, l'opinion publique, mais aussi l'expérience considérable des détenus dans l'art d'agir sur le système et d'utiliser à leur avantage certains articles de loi, permettent de penser que les réformes ont créé un système nettement différent de celui en vigueur sous Staline, y compris pour les prisonniers politiques, sur le sort desquels nous reviendrons. C'est en tout cas la conclusion que nous autorise à formuler l'énorme quantité de documents existants : les plaintes, les appels aux procureurs et aux juges, les demandes de révision émanant des détenus ou de leur famille qui parvenaient aux autorités du Parti et de l'État, ou encore les différentes commissions d'enquête (dont les matériaux sont parfois accessibles aux chercheurs occidentaux). Les procédures d'appel, les interventions des procureurs et des tribunaux supérieurs exerçant leur droit de pourvoi en cassation à propos des décisions rendues en première instance apportaient nombre de corrections aux procédures judiciaires et amélioraient le sort des individus emprisonnés.

Une autre évolution significative, portée par la tendance à rationaliser (faut-il dire moderniser ?) la politique pénale, est liée à la forte pression exercée par les milieux judiciaires et leurs alliés politiques pour atténuer davantage encore le penchant punitif du système qui – beaucoup le disaient – ne résolvait rien et créait même de nouveaux problèmes. W.I. Butler a étudié de près la pression croissante en faveur d'une mise en pratique de catégories de peines qui, si lourdes fussent-elles, ne passaient pas par la détention. Il a ainsi analysé toute une panoplie de « peines conditionnelles » : les plus dures étaient l'interdiction de vivre en un endroit donné (*vysylka*) et l'exil dans quelque lieu éloigné (*ssylka*)[*]. Il y avait aussi le travail obligatoire (le condamné continuait à travailler comme auparavant, mais on effectuait sur son salaire une retenue équivalant à une forte amende), l'aide aux anciens détenus dans le cadre de leur réinsertion, et enfin les peines sans travail obligatoire – introduites dans la législation de l'URSS et des républiques par un décret du 15 mars 1983 qui en précisait le statut, les procédures de contrôle par les procureurs et les modalités d'application. Outre les amendes, déjà mentionnées, on trouve des sanctions comme l'interdiction d'occuper certains postes ou d'exercer telle ou telle activité, la confiscation des biens, la perte d'un rang militaire ou d'un titre, les avertissements publics sur le lieu de travail. Les réformes introduites dans la justice criminelle à la fin des années soixante-dix et au début des années quatre-vingt montrent que cette tendance se renforçait encore pour devenir une pratique de plus en plus généralisée dans l'institution judiciaire.

---

[*] Sur la différence entre *vysylka* et *ssylka*, voir notamment l'annexe 1. (*NdT.*)

Il ne faut pas oublier que le nombre de prisonniers politiques et de criminels dangereux incarcérés dans les prisons ou dans les deux catégories de colonies aux régimes les plus sévères était relativement réduit. La grande majorité des détenus purgeaient leur peine dans les catégories « plus douces », et c'était cette population-là que visaient les mesures expérimentales défendues par les hautes autorités judiciaires, les juristes et certains cercles gouvernementaux. L'objectif était d'entreprendre la « dépénalisation » à grande échelle d'un système traditionnellement porté à infliger avant tout des peines d'enfermement. Ce combat pour une libéralisation des peines, qui avait commencé bien auparavant, dès les premières années de la période post-stalinienne, voire plus tôt, s'est transformé en une vraie bataille, largement victorieuse, au début des années quatre-vingt. La formule « à la recherche d'une dépénalisation » de Todd Fogleson (à qui j'emprunte ces informations)[10] convient parfaitement pour caractériser cette période.

Des données provenant du ministère de la Justice de la République fédérative de Russie montrent qu'en 1980 environ 94 % des accusés étaient déclarés coupables et près de 60 % incarcérés. Dans la Russie de 1990, ces chiffres étaient tombés respectivement à 84 % et 40 %. Selon Fogleson, des changements d'une telle ampleur ne sont pas courants, et il est difficile d'expliquer le phénomène en utilisant seulement les données publiées et des interviews (les archives concernant la justice criminelle pour la fin des années soixante-dix et le début des années quatre-vingt sont encore inaccessibles). Toutefois, il ajoute, non sans raison, que la pénurie de main-d'œuvre a probablement quelque chose à voir dans cette affaire, un point sur lequel nous reviendrons.

Pour l'instant, nous nous arrêterons sur une découverte importante de Fogleson, qui a trait à la sphère politique. Auparavant, les juges étaient contrôlés par des fonctionnaires du Parti et des ministères de la Justice, tandis que les tribunaux supérieurs exerçaient essentiellement leurs prérogatives de supervision juridique. Dans les années soixante-dix, la campagne pour une forte libéralisation de la justice criminelle n'a pas été conduite par le Parti, qui avait renoncé à toute intervention dans ce domaine. Le ministère de la Justice n'a pas non plus joué un rôle moteur. C'est la haute hiérarchie des tribunaux, c'est-à-dire la Cour suprême de l'URSS – et celles des républiques – qui, de sa propre initiative, a fait pression sur les juges pour qu'ils « dépénalisent » leurs verdicts et recourent plus fréquemment aux peines sans privation de liberté. Pour atteindre un tel objectif, ces cours ont utilisé leur droit de supervision et celui de faire appel des sentences rendues, n'hésitant pas à émettre des critiques et organisant des séminaires de formation pour les juges.

Les premiers changements d'importance apparaissent en février et mars 1977, quand le Soviet suprême décriminalise une large gamme de délits mineurs, désormais punis par de simples amendes ou des condamnations à deux semaines de prison – alors que la peine minimale était jusque-là d'une année de détention. Désormais, dans les cas qu'il considère comme « non dangereux socialement », le juge peut prononcer des peines assorties d'un large sursis, ainsi que des peines de travail obligatoire pour des sentences inférieures à 3 ans. En 1978, le Soviet suprême élargit encore l'éventail des délits relevant de simples amendes et autres peines sans emprisonnement. Signalons que l'argumentaire en faveur de cet allégement des peines pour délits mineurs vient des criminologues soviétiques, qui contestent l'efficacité des incarcérations de courte durée. L'un des plus éminents d'entre eux a soutenu à partir de 1976 qu'une bonne part de l'augmentation de la criminalité avait pour cause la rupture des liens familiaux, et plus largement des liens sociaux, un manque d'intégration dans la société et la multiplication des privilèges. Un isolement en milieu carcéral ne pouvait qu'aggraver les choses. D'autres, cités par Fogleson, affirment que les peines sans incarcération empêchent la personne condamnée de se penser comme un criminel, et donc de le devenir effectivement.

Ainsi, en 1977-1978, des juristes de premier plan plaident-ils pour « une plus grande économie dans les moyens de répression » et une modification des lois pénales qui permettrait à la justice de contribuer aux objectifs généraux du système. D'autres assurent que leurs thèses relèvent d'une démarche scientifique et que la politique en cette fin de XXᵉ siècle doit s'appuyer sur la science. Certains auteurs demandent que l'on abandonne la logique punitive pour une philosophie utilitariste : le châtiment ne doit plus être considéré comme un levier essentiel pour atteindre les objectifs que se fixe la société.

Alors que la Cour suprême pousse les tribunaux à différencier davantage les peines prononcées et à être plus vigilants sur la conduite de l'instruction et l'établissement de la culpabilité, les résultats d'ensemble de cette politique restent très décevants aux yeux de ses promoteurs. En novembre 1984, le ministère de la Justice reconnaît que certains juges n'ont pas bien saisi le message et que les décisions des tribunaux suprêmes sont sans réelle importance pour eux. À l'évidence, l'ancienne politique posait moins de problèmes et correspondait mieux à une mentalité répressive encore largement répandue dans les tribunaux de base de l'URSS. Néanmoins, d'autres changements vont survenir, car désormais le front de la réforme pénale est largement déployé et va de l'avant.

Le raisonnement légal, juridique et idéologique qui soustend cette volonté de rompre avec la propension à punir n'est pas seul en cause. La pénurie croissante de main-d'œuvre, que nous aborderons ultérieurement plus en détail, est un des facteurs qui jouent à l'arrière-plan de cette entreprise de dépénalisation, et des débats qui l'entourent. Dans le système stalinien, le travailleur libre ne l'était pas, puisqu'il restait attaché à son lieu de travail par toute une série de contraintes juridiques et économiques. Dans les faits, cette situation était atténuée par une mobilité spontanée, impossible à stopper, mais que les autorités cherchaient à combattre par des mesures juridiques et économiques et par des campagnes de condamnation morale visant les tire-au-flanc, ceux qui abandonnaient leur poste, les simulateurs…

Le phénomène à l'œuvre ici est un phénomène plus large, de développement naturel, impossible à contenir même sous le stalinisme, et qui a finalement été légitimé et reconnu lors des transformations poststaliniennes. Il s'agit de ce que l'on peut appeler la « déstalinisation du travail ». La réforme du système pénal et la tendance à « dépénaliser » les condamnations s'inscrivent dans ce vaste processus. Les puissantes vagues de changement qui n'ont cessé de transformer les rapports sur les lieux de travail ont obligé les politiques pénale et sociale à suivre le mouvement. L'exposé que nous allons entreprendre sur la législation du travail et son application montre comment, dans les usines et les bureaux, les travailleurs ont réussi à obtenir des droits, *de jure* et *de facto*. Ces droits sont inscrits dans les textes légaux, à commencer par le Code du travail.

Le droit du travail et son histoire

Dès les débuts du régime soviétique, la législation sur le travail occupe une place de choix dans l'agenda du gouvernement : journée de huit heures, deux semaines de congés, retraite, chômage, assurance contre la maladie et l'invalidité. Le 9 décembre 1918, le Code du travail de la République fédérative de Russie est promulgué (mais il ne sera jamais publié). Tout individu de 16 à 50 ans, sauf cas d'invalidité, a l'« obligation de travailler ». Le principe « à travail égal, salaire égal » est proclamé et certaines conditions de travail font l'objet d'une réglementation. Selon les experts soviétiques, c'est la guerre civile de 1918-1921 qui a imposé cet embrigadement des travailleurs, à la place de relations contractuelles volontaires. Le 30 octobre 1922, un nouveau code est promulgué, et il entre en vigueur le 15 novembre. Il diffère substantiellement du précédent. L'« obligation de travailler » est remplacée par une procédure d'embauche : les relations de travail sont désormais fondées sur un accord volontaire. L'« obligation de travailler » est limitée à des situations exceptionnelles (catastrophes naturelles, tâches urgentes d'intérêt général). Un chapitre distinct traite des conventions collectives et des contrats de travail individuels. Employés et employeurs peuvent modifier ces derniers, pourvu que certaines clauses fondamentales soient respectées. Les négociations collectives sont menées par les syndicats ; les conflits du travail sont réglés par les tribunaux populaires ; des commissions *ad hoc* sur les problèmes des salaires, des chambres de conciliation ou des tribunaux de médiation sont créés. La journée de huit heures est maintenue et les heures supplémentaires font l'objet d'une réglementation. En somme, ce code du travail de 1922 ressemble beaucoup à ceux des pays occidentaux, même s'il privilégie le secteur étatisé.

Le passage à une économie nationale planifiée, en 1929, entraîne la modification de plusieurs dispositions. L'État est désormais le seul employeur, et les syndicats deviennent une des composantes de la gestion de l'économie. À partir de 1934, ils n'élaborent plus les conventions collectives mais gèrent la protection sociale et l'application des réglementations sur la sécurité, qui dépendaient jusque-là du très puissant commissariat au Travail. En 1933, ce commissariat est supprimé : il est censé se fondre dans les syndicats, mais ceux-ci n'ont pas la même autorité qu'un commissariat du peuple, instance du gouvernement. C'est en 1930 qu'est introduite l'affectation autoritaire des diplômés, une mesure qui devient une composante de la planification. En 1932, le contrôle exercé sur les travailleurs se resserre : désormais, un seul jour d'absence est immédiatement puni de renvoi. En 1938, les mesures disciplinaires sont encore renforcées : arriver au travail en retard ou partir avant l'heure devient un délit. Un décret du début de l'année 1940 interdit de démissionner d'un poste sans l'accord de la direction. En revanche, l'État peut muter tout travailleur à sa guise, sans lui demander son avis. Les conventions collectives sont réintroduites officiellement en 1947. Bien qu'abolies en 1935, elles avaient continué à exister par différents biais, ce qui montre qu'elles correspondaient à une nécessité dans les entreprises. Quant aux augmentations de salaire, elles relèvent de plus en plus de considérations centralisées, avec quelques possibilités d'aménagement au niveau local. Ainsi, entre 1930 et 1940, l'essentiel du code de 1922 est devenu obsolète, et le texte n'est plus publié[11].

Dans la période poststalinienne, certaines des mesures les plus draconiennes sont abolies. Les travailleurs recouvrent le droit de démissionner ou de changer de travail, et de nouveaux textes (1957) assouplissent les dispositions sévères introduites pendant la guerre. Un nouveau code du travail est mis en chantier. En 1959, une première version en est publiée pour discussion, mais il n'est promulgué qu'en 1970 et entre en vigueur le 1er janvier 1971.

L'étude de ces textes et des commentaires qu'ils ont suscités nous permet d'étudier l'évolution du droit du travail jusqu'en 1986. Le droit de quitter son emploi, en rompant le contrat avec son employeur, est posé comme un droit fondamental, et l'employeur ne peut s'y opposer[12]. Le « contrat de travail » devient une procédure sérieuse, offrant de nombreuses garanties aux deux parties, avec des clauses spéciales en faveur des travailleurs. Les droits de la direction sont clairement définis, y compris celui d'infliger des sanctions pour une série de fautes énumérées par le code.

La rupture du contrat par l'employé (dans le cas de contrats à durée indéterminée) apparaît dès l'article 16 des « Fondements du code du travail » (repris dans le Code du travail de la République fédérative de Russie et ailleurs). Il lui faut déposer un préavis par écrit deux mois à l'avance – délai réduit à un mois si de solides justifications sont présentées. Un contrat de travail signé pour une période déterminée (section 2 de l'article 10) peut être dénoncé par le travailleur avant son échéance en cas de maladie, d'invalidité, de violation des règles régissant les contrats individuels ou collectifs, et pour d'autres raisons, énumérées dans de nouvelles rédactions de la section 2 en 1980 et 1983.

La version de 1983 autorise également le travailleur à quitter son emploi avant l'expiration du préavis de deux mois. Dans tous les cas, la direction est obligée de rendre à l'employé son « livret de travail » et de lui payer le salaire encore dû. Ces clauses sont extrêmement détaillées, et un commentateur précise même que l'employé ne doit d'explications à personne s'il décide de quitter son emploi (à propos d'un texte de 1980 qui considère qu'un préavis de quinze jours, voire de trois jours, suffit pour les travailleurs saisonniers). Seuls ceux qui veulent quitter leur emploi alors qu'ils sont sous le coup d'une condamnation sans privation de liberté doivent obtenir l'autorisation de l'autorité chargée de l'application de leur peine.

Les conflits du travail

Ils occupent une place importante dans les codes du travail (celui de l'URSS comme ceux des républiques). Un véritable système, comprenant aussi une série d'institutions et de règles, est mis en place pour traiter tous les cas possibles de plainte du travailleur (y compris sur les normes de travail). Ainsi toute grande entreprise ou administration doit-elle avoir un « comité

des conflits du travail » (avec une composition paritaire syndi-
cats-direction). Dans les entreprises plus petites et les bureaux,
c'est une « commission syndicale » qui est compétente, et, si le
conflit n'est pas réglé par elle, il peut être porté devant un
tribunal local (ville ou district). Les conflits impliquant les
cadres et les personnels techniques supérieurs relèvent de la
direction de l'entreprise. Elle est tenue non seulement de
dédommager le plaignant si le jugement conclut qu'il est dans
son bon droit, mais aussi de veiller à éliminer les causes du
conflit. Quand la direction est reconnue coupable d'avoir violé
les droits des travailleurs, l'affaire peut être portée devant les
tribunaux[13]. En ce cas, elle est jugée selon le Code civil. Le
procureur intervient et est habilité à recevoir les plaintes (selon
une liste d'instructions très précises) ; il a même le droit
d'engager lui-même des poursuites si l'une des parties viole la
loi. Tout travailleur en conflit à un niveau donné de l'entreprise peut simultanément en appeler à sa hiérarchie. Il peut
aller en justice s'il n'est pas satisfait de la décision prise par le
comité syndical de son entreprise. L'employeur bénéficie du
même droit. Enfin, tout travailleur licencié peut se tourner vers
les tribunaux – de même que son employeur peut le poursuivre
pour des dommages qu'il aurait éventuellement causés –, sans
passer par le comité syndical ou le comité paritaire sur les
conflits du travail[14].

Ce code est très élaboré et détaillé à l'extrême. Il apparaît
que les travailleurs ont le droit de se porter partie civile sur des
questions touchant à leur travail. Mais on peut se demander si
les procédures requises ne sont pas excessivement compliquées pour les ouvriers, alors qu'elles sont beaucoup plus
simples pour l'employeur. Les statistiques dont nous disposons
permettent cependant de conclure que les ouvriers ont eux
aussi appris à utiliser ces procédures, aux différents niveaux du
système de règlement des conflits, et à se tourner massivement
vers les tribunaux, souvent plus favorables à leur cause qu'à
celle de la direction[15].

Quoi qu'il en soit, le contrat de travail engage les deux
parties, et si la direction a beaucoup de pouvoir, les travailleurs
disposent d'une arme plus efficace que le simple recours aux
tribunaux : ils peuvent faire valoir leurs intérêts en changeant
de travail. Ce phénomène de mobilité spontanée a été abon-

damment étudié par les sociologues et les statisticiens soviétiques. C'est l'administration, et non les ouvriers, qui constitue la classe privilégiée, mais comme la pénurie de main-d'œuvre pointe à l'horizon, la bureaucratie se voit dans l'obligation de trouver des solutions et des accommodements pour retenir les ouvriers à leur poste. Les grandes entreprises ont davantage de moyens, elles offrent des logements, des clubs, des crèches et d'autres équipements, ou font prendre en charge ces dépenses par les municipalités qui, souvent, dépendent entièrement d'elles (notamment avec la multiplication des villes-usines, une étape de l'industrialisation oubliée depuis longtemps en Occident).

Mais ces phénomènes sociaux de grande ampleur, que nous avons désignés comme une mobilité spontanée de la main-d'œuvre, touchent tous les secteurs. Derrière et autour des articles du Code du travail se cache une réalité bien différente, avec les incessants changements d'employeur, les migrations vers de nouveaux bassins d'emploi, suivies d'un retour vers la région de départ quand les conditions de travail, de climat, de logement se révèlent trop dures. Ces tendances caractéristiques du comportement des travailleurs posent de sérieux problèmes à la planification. La solution stalinienne – mobilisation, coercition et méthodes policières – est désormais exclue. Les dirigeants du système sont confrontés à ce qu'il est légitime d'appeler un « marché du travail », et à l'apparition d'une sorte d'accord tacite entre ouvriers et État-employeur, bien exprimé par la formule : « Vous obtiendrez ce pour quoi vous payez », ou, dans une version surréaliste : « Vous faites semblant de nous payer, nous faisons semblant de travailler pour vous. » Mais le terme « marché du travail » exprime mieux cette réalité que le « surréalisme » cher à certains intellectuels. En fait, on voit apparaître et fonctionner un processus de négociation économique ouvert et direct, et/ou partiellement officieux et indirect, qui justifie l'emploi de ce terme. La pénurie croissante de main-d'œuvre exerce une tyrannie implacable, non seulement parce que les employeurs sont désespérément demandeurs, mais aussi – en raison d'un paradoxe qui pèse lourd sur la scène de l'emploi – parce qu'ils ont intérêt à conserver une main-d'œuvre de réserve. D'où cette anomalie étonnante : des ouvriers quittent une région

« dure », où sévit une pénurie de main-d'œuvre (parce que l'État ne respecte pas sa part du contrat, qui consiste à assurer des conditions de vie décentes), pour revenir dans une autre où la main-d'œuvre abonde, mais ils y trouvent quand même un emploi.

Les évolutions que nous venons de décrire – police et politique pénale, abolition du Goulag et de la terreur de masse, codes juridiques et droit du travail – affectent également le fonctionnement de l'État, de sa bureaucratie et du Parti. Les retours de flamme conservateurs et les changements correspondants dans les institutions (dont le KGB) constituent la réponse de la direction du pays à ce qu'elle perçoit de l'ensemble du monde social, et notamment du monde du travail. Face à toutes ces pressions de la société en faveur d'une libéralisation plus grande du régime, certains préfèrent riposter, avec le concours du KGB, par un nouveau tour de vis. Mais il est de moins en moins aisé de trouver les vis efficaces…

Chapitre II

Le KGB et l'opposition politique

Le moment est venu de s'intéresser à cette institution fondamentale qu'était la police secrète, et à sa manière d'affronter les oppositions politiques. Aucune étude ne fait autorité à ce jour sur l'histoire du KGB, et ses archives restent pour l'heure toujours fermées aux chercheurs. Nous devons donc nous contenter des quelques données connues jusqu'ici.

La police secrète, dans ses différents avatars d'avant Khrouchtchev (Tcheka, GPU, NKVD), a connu des hauts et des bas souvent évoqués par les historiens. À partir de la création de la Tcheka (*Črezvyčajnaja Kommissja*) en 1917, ses agents ont toujours été appelés officiellement les « tchékistes » (et ils le sont encore dans la Russie d'aujourd'hui). Cet attachement sans faille à un nom prestigieux, qui s'explique par le rôle de ces agents dans la période révolutionnaire, a peut-être pour objectif secret de prendre quelques distances avec la période stalinienne : les tchékistes se battaient pour une cause, risquaient leur vie et mouraient au combat, tandis que, sous Staline, les agents du NKVD (les NKVdistes) torturaient et tuaient d'innombrables innocents. Ils risquaient aussi leur vie, mais de façon antihéroïque : ils pouvaient être supprimés sur ordre du grand patron pour effacer les traces de leurs assassinats criminels.

Il vaut la peine de rappeler ici que, lorsque la GPU a été théoriquement absorbée par le NKVD (commissariat aux Affaires intérieures), en 1934, c'est en fait l'inverse qui s'est produit. Le NKVD a aussitôt été pris en main par les chefs de la GPU, qui l'ont maintenue en l'état au sein du commissariat sous le nom de GUGB (Direction générale de la Sécurité d'État). De la sorte, l'ensemble complexe des services de sécurité et d'espionnage politique, intérieur et international, pouvait aussi bien en un tournemain devenir une institution indépendante (du type MGB ou KGB) que redevenir une composante parmi d'autres du NKVD-MVD. Il faut aussi rappeler que sous Staline le commissariat avait à sa tête le chef des services de sécurité, et que la « partie » avait donc le contrôle du « tout ». Seuls des experts peuvent expliquer la nécessité de ces successives et fréquentes « restructurations ». Le point capital, pour nous, est que la police secrète et les services d'espionnage n'ont pas connu de modifications substantielles, même si les grandes purges les ont lourdement frappés, et si les nombreuses transformations et changements de la période poststalinienne ont introduit une grande effervescence dans leurs rangs, voire, parfois, le chaos.

À une époque, le MVD, superpuissance administrative, régnait en maître sur le Goulag, sur tous les services de renseignement, sur les forces militaires spéciales, ainsi que sur la police des frontières. Il remplissait en outre les fonctions habituelles d'un ministère de l'Intérieur (ordre public, état civil et supervision des administrations locales). Après la mort de Staline, son pouvoir se voit sérieusement amputé et, en 1962, il perd son statut de ministère de l'Union. Le 10 février 1954, le MGB, ministère de la Sécurité d'État, est de nouveau dissocié, cette fois pour de bon, du MVD. Il est placé sous l'autorité du général Serov, jusqu'alors vice-ministre de l'Intérieur, et plusieurs fonctions du MVD lui sont transférées. Serov quitte son poste le 8 décembre 1958 pour être nommé chef du contre-espionnage militaire (GRU) et vice-chef de l'état-major général. Le MGB, devenu entre-temps KGB (K pour *Komitet*), est confié à A.N. Šelepin, qui a commencé sa carrière au Komsomol, avant de diriger le département du Comité central chargé de superviser le Parti dans les républiques. Sur instruction de Khrouchtchev, Šelepin simplifie l'organigramme hypertrophié du KGB et procède à une forte réduction des effectifs. Ces changements ont été considérés par certains historiens comme « cardinaux », et bien résumés par la formule antimilitariste de Khrouchtchev : « Nous allons leur arracher leurs pompeuses épaulettes et leurs bandes de pantalon » (ce qui est encore plus savoureux en russe : *raspogonim, razlampašim*). En conséquence, ni Šelepin ni le nouveau ministre de l'Intérieur, Dudo-rov, n'ont droit aux titres et uniformes militaires si convoités par certains hauts dirigeants.

Les choses se mettent lentement en place au siège moscovite du KGB, la Loubianka. La police secrète retrouve ses marques, non sans connaître de sérieux changements dans son fonction-nement (très en deçà, toutefois, de ce que souhaiteraient nombre d'esprits libéraux dans la population, parmi les juristes et les membres de l'intelligentsia scientifique). La structure interne du KGB reste la même de 1958 au milieu des années soixante. En revanche, les transformations touchant le carac-tère du régime – importance croissante des lois et des codes, rôle conséquent des professions juridiques, moindre efficacité des mesures coercitives dans une société de plus en plus urbaine – ne peuvent manquer de l'affecter. Il est vrai que, dans ce domaine semé de chausse-trappes, le changement a des limites « naturelles » – cela vaut pour l'ensemble du régime, et il importe de ne pas l'oublier. Néanmoins, les transformations sont d'importance.

Au départ, la limitation des pouvoirs de la police secrète de Staline se fait progressivement, par étapes, pour aboutir à une véritable opération de nettoyage. L'abolition des organes extrajudiciaires comme les conférences spéciales, les tribu-naux d'exception constitués par la police politique ou les sinistres « troïkas » locales marque une étape décisive, suivie par l'obligation de transmettre aux tribunaux réguliers le contenu des enquêtes du KGB. Cette mesure élimine certaines des méthodes les plus scandaleusement arbitraires utilisées à plein par ces services. La fin du Goulag comme réserve de main-d'œuvre industrielle pour la police secrète, et donc la perte par cette dernière de son statut d'acteur de l'économie, est un autre tournant capital. La bataille livrée contre la véna-lité et la brutalité de la police secrète ou en uniforme va dans le même sens. Nous avons montré, dans la première partie, que la GPU, dès les années vingt, tolérait mal la supervision des procureurs, ces « coupeurs de cheveux en quatre », ainsi que les appelaient les tchékistes, qui préféraient avoir les mains libres dans leur chasse aux ennemis du régime. À l'époque, les procureurs avaient eu le dessous, et plus d'un par la suite a perdu la vie. Cette fois, le rétablissement d'une supervision par la Procurature des enquêtes du KGB était en marche, là aussi avec des hauts et des bas.

Parmi les changements importants engagés sous Khrouchtchev pour dompter le monstre stalinien et modifier le climat des services secrets, il faut mentionner l'introduction en leur sein de nouveaux responsables, sélectionnés dans l'appareil du Parti. Dans son autobiographie[16], Mikoyan, second personnage du régime après Khrouchtchev, au moins dans les faits, approuve ces décisions, mais reproche au numéro un la nomination du général Serov, qui a été le chef du NKVD en Ukraine du 2 septembre 1939 au 25 juillet 1941, à l'époque où Khrouchtchev était premier secrétaire du Comité central dans cette région. Le nouveau maître du Kremlin avait en Serov une confiance que personne d'autre ne partageait – du moins si l'on en croit Mikoyan, qui affirme que Khrouchtchev se laissait aisément manipuler par tout sycophante un peu habile. Des arguments difficilement réfutables émanant des dirigeants qui lui étaient opposés contraignirent finalement Khrouchtchev à limoger Serov ; il le nomma alors à un poste honorifique dépourvu de la moindre importance politique.

Le MGB est donc recréé en 1954 comme un comité (le KGB) dont les compétences s'étendent à toute l'Union, et il englobe un nombre croissant de secteurs qui dépendaient auparavant du MVD, notamment la police des frontières. Toutefois, à la différence du MVD, il ne gère plus un immense système pénitentiaire (lequel reste de la compétence de ce dernier) et doit se contenter de quelques prisons pour les personnes soumises à enquête. Il est possible qu'il ait aussi disposé d'un camp ou d'une colonie, mais je n'en ai trouvé aucune preuve certaine. D'un autre côté, le KGB constitue une formidable machine concentrant sous un même toit des services d'espionnage, de contre-espionnage, de sécurité des communications et des transports, dotée d'énormes moyens techniques pour la surveillance, d'un service d'enquête classique (de « surveillance externe », dans le jargon), d'un grand nombre d'autres départements et sous-départements et d'un personnel très abondant, sans parler des *stukači*, informateurs non rémunérés placés dans tous les secteurs réputés sensibles. Cette accumulation de pouvoirs est caractéristique de la croyance très forte dans les vertus de la centralisation. C'est encore plus manifeste si l'on complète le portrait en ajoutant que le KGB est responsable de la sécurité des hauts dirigeants et, dans une large mesure, de ce qu'ils savent, ou de ce que lui-même veut bien qu'ils sachent, sur le pays et le reste du monde. Le KGB est donc un géant administratif, mais différent de son prédécesseur sous Staline.

Notons pour finir que les chefs du KGB dépendaient de la constellation du pouvoir au sommet, et qu'ils étaient sans doute tentés de soutenir tel dirigeant qui avait leur préférence plutôt que tel autre. Ainsi le KGB a-t-il très certainement joué un rôle dans l'éviction de Khrouchtchev en 1964, comme le suppose Pihoja, toujours bien informé. La facilité avec laquelle le complot a réussi n'est certainement pas étrangère, selon lui, aux rapports parfois difficiles qu'entretenait Khrouchtchev avec les services de sécurité. Après l'arrestation de Beria, en 1953, son adjoint, S.N. Kruglov, était devenu le chef du MVD, et beaucoup avaient vu dans cette nomination le signe que les méthodes staliniennes étaient de retour, d'autant plus que certaines activités industrielles militaires que l'on venait de retirer au MVD lui avaient été restituées. En fait, ces fâcheux présages résultaient d'un court-circuit partiel et temporaire au sein de la haute direction, et la purge dirigée contre les anciens complices de Beria s'est poursuivie. À la fin d'août 1953, le chef du MVD annonçait que l'opération de nettoyage était terminée dans les directions régionales (certains responsables furent condamnés à mort ou à de longues peines de prison). Accusé de tous les « pogroms » des années trente, le MVD voyait son influence baisser, et le futur KGB amorçait sa trajectoire ascendante.

Un an plus tard, on assiste à la création d'un MVD pour la République fédérative de Russie, qui n'en a plus depuis 1930, date à laquelle on a considéré qu'il était bien suffisant d'avoir à Moscou un commissariat aux Affaires intérieures ayant compétence pour toute l'Union. Cette nouveauté est le prélude à d'autres changements. En 1956, Kruglov est remplacé à la tête du MVD par Dudorov, chef du département de la Construction au Comité central. En 1956-1957, de nombreux cadres du MVD sont limogés, préalable logique à la suppression, le 13 janvier 1962, du MVD de l'URSS, dont les fonctions sont réparties entre les ministères des Affaires intérieures des républiques. En

Russie, son nom change : il devint le MOOP (ministère du Maintien de l'ordre public). (Pas d'inquiétude, par la suite, il a retrouvé son nom de MVD : dans un État autoritaire, une tradition aussi forte ne se laisse pas facilement effacer[17].)

Les fonctions dites « politiques » du KGB sont définies dans son statut, approuvé par le Présidium du Comité central le 9 janvier 1959 : il s'agit d'un « organe politique » chargé de défendre le système contre ses ennemis, à l'intérieur comme à l'extérieur. Dès sa nomination en 1958, Šelepin entreprend un nouveau dégraissage du personnel, qui prolonge les mesures analogues intervenues depuis l'arrivée au pouvoir de Khrouchtchev. En janvier 1963, il est promu au Politburo et il est remplacé, à la tête du KGB, par Semičastnyj, son ancien camarade du Komsomol. Cette même année, Semičastnyj annonce que 46 000 officiers ont été limogés (la moitié avant 1959), et que plus de 90 % des généraux et des officiers des services militaires de contre-espionnage ont été rendus à la vie civile « au cours des quatre années précédentes » (il entendait par là, probablement, la période 1959-1963). Les nouveaux agents arrivent munis de recommandations du Parti et du Komsomol. À l'inverse, beaucoup d'anciens du KGB sont reclassés au sein du Parti, des soviets ou dans les bureaux de la Procurature. Le KGB de Šelepin et de Semičastnyj, renforcé par les cadres du Parti censés y ranimer la ferveur idéologique, se considère comme un « détachement du Parti » (la formule est de Staline), pas nécessairement prokhrouchtchévien. Nombre de cadres restés en place ne peuvent qu'être ulcérés par le limogeage de dizaines de milliers d'agents, par les baisses de salaires, ainsi que par la suppression de plusieurs autres avantages (soins médicaux gratuits, privilèges après plusieurs années de service).

Immanquablement, le KGB a hérité de la triste réputation du NKVD stalinien : il a « bénéficié », en URSS et dans le reste du monde, de l'image du service répressif d'un régime dont les fondements reposaient largement sur la répression (il suffit de se reporter à la liste de ses fonctions). Mais, dans les faits, ses activités dans ce domaine avaient peu de chose à voir avec celles du MVD durant la période stalinienne. Nous disposons désormais de données sur le nombre des arrestations et des condamnations prononcées contre les opposants au sens large.

De façon analogue à la tendance observée dans d'autres domaines, elles relevaient désormais d'un autre plan, même s'il faut préciser que le niveau de la répression était déterminé par les choix politiques des dirigeants, et non par le seul KGB. L'opinion occidentale, horrifiée et fascinée par l'absurdité de la répression sous Staline et disposant d'une masse de données sur cette époque, a accepté sans difficulté l'idée qu'après Staline la terreur continuait avec les mêmes moyens et à la même échelle. Mais les deux périodes ne sont pas comparables, ne serait-ce que parce que cette police politique si puissante avait perdu le droit exorbitant de juger et de punir elle-même ses victimes. Les affaires relevaient désormais des tribunaux. Quant aux enquêtes du KGB, elles devaient – comme c'était le cas pour la Tcheka au début de la NEP – être dûment enregistrées auprès de la Procurature générale ou des procuratures locales. Les résultats de ces enquêtes devaient être communiqués au fur et à mesure au département spécial de la Procurature chargé de les superviser (la procédure était la même au niveau local). Des documents (en nombre encore insuffisant) attestent que ces procédures étaient respectées – même si l'on peut s'attendre à ce que l'ouverture des archives révèle bien des lacunes dans cette supervision. Comme on s'en doute, le respect de ces procédures dépendait du poids respectif du courant conservateur et des courants réformateur et modéré au sein de la direction. De plus, dans les affaires et les procès strictement politiques, gérés directement par le Politburo en fonction des intérêts du régime, l'issue était déterminée à l'avance : les juges et les procureurs se contentaient de mettre en scène le scénario décidé ailleurs, et les garanties mentionnées étaient ignorées. Comme les personnes accusées de crimes politiques, et notamment les dissidents, ne risquaient plus la peine de mort, l'opinion publique, nationale et internationale, pouvait désormais jouer un rôle. Les débats au sein des institutions et des considérations de haute politique entraînaient fréquemment des correctifs importants. Pour les opposants individuels ou les petits groupes de renommée plus réduite, la procédure judiciaire suivait un cours normal. On dispose maintenant de beaucoup d'informations sur leur nombre, les peines prononcées, les appels, les réductions de peine ou les non-lieux.

Oppositions et critiques

Nous partirons des informations fournies par le KGB au gouvernement sur les activités politiques antisoviétiques. La direction du KGB était préoccupée par ce qu'elle percevait comme le développement de mentalités oppositionnelles dans le pays[18]. Dans la première moitié de 1962, il était question d'une « explosion du mécontentement populaire à l'égard de la politique de Khrouchtchev » (c'est la conclusion de Pihoja, l'auteur sur lequel nous nous appuyons, et non le jugement du KGB). Durant cette période, les tracts et les lettres anonymes antisoviétiques en circulation étaient deux fois plus nombreux que dans les six premiers mois de 1961 – 7 705 tracts anonymes saisis, attribuables à 2 522 rédacteurs. Au cours des six premiers mois de 1962, 60 groupes antisoviétiques – le plus souvent composés de seulement quelques individus – furent démasqués, contre 47 pour l'ensemble de l'année précédente. Après une assez longue interruption, des tracts à la gloire du « groupe anti-Parti » stalinien (Molotov, Kaganovič, Malenkov), qui avait été écarté en 1957, firent leur apparition. Les « tchékistes » réussirent à identifier 1 039 rédacteurs de 6 726 documents antisoviétiques ; parmi eux, on trouvait 364 ouvriers, 192 employés, 210 étudiants ou élèves du secondaire, 105 retraités, 60 kolkhoziens. Plus de 40 % de ces rédacteurs avaient fait des études secondaires, 47 % avaient moins de 30 ans ; certains étaient des vétérans du Parti ou des militaires. Au lecteur de décider quelles conclusions lui inspirent ces chiffres. Mais d'autres éléments, plus dramatiques, allaient fortement troubler le Comité central et le KGB.

À la fin de 1962, confronté à des difficultés d'approvisionnement croissant, le gouvernement augmente le prix des denrées alimentaires. Les directeurs d'usines reçoivent des instructions leur enjoignant d'accroître les normes de production sans procéder à aucune hausse de salaires. Par ailleurs, on vient d'interdire aux kolkhoziens de cultiver leur lopin de terre individuel, et jamais la popularité de Khrouchtchev n'a été aussi basse. Le KGB fait état d'une montée du mécontentement populaire. C'est à Novotcherkassk, dans la région de Rostov-sur-le-Don, que les événements prennent une tournure particulièrement dramatique. Entre le 1er et le 3 juin 1962, le mouvement éclate dans une importante usine, puis se répand dans toute la ville : manifestations, blocage des trains, attaques contre les locaux du Parti et du KGB, policiers rossés. L'administration, l'armée et le Parti sont paralysés : les soldats fraternisent avec les grévistes, et les officiers ne donnent pas l'ordre de tirer. Pour eux comme pour le KGB, la situation est inédite. Mais quand elle menace d'échapper à tout contrôle, Moscou envoie la troupe, et l'émeute est réprimée au prix de 23 morts et d'un nombre considérable de blessés. Bien entendu, de nombreuses arrestations sont effectuées, suivies de condamnations[19].

Les événements de Novotcherkassk ont de quoi préoccuper. Ils montrent qu'il est possible que le système s'écroule et perde le contrôle de la situation à l'échelle de toute une ville : les responsables des soviets et les secrétaires du Parti sont des bureaucrates arrogants et impopulaires qui s'effondrent en face du danger ; ils n'ont souvent aucune racine locale et ne sont pas soutenus par la population.

Par la suite, d'autres désordres, de différents types et d'importance inégale, exigent l'intervention de la troupe. Jusqu'alors ils n'ont pas vraiment été pris au sérieux, mais désormais ils sont suivis avec vigilance, et des mesures pour prévenir ce genre d'événements sont adoptées. Le mouvement de Novotcherkassk a montré que le KGB n'était pas préparé à une telle explosion, et celui-ci est sous le coup de cet échec. Aussi le Comité central décide-t-il de renforcer la police secrète. Peut-être Khrouchtchev regrette-t-il la politique qu'il a menée jusque-là à l'égard du KGB, et même, plus généralement, son antistalinisme.

Quelques documents (de la fin de 1962 et du début de 1963) nous permettent d'entrer dans les « cuisines » du KGB et d'entendre ses chefs parler, raisonner, organiser et agir. Semičastnyj (nommé à la tête du KGB en 1962 en remplacement de Šelepin) revient à l'ancien style répressif et offensif contre les ennemis. Cette approche, que ses services célèbrent comme celle des « tchékistes », s'appuie en fait sur l'idéologie des conservateurs, que partageait Semičastnyj lorsqu'il était responsable du Komsomol. En juillet 1962, le Comité central reçoit une note élaborée par une commission de sept hauts responsables (Šelepin, Semičastnyj, Ivašutin, Zaharov, Tikunov, Rudenko et Mironov, apparatchik du Parti qui vise la direction du KGB). Elle contient une série de propositions pour le renforcement de la lutte contre les activités antisoviétiques et d'éventuelles émeutes[20]. On y lit qu'il n'est nul besoin de prendre des dispositions nouvelles : les directives existantes du Comité central et de Khrouchtchev suffisent pour maîtriser ces problèmes. La commission des sept entend seulement proposer quelques mesures complémentaires concernant l'action de certains organes administratifs, des mesures qui figurent dans des projets de décision rédigés par le chef du KGB et le procureur général. Elle ajoute que le MVD de la République fédérative de Russie a l'intention de créer à l'intérieur de ses forces armées des unités de réserve qui pourraient être utilisées, si nécessaire, pour garder les bâtiments publics, les nœuds de communication, les stations de radio, les banques, les prisons (en cas d'émeute), et seraient dotées d'armes et d'équipements de transmission adaptés. Dans cette perspective, le MVD de Russie a déjà soumis son projet au bureau du Comité central chargé de suivre les affaires du Parti dans cette république.

Ce texte ne se veut pas alarmiste, mais il n'en va pas de même d'un autre, rédigé par le seul Semičastnyj, transmis séparément, et beaucoup plus « volontariste ». Son évocation des désordres qui touchent différentes régions du pays traduit peut-être une réelle inquiétude, mais elle peut aussi avoir pour but de se présenter lui-même et de présenter le KGB comme plus indispensables que jamais. En réalité, les quelques chiffres qu'il avance n'ont en eux-mêmes rien d'inquiétant, surtout pour un pays aussi vaste que l'URSS.

Le Présidium du Comité central approuve la liste des décisions que Semičastnyj et Rudenko (le procureur général) doivent appliquer dans leurs domaines respectifs. Le KGB est autorisé à recruter 400 agents supplémentaires pour ses services de contre-espionnage régionaux. Le texte doit être communiqué aux secrétaires du Parti dans les républiques et les districts. Toutefois, seuls les membres les plus importants du Politburo, les responsables du MVD et du KGB peuvent le lire dans son intégralité ; les responsables locaux, eux, n'ont accès qu'aux paragraphes 1 et 3 – ce qui signifie qu'ils n'ont pas à savoir que le KGB recrute 400 agents supplémentaires. D'ailleurs, leur point de vue diverge souvent de celui du KGB.

Le texte est suivi d'un autre document. Il porte la mention « top secret » et contient un projet d'instruction de Semičastnyj à ses agents, appelant à « renforcer la lutte du KGB contre les manifestations hostiles d'éléments antisoviétiques ». Il commence par un rapport sur la situation couvrant la période entre le XXe et le XXIIe congrès (1956-1961). Selon Semičastnyj, les liens entre le KGB et la population se sont renforcés, ce qui autorise une amélioration du renseignement et des « activités opérationnelles ». Les mesures « prophylactiques » (sur lesquelles nous reviendrons) se sont révélées elles aussi payantes. Mais beaucoup de services du KGB ont relâché leur vigilance dans la recherche et la répression des activités antisoviétiques. Les bons citoyens sont tous derrière le gouvernement, à la fois sur le plan intérieur et face à l'étranger, mais on ne peut sous-estimer le fait que la société abrite encore des éléments antisociaux. Influencés par une propagande étrangère hostile, ceux-ci répandent des calomnies contre le Parti et profitent parfois de difficultés passagères pour pousser les citoyens à l'émeute. On a ainsi assisté à des mises à sac de bâtiments officiels, à des destructions de biens publics, à des attaques contre des représentants de l'État, et à d'autres débordements de ce genre. Les individus à l'origine de ces désordres ou qui les ont perpétrés sont en général des délinquants et des hooligans, mais on a vu également sortir de l'ombre toutes sortes de personnes hostiles au régime, parfois anciens bourreaux ou collaborateurs des occupants allemands, ou des individus appartenant à l'Église ou à des sectes. Après avoir purgé leur peine, tous ces éléments hostiles se sont déplacés vers le sud de la Russie, et ils pourraient bien avoir joué un rôle décisif dans les événements de Novotcherkassk. Affronter cette situation requiert un renforcement de la lutte contre les activités subversives des services d'espionnage étrangers et une amélioration des actions du KGB contre les ennemis de l'intérieur. Qui plus est, dans certaines unités du KGB, des agents ayant des responsabilités dans le commandement ou les opérations sur le terrain témoignent d'une certaine complaisance à l'égard des fauteurs de troubles et ne prennent pas les mesures de répression nécessaires.

Semičastnyj mentionne d'autres points faibles dans la cuirasse du KGB. Ainsi, les entreprises du complexe militaro-industriel sont dotées de services de renseignement, mais, dans beaucoup d'entreprises importantes considérées comme non stratégiques, bien qu'étant formellement du ressort d'un officier du KGB, il n'y a ni agents secrets, ni informateurs sûrs, si bien que le KGB ne reçoit aucune information en temps utile sur des questions pouvant justifier une intervention. La situation est la même dans beaucoup d'établissements d'enseignement supérieur. Bien plus, les unités du contre-espionnage négligent ce qui devrait être leur préoccupation constante, à savoir la surveillance de tous les éléments suspects après qu'ils ont purgé leur peine : « agents de l'étranger », membres d'organisations nationalistes ou basées à l'étranger, anciens nazis et leurs collaborateurs, religieux et membres de sectes. Beaucoup ne sont pas même enregistrés sur leur lieu de résidence, ce qui empêche toute surveillance, et bien des gens ayant un « dossier » ont été perdus de vue.

Semičastnyj déplore également le manque de coopération avec le MVD et l'absence de plans d'action communs contre les éléments antisociaux (ceux qui « vivent en parasites »). Le KGB ignore tout des lieux où ils se concentrent, et aucune mesure n'est prévue en cas de débordement de leur part. Cette situation est l'une des raisons pour lesquelles, dans plusieurs cas, des désordres de masse n'ont pu être prévenus, avec les graves conséquences que l'on sait.

Ces « désordres de masse » – une expression et une réalité traumatisantes pour le chef du KGB – ont fait l'objet d'une enquête des services du KGB, notamment pour déterminer comment les tchékistes locaux ont affronté ces événements. Cette enquête a révélé qu'ils n'étaient pas préparés à intervenir. Quand l'explosion a eu lieu, le contact entre les forces d'intervention et les agents de renseignement a aussitôt été interrompu ; les services d'intervention ne disposaient donc d'aucune des informations nécessaires et n'avaient aucun moyen de manipuler les émeutiers, puisque aucun agent n'était infiltré dans leurs rangs.

Ici, une question s'impose : l'absence d'agents infiltrés dans les rangs des émeutiers ne prouve-t-elle pas que ces actions étaient spontanées, et non « organisées » ? Le chef du KGB ne soulève pas ce point. Son rapport est suivi d'un arrêté de six pages, qui commence par la formule « J'ordonne en conséquence que » et comporte 13 points. La philosophie générale en est la suivante : sans affaiblir la lutte contre les agents étrangers, il faut renforcer le service de renseignement sur le plan intérieur et le mettre au rang des questions prioritaires. À la liste des éléments dangereux déjà mentionnés s'ajoutent les individus qui, par le passé, ont été jugés pour des crimes contre l'État, les émigrés rentrés en URSS, et tout étranger venant d'un pays capitaliste. Il faut aussi utiliser plus efficacement les services techniques et le réseau des enquêteurs, améliorer la formation politique des agents secrets et des informateurs afin qu'ils sachent mieux identifier les individus aux attitudes et aux intentions hostiles, les organisateurs potentiels de désordres de masse, les auteurs potentiels d'actes terroristes, ainsi que les auteurs de tracts et autres documents anonymes répandant des rumeurs provocatrices et appelant à l'émeute. En coordination avec les organes du Parti, des mesures doivent être prises pour isoler ces individus. Il convient aussi d'expliquer aux cadres que le travail préventif du KGB ne doit nullement remplacer ou affaiblir la lutte contre les ennemis identifiés.

La liste se poursuit avec des mesures concrètes d'organisation et d'acquisition de moyens techniques. Elle met l'accent sur le besoin de renforcer l'activité de renseignement dans les établissements d'enseignement supérieur et d'enseignement professionnel, ainsi que parmi l'intelligentsia. Avec l'aide du Parti, cet ensemble de mesures doit prévenir les erreurs politiques et les dangereuses déviations idéologiques, qui peuvent facilement déboucher sur des activités antisoviétiques. Ce très long « ordre » se termine par une brève note « progressiste » : il importe de veiller à ce qu'aucun ennemi ne reste impuni et à ce qu'aucun innocent n'ait à souffrir d'une répression injustifiée.

Les données dont nous disposons à ce jour ne nous permettent pas de répondre à la question suivante : quelle était la gravité de cette « augmentation des sentiments d'opposition » et de ces « explosions de mécontentement populaire » dont parle une de nos sources (Pihoja) ? Nous savons qu'en 1962 le KGB a débusqué davantage d'auteurs de lettres anonymes que l'année précédente, et aussi que la politique menée par Khrouchtchev suscitait beaucoup de mécontentement. Mais cela n'est pas nouveau. Nous connaissons également l'existence de plusieurs émeutes de masse qui ont pris le KGB au dépourvu (celle de Novotcherkassk étant la plus dramatique), mais nous ne savons pas comment interpréter ces événements. Dans la troisième partie de cet ouvrage, nous citerons des données qui permettent de comparer les émeutes sous Khrouchtchev et sous Brejnev. Nous verrons alors que le système n'a jamais été menacé, mais que les idéologues, les conservateurs et le KGB avaient tout intérêt à exagérer l'importance de ces troubles.

Un dirigeant conservateur, partisan de la manière forte, comme Semičastnyj dépeignait un régime attaqué – c'était son mode de pensée –, alors que toutes les catégories de troubles dont il parlait étaient facilement identifiables à l'avance et contrôlables, et que leurs auteurs étaient incapables de s'organiser politiquement. Il est plus que probable que cette analyse était contestée au sein même du KGB. Semičastnyj lui-même nous en fournit bien involontairement un indice quand il laisse entendre que l'arrivée récente au KGB d'un gros escadron de responsables du Komsomol et du Parti (dont lui-même) n'était pas très bien vue des cadres plus anciens. Nous savons par d'autres sources que ces cadres « mécontents » se considéraient comme des professionnels et jugeaient les nouveaux venus du Komsomol méprisants, trop idéologiques et incompétents. Il est donc vraisemblable que les responsables, accusés par Semičastnyj de « manque de vigilance », avaient une autre approche des événements et de la politique à suivre. On trouve un grand nombre d'indices allant dans ce sens dans les Mémoires d'anciens hauts responsables du KGB. Le KGB ne manquait pas d'individus intelligents dans ses rangs, notamment dans les services chargés d'analyser le renseignement, et il leur était facile de constater que le texte de Semičastnyj manquait de contenu analytique, mais aussi de toute réflexion autocritique. Il se contentait de dresser une liste d'événements fâcheux, dont l'origine n'était imputable qu'à quelques individus, et proposait comme réponse des mesures techniques de surveillance et de renseignement. Et la seule chose qu'il avait réussi à obtenir concrètement, c'était 400 agents supplémentaires pour tout le pays…

Cette ligne dure, idéologico-répressive, qui pour un Semičastnyj avait valeur d'explication, ne venait pas des services du

KGB. Elle venait tout droit du Komsomol, où les opposants à la politique de déstalinisation menée quelques années plus tôt par Khrouchtchev commençaient à redresser la tête. On trouve de semblables rengaines dans tous les discours de conservateurs, et notamment une même tendance à voir dans ce qui leur paraissait « immoral » un prélude direct à la criminalité.

Pour Semičastnyj, les « vagabonds » étaient potentiellement des ennemis de l'État, et tous ceux qui ne disposaient pas d'un travail régulier étaient, par définition, prêts à entrer dans un complot antisoviétique. Les croyants étaient aussi des coupables potentiels, non pas à cause de leur foi, mais parce qu'ils avaient tendance à créer des organisations, ce qui revenait à avoir une activité conspiratrice. Ces convictions expliquent que le KGB de Semičastnyj ait espionné la vie des citoyens bien au-delà de ce que prévoyaient ses statuts et au détriment des missions qui étaient les siennes, et qui auraient suffi à l'employer à plein temps.

L'arrière-plan du tableau dressé par le chef du KGB laisse cependant penser que la tension dans le pays était plus forte qu'auparavant. Khrouchtchev ne savait plus où il voulait aller, et pratiquait une politique toujours plus hésitante. Il avait augmenté les prix et les normes de travail en pleine période de pénurie. Revenu de son ardeur antistalinienne des débuts, trop coûteuse politiquement, il développa une ligne plus « conservatrice », au moment précis où un surcroît d'initiatives audacieuses était requis. (Nous reviendrons sur ces questions le moment venu.) Reste que 1963 est une année où la législation contre les opposants politiques se voit renforcée par six articles du code qui redéfinissent ce que recouvre la notion de crime contre l'État. Cette initiative entraîne une certaine augmentation des arrestations politiques, très relative en fait. À partir de 1966, on observe même une nette diminution des persécutions politiques.

Contrer l'opposition. Des lois contre les critiques

Les lois dirigées contre les critiques politiques, assimilées à des « crimes particulièrement dangereux contre l'État », sont devenues célèbres au cours de la guerre froide, quand est apparu le phénomène de la dissidence, les poursuites engagées contre elle s'appuyant sur les articles que nous allons énumérer.

Article 64 : fuite à l'étranger ou refus de rentrer en URSS ; acte de trahison.

Article 70 : agitation et propagande antisoviétiques.

Article 72 : activité de groupes organisés tendant à la perpétration de crimes particulièrement dangereux contre l'État et participation à des organisations antisoviétiques.

Article 142 : violations de la loi de séparation de l'Église et de l'État, y compris dans l'enseignement, punies d'un an de détention ou d'une amende pouvant aller jusqu'à 50 roubles. En cas de récidive, la peine peut aller jusqu'à trois ans de détention.

Article 190 : mise en circulation ou rédaction de textes calomniant l'État soviétique et son système social (jusqu'à trois ans de détention ou un an de travail obligatoire, ou une amende au moins égale à 100 roubles).

Article 227 : atteinte aux droits des citoyens sous couvert de cérémonies religieuses (par exemple, baptême « forcé ») : trois à cinq ans de prison, ou peine d'exil de trois à cinq ans, avec ou sans confiscation des biens dans les deux cas. La participation active à un groupe ou à une activité de propagande incitant à commettre de tels actes pouvait valoir jusqu'à trois ans de détention ou d'exil, ou un an de travail obligatoire. Notons que, si les actes et les individus incriminés ne présentaient aucun danger pour la société, seules des mesures de pression sociale (avertissements publics sur le lieu de travail) leur étaient appliquées[21].

La plupart des procès à caractère politique étaient engagés pour « agitation et propagande antisoviétiques », « activité de groupes organisés », propagation de calomnies ou (en moins grand nombre) violation de la loi de séparation de l'Église et de l'État. D'après le KGB, 8 124 procès pour « manifestations antisoviétiques » ont été intentés au cours des périodes Khrouchtchev-Brejnev-Tchernenko (1957-1985), la plupart sur la base des articles du code visant l'agitation et la propagande antisoviétiques, ainsi que la diffusion délibérée de calomnies sur le régime soviétique – les deux articles les plus utilisés[22].

Arrestations politiques et « prophylaxie » (1959-1974)

Les chiffres cités ci-dessus sont d'une modestie « décevante » pour une période de 28 ans. Tournons-nous vers un tableau statistique élaboré par une source faisant autorité (Pihoja)[23]. Il fournit des données sur la répression pour quatre périodes : 1959-1962, 1963-1966, 1967-1970, 1971-1974. Le total des procès est supérieur à celui donné par le KGB pour la période de 1957-1985, car il inclut toutes les condamnations pour crimes contre l'État. Pour les quatre périodes, les chiffres sont respectivement les suivants : 5 413, 3 251, 2 456 et 2 424. Durant la première période, 1 354 personnes en moyenne ont été poursuivies chaque année, un chiffre qui tombe à 606 pour la dernière période. La majeure partie des accusés ont été poursuivis pour agitation et propagande antisoviétiques : 1 601 dans la première période, 348 dans la dernière. Le lecteur trouvera le détail de ces données dans l'annexe 3, mais il faut ajouter ici la catégorie de ceux qui n'ont été ni poursuivis, ni condamnés, mais soumis à des procédures « prophylactiques » : 58 291 entre 1967 et 1970, et 63 108 entre 1971 et 1974. Pour que le KGB déclenche une telle action de prévention, il fallait que la personne soit soupçonnée d'avoir eu des contacts suspects avec des étrangers, de nourrir des projets de trahison ou de se livrer à des manifestations politiquement nuisibles. La « prophylaxie » pouvait être menée sur le lieu de travail et susciter un avertissement officiel. En cas de récidive, les accusés pouvaient être déférés devant les tribunaux (150 le furent, sur une période de 8 ans). Certaines publications avancent d'autres chiffres, répartis sur des périodes différentes et avec des inventaires de délits différents. Mais les données proposées par Pihoja semblent les plus fiables (elles viennent certainement des archives présidentielles), et elles nous informent également sur le type de délits commis.

Cette curieuse procédure de « prophylaxie » est connue de façon plus détaillée grâce aux données du KGB pour les années 1967-1972. Son chef est alors Andropov, et si l'on trouve dans les rapports de ses services l'habituelle liste des délits honnis par le régime, l'accent est mis sur la prophylaxie. Elle est décrite comme une mesure tendant à prévenir « les tentatives d'activités subversives organisées par des éléments nationalistes, révisionnistes ou antisoviétiques à divers autres titres », et permettant de « localiser les groupes potentiellement dangereux qui peuvent apparaître çà et là ».

La méthode n'est pas dépourvue d'ambiguïtés ni d'aspects surprenants. Déjà utilisée du temps de Šelepin, voire plus tôt, elle emprunte son nom au vocabulaire médical, ce qui sous-entend que toute personne dont les opinions politiques diffèrent de celles du régime doit être soumise à un « traitement ». Sous Andropov, elle devient une stratégie privilégiée et largement utilisée. Nous ne disposons d'aucun document sur d'éventuelles discussions quant au bien-fondé de ce choix, mais il est intéressant de considérer le rapport présenté au Comité central par Andropov et le procureur général Rudenko, le 11 octobre 1972. Il traite précisément de la façon dont fonctionne la prophylaxie[24].

Elle est décrite comme étant menée sur une grande échelle. Entre 1967 et 1972, 3 096 groupes politiques ont été découverts, et 13 602 individus, qui en faisaient partie, ont fait l'objet d'une mesure de prophylaxie. Ils n'ont pas été arrêtés, mais convoqués pour une conversation avec un officier du KGB, qui leur a expliqué à quel point leur position ou leurs actions étaient erronées. Sur un ton plutôt poli, mais sans leur dissimuler le danger qui pesait sur eux, il leur a été conseillé d'y renoncer. En 1967, 2 196 personnes appartenant à 502 groupes ont eu une « conversation » de ce type ; en 1968, 2 870 pour 625 groupes ; en 1969, 3 130 pour 733 groupes ; en 1970, 3 102 pour 709 groupes ; en 1971, 2 304 pour 527 groupes. De tels « groupes », qui le plus souvent ne rassemblaient qu'un petit nombre de personnes, ont été découverts à Moscou, Sverdlovsk, Tula, Vladimir, Omsk, Kazan, Tiumen, ainsi qu'en Ukraine, Lettonie, Lituanie, Biélorussie, Moldavie, Kazakhstan, etc.

Du fait de ces mesures préventives, le nombre des arrestations pour propagande antisoviétique avait chuté. La majorité des personnes convoquées pour un « entretien prophylactique » s'en tenaient là, mais d'autres persistaient dans des agissements qui pouvaient les conduire à commettre un « crime contre l'État ». Pour renforcer l'action préventive sur des personnes envisageant des activités criminelles, et réprimer plus activement les manifestations d'éléments antisociaux, les rapporteurs étaient d'avis qu'il fallait autoriser le KGB à leur délivrer, si nécessaire, un avertissement écrit leur demandant de mettre fin à cette activité politique nuisible et leur expliquant les conséquences d'un refus d'obéir.

Andropov et Rudenko affirmaient avec force que cette méthode permettrait de relever le sens des responsabilités morales de ceux qui avaient fait l'objet d'un avertissement. Toutefois, s'ils commettaient des actes répréhensibles, ils devaient être arrêtés, soumis à une procédure d'instruction et déférés devant un tribunal « pour que leur personnalité y fasse l'objet d'une évaluation ».

Les deux rapporteurs présentaient également un projet de résolution du Comité central et un projet de décret du Présidium du Soviet suprême (c'était la procédure bureaucratique habituelle : on déposait une proposition, en demandant qu'elle soit prise en considération). À la différence de ce que déploraient les textes du KGB de 1962-1963, à savoir des « désordres de masse », le système, cette fois, n'était pas présenté comme menacé. L'accent mis sur la « méthode préventive », trop douce pour des esprits conservateurs, était en fait assez libéral dans un pays comme l'URSS. Le sentiment d'un danger imminent pouvait certes réactualiser une ligne à la Semičastnyj, ou plus dure encore, mais il n'en était pas question dans l'immédiat. Pourtant, les perspectives à long terme concernant la vitalité du système n'avaient rien de rassurant, comme le montrera notre incursion ultérieure dans les questions économiques.

Sur un point, toutefois, la « médecine préventive » comportait une dimension inquiétante. Que signifiait cette « évaluation de la personnalité de l'accusé » ? Elle pouvait conduire, entre autres, à l'envoi de la personne en question, non en prison, mais dans un asile psychiatrique – une mesure qui, un peu partout dans le monde, peut sembler relativement clémente de la part d'un juge. Mais des abus sont possibles, et, pour ce qui est de l'URSS, nombreux sont les cas où ont été internés dans les tristement célèbres hôpitaux psychiatriques spéciaux des individus parfaitement sains d'esprit, dont les positions politiques étaient assimilées à un délire paranoïaque ou autre, et qui étaient soumis à des traitements destructeurs. Ces internements abusifs témoignent de la mentalité répugnante et réactionnaire largement répandue parmi les dirigeants soviétiques.

Il existe une littérature abondante en Occident sur ce sujet, mais à ce jour je n'ai trouvé aucune information satisfaisante sur place. Nous ignorons toujours combien de temps cette pratique a été maintenue et combien de personnes elle a frappées. Nous savons que des débats internes ont eu lieu sur le bien-fondé d'une telle méthode, qui ne remportait pas l'unanimité au sein du pouvoir. Des personnalités scientifiques et très certainement des juristes ont envoyé des protestations au Comité central, notamment dans le cas de l'internement forcé du généticien Jaurès Medvedev, qui fut relâché. Sans aucun doute, ce problème a été discuté au sein même du KGB, par Andropov et son entourage, et la question est probablement montée jusqu'au Politburo.

Le nombre relativement moins élevé de personnes poursuivies (y compris au titre de la prophylaxie) ne change rien, en lui-même, au fait que le système soviétique était politiquement rétrograde, ce qui permettait à la propagande de ses ennemis de marquer des points. Le régime avait des aspects repoussants, qui lui ont coûté cher sur la scène internationale. Si l'on considère l'étendue de la répression au cours de la période post-stalinienne, on recense 312 procès annuels en moyenne sur 26 années pour les deux principaux délits politiques (avec, dans quelques cas, une peine réduite ou annulée par un tribunal supérieur). Ces chiffres sont aussi des indices : ce n'est plus le stalinisme, et ils n'autorisent pas à appliquer à l'URSS le qualificatif d'« empire du mal », largement popularisé à l'Ouest. Cette invective apocalyptique fait apparaître le système soviétique comme plutôt innocent. Les officiels devraient contrôler leur rhétorique : elle peut leur revenir au visage, tel un boomerang.

Quel qu'ait été leur nombre exact, les dissidents – les plus célèbres étant Soljenitsyne, Sakharov et, plus tard, Šaranskij – étaient tous suivis et espionnés sur un mode agressif par les services d'Andropov. Des documents jugés compromettants étaient confisqués et l'on recherchait activement des témoins à charge, que l'on pourrait inciter à déposer, etc. Tous les moyens étaient bons. Mais l'approche particulière d'Andropov, à la tête du KGB depuis le milieu de l'année 1967, sera mieux comprise si on la compare avec ce que les « conservateurs ordinaires » auraient voulu le voir faire dans chacun de ces cas. S'ils n'exigeaient plus la peine de mort, ils réclamaient des poursuites pénales et des condamnations suffisamment lourdes pour éliminer le coupable de la scène en l'exilant dans quelque région lointaine, sans possibilité de se faire entendre ou voir. À chaque fois, Andropov cherchait à faire adopter des mesures plus clémentes, en particulier l'expulsion hors de l'Union soviétique. Ainsi, Sakharov fut exilé à Gorki, ville dont le climat et les conditions de vie n'étaient pas très différents de ceux de Moscou. La façon dont l'Occident a utilisé pour ses propres desseins chacun de ces cas, voire l'ensemble du mouvement des dissidents, et la manière dont ces derniers ont répondu à l'appel de l'Occident ne pouvaient échapper au chef du KGB, ni le laisser indifférent, indépendamment du fait que trop de « clémence » risquait de mettre brutalement fin à sa carrière.

Il existe en Occident une énorme littérature sur les dissidents. Nous nous limiterons à quelques points, et, en premier lieu, au cas de Soljenitsyne, qui est avec celui de Sakharov le plus célèbre, même si l'on ne saurait imaginer deux personnalités plus différentes. À propos de Soljenitsyne, nous dirons aussi quelques mots d'un opposant de l'intérieur du système, le rédacteur en chef de la revue littéraire *Novyj Mir*, le poète Alexandre Tvardovski. Sakharov, Soljenitsyne, Tvardovski constituent une « typologie » de l'opposition politique et de la critique sociale, même si elle n'en couvre pas toutes les nuances, qui vont de la protestation ouverte à l'« émigration intérieure » silencieuse, en passant par l'indifférence comme mode de rejet ou par la recherche d'un réformisme interne au régime.

Le phénomène Soljenitsyne se présente sous différentes facettes. Vu de loin (c'est-à-dire de l'étranger), l'homme est apparu comme un géant solitaire affrontant la machine dictatoriale. Cette image est devenue plus complexe avec le temps. Une meilleure connaissance de sa personnalité explique le fait qu'il n'ait pas eu que des admirateurs en Russie. Bien des esprits libéraux, oppositionnels, l'ont critiqué, sans doute parce qu'ils ne voyaient pas en lui un démocrate. Aussi longtemps qu'il a mené sa bataille de l'intérieur, les observateurs étrangers ont supposé qu'il luttait pour une démocratisation du système : la cause qu'il défendait – accroître la liberté des intellectuels et, notamment, des écrivains – pouvait contribuer à accroître la liberté politique de tous les citoyens. Mais, une fois Soljenitsyne exilé en Occident, ils ont vite compris que l'anticommunisme n'était pas automatiquement porteur de démocratie. Le combat de Soljenitsyne était en fait au service d'une idéologie profondément antidémocratique, qui mêlait des éléments de « national-étatisme » à des traits archaïques de la religion orthodoxe ; elle était hostile non seulement aux maux de l'Occident, mais aussi au concept même de démocratie. Bref, il y avait chez Soljenitsyne un attachement profond à un autoritarisme de son cru qui, s'il n'était pas formulé lors de ses premières apparitions sur la scène publique, s'est développé au cours de son combat, surtout à une étape de sa vie où il a eu le sentiment que des forces supérieures lui demandaient de « tuer le dragon », et de le faire solitairement, en publiant son *Archipel du Goulag*.

Un livre comme *L'Archipel du Goulag* lancé à la face du régime soviétique peut être considéré comme une claque politico-littéraire, signifiant la condamnation d'un système qui a trahi ses propres idéaux et ceux de l'humanité en créant sur terre l'enfer pour des millions d'individus, dont Soljenitsyne lui-même. Mais l'écrivain ne laissait à aucun moment entendre qu'au moment où il publiait son livre le Goulag qu'il avait connu n'existait plus... Le dire aurait été un acte d'honnêteté politique et aurait exigé de sa part une analyse approfondie du système, assortie d'un argumentaire sur la période post-stalinienne. Il ne l'a pas fait, cela n'avait pas d'importance pour lui. Il était beaucoup plus simple d'attaquer l'Union soviétique pour son passé stalinien, et de servir par là même sa propre image. Car Soljenitsyne se considérait comme le dépositaire de valeurs supérieures héritées du passé de la Russie, et c'était en référence à ce passé qu'il entendait proposer des remèdes à la Russie du XXe siècle.

Il y avait d'excellentes raisons pour que sa célèbre nouvelle *Une journée d'Ivan Denissovitch*, publiée dans *Novyj Mir*, la revue de Tvardovski, fasse l'unanimité dans l'opinion russe. La résistance à un système pénitentiaire dégradant se réclamait de valeurs humaines indestructibles, personnifiées par un simple travailleur, un paysan, qui avait la force intérieure de résister à l'avilissement imposé par ses geôliers. Mais il y avait aussi d'excellentes raisons pour que *L'Archipel du Goulag,* écrit et publié alors que, pour l'essentiel, le Goulag était démantelé, soit mal accueilli par de nombreux opposants de l'intérieur, qui y voyaient une exagération apocalyptique, sans doute fort utile aux ennemis de l'URSS, mais désastreuse pour le combat démocratique contre un système qui, même modernisé, restait à bien des égards primitif. Nombre d'opposants à l'autoritarisme soviétique ne pouvaient que rejeter la solution proposée par Soljenitsyne, et ses prétentions au statut de libérateur. Cet homme, immense écrivain, mais politiquement inepte et d'un orgueil démesuré, n'avait pas suffisamment le sens des réalités pour penser véritablement en termes politiques. Sous cet angle, le contraste avec des personnes comme Andreï Sakharov, Roy Medvedev ou Andreï Siniavski est frappant.

Dans son autobiographie, *Le Chêne et le Veau,* Soljenitsyne nous fournit quelques clés pour comprendre sa personnalité, qu'il s'agisse de son sentiment d'avoir été élu pour accomplir quelque mission mystique ou d'autres traits moins sympathiques, comme l'attaque particulièrement haineuse (et inattendue) qu'il livre contre Tvardovski et ses collaborateurs de *Novyj Mir*, qui s'étaient tant battus pour lui et la publication de son œuvre en URSS et avaient assuré son lancement sur la scène internationale. La rédaction de *Novyj Mir* est ainsi accusée par Soljenitsyne de couardise, d'autoglorification, de stupidité et de duplicité. La réponse de l'ancien adjoint de Tvardovski, Vladimir Lakšin, critique littéraire et essayiste de premier plan, est forte, indignée et dévastatrice[25]. Dans le portrait psychologique qu'il brosse de Soljenitsyne, Lakšin met en avant les traits de caractère qui lui ont permis de survivre dans les camps. En fait, dit-il, Soljenitsyne a presque trop bien retenu les leçons du Goulag. Il est un pur produit des camps, il s'est identifié au *zek*, dont il a gardé pour toujours la mentalité.

Cette analyse inattendue mais très pertinente n'est pas ce qui nous occupera ici. Le problème crucial, déjà évoqué, est de savoir pour quoi se battait Soljenitsyne, et ce qu'il proposait. Les gens de *Novyj Mir* étaient dans l'ensemble des socialistes ou des sociaux-démocrates, et les batailles qu'ils menaient, si prudentes fussent-elles, reposaient sur cette idéologie. Voilà ce qui, plus que tout, avait provoqué la fureur de Soljenitsyne. Lakšin doutait fortement du programme proposé par l'écrivain à ses concitoyens : « À en juger par sa vision idyllique de l'époque prérévolutionnaire, il semble penser que le seul avenir de la Russie est... son passé. » Ce qui revenait à conseiller aux dirigeants soviétiques d'abandonner leur idéologie pernicieuse au profit du nationalisme et de la religion orthodoxe : « Du brouillard de son verbiage, ce qui émerge clairement désormais, c'est la triade énoncée par le comte Uvarov [au XIXe siècle] : Orthodoxie, Autocratie, Nation. » Lakšin ne conteste pas le grand talent de Soljenitsyne ni son rôle dans le combat contre le mal, mais il déplore qu'il soit incapable d'en tirer quoi que ce soit de positif : « Je ne décèle aucune sincérité dans sa foi, et j'ai du mal à croire en ses capacités de penseur et d'homme politique [...], même s'il a déjà tous les attributs de l'homme politique ordinaire, avec son goût insatiable d'excommunier, de rejeter et d'exiger de ses partisans rien de moins qu'un serment de loyauté absolue. » Le rejet par Lakšin du message de Soljenitsyne se fait ensuite encore plus âpre et résolu : « Je ne veux pas de son paradis, j'ai trop peur de me retrouver dans un camp idéalement organisé. Je ne crois pas en son christianisme, parce qu'un misanthrope aussi épris de lui-même ne saurait être un vrai chrétien. Et j'en ai par-dessus la tête de sa haine et de son rejet de tout le présent russe. [...] Mais on dira : n'a-t-il pas fait exploser l'édifice du mensonge ? Oui, il l'a fait. Mais il est devenu une machine infernale, convaincue de sa mission divine, qui a commencé à tout faire sauter autour d'elle et qui, je le crains, finira par se faire sauter elle-même. En fait, c'est ce qu'il est en train de faire. »

Ces quelques citations expriment bien la fureur, l'âpreté et la complexité des batailles autour du système soviétique, à son propos et contre lui. Un drame vécu par tous ceux qui s'y sont engagés. Personne n'a gagné, tout le monde avait raison, tout le monde a perdu. Soljenitsyne est revenu dans sa patrie libérée du communisme et, selon ses propres termes, il a trouvé une Russie « en état d'effondrement » (c'est le titre de son livre publié en 1998). L'étonnante revue *Novyj Mir* a vu sa liberté de parole progressivement réduite après l'invasion soviétique de la Tchécoslovaquie en 1968. Elle a continué à se battre jusqu'à ce que l'Union des écrivains, sans consulter Tvardovski, nomme un nouveau comité de rédaction, le contraignant à la démission (février 1970). Il est mort peu de temps après, amer et brisé, laissant derrière lui l'œuvre d'un grand poète et le souvenir d'une noble figure.

Nous avons abordé brièvement certains aspects de l'opposition et de la dissidence, après avoir décrit l'évolution des formes de répression politique durant la période post-stalinienne. Tout le bruit et toute la fureur, en URSS même et surtout en Occident, autour de la dissidence et de l'attitude des autorités soviétiques à son égard ne doivent pas nous faire oublier les tendances systémiques à l'œuvre en URSS. Qu'un ouvrier ne puisse quitter son emploi, ni se plaindre devant un tribunal d'une injustice subie sur son lieu de travail, est une chose, qu'il ait la possibilité de le faire en est une autre. À un système niant tous les droits a succédé un système avec des lois, des droits et des garanties.

Éliminer la notion de « crime contre-révolutionnaire » pour la remplacer par celle de « crime particulièrement dangereux contre l'État » peut sembler un simple ravalement de façade, sans la moindre incidence pour ceux qui étaient poursuivis et persécutés. Sur ce point, les biographies prennent le pas sur l'histoire. Mais, pour l'historien, ces changements dénotent le passage à une autre étape. Nous avons déjà dit que sur la question de la répression politique les dirigeants faisaient mauvaise figure sur la scène internationale, et à juste titre. Pourtant, quand un système pénal exécutant arbitrairement les condamnés ou les réduisant à l'état d'esclaves est transformé en un système pénal où le travail forcé est aboli, où il existe des procédures juridiques, où les détenus possèdent certains droits et des moyens de combattre l'administration pénitentiaire, où ils peuvent avoir des contacts avec le monde extérieur, voir un avocat, se plaindre légalement des traitements subis, et quand le système reconnaît qu'il a intérêt à introduire quelque légalité en ce domaine, nous sommes alors en présence d'un autre type de régime. Subir une peine de prison pour délit d'opinion entraîne un légitime sentiment d'injustice, et le vécu biographique éclipse l'aspect historique : « Que peut me faire, à moi, détenu, le fait que dix ans plus tôt le châtiment aurait été pire ? » L'historien, lui, n'a pas le droit d'ignorer ce qui serait arrivé dix ans auparavant à la même personne et à sa famille.

La police secrète, qui opérait jusqu'alors sans la moindre contrainte, se déchaînait, arrêtait, torturait, emprisonnait et fusillait selon son bon plaisir, est désormais soumise à un mécanisme de contrôle, que nous avons déjà évoqué : le KGB n'a plus le droit de prononcer lui-même des condamnations, et ses enquêtes sont soumises à un processus de contrôle par des divisions spécialement créées à cet effet dans les procuratures, à tous les niveaux. Incontestablement, là encore, le changement n'est pas négligeable. La Procurature exerce de plein droit son pouvoir au cœur même d'un système dictatorial qui, du temps de Staline, avait également massacré bon nombre de procureurs trop « curieux ». À partir de mars 1953 (et jusqu'en 1991), le département de la Procurature chargé de superviser les enquêtes du KGB doit être informé de tout dossier d'enquête ouvert par la police secrète et ouvrir son propre dossier en parallèle. Il a également le droit de réexaminer des dossiers en cas d'appel de la personne concernée ou de sa famille. Après examen de ces plaintes, il peut renvoyer l'affaire devant un tribunal (les cas où la peine est commuée sont très nombreux) ou entamer une procédure en cassation pour la réhabilitation du condamné ou la requalification du délit (sur la base d'un article du code différent de celui du procès initial)[26].

Ces faits et ces tendances, comme beaucoup d'autres, peuvent subir deux types de comparaison, ce qui nous oblige à soumettre chaque phénomène à deux lectures différentes. En premier lieu, l'URSS peut être comparée avec les pays étrangers. Ici, l'incapacité du régime à accepter la différenciation politique croissante de la société, son refus et sa peur des opinions indépendantes (un droit élémentaire dans une société civilisée moderne) prouvent l'infériorité de ce système, qui avait découvert divers biais pour tolérer ou professer plus d'une opinion, mais généralement d'orientation réactionnaire. Le prix à payer pour l'URSS dans l'opinion mondiale a été très élevé. Et certains apprendront peut-être avec surprise que les intellectuels soviétiques n'étaient pas les seuls à s'en préoccuper : dans les rangs mêmes du KGB, on trouvait des gens pour s'en inquiéter.

Il n'y a donc pas lieu de s'étonner si les autorités soviétiques sont, sur ce point, revenues à une politique du type « action-réaction » en introduisant ou en rénovant toute une panoplie de textes législatifs, taillés sur mesure pour lutter contre des opposants qui, ouvertement ou implicitement, se rangeaient du côté de l'Occident. Il est clair que l'on touche ici aux « infériorités » de ce système (sa nature dictatoriale) : les textes contre les activités « anti-État », censés le défendre contre toute critique, sont par eux-mêmes la preuve de son échec – *testimonium paupertatis*. Quand les dirigeants décident de museler les opposants, les différentes garanties juridiques ne jouent plus et les juges, les services secrets et la Procurature agissent la main dans la main.

Mais l'autre comparaison historique est celle qui doit être faite avec le passé du pays dans le domaine de la répression politique. Les lois réprimant les crimes contre l'État sont désormais des textes publics, connus de tous, et personne ne peut être poursuivi s'il ne les a pas transgressées. L'intention de commettre un acte délictueux ne justifie plus à elle seule une arrestation. Si tel est le cas, c'est illégal. La nouvelle rédaction du Code pénal et le renforcement des institutions juridiques marquent un grand contraste avec le passé, même si le cadre général reste non démocratique. Cet aspect de la répression politique a fait l'objet d'un débat permanent parmi les dirigeants, les juristes et au KGB. Il permet également de comprendre les protestations venues de différents milieux, surtout académiques, lorsqu'ils jugent que le régime ne respecte pas sa propre légalité. De tels phénomènes sont une composante de la scène politique et doivent être appréciés comme tels.

Une autre considération vient naturellement à l'esprit dans le cadre de cette réflexion sur l'histoire. Nous avons souligné que des changements historiques interviennent dans tous les aspects de la vie sociale, y compris dans le caractère même du régime. Sans tous ces faits qui témoignent de l'adaptation du système à des réalités nouvelles, y compris dans ses méthodes répressives, nous serions incapables de comprendre pourquoi ce régime a pu disparaître de la scène de l'histoire sans tirer un seul coup de feu contre qui que ce soit.

Une approche réaliste, qui accepte de se confronter aux aspects déplaisants, est forcée d'admettre que les démocraties qui atteignent le stade de grandes puissances ne sont pas toujours respectueuses du droit, ni toujours très démocratiques. Les pays qui n'ont pas de système démocratique ne sont pas toujours « coupables » de n'en point posséder. La démocratie n'est pas une herbe qui pousse facilement partout. Les réalités historiques ne correspondent pas toujours aux idéaux, ni à ce que proclame la propagande. L'Occident sait parfaitement quels droits humains doivent être mis en avant et quels autres peuvent être négligés, voire rognés. L'amour des libertés démocratiques s'allume ou s'éteint en fonction des stratégies planétaires. Les pressions de la guerre froide et l'ensemble du système mis en place par l'Occident (où les services secrets jouaient le premier rôle) pour détecter la moindre fissure dans l'autre camp ne sont pas une invention de la paranoïa soviétique. Et rien de tout cela n'a aidé, en URSS même, les petits groupes sociaux ou les figures isolées qui cherchaient à libéraliser le régime.

Chapitre III

Le raz de marée de l'urbanisation

Les transformations intervenues, notamment dans la politique pénale et avec ce que j'appelle la « déstalinisation du lieu de travail », ont pour toile de fond l'intense processus d'urbanisation, facteur central de l'histoire contemporaine de l'URSS. Après la guerre, en plusieurs étapes, la croissance urbaine commence à exercer – c'était inévitable – un impact considérable sur la société, la culture, les esprits et même l'État. Le passage accéléré d'un pays essentiellement rural à une société majoritairement urbaine comporte, à mi-parcours, une phase où les deux types de société sont encore très mêlés. Souvent incompatibles l'un avec l'autre, ils coexistent en un mélange explosif, et la distance historique entre les deux sociétés reste considérable. L'URSS devient « à moitié urbaine » en 1960, mais la République fédérative de Russie a franchi ce seuil deux ans plus tôt. Jusqu'en 1958, il n'y a pas de définition officielle valable pour toute l'URSS de ce qu'il faut appeler « ville » ou « agglomération de type urbain ». Chaque république a ses propres normes. En 1958, le seuil est fixé à 12 000 habitants pour une ville et à 2 000 pour une « agglomération de type urbain », définie comme une localité où la moitié au moins de la population n'est pas employée dans l'agriculture.

Ainsi cette étape intermédiaire doit-elle être considérée comme une étape historique à part entière pour le pays et pour son régime. La population rurale, qui fournit le plus gros des nouveaux citadins, « ruralise » les villes avant que celles-ci, à leur tour, ne parviennent à urbaniser les ruraux, ce qui ne se produit que dans la période poststalinienne, non sans provoquer de multiples frictions et « effets secondaires ». Sans que le rôle du gouvernement ait été inexistant, ces processus ont été essentiellement spontanés. Ils nous obligent à prendre nos distances pour un temps avec l'idée d'un Parti-État rigide, dominant et contrôlant tout, pour découvrir cet aspect que la plupart des études négligent, la « spontanéité » (*stihia*, un terme d'origine grecque). Dans toute histoire générale de l'URSS sérieuse, la *stihia* devrait être un sujet à part entière, voire central, bien que cette idée ne semble pas acceptable aux spécialistes qui s'en tiennent à une vue hyperpolitique des choses.

L'urbanisation, qui n'est pas un phénomène sans heurts, est la nouveauté décisive du XXᵉ siècle dans l'histoire russe, et l'on peut dire qu'elle est achevée au milieu des années soixante. À cette date, en effet, la majorité de la population est composée de citadins en Russie, en Ukraine et dans les pays baltes. Ils vivent dans des villes parfois anciennes, mais le plus souvent récentes. Un seul indicateur, pris au hasard, est ici révélateur des conditions de cette urbanisation : dans les villes soviétiques des années soixante, 60 % des familles occupent des logements appartenant à l'État, où elles partagent avec d'autres cuisine et toilettes. Indice d'un faible niveau de vie, cette information est aussi l'indice d'une urbanisation bien trop rapide. Et, sans risque de démenti, nous pouvons ajouter « non planifiée ». Les conséquences, elles aussi largement non planifiées, sont très diverses. Quelles qu'aient été les particularités de ce processus en URSS, certaines d'entre elles se retrouvent partout ailleurs dans le monde en cas d'urbanisation accélérée. Nous reviendrons sur ce point en considérant d'autres données, mais nous pouvons d'ores et déjà nous risquer à dire que le pays, à cette époque, a franchi une nouvelle étape : il est devenu une société nouvelle dont l'interaction avec l'État prend des formes différentes. La juxtaposition des deux thèmes nous amène à considérer des paramètres décisifs pour la vitalité du système, sa longévité et sa mortalité.

Nous avons déjà traité de la mobilité de la main-d'œuvre et de l'apparition d'un « marché du travail », accepté désormais comme une réalité. Pour élargir le tableau à la société tout entière, il nous faut signaler une manifestation importante de la *stihia* en action : les flux migratoires puissants, un phénomène que les autorités devaient affronter en recourant à d'autres moyens que les « restrictions », inefficaces et facilement ignorées. Ces données sur les flux migratoires en 1965 valent mieux qu'un long discours[27].

Ensemble des villes d'URSS

Arrivées en provenance :

d'autres villes	des campagnes	provenance inconnue	total
4 321 731	2 911 392	793 449	8 026 572

Départs vers :

les villes	les campagnes	destination inconnue	total
4 338 699	1 423 710	652 478	6 414 887

Solde migratoire en faveur des villes, provenant :

d'autres villes	des campagnes	provenance inconnue	total
− 16 968	1 487 682	140 971	1 611 685

Pour ceux qui jugeraient ces chiffres peu élevés, une précision, spécifique à la situation soviétique, s'impose : ils ne concernent que les personnes enregistrées auprès de la police. Or nombreux sont ceux qui viennent à la ville et y restent parfois pendant de longues périodes sans se faire enregistrer, avant de repartir. D'autres s'installent pour de bon sans le signaler à aucune autorité administrative.

Les mouvements de population pour les années 1961-1966, dans la seule République fédérative de Russie, sont intenses. Près de 29 millions de personnes ont rejoint les villes, 24,2 millions les ont quittées, ce qui donne un total de 53,2 millions de migrants. En Sibérie occidentale, le total est de 6 millions, en Sibérie orientale de 4,5 millions, de même que dans l'Extrême-Orient soviétique.

De tels chiffres reflètent des phénomènes préoccupants. Il est évident que peu de gens partent pour l'est du pays avec l'intention de s'y installer vraiment. Des masses d'individus reviennent de ces régions (où l'on a tant besoin d'eux), en partie à cause de la pénurie de logements, et souvent parce que les revenus y sont trop bas. Selon de nombreuses enquêtes locales, 82 % des célibataires et 70 % des couples mariés partent à cause des conditions de logement souvent lamentables – ils vivent en location dans une chambre ou, parfois, dans un coin de chambre.

Cette situation crée un grave problème à l'échelle du pays. Modifier l'orientation des mouvements de population passe par une amélioration des conditions de logement dans ces régions défavorisées. Mais, en dépit d'efforts soutenus, le logement demeure une question critique dans tout le pays. En 1957, dans la République fédérative de Russie, chaque habitant dispose en moyenne de 6,7 m^2 ; en Extrême-Orient soviétique, de 5,9 m^2 ; en Sibérie orientale, de 6,1 m^2 ; en Sibérie occidentale et dans l'Oural, de 6,3 m^2. Dans les régions orientales de l'URSS, où le gouvernement voudrait attirer la main-d'œuvre, les chiffres sur le logement, le chauffage central et l'eau courante sont inférieurs à la moyenne russe, et même inférieurs à ceux de la Russie centrale, pourtant assez mal lotie en la matière.

Les dirigeants et les élites soviétiques sont très préoccupés par cette difficulté à faire migrer la main-d'œuvre à l'est, et surtout à l'y maintenir. Le problème n'est pas simplement que les mouvements de population sont impossibles à contrôler par des moyens policiers ou « totalitaires » – d'ailleurs, personne n'a jamais sérieusement envisagé rien de tel ; compte tenu des nouvelles réalités sociales, la situation apparaît comme strictement inextricable. D'un côté, la Sibérie abrite d'énormes richesses (qui pourraient assurer la prospérité du système), et la main-d'œuvre nécessaire pour les exploiter existe dans les régions peuplées du pays. De l'autre, il est impossible de faire venir cette main-d'œuvre en Sibérie, et encore plus de l'inciter à s'y installer. Il faudrait pouvoir garantir un bon salaire et un approvisionnement correct aux travailleurs susceptibles de venir des régions privilégiées situées dans la partie européenne du pays. Quant à ceux qui sont originaires de régions plus pauvres, par exemple des républiques d'Asie centrale, où l'excédent de main-d'œuvre est énorme, il est impensable de parvenir à les attirer tant ils sont culturellement et profondément attachés à leur environnement traditionnel.

Nous rencontrerons d'autres imbroglios apparemment insolubles, car ils ne cessent de se reproduire au niveau du système dans sa totalité. Mais, pour le moment, nous nous en tiendrons aux problèmes liés à l'urbanisation, et plus particulièrement à celui de la main-d'œuvre entre 1953 et 1968.

Au milieu des années soixante, et pour quelques années encore, la situation semble pouvoir être redressée par une meilleure coordination et exécution des plans concernant les flux de main-d'œuvre, c'est-à-dire en corrigeant un excédent ici, en comblant un déficit ailleurs, grâce à des réserves disponibles dans tel secteur ou telle région. Le pays n'affronte pas encore la pénurie générale de main-d'œuvre que nous rencontrerons, sous une forme aiguë, dans la troisième partie.

L'Institut de recherche du Gosplan, un institut interdisciplinaire de bon niveau, savait étudier et pronostiquer des situations complexes, et connaissait bien le système de planification. Il tentait de mieux comprendre le présent pour préparer le proche avenir. Intellectuellement, ses chercheurs étaient mieux préparés que les autres planificateurs et que les hommes politiques pour appréhender un tissu socio-économique complexe, et ils annonçaient que les nuages s'amoncelaient. En février 1965, à la demande de la direction du Gosplan qui avait commandé ces travaux, ils présentèrent un rapport sur l'ensemble de la question de la main-d'œuvre et de la démographie. Efimov, directeur de l'Institut, avait déjà hérissé plus d'une fois ses patrons et alimenté l'ardeur des réformateurs de l'économie, mais à travers des textes internes, non publiés et souvent critiqués par d'autres planificateurs ou fonctionnaires. Cette fois, en une année déjà marquée par des débats publics passionnés, Efimov, probablement déjà « kossyguinien[*] », produit un rapport majeur sur l'industrie soviétique, présentant des arguments de poids en faveur d'un changement[28] et donnant une vision très détaillée de tous les « rouages » de ce domaine complexe qu'est la gestion de la main-d'œuvre. Il aborde les problèmes rencontrés par le centre et les régions, sans rien cacher des

---

[*] Voir *infra*, p. 282 et suivantes.

tensions qui menacent, et avance des propositions, tantôt clairement formulées, tantôt simplement allusives, sur la manière
de faire front. Le texte est extrêmement riche en données et en
analyses. Il offre un bon diagnostic, mais aussi une mise en
garde contre les conséquences néfastes auxquelles on doit
s'attendre si des réformes n'interviennent pas. Nous lui
empruntons quelques éléments indispensables à notre propos.

Voici le tableau que dresse Efimov. D'emblée, il attire
l'attention sur le déséquilibre croissant entre la main-d'œuvre
disponible et son utilisation. Dans les années 1959-1963, le
nombre des actifs a augmenté de 9 millions, alors que les
ressources en main-d'œuvre n'ont augmenté que de 1,7 million.
Autrement dit, on a obtenu les travailleurs nécessaires en
puisant dans la population de ceux qui travaillent à domicile ou
sur leur lopin privé. Par ce moyen, 81 % du déficit de main-
d'œuvre (soit 7,3 millions de travailleurs supplémentaires) ont
pu être comblés. Mais, le nombre de ceux qui travaillent à
domicile ne cessant de diminuer, cette source aussi est sur le
point de se tarir.

À l'échelle de l'URSS, on trouve aussi bien des régions souf-
frant d'une pénurie de main-d'œuvre que d'autres où celle-ci est
excédentaire. En Asie centrale, l'accroissement démographique
naturel a atteint des taux de 27 à 33 ‰ dans les dernières années,
soit le double de la moyenne soviétique. Le nombre des personnes
employées dans l'économie étatisée ou encore engagées dans les
études au cours des années 1959-1963 y croît au rythme de 2,2 à
4,4 % par année, et la part des travailleurs employés hors du
secteur étatique est de 20 à 26 %, contre 17,2 % en moyenne
pour l'ensemble de l'URSS. Dans la plupart des républiques
d'Asie centrale, la majorité des personnes qui ne travaillent pas
dans le secteur étatique appartiennent à l'ethnie dominante. Le
Kazakhstan a une croissance démographique inférieure, mais la
part des travailleurs privés y est très élevée : 21,8 %. Dans bien
des régions, taux de croissance démographique et taux de développement économique divergent.

Ces grandes disparités sont la cause de la mauvaise utilisation de la main-d'œuvre. Les républiques d'Asie centrale,
l'Arménie, le Kazakhstan continuent à accumuler des excédents, alors que les pays baltes, surtout l'Estonie et la Lettonie,
avec le taux de croissance démographique le plus bas et un fort

taux d'emploi, sont contraints de faire appel à des travailleurs venus d'ailleurs. On observe également un accroissement naturel considérable de la population en Moldavie, en Ukraine occidentale et dans le Nord-Caucase, non seulement dans les villes, mais aussi dans les zones rurales. Au même moment, on assiste à un afflux de personnes en provenance de Sibérie vers des régions où la main-d'œuvre est déjà excédentaire.

Les taux d'emploi varient également selon la taille des villes – grande, moyenne ou petite. Le rapport déplore – et ce n'est pas une remarque anodine – le fait que, lors de la planification de la répartition régionale des usines et des productions, les ressources en main-d'œuvre n'ont pas été prises en considération, donnant lieu à des situations totalement aberrantes (ce sont mes termes. L'auteur du rapport n'ose évidemment pas en utiliser de tels lorsqu'il s'adresse à de hauts responsables). Des industries grandes consommatrices de main-d'œuvre ont été installées dans des régions où celle-ci est rare, tandis que des industries lourdes, employant surtout des hommes, ont été implantées dans des régions où il aurait été possible de profiter d'une abondante main-d'œuvre féminine.

Dans les petites villes, quelque 2,3 millions de personnes ne trouvent pas d'emploi. Le chiffre est d'ailleurs sans doute plus proche de 3 millions, car les grandes entreprises ont tendance à constituer un important volant de réserve. La grande masse des demandeurs d'emploi ont un faible niveau scolaire et peu de compétences, et ils ont besoin d'une formation professionnelle. Par ailleurs, pour amener les femmes sur le marché du travail, il faut créer des crèches, faute de quoi elles n'accepteront jamais de quitter leur foyer. Dans les républiques d'Asie centrale, des entretiens conduits avec des personnes sans emploi dans des villes, moyennes ou petites, montrent que presque personne ne souhaite travailler hors de chez soi, même quand l'offre existe. Et cela alors que la plupart de ces personnes sont de jeunes femmes avec enfants, sans formation scolaire ni professionnelle.

Une attention spéciale doit être accordée à la mise en place de postes adaptés aux jeunes, non seulement pour ceux qui atteignent l'âge de travailler (16 ans), mais aussi pour les nombreux adolescents de 14-15 ans qui quittent l'école plus tôt. Très souvent, il n'y a pas de travail pour eux. Par ailleurs, le Code du travail interdit d'employer des jeunes qui viennent de terminer leur scolarité obligatoire, alors que seuls 60 % des élèves ayant terminé leurs études secondaires poursuivent des études supérieures. L'Office central des statistiques a calculé qu'au 1er juillet 1963 quelque 2 millions d'adolescents de 14 à 17 ans n'étaient ni à l'école, ni au travail. Une autre étude du même organisme donne un chiffre encore supérieur au 1er octobre 1964.

L'aggravation du problème de l'emploi dans les dernières années est « due en partie à des erreurs de calcul des services de planification et des services économiques, et en partie à des erreurs dans la politique économique », dit le rapporteur, qui n'a pas peur de montrer du doigt les responsables. Aussi l'efficacité des investissements s'en trouve-t-elle réduite, notamment en raison d'une répartition régionale défectueuse. Les dernières années, on a choisi de diriger prioritairement les investissements vers l'est, dans le secteur minier et la production d'électricité (notamment avec la construction de grandes centrales hydro-électriques), mais sans soutenir cette politique par des incitations à la migration de la main-d'œuvre vers ces régions. Dans le même temps, les régions à main-d'œuvre excédentaire ont subi une réduction des investissements, ce qui est une autre erreur.

Pour créer de l'emploi, il faut avant tout des investissements en capital, mais ceux-ci sont de moins en moins rentables, car d'énormes quantités de matériel sont « gelées » : équipements non installés et chantiers abandonnés représentent de gigantesques sommes. Le seul fait d'achever ces chantiers et de mettre en route ces nouvelles entreprises permettrait de donner du travail à 15 millions de personnes, dont 10 dans l'industrie. Ce chiffre représente le double de l'accroissement de l'emploi au cours du dernier plan quinquennal. Les dysfonctionnements dans l'utilisation des investissements tiennent aussi au fait que la plupart d'entre eux sont dirigés vers les centres des régions ou des républiques, et vers les grandes villes déjà fortement industrialisées, où la main-d'œuvre disponible est réduite. Il en résulte un accroissement de ces dernières aux dépens des campagnes et des villes petites ou moyennes. La croissance excessive des grandes villes demande de gros investissements pour les infrastructures et le logement – même si certaines villes disposant de beaucoup de logements ne sont pas toujours capables d'utiliser au mieux la main-d'œuvre locale, voire la perdent.

La répartition peu rationnelle de la main-d'œuvre et des emplois a été aggravée par les limitations du lopin familial introduites par Khrouchtchev dans les campagnes, qui ont entraîné la disparition de 3,5 millions d'emplois dans ce secteur (Office central des statistiques) et de sérieux problèmes de ravitaillement dans les villes et dans les campagnes. Des estimations montrent que, pour simplement maintenir le niveau existant de consommation de viande et de produits laitiers des kolkhoziens privés de leur lopin, les kolkhozes devraient accroître la production de lait et des produits laitiers des deux tiers, celle de viande et de saindoux des trois quarts, celle d'œufs de 150 %, celle de pommes de terre de 50 %, celle de légumes, melons et pastèques des deux tiers. Ces chiffres soulignent à quel point la production du lopin familial est importante pour l'alimentation et le revenu des kolkhoziens (lequel représente environ la moitié de ce qu'ils reçoivent du kolkhoze). La réduction forcée du lopin familial par des mesures administratives, surtout dans les villes petites et moyennes où de nombreuses familles en disposaient, complique la question de la main-d'œuvre. Les personnes privées des revenus qu'elles en tiraient ont besoin d'un travail pour combler cette perte, mais elles n'en trouvent pas facilement dans ces villes. (La décision inconsidérée de Khrouchtchev suffit d'ailleurs à expliquer une bonne part du mécontentement populaire et les cas d'émeutes dont se plaint le KGB, mal équipé pour les contenir.)

L'afflux par trop massif et non planifié des ruraux vers les villes complexifie encore le marché de l'emploi. Entre 1959 et 1963, environ 6 millions de ruraux ont gagné la ville. La plupart sont des jeunes de moins de 29 ans. Ce phénomène, en lui-même positif, ne l'est plus quand il a lieu dans un contexte de croissance lente de la production et de la productivité du travail. La plupart de ces ruraux ne viennent pas de régions où la main-d'œuvre est excédentaire, mais de régions en manque de bras où la production alimentaire est insuffisante.

Autre aberration : la migration spontanée des ruraux vers les villes oblige à mobiliser des citadins pour les travaux des champs, notamment au moment des récoltes. Dans certaines régions, le travail agricole des citadins prend la forme d'un

« parrainage » de la zone rurale en question – ce phénomène est d'une grande ampleur. Les « parrains », des usines pour l'essentiel, prennent en charge une part considérable des travaux agricoles des unités d'exploitation qu'elles parrainent – cultures, moissons… Elles fournissent à l'État sa part des récoltes et entreprennent les travaux de construction et de réparation nécessaires. Les usines sont donc obligées d'avoir un surplus de main-d'œuvre pour ces travaux saisonniers. Dans certaines régions, l'organisation de tels travaux n'encourage pas l'augmentation de la production agricole, car les directeurs des kolkhozes et des sovkhozes ont pris l'habitude de dépendre de cet apport extérieur. Inversement, cette collaboration a un impact négatif sur la vie de l'usine, car elle freine l'amélioration de la productivité. Au bout du compte, les conséquences sont néfastes pour tout le monde.

La formation de réserves de main-d'œuvre dans les entreprises des villes en vue des travaux agricoles favorise un processus anormal d'échange de main-d'œuvre. Un nombre considérable de kolkhoziens, rompus aux travaux des champs, préfèrent se faire embaucher par des usines des villes voisines. La raison en est simple : le salaire qu'ils vont toucher dans une entreprise de la région sera trois fois supérieur à leur rémunération de kolkhoziens.

Une des solutions envisagées par l'Institut de recherche du Gosplan mérite d'être notée. Les républiques d'Asie centrale, le Kazakhstan, l'Arménie et la Géorgie, connaissant une forte croissance démographique, disposent de très larges ressources humaines, alors qu'elles n'ont aucun atout économique – en dehors de l'agriculture, du lopin familial et d'autres petits métiers. De plus, les populations locales, surtout musulmanes, répugnent à émigrer. C'est là qu'il faut investir, plutôt que dans des régions plus développées mais à natalité plus faible, où la main-d'œuvre manque.

Ici, une question s'impose : qu'en est-il de la main-d'œuvre nécessaire pour exploiter les richesses de Sibérie ? Les chercheurs associés au rapport supposent probablement que leur stratégie de redéploiement des investissements en Asie centrale et dans le Caucase produira une croissance économique suffisante pour permettre à l'État d'offrir des salaires attrayants à ceux qui accepteront d'émigrer en Sibérie.

On imagine les débats qu'une telle proposition a dû soulever. Surmonter, dans les régions islamiques, les résistances au travail rémunéré des femmes hors du foyer est en soi un problème épineux ; les questions de langue et de formation professionnelle à grande échelle en sont un autre. D'autre part, le fait de développer prioritairement des régions non russes et d'attendre des jours meilleurs pour mieux exploiter la Sibérie ne pouvait que susciter chez les nationalistes russes, les défenseurs de l'État central et d'autres courants du même ordre, de fortes réactions difficiles à contrer. Mais l'auteur du rapport n'en poursuit pas moins, avec beaucoup de calme, l'étude de toutes les régions, en proposant pour chacune des solutions spécifiques inscrites dans une politique d'ensemble, comme pour dire aux dirigeants : « Si vous voulez vraiment planifier, voilà ce qu'il faut faire, et rien d'autre. » Avec ce rapport, le lecteur a pu se faire une idée de la complexité du problème de la main-d'œuvre, ainsi que des ramifications sociales et économiques des distorsions accumulées.

Une entreprise d'une telle ampleur exigeait un vaste ensemble de mesures coordonnées, y compris des mesures d'incitation matérielle, censées être l'essence même de la planification. Les chercheurs de l'Institut du Gosplan ne craignaient pas de déclarer : « Le problème n'est pas tant l'absence d'informations, mais plutôt le fait que le facteur de l'emploi n'est pas encore véritablement intégré dans l'élaboration du plan pour l'économie du pays. » En d'autres termes, le Gosplan ne savait pas comment planifier l'emploi, sa répartition et sa stabilisation, et donc ne le planifiait pas. Il en était resté à l'époque où la main-d'œuvre surabondait et où il suffisait de fixer des objectifs d'investissements et de production pour qu'elle suive, ou soit contrainte de suivre. Cette époque correspondait à une étape du développement économique et n'était pas le fait du hasard, mais les temps changeaient, et tout devenait plus complexe.

Au point où nous en sommes, une conclusion provisoire s'impose. Il n'était pas encore question d'une crise imminente, mais le gouvernement devait choisir une autre méthode de planification, qui ne se limiterait pas à fixer des objectifs quantitatifs et s'emploierait à coordonner, anticiper et corriger les efforts des unités de production, lesquelles savaient ce qu'elles voulaient et devaient faire. Le Gosplan et le gouvernement étaient avertis : il était urgent de tenir compte de l'offre et de la demande de main-d'œuvre. Si la question était négligée, ou si l'on considérait qu'elle se réglerait d'elle-même, à la manière ancienne, l'économie plongerait dans le marasme, et le Gosplan n'y serait pour rien.

Après cette analyse des problèmes de la main-d'œuvre en 1965, nous pouvons compléter le tableau avec des chiffres et des analyses pour 1968, puis 1972.

Le 16 septembre 1968, soit 3 ans après le rapport Efimov, le chef du département de la Main-d'œuvre du Gosplan de la République fédérative de Russie, Kasimovskij, qui a probablement travaillé auparavant à l'Institut de recherche d'Efimov, prononce une conférence à huis clos devant un groupe d'experts gouvernementaux. Nous reprenons ci-dessous les principaux points traités.

L'extraordinaire concentration de la population dans les villes au cours des 20 années passées complique considérablement les questions de la main-d'œuvre (de sa disponibilité et de sa répartition). La croissance la plus forte s'observe dans les grandes villes. En revanche, dans les petites, la population est en baisse. Entre 1926 et 1960, la population des villes de plus de 500 000 habitants a été multipliée par 5,9 (4,5 pour la République fédérative de Russie). Dans bien des cas, les villes plus petites et les agglomérations urbaines, qui peuvent jouer un rôle capital pour la population des alentours, sont déstabilisées par les rythmes incontrôlés de l'urbanisation. Au lieu de remplir leur fonction de centre pour la région qui les entoure, elles deviennent source de problèmes dans le domaine de l'emploi ou de la démographie.

Le nombre des petites villes n'augmente pas et leur population a baissé de 17 % en Russie (et, à une moindre échelle, en URSS, prise comme un tout). Dans la République fédérative de Russie, entre 1926 et 1960, la part de la population vivant dans des villes de moins de 10 000 habitants est passée de 9 à 1 %, tandis que les villes de 100 000 à 200 000 habitants ont vu leur part augmenter. Les choses se sont passées de façon différente aux États-Unis : le nombre des petites villes et leur proportion sont restés stables, les villes moyennes (de 10 000 à

50 000 habitants) ont augmenté, et les plus grandes villes ont vu leur population diminuer. Le modèle américain est certainement plus avantageux, car le prix de la mise en exploitation d'un hectare dans une petite ville est bien plus faible que dans une grande. En Russie, il est de 45 à 47 roubles dans les petites villes contre 110 à 130 dans les grandes.

Dans les 28 plus grandes villes du pays, il est interdit de construire de nouvelles usines. Pourtant, dans le cadre du plan quinquennal en cours, les ministères, soit qu'ils aient obtenu une dérogation, soit qu'ils aient choisi délibérément de ne pas respecter cette interdiction, ont créé des entreprises pour profiter de meilleures infrastructures, entraînant une forte pénurie de main-d'œuvre dans les villes concernées. La population y croît rapidement, mais la création de nouvelles industries (et – c'est une remarque personnelle – pas seulement d'industries), se fait plus vite encore. Dans les petites villes, c'est tout le contraire : on a beau bâtir des usines, la main-d'œuvre est toujours excédentaire, ce qui pose d'autres problèmes connexes, notamment les effets négatifs dus à une disproportion entre main-d'œuvre masculine et main-d'œuvre féminine[29].

Cette situation complexe est analysée 4 ans plus tard, de façon très détaillée, par un autre grand expert de ces questions. Dans les petites et moyennes villes, des difficultés économiques et sociales préoccupantes ne cessent de s'accumuler, constamment reflétées dans l'utilisation de la main-d'œuvre. Là encore, l'expert souligne le déséquilibre entre l'emploi masculin et l'emploi féminin.

Dans les villes où de nouvelles industries sont implantées, une partie de la main-d'œuvre inemployée diminue. En revanche, celles qui restent à l'écart du développement économique voient fuir leur population, au point que certaines villes petites ou moyennes connaissent une pénurie de main-d'œuvre. En outre, dans de nombreuses villes, une spécialisation unilatérale fait que l'on recourt de façon privilégiée à une main-d'œuvre soit féminine, soit masculine, ce qui est source de déséquilibres. Dans la seule Russie, on compte environ 300 villes où ce déséquilibre entre les sexes est plus ou moins affirmé, retentissant sur la composition de la population. L'étude à laquelle il est fait référence ici porte sur 70 villes, réparties dans 20 régions, où ce problème existe.

Dans les villes où l'emploi de l'un des deux sexes est prédominant, l'autre se retrouve sans travail, à la recherche d'un emploi à domicile ou sur le lopin familial. L'impossibilité de fonder des familles augmente la mobilité de la main-d'œuvre ; un déficit de celle-ci apparaît, qui frappe précisément les entreprises les plus importantes pour l'économie de la ville, et la répartition des compétences professionnelles et des qualifications est bouleversée. L'étude montre que la part des hommes parmi les personnes sans emploi dans les villes à fort emploi féminin va de 27 à 57 %, alors que la moyenne nationale est de 13 %. La mobilité y est bien plus importante que partout ailleurs, accompagnée mécaniquement par un exode et un déficit de main-d'œuvre. Bien des usines textiles sont obligées de faire venir des ouvrières, en général des jeunes filles à partir de 15 ans. De moins en moins de travailleuses sont d'origine locale : pas plus de 30 %, contre 90 à 100 % pour les hommes. Mais ces jeunes filles venues d'ailleurs ne restent pas longtemps, car la situation démographique ne leur convient pas. C'est là la principale explication de la forte instabilité de la main-d'œuvre féminine (jusqu'à 29 ans), observée par des sociologues dans l'important centre textile d'Ivanovo-Voznesensk. Autre phénomène non rationnel observé dans ces villes à emploi féminin majoritaire : les ouvriers qualifiés n'ont rien d'autre à faire que cultiver leur lopin de terre, un travail qui ne requiert aucune qualification. Et, dans les villes de la région de Vladimir, 20 à 30 % des employés du commerce et de l'alimentation sont des hommes, alors que la moyenne en République fédérative de Russie est de 15,1 %.

La somme de tous ces déséquilibres, notamment dans la répartition des classes d'âge et des sexes, a des effets démographiques négatifs : un faible taux de croissance naturelle de la population, un exode mécanique élevé et une baisse générale de la croissance de la population. Dans les petites villes, on compte 125 femmes pour 100 hommes (118 pour 100 dans l'ensemble des villes de la République fédérative de Russie). L'excédent féminin apparaît en moyenne à partir de 40 ans, mais dans les petites et moyennes villes il s'observe à partir de 15 ans.

Le ralentissement de la croissance démographique a pour conséquence un vieillissement de la population. Les 20-39 ans ne constituent plus que 30 % de la population des villes de

Russie. Dans la population totale de cette république, campagnes comprises, le pourcentage est de 33 %. Le rapport que nous citons traite également de la formation des familles et des familles monoparentales.

Selon l'auteur du rapport, la complexité de ces phénomènes dépasse les dirigeants des républiques. Les mesures prises pour y porter remède tournent court. Parmi les obstacles évoqués figurent une planification déficiente et l'absence d'incitation à l'implantation d'industries dans les petites villes de la part des ministères économiques, l'instabilité de leurs programmations, la faiblesse de leur capacité de reconstruction. Le gouvernement de la République fédérative de Russie a tenté de convaincre le Gosplan de l'URSS de l'aider à éliminer ces dysfonctionnements par un plan spécial concernant 28 villes « féminisées » et 5 villes « masculinisées », mais sans résultat. Le Gosplan a d'autres priorités[30].

On le voit, ces problèmes complexes de main-d'œuvre et de démographie suscitent bien des études, et des inquiétudes – des sociologues et une petite équipe de spécialistes en psychologie sociale participent également aux débats. Leurs dimensions nationales et ethniques sont la cause de quelques migraines supplémentaires.

Le système soviétique était-il armé pour affronter ce type de situation ? Il a su déterminer les objectifs prioritaires, comme le développement accéléré des branches économiques clés, de la défense (liée à bien des titres aux précédentes) et de l'enseignement de masse. Mais, dans chacun de ces cas, la tâche spécifique était relativement facile à définir. Ce qui passe au premier plan, dans les années soixante, ce sont des défis d'une tout autre nature, qui exigent une capacité à articuler plusieurs plans. En d'autres termes, il faut penser et gérer la complexité. Désormais, l'emploi est un élément du puzzle social, économique, politique et démographique, et il est pris en compte en tant que tel.

Autres malheurs du modèle économique

Après la mort de Staline, d'importants changements sont intervenus dans l'économie, avec des résultats probants. Une forte augmentation des investissements agricoles, avant tout sur les « terres vierges » du Kazakhstan et d'ailleurs, et une hausse des prix payés aux producteurs agricoles ont entraîné un doublement du revenu monétaire des fermes collectives dans les années 1953-1958. La production agricole a augmenté de 55 % entre 1950 et 1960, la production de céréales est passée de 80 à 126 millions de tonnes. Les trois quarts de l'augmentation viennent de la mise en culture des « terres vierges ». Mais celles-ci ne peuvent produire des céréales de façon régulière dans le long terme.

Pour améliorer le niveau de vie, les investissements dans le logement et les biens de consommation sont également accrus. Entre 1950 et 1965, le parc de logements dans les villes double, et le fossé s'atténue entre les investissements dans l'industrie lourde, priorité de l'ère stalinienne, et ceux dans le secteur des biens de consommation.

On assiste à de sérieuses améliorations dans le domaine de la santé. Le taux de mortalité passe de 18 ‰ en 1940 à 9,7 en 1950 et 7,3 en 1965. La mortalité infantile – le meilleur indicateur en matière de santé publique – passe de 182 ‰ sur les enfants nés vivants en 1940 à 81 ‰ en 1958 et 27 ‰ en 1965.

Le niveau d'éducation de la population augmente lui aussi : le nombre d'élèves poursuivant leur scolarité au-delà des quatre années d'école élémentaire passe de 1,8 million en 1950 à 12,7 millions en 1965-1966. Quant aux effectifs de l'enseignement supérieur, ils sont multipliés par trois : on passe de 1,25 million d'étudiants à 3,86 millions au cours de la même période.

Les revenus des paysans, extrêmement bas en 1953, augmentent plus rapidement que ceux des citadins. Dans les villes, un nivellement apparaît : les revenus minimaux augmentent, ainsi que les retraites, et les inégalités salariales se réduisent.

Mais l'ancienne priorité accordée à l'industrie lourde et aux armements subsiste, et les problèmes s'accumulent dans la mesure où l'on cherche simultanément à augmenter le niveau de vie et à dynamiser le progrès technologique. Le Japon de l'époque a rattrapé la croissance soviétique et réussit à la fois à élever le niveau de vie et à moderniser son économie, alors que les économistes et les planificateurs soviétiques savent et disent, en secret mais aussi dans certaines publications, que le modèle économique du pays, qui reste fondamentalement stalinien, est porteur de dangereux déséquilibres. Néanmoins, l'Union soviétique connaît des réussites spectaculaires, surtout dans le domaine spatial, si bien qu'au total, selon Robert Davies, « l'URSS de 1965 regarde l'avenir avec confiance, ce qui alarme considérablement les puissances capitalistes[31] ». Mais en réalité, comme le montrent des documents d'archive du Gosplan et d'autres institutions, l'avenir qui pointe à l'horizon est bien plus compliqué et préoccupant, et les planificateurs s'en inquiètent.

Concernant les objectifs du huitième plan quinquennal (1966-1970), certains échecs sont visibles. Le collège du Gosplan a averti le gouvernement que ces échecs pèseront sur le plan suivant[32]. Bien que les investissements (toutes sources confondues) aient augmenté de 1,7 % (soit 10 milliards de roubles), le programme d'investissements centraux, dont dépend l'essentiel des nouvelles capacités productives, notamment dans l'industrie lourde, connaît un déficit de 27 milliards, soit 10 %. Pour couronner le tout, une dépense supplémentaire de 30 milliards a été rendue nécessaire par la hausse des coûts de construction des unités productives, sans que celles-ci aient accru leurs capacités de production. Aussi les objectifs du plan concernant l'entrée en activité de nouvelles unités ne seront-ils atteints qu'à 60 % pour le charbon et l'acier, à 35-45 % pour l'industrie chimique, à 42-49 % pour le secteur tracteurs et camions, à 65 % pour le ciment et à 40 % pour la cellulose. Tout cela pèsera d'autant sur les constructions d'usines à entreprendre au cours du plan suivant.

Le Gosplan rejette la responsabilité sur les ministères, qui doivent dégager des réserves pour accroître la production. Mais la plupart d'entre eux n'incluent pas, dans leur programmation pour 1971-1975, d'améliorations dans leurs branches respectives. Et cela en dépit des nombreuses injonctions du gouvernement à le faire et à dégager des réserves.

Les facteurs extensifs dans l'économie continuent de croître

Un diagnostic encore plus révélateur est avancé par l'Institut de recherche du Gosplan. Le 19 novembre 1970, son directeur,

Kotov, écrit au chef adjoint du Gosplan, Sokolov. Voici, en substance, ce qu'il lui dit. Le XXIVe congrès du Parti a postulé dans ses directives pour le neuvième plan (1971-1975) que la réussite économique doit reposer sur l'intensification de la production et l'introduction de technologies nouvelles – ces postulats s'appliquent aussi à l'agriculture. Mais les données correspondantes montrent, en premier lieu dans l'agriculture, que les dépenses déjà engagées en termes de main-d'œuvre, de salaires et de fonds sociaux croissent plus vite que la production. Cette tendance est en contradiction avec les impératifs du développement économique, à savoir obtenir une certaine réduction du travail social[33].

Les proportions peu favorables qui pointent à l'horizon du prochain plan (1971-1975) ont pour cause première la très forte réduction de la productivité des investissements en capital. L'indicateur existant pour mesurer le rendement de ces investissements n'est pas fiable et les économistes du département de l'Agriculture manquent d'un instrument adéquat pour mesurer ces avoirs productifs et planifier les proportions de capital requises.

Kotov livre ensuite une série de calculs, que nous ne reproduirons pas ici, mais qui appuient l'avertissement adressé au Gosplan et au gouvernement : « Les facteurs extensifs sont en passe de devenir plus forts dans le développement de l'économie, avant tout parce que la croissance des investissements de base est beaucoup plus forte que celle de la production. Cette tendance est plus manifeste encore dans l'agriculture que dans les autres branches. »

Si les experts sont inquiets, c'est parce qu'une tendance de ce type va à l'encontre d'un développement moderne, industriel et scientifique. Sans aucun doute, certains dirigeants qui participent à l'élaboration et à la mise en application de la politique économique sont conscients de ces tendances menaçantes, qui ne laissent pas de les préoccuper.

Chapitre IV

Des « administrateurs » malmenés,
mais prospères

Le « marchandage »

Nous revenons au phénomène bureaucratique, dont nous avons étudié le destin sous Staline. Après sa mort, on assiste, pour ce qui concerne les administrations, à ce que l'on peut appeler, sans exagération, « l'émancipation de la bureaucratie ». Sous le stalinisme, elle a payé le prix fort. Même si les responsables administratifs servaient du mieux qu'ils pouvaient, le système ne les autorisait pas à se comporter comme les patrons qu'ils étaient censés être. Ils vont désormais faire leur possible pour éliminer du système tous les éléments du stalinisme qui leur ont gâché la vie. En anticipant un peu, on peut dire que le phénomène bureaucratique va s'épanouir comme jamais auparavant, et que le fonctionnement du système soviétique va en être profondément transformé. Désormais, le processus de décision est « bureaucratisé », c'est-à-dire qu'il ne prend plus la forme d'ordres catégoriques, mais celle d'un processus complexe de négociation-coordination (*soglaso-vyvanie*) entre les hauts dirigeants et les administrations. Ce nouveau mode de fonctionnement était déjà présent de bien des manières, mais il courait toujours le risque d'être remis en cause par des purges, parfois sanglantes. Une telle perspective est désormais exclue, même si, sous Khrouchtchev, une réforme soudaine liquide en un clin d'œil un grand nombre de services gouvernementaux. Mais cela n'a rien à voir avec la façon dont Staline opérait. D'ailleurs, la réforme en question finit par échouer, comme nous aurons l'occasion de l'exposer plus en détail.

Deux termes russes sont particulièrement utiles quand on évoque le monde bureaucratique. Le premier, déjà mentionné, est *soglasovyvanie*, qui exprime parfaitement l'interminable processus de négociation-coordination, assimilable à une forme de marchandage, entre les départements des ministères, ainsi qu'entre les responsables des ministères et ceux du Parti. Le second est *upravlency*, qui désigne les cadres de l'administration engagés dans l'*upravlenie*, qui signifie « gestion-direction-commandement ». Ce que nous avons vu de l'état de dépression dans lequel se trouve l'appareil du Parti après la guerre, par opposition à la puissance et à l'arrogance des ministres et de leurs services, si douloureusement ressenties par les apparatchiks du Parti, nous prépare à suivre la politique que mène Khrouchtchev au départ. Elle vise à redonner vie au Parti et à rehausser le statut et le pouvoir de son appareil en renforçant son rôle idéologique (mais cette politique et les espoirs qui la nourrissent se tasseront par la suite). Dans cette perspective, Khrouchtchev déploie beaucoup d'énergie pour reformuler à sa manière, à la fois neuve et ancienne, les aspirations socialistes. Il met un accent particulier sur les aspects pratiques, comme l'élévation du niveau de vie de la population, mais aussi de celui des apparatchiks eux-mêmes pour qu'ils rattrapent sur le plan matériel les hauts responsables des ministères – une référence pour les dirigeants du Parti comme pour les apparatchiks de moindre rang. Il s'agit non seulement des salaires, mais aussi et surtout de toutes sortes d'avantages en nature, objets d'une intense convoitise au sein des couches supérieures car ils constituent à leurs yeux le seul instrument de mesure de leur statut réel (ce qui n'est pas une invention des bureaucrates soviétiques). Il faut que le Comité central fasse quelque chose le plus tôt possible pour satisfaire le personnel de l'appareil du Parti, au niveau central comme à celui des républiques, afin qu'il ne soit plus un groupe de seconde zone, composé de déchus appauvris. C'est le seul moyen d'empêcher le départ des apparatchiks les plus brillants ou les plus habiles chez la « concurrence ». C'est pourquoi des mesures sont prises pour que les apparatchiks se sentent de nouveau en selle et soient perçus comme tels, ainsi qu'il convient à un parti dirigeant.

L'administration d'État

Dans l'aperçu que nous allons donner de l'administration d'État, nous opérerons, comme dans la première partie, une nette distinction entre les *upravlency* d'une part et les apparatchiks de l'appareil du Comité central et des autres organisations du Parti d'autre part.

Comme on pouvait s'y attendre, la puissante administration d'État dans tous ses secteurs était très sensible, comme le reste de la société, à la transition en cours vers un type différent d'organisation sociale, culturelle et, à certains égards, politique. La bureaucratie se devait de réagir à ces vagues spontanées de changements qui déferlaient, et, ce faisant, elle exprimait largement sa propre « spontanéité », c'est-à-dire les tendances et les aspirations existant en son sein. Elle adoptait de nouveaux comportements ; l'image qu'elle se faisait d'elle-même et sa façon de penser ses intérêts évoluaient. Notre enquête se focalisera sur ce dernier point : les orientations dominantes de la bureaucratie, surtout dans ses couches supérieures, concernant ses intérêts propres et ce qu'elle estimait être sa position au sein du système.

L'histoire de la bureaucratie soviétique est encore assez mal connue. Dans l'histoire, complexe et agitée, de la création des structures administratives de l'État et du recrutement de son personnel, constamment à l'ordre du jour depuis que Lénine avait demandé, à la fin de la guerre civile, un premier recensement des fonctionnaires, se cache une histoire collatérale, celle des services créés pour contrôler cette administration. Tout comme les autres structures administratives, ils étaient sans cesse dissous et remplacés par d'autres – mais nous n'entrerons pas ici dans ces détails. L'histoire administrative de l'URSS témoigne d'un penchant stupéfiant pour la « bureaucréativité », riche en restructurations, lesquelles, toutefois, ont cessé dans les dernières années du régime. Les méchantes langues disaient que les bureaucrates ne prenaient jamais leur retraite : ils mouraient dans leur fauteuil.

Un service de contrôle, quel qu'il soit (le premier datant de 1921), avait pour mission de définir, classer, dénombrer et, bien entendu, chiffrer les effectifs et le coût du « monstre ». Cette tâche à elle seule s'est révélée très onéreuse. Dans les deux premières décennies du régime, il y a eu de nombreux calculs, recensements et classifications, mais nous passerons directement à 1947, date à laquelle l'Office central des statistiques a entrepris un recensement complet des différentes couches administratives et où des chiffres crédibles ont été communiqués aux dirigeants. Ces chiffres n'étaient bien entendu qu'un début. Évaluer le coût de ces services administratifs, définir des règles de rémunération, repenser les organigrammes, procéder aux nominations (de la *nomenklatura*, ou plus exactement des *nomenklaturas*, car il y en avait plusieurs), était une entreprise gigantesque. La politique des salaires à elle seule (si l'on voulait y mettre de l'ordre) demandait un énorme travail : définition des postes, élaboration d'une grille de salaires, avec un traitement spécial pour les secteurs prioritaires et les secteurs privilégiés, contrôle de l'utilisation de la masse salariale... Sans parler du problème plus vaste de savoir comment les ministères géraient les autorisations budgétaires accordées par le ministère des Finances, après approbation du Comité central et du Conseil des ministres. Chacune des tâches brièvement énumérées ici exigeait des services de contrôle un temps et une énergie considérables, et les hauts dirigeants eux-mêmes en étaient préoccupés. La complexité « circulaire » de l'entreprise (un appareil contrôlant un autre appareil) était telle qu'aucun service dit de « contrôle d'État » n'était en mesure de contrôler effectivement cet univers bureaucratique en expansion continue.

Le premier des « contrôleurs » était le ministère des Finances, car c'est lui qui tenait les cordons de la bourse. Ensuite venait le Gosplan ; en charge d'assigner leurs objectifs économiques aux ministères, il devait connaître le nombre, les structures et les coûts de leurs personnels. L'Office central des statistiques, dont personne ne pouvait se passer, effectuait périodiquement des recensements généraux ou partiels. Enfin, on trouvait l'administration du « contrôle d'État » (dont l'histoire est riche en réorganisations et changements de nom). Elle étudiait et enquêtait sur les administrations, et mettait en évidence la prolifération des services et des fonctionnaires. Ses archives, qui contiennent des masses de données, sont une mine pour les chercheurs. Nous y apprenons, entre autres choses intéressantes, que l'administration souffrait d'une sorte de propension au morcellement, c'est-à-dire à la création de multiples sous-

unités dont les fonctions se chevauchaient et où les dysfonctionnements abondaient. Enfin, la Procurature, la police et le
KGB avaient eux aussi en main de nombreux dossiers sur des
cas de négligences importantes, de fonctionnement inacceptable et de comportements délictueux. Les organisations du Parti,
et en premier lieu son appareil, apportaient leur contribution à
l'analyse du phénomène en vue de formuler des propositions
politiques. Très souvent, ils diligentaient eux-mêmes des
enquêtes ou créaient des commissions interservices pour analyser les problèmes du « système administratif » en général ou
ceux d'une administration particulière. L'expression russe pour
désigner l'ensemble du phénomène bureaucratique, *administra-
tivno-upravlenčeskaja sistema* (« système administratif de
gestion et de commandement »), est tout à fait adéquate, mais
elle recouvre en fait et l'administration d'État, et l'appareil du
Parti. Pour compléter le tableau de cette bureaucratie sans cesse
inspectée, soumise à enquête et restructurée, mentionnons que
chaque administration disposait de son propre service d'inspection. Rien ne pouvait empêcher cette structure toujours plus
complexe de poursuivre son expansion, sur sa lancée propre,
dans une direction que personne ne souhaitait.

Nous ne saurions oublier que la direction avait la capacité de
brandir son couperet et de lancer des offensives contre la
bureaucratie. Les purges sous Staline en sont un exemple. Mais
les tentatives menées jusqu'alors pour réduire et rationaliser
les administrations, les rendre plus efficaces, moins coûteuses
et plus responsables, tant devant la direction du pays que
devant l'opinion, avaient été aussi nombreuses qu'inutiles.
C'est probablement pour cette raison que le fonceur Nikita,
une fois de plus très sûr de lui, s'est lancé dans une attaque
frontale pour trancher dans le vif et à grande échelle mais,
comme toujours dans son cas, sans avoir préparé sa stratégie.
Ce traitement de choc a été très impressionnant au départ, car il
n'était pas dénué de fondements.

Le chambardement administratif de Khrouchtchev (1957-1964)

L'objectif était de remplacer la gigantesque pyramide des
ministères économiques (essentiellement liés à l'industrie),

hypercentralisée et peu attentive aux intérêts locaux, par des administrations économiques locales. Celles-ci auraient pour mission de gérer et de contrôler l'économie avec une perception et une connaissance des réalités spécifiques bien meilleures que celles de lointains bureaucrates basés à Moscou. Comme l'essentiel de l'activité économique se déroulait à l'échelon local, le but était de faciliter la prise d'initiative et le dégagement de nouvelles ressources, et de remédier aux échecs de la pyramide antérieure. Une plaisanterie résume parfaitement le problème. Deux services économiques, situés face à face dans une rue de Kazan, possèdent chacun dans son entrepôt une marchandise dont l'autre a besoin. Mais ils ne peuvent procéder à aucune transaction tant que chacun n'a pas appelé son ministère de tutelle à Moscou. Et quand celui-ci donne son accord, des trains quittent la capitale pour Kazan, chargés de marchandises que les deux entrepôts détiennent déjà en quantité suffisante. Cette plaisanterie n'était pas loin de la réalité.

Le gigantisme des ministères a fait surgir le besoin de rapprocher les gestionnaires des lieux de production, en procédant non plus par branches, mais par découpage territorial. Le 10 mai 1957, le Comité central adopte le raisonnement suivant : il n'est plus possible de diriger à partir des bureaux ministériels de Moscou 200 000 entreprises et 100 000 chantiers de construction répartis dans tout le pays. Le moment est venu d'accroître les compétences des républiques et des districts, et d'amener les gestionnaires dans les régions économico-administratives.

Le programme, conçu avant tout pour l'industrie et la construction, est également appliqué à d'autres secteurs. En mai-juin 1957, le Soviet suprême crée 105 régions économiques – 70 en République fédérale de Russie, 11 en Ukraine ; dans certains cas, une république est assimilée à une région économique. Au total, 141 ministères économiques existants[*] sont supprimés, ce qui représente 56 000 fonctionnaires, soit une

---

[*] Ils étaient de trois catégories : les ministères centraux compétents pour toute l'Union, les ministères centraux « décentralisés » au niveau des républiques, et enfin les ministères relevant exclusivement des républiques. (*NdT.*)

économie de salaires de 600 millions de roubles. Ils sont remplacés par des conseils économiques (sovnarkhozes), compétents pour plusieurs branches au niveau des territoires. Leur personnel est au départ réduit : de 11 à 15 fonctionnaires. En 1960, les directeurs de grandes usines ou de grands chantiers sont cooptés et des départements supplémentaires sont créés, avec en leur sein des services affectés à la gestion des branches. Sur la lancée, on forme des commissions techniques réunissant des experts, des ingénieurs et des spécialistes en rationalisation des entreprises.

En 1959 et 1960, les succès économiques sont incontestables, avec des taux de croissance annuelle de 8 %. Dans les républiques les plus importantes, des « conseils de l'économie du peuple pour les républiques » sont créés afin de coordonner les conseils économiques régionaux et de traiter des questions d'approvisionnement en matériel et en technologies. À la fin de 1962, certains sovnarkhozes fusionnent et leur nombre passe de 105 à 43. Le 24 novembre 1962, un Conseil de l'économie du peuple compétent pour toute l'Union est créé à Moscou. Il est chargé d'élaborer un plan national et un système général d'approvisionnement en matières premières et en technologies, et il gère l'ensemble par le biais des gouvernements des républiques, de leurs conseils économiques (sovnarkhozes) et des ministères. Le gouvernement central, c'est-à-dire le Conseil des ministres de l'URSS, ne s'occupe plus que de ce qui n'est pas inclus dans le plan. Un niveau central est donc recréé, mais il reste encore morcelé. Le 13 mars 1963, le Conseil de l'économie du peuple de l'URSS est doté d'un double statut. Il intervient au niveau de l'Union et des républiques, où des institutions homologues sont créées. Au cours des années 1963-1965, il se voit confier la tutelle du Gosplan, du Comité d'État à la construction et des comités de branches du Conseil des ministres dans les secteurs clés. Or cette période, après les bons résultats des années 1957-1960, est marquée par une diminution de la croissance, et les défauts du nouveau système apparaissent clairement. Décentraliser et démocratiser la gestion de l'économie relevait d'une bonne intention, mais les sovnarkhozes se révèlent incapables de prendre en charge l'indispensable spécialisation des branches par où passe l'essentiel du développement technologique. Ils privilégient les rapports avec les entreprises de leur région, sans se préoccuper des problèmes transversaux propres aux branches[34].

Dès le début (1957), beaucoup avaient compris qu'il fallait combiner principe territorial et principe des branches. C'est ce qui explique l'apparition, sous la tutelle du Conseil des ministres, de comités d'État à la production, chargés d'articuler ces deux logiques. Une autre anomalie appelait des modifications : la recherche et les bureaux d'études étaient coupés des unités de production. Ils ne relevaient pas des sovnarkhozes, et les comités d'État à la production, qui en avaient la tutelle, n'étaient pas compétents pour introduire les innovations technologiques dans la production – ils ne pouvaient faire que des recommandations.

En outre, les sovnarkhozes avaient tendance à prendre prioritairement en considération les intérêts locaux, visant à une forme d'autarcie économique, où tout serait produit localement. Cela engendrait un certain « localisme », chacun ne voulant s'occuper que de ses propres affaires. Dans ces conditions, les comités de branches du gouvernement central (comme l'expliqua leur chef, Kossyguine, au Comité central en 1965) n'avaient aucun impact sur le développement technologique. Ils n'étaient que des organes consultatifs. La réforme khrouchtchévienne, mal conçue, craquait de toutes parts.

L'échec des sovnarkhozes donne lieu à une nouvelle vague de critiques contre le « volontarisme » et un penchant à « administrer » qui se résume à donner des instructions – des critiques maintes fois proférées contre le système antérieur. Pourtant, après la chute de Khrouchtchev, on assiste à un retour en arrière. Les sovnarkhozes locaux ou centraux sont supprimés, et le système vertical des ministères est rétabli.

La restauration des ministères verticaux, dès 1965, n'est pas le fruit du hasard. Le régime se sentait plus à l'aise avec des pyramides administratives centralisées susceptibles d'être contrôlées qu'avec un système mixte combinant les deux principes – et qui n'avait jamais été sérieusement élaboré. Le plénum du Comité central, en 1965, tire les leçons de sept années de développement et supprime d'un trait de plume les différents organes centraux, républicains et locaux de la variante « sovnarkhozes ». À la fin de 1965, 35 ministères industriels sont de nouveau au travail, fonctionnant comme auparavant. Quant au Gosplan, qui a dû supporter une cohabitation douloureuse avec le Conseil économique du peuple, il retrouve ses compétences antérieures, de même que le puissant mais très déconsidéré Gossnab, le ministère de l'Approvisionnement matériel et technique.

Mais cette réorganisation ne devait pas constituer un *happy end* en soi, même si Kossyguine s'était prononcé en faveur d'un retour aux pyramides verticales des ministères centralisés. À la différence d'autres dirigeants, il ne les idéalisait pas, et, toujours en 1965, il lança, sans fanfare (ce qui mérite d'être noté), une nouvelle expérience économique (la dernière du régime), dont l'objectif était de changer le système des stimulants économiques sans s'attaquer directement au commandement administratif.

Ce retour rapide à l'énorme complexe d'administration économique prékhrouchtchévien semblait un miracle, mais en fait le vieux système n'avait jamais vraiment disparu. Très rapidement, après la création des sovnarkhozes, un système de substitution avait été mis en place sous la forme des comités de branches industrielles du Conseil des ministres, dont le statut était très proche de celle des anciens ministères. Le nombre de fonctionnaires dans les divers services industriels centraux atteignait 123 000 personnes à la fin de 1964, chiffre supérieur à celui de 1956. De plus (et c'est un point dont nous n'avons pas encore parlé), de nombreux comités d'approvisionnement par branches, qui remplaçaient le superministère de l'Approvisionnement, supprimé, étaient apparus de façon assez surprenante au sein du Gosplan. Ils employaient beaucoup d'anciens cadres des ministères, dont ils préservaient le savoir-faire, les tenant prêts à restaurer les anciennes structures du jour au lendemain.

Certains fonctionnaires des ministères économiques avaient été pénalisés à cause du grand chambardement, parfois au point d'être obligés de quitter Moscou pour les provinces, mais il ne s'agissait en aucun cas d'une purge. Et chacun sait que dans les milieux bureaucratiques les administrateurs prennent le plus grand soin de leur carrière : à peine limogés d'un poste, ils en retrouvent un autre ailleurs, de même échelon le plus souvent. Le mégacentre moscovite maîtrisait parfaitement ce

« système de sécurité bureaucratique », même si les connaisseurs étaient conscients que ceux qui avaient été préservés
étaient non pas les plus performants, mais ceux qui avaient les
meilleures relations et qui étaient les plus habiles – un trait,
répétons-le, qui n'est pas spécifiquement soviétique.

La reconstitution des ministères, tout en faisant beaucoup
d'heureux parmi les fonctionnaires, voit dans le même temps
refleurir l'ensemble des dysfonctionnements qui avaient justi-
fié la réforme khrouchtchévienne. Un livre écrit par des
parents et amis de Kossyguine permet de se faire une idée du
jugement du patron de l'économie, avant tout soucieux
d'efficacité[35]. Kossyguine se plaignait amèrement que tant
d'affaires remontent jusqu'au Conseil des ministres, alors
qu'elles auraient dû être traitées par les nombreuses administrations dont c'était précisément la fonction. « Pourquoi le
gouvernement devrait-il se pencher sur la qualité du sable dans
l'industrie du verre et dans d'autres secteurs industriels ? Il y a
des ministères, un service des normes : pourquoi ne se réunissent-
ils pas pour régler ce problème ? » Le Comité d'État à la construction, organisme très puissant, venait soumettre à
Kossyguine ses nouveaux modèles de maisons, alors que cette
affaire était de son seul ressort. Tout cela, nous dit l'auteur du
chapitre en question, témoignait de la faible efficacité de
nombreux services de l'État. Kossyguine ne ménageait pas ses
critiques à leur égard et cherchait à améliorer leur fonctionnement. Un jour que le ministre des Finances, Garbuzov,
évoquait devant lui l'expansion de l'appareil d'État, ses
multiples hiérarchies, les nombreux départements qui faisaient
double emploi, Kossyguine lui avait répondu : « Il est vrai que
la productivité de notre appareil est très faible. La plupart des
gens travaillent très peu et n'ont aucune idée de ce qu'ils feront
le lendemain. Nous venons de supprimer le comité des Relations culturelles avec l'étranger. Qui s'en est aperçu ?
Personne. Pas moi, en tout cas. Nous produisons des tonnes de
papier, mais dans la pratique nous n'en faisons presque rien.
Avec une meilleure organisation du travail, nous pourrions
facilement diminuer de moitié le nombre des fonctionnaires. »

Une note de désespoir est perceptible dans ces paroles.
Kossyguine dépeint un système qui, au niveau immédiatement
inférieur à celui du sommet, ne fait pas grand-chose et ne s'en

soucie guère. Pour des raisons historiques compréhensibles, ce système a été créé « du haut vers le bas », mais il est resté figé dans ce moule jusqu'à la fin. L'intermède désordonné ouvert par Nikita était un essai légitime pour modifier ce fonctionnement, mais l'ancien système est revenu au galop. Le mécanisme bureaucratique dans son essence est resté le même, si ce n'est que, pendant une brève période, il a été divisé en répliques locales du « grand frère ».

Un homme comme Kossyguine avait-il une idée claire des raisons pour lesquelles tout allait si mal ? Avait-il réfléchi aux causes profondes du phénomène ? Il est impossible de répondre de façon définitive tant que ses archives ne sont pas accessibles.

Mais une première réponse nous est peut-être fournie par la réforme des « mécanismes économiques », lancée officiellement en 1965 et qui porte le nom de Kossyguine. Il s'agit de la plus grande réforme économique de l'après-guerre. Elle démarre prudemment, sans annonces spectaculaires. Son objectif principal est de réduire le poids des indicateurs de la planification centrale, système tentaculaire, difficile à coordonner, pour introduire par en bas dans le système des stimulants nouveaux, notamment en dégageant des fonds pour récompenser les gestionnaires et les travailleurs au regard de leurs bons résultats ou de leurs innovations technologiques. La méthode est d'abord expérimentée dans un nombre restreint d'usines. Puis, comme elle donne des résultats encourageants, elle est appliquée à un nombre plus important d'entreprises et de branches. Mais sa progression se heurte rapidement à des obstacles qui ne pourraient être surmontés qu'à condition de prendre d'autres mesures ayant pour effet de renforcer la rupture avec les structures existantes. Ces mesures auraient ouvert la voie à une « débureaucratisation » et modifié le rapport entre les indicateurs du plan (véritables camisoles de force) et les stimulants matériels introduits dans les unités de production et parmi les consommateurs. Les conservateurs avaient raison lorsqu'ils objectaient que cela reviendrait à transformer le système au point de le rendre méconnaissable. C'était absolument nécessaire, mais aucune dynamique politique n'était capable de mener à bien l'opération. Les adversaires de Kossyguine finiront par étouffer la réforme, sans même avoir besoin de le proclamer ouvertement.

Ces « adversaires » formaient une coalition, ou plus exactement un bloc, réunissant les couches supérieures de la bureaucratie de l'État et du Parti. Le terme *nomenklatura* est adéquat ici pour désigner ces strates. Tous étaient membres du Parti, et certains cumulaient un poste administratif élevé et un siège au Comité central. Mais il importe de distinguer les cadres administratifs des apparatchiks du Parti et de les étudier séparément. Dans la première partie, nous avons vu que, pendant la guerre et après, ces deux bureaucraties se percevaient comme deux catégories distinctes et concurrentes, cherchant à se supplanter mutuellement. L'un des premiers objectifs proclamés par Khrouchtchev avait été de restaurer la primauté du Parti, et d'abord celle de son appareil, pour en faire l'instrument de son propre pouvoir. C'est pour cette raison qu'il n'est pas inutile de revenir sur certains traits clés de cet appareil.

L'appareil du Parti

Les chiffres constituent ici une bonne base de départ[36]. Au 1er octobre 1949, on comptait 15 436 comités (ou organisations) du Parti. En dehors de l'administration du Comité central, les apparatchiks à temps complet, c'est-à-dire rémunérés à ce titre, étaient 138 961, dont 113 002 « responsables politiques » et 25 959 « techniciens ». Nous disposons de données sur le personnel des organisations locales du Parti pour la période 1940-novembre 1955, ventilées selon deux catégories (responsables politiques et techniciens), mais aussi selon la place de l'organisation dans le découpage administratif du pays (républiques, régions, districts, sous-districts et lieux de travail). Voici les totaux annuels au 1er janvier de chaque année.

	Responsables	Techniciens
1940	116 931	37 806
1947	131 809	27 352
1950	113 313	26 100
1951	115 809	26 810
1952	119 541	27 517

	Responsables	Techniciens
1953	125 005	28 710
1954	131 479	28 021
1955	142 518	27 830
1955*	143 768	27 719

*Au 1er novembre.

Une source fiable sur le personnel du Parti au 1er décembre 1963, la plus récente que j'ai pu obtenir, donne les chiffres suivants pour tout l'appareil, Comité central excepté : 24 290 organisations du Parti, 117 504 permanents, dont 96 909 « responsables » et 20 595 « techniciens ». La masse salariale mensuelle représentait 12 859 700 roubles pour les premiers et 1 054 100 roubles pour les seconds. La proportion relativement faible de « techniciens » s'explique par les pressions venues d'en haut pour que les limites budgétaires ne soient pas dépassées. En conséquence, les « responsables » manquaient de personnel, et notamment de secrétaires et de dactylos[37].

En 1958, le personnel du Comité central – le centre du pouvoir à Moscou – comptait 1 118 « responsables » et 1 085 « techniciens », soit 2 203 personnes, plus les responsables du Comité du Parti au sein même du Comité central (car, au Comité central comme sur n'importe quel lieu de travail, les membres du Parti avaient leur cellule). Le Comité central, on le voit, avait besoin d'un plus grand nombre de « techniciens », et il pouvait se les offrir. La masse salariale annuelle était de 57 039 600 roubles, toujours en 1958[38]. Cinq ans plus tard, un rapport mentionne une masse salariale annuelle de 65 millions de roubles, augmentation justifiée par le recrutement de nouveaux apparatchiks pour des postes et des structures nouvellement créés[39].

Deux mille employés d'un type particulier, dont 1 100 à des tâches politiques : tels étaient les effectifs de la célèbre Vieille Place, à Moscou, où était basé l'appareil du Comité central, le lieu du pouvoir qui contrôlait l'Union soviétique. Mais ces chiffres ne reflètent pas la vraie configuration du pouvoir central. Il faut y ajouter la haute administration du gouvernement et des ministères, soit environ 75 000 personnes, également basées à Moscou (l'appareil du Parti pour Moscou et sa région n'est pas inclus dans ces chiffres, mais il relève de la même catégorie). Il n'est pas superflu de mentionner, sans donner de chiffres, que les « sommets » dirigeants des républiques et des régions administratives (notamment des plus riches) devraient également être inclus, car ils acquéraient toujours plus de pouvoir à mesure que le centre se voyait submergé par une avalanche de problèmes, apparemment insolubles.

Il ne faut pas confondre cette couche supérieure, relativement peu nombreuse, avec la classe beaucoup plus large des *rukovoditeli* (responsables exerçant des fonctions de direction), répandus à travers tout le pays dans l'économie, l'administration et le Parti, et représentant environ 2 millions de personnes.

Les apparatchiks de Moscou étaient bien payés. Mais, en Union soviétique, le salaire n'est pas l'instrument de mesure adéquat pour évaluer le niveau de vie ou la manière dont les mérites sont récompensés. Outre la satisfaction de détenir une haute position, les vraies récompenses, aux yeux de tous, étaient les privilèges et les avantages en nature. Un système qui mérite qu'on s'y attarde.

Privilèges et avantages

L'accès à des services médicaux de qualité était un privilège particulièrement convoité[40]. La liste des bénéficiaires était conservée par la principale direction – la quatrième – du ministère de la Santé, qui était également en charge des meilleurs centres hospitaliers. Cette direction gérait trois centres de diagnostic et trois centres de traitement, ainsi qu'un centre de diagnostic et de traitement spécial, réservé aux membres du Comité central, du gouvernement et à leurs familles. Les premier et deuxième centres de diagnostic, ainsi que le centre hospitalier universitaire et un centre des urgences, étaient réservés aux dirigeants des organes centraux et locaux du Parti, des organes des soviets et des services économiques.

La liste des privilégiés s'accroissait avec les décisions successives du Comité central et du Conseil des ministres, qui reflétaient l'expansion de l'économie nationale, des organisations sociales, des médias. Elle finit par atteindre le chiffre de 500 000 personnes. Ainsi, les officiels de haut rang (et leurs familles), de la capitale jusqu'aux districts, avaient accès aux meilleurs soins médicaux. Le cercle étroit du Politburo et du Conseil des ministres disposait de ses propres services médicaux au Kremlin, supervisés par le ministère de la Santé.

Si l'on voulait prouver son statut et s'en prévaloir, il suffisait de mentionner qu'on avait droit « aux services médicaux du Kremlin ». Ainsi, pour qui veut connaître avec précision la composition du groupe des privilégiés, la meilleure source est au ministère de la Santé. On y trouve aussi des données intéressantes sur ceux qui perdaient ces avantages, et pas uniquement pour cause de décès. Mais l'accès à des services médicaux particuliers n'était qu'un aspect des choses.

Le 19 avril 1966, le chef adjoint du département des Affaires financières du Comité central communiqua à l'Office central des statistiques, qui en avait fait la demande, la liste des maisons de cure, maisons de repos et hôtels qui dépendaient de lui. Au 1ᵉʳ janvier 1966, on comptait 12 maisons de cure, 5 maisons de repos (sans compter celles où les séjours étaient limités à une journée) et 2 hôtels. Le document précisait qui y avait accès (adultes, enfants), combien de personnes y séjournaient par an, en haute saison, et où ils étaient situés. L'Office central des statistiques avait reçu la consigne de surveiller de près tous ces avantages. Le dossier comportait aussi des données du même ordre sur les établissements de villégiature du ministère de la Défense et du KGB. Tout ministère qui se respectait disposait d'établissements de cet ordre, sans parler des luxueuses datchas pour les pontes du régime.

Les responsables aux échelons inférieurs du Parti, sur les lieux de travail, devaient également être motivés dans leur travail. Des privilèges démesurés étaient inventés pour les apparatchiks du Parti, du Komsomol et des syndicats (c'est-à-dire les fonctionnaires payés, détachés de la production). En mars 1961, le Comité central décida qu'ils partageraient, selon des normes précises, les primes accordées aux ingénieurs et administrateurs qui avaient introduit de nouvelles technologies dans la production (y compris dans celle d'armement). Les primes attribuées par l'organe du Parti compétent ne devaient pas excéder trois années de salaire. Pour les administrateurs et ingénieurs des entreprises, elles pouvaient atteindre six années de salaire[41]. Malgré ces limitations, cela représentait une somme considérable. L'affirmation – ou plutôt la fiction – qui voulait que le travail des secrétaires du Parti était indispensable était ainsi renforcée par cette rémunération de leur « contribution » aux innovations technologiques réalisées par les ingénieurs dans les entreprises et les bureaux d'études. Sans cet artifice, le salaire et la position d'un fonctionnaire du Parti dans une usine en auraient fait des parents pauvres. Et ne pas leur donner droit à ces primes aurait signifié que leur travail ne comptait pas.

Je ne dispose pas de documents prouvant avec certitude que la mesure a été effectivement appliquée. On peut se demander si une telle décision était vraiment de nature à rehausser le prestige des fonctionnaires du Parti aux yeux des ingénieurs. Quoi qu'il en soit, l'affaire nous rappelle, si besoin était, que la plupart des secrétaires du Parti étaient des fonctionnaires (et non des personnes chargées d'une mission politique) qui voulaient recevoir leur part comme les autres, même si leur contribution à la production était quasiment nulle.

Les retraites : un sujet délicat

Nous n'avons pas encore abordé le problème sensible des retraites des hauts apparatchiks du Parti. On pourrait penser *a priori* qu'elles dépendaient du rang atteint au moment de la cessation d'activité. Or, aussi surprenant que cela puisse paraître, dans cette bureaucratie obsédée par les privilèges, la retraite demeurait un point faible. On évitait de poser le problème, car cela aurait contraint à fixer un âge légal de départ en retraite, ce qui n'aurait pu avoir que des conséquences désagréables. La date de départ à la retraite était largement arbitraire. Elle dépendait du seul bon vouloir du supérieur hiérarchique. Cette absence de réglementation était source de nombreuses difficultés pour les apparatchiks de haut rang qui prenaient, ou étaient obligés de prendre, leur retraite. En dépit de leur âge, beaucoup de secrétaires de régions s'accrochaient à leur fauteuil, bloquant l'arrivée de sang neuf. Ils redoutaient une brusque et drastique diminution de leur niveau de vie. Sous Brejnev, le montant des retraites dépendait des relations que l'on avait avec des membres du Politburo, voire avec Brejnev lui-même ou des personnes de son entourage immédiat. Un tel vide juridique était amplifié par la docilité servile des hauts responsables locaux. Ceux qui avaient fait passer leur travail avant l'établissement de bonnes relations avec leurs supérieurs se voyaient attribuer des retraites dérisoires, à l'inverse des lèche-bottes[42]. Notre source ici est Ligačev, membre du Politburo, entièrement dévoué au Parti et connu pour son intégrité. Il aurait aussi dû se demander si tout cela était bien « communiste », et pourquoi il tenait tant à ce que ce qualificatif soit attaché au nom de son parti. Pour clore ce chapitre sur une note moins douloureuse, nous ajouterons que le Conseil des ministres finit par promulguer un décret réglementant les retraites pour les hauts dirigeants de l'administration et du Parti, en 1984, un an avant l'arrivée au pouvoir de Gorbatchev.

Un État-providence pour... les pontes du Parti et de l'État

Même si, en matière de retraites, les lacunes sont surprenantes, les avantages offerts par le régime à ses dirigeants – qui, par ailleurs, sont des fonctionnaires du Parti ou de l'État percevant un salaire (en revanche, ils ne sont pas propriétaires ou copropriétaires des unités placées sous leur autorité) – permettent de parler d'un État-providence. Certes, cet État-providence existait également pour les couches plus démunies, mais pour les privilégiés il revêtait des proportions luxueuses. Dans une économie frappée en permanence par des pénuries de toutes sortes, un bon salaire ne suffisait pas. Il fallait aussi bénéficier d'un accès spécial aux produits et services rares, disponibles uniquement pour les *persona grata*. D'où le développement d'un véritable jeu pervers entre les fonctionnaires de haut rang, qui défendaient avec acharnement des privilèges dont l'obtention conditionnait la qualité de leur travail, et leurs puissants employeurs (Comité central, Conseil des ministres, ministères), qui utilisaient ces avantages tantôt comme carotte (en les accordant), tantôt comme bâton (en les supprimant). Ce jeu risquait un jour ou l'autre de conduire à dépasser les limites des ressources du système, car il ne portait que sur la redistribution de ressources, non sur leur création. De façon inévitable, il laissait déceler de nouvelles motivations chez les deux protagonistes. Les appétits des administrateurs ne cessaient de croître, excédant les possibilités du système. Que les apparatchiks de haut niveau soient restés d'ardents défenseurs de leur « socialisme » se conçoit aisément : aucun autre système n'aurait pu leur donner autant. Examinons quelques exemples du degré de confort auquel accédaient les apparatchiks de haut vol quand ils grimpaient dans l'échelle du Comité central.

Un secrétaire du Comité central, presque incrédule, a fait le récit des avantages qui lui ont été offerts. Nous sommes en 1986, mais cela vaut pour la période antérieure. Il s'agit de l'ancien ambassadeur à Washington, Anatolij Dobrynin[43]. Il connaît bien les dirigeants, mais n'a qu'une vague idée du monde du haut appareil. En mars 1986, il devient secrétaire du Comité central en tant que chef du département international. Le jour suivant, il rencontre un représentant du neuvième département du KGB, en charge de la sécurité des personnes haut placées et des avantages matériels accordés aux membres du Politburo et du Secrétariat – département aussi appelé « la nounou du Politburo ». « Je me suis trouvé dans un monde à part », écrit Dobrynin. Selon les règles en vigueur, il a droit à trois gardes du corps, une limousine ZIL et une datcha près de Moscou, à Sosnovyj Bor, la « Sosnovka », occupée par le maréchal Joukov jusqu'à sa mort. Il peut aussi disposer de deux cuisiniers, deux jardiniers, quatre femmes de chambre, et de gardiens. La maison comporte deux étages, une grande salle à manger, un salon, plusieurs chambres, une salle de cinéma, et un bâtiment pour les amis, avec un tennis, un sauna, une orangerie et un verger. « Quel contraste saisissant avec le mode de vie moscovite auquel j'étais habitué jusque-là ! » Et encore Dobrynin n'était-il qu'un secrétaire du Comité central parmi d'autres, qui n'était pas membre du Politburo, et encore moins secrétaire général. À quoi avait donc droit un membre du Politburo ? Il n'en dit rien. À certainement plus qu'un secrétaire du Comité central, et à beaucoup moins que le secrétaire général. En tout cas, il faut noter l'étonnement (à coup sûr non feint) de ce Moscovite de haut rang, donc déjà lui-même privilégié.

Les membres du Politburo, quel que fût le confort dont ils disposaient, pouvaient toujours réclamer davantage. Mais certains – la plupart peut-être – n'étaient pas vraiment intéressés par le luxe, et surtout pas par un luxe ostentatoire, à l'exception bien connue de Brejnev.

L'expérience de Ligačev nous donne un bon aperçu de la vie du Politburo à son crépuscule, au début des années quatre-vingt[44]. Après la mort d'Andropov, le Comité central choisit pour secrétaire général Constantin Tchernenko, sur proposition du Premier ministre Tihonov, appuyé par Gromyko – une élection sans problèmes. Un peu plus tard, Tchernenko causa une certaine consternation en proposant que Gorbatchev, le protégé d'Andropov, préside les réunions du Secrétariat, ce qui en faisait *ipso facto* le numéro deux du régime. Certains tentèrent de s'y opposer, mais Tchernenko, qui n'était pourtant en rien un proche de Gorbatchev, tint bon. Cette position de numéro deux n'était pas officielle. Ligačev se souvient qu'en 1984 certains s'étaient employés à trouver des documents compromettants sur Gorbatchev, du temps où il était secrétaire du Parti pour la région de Stavropol, mais il ne les nomme pas. L'usage de documents compromettants était une arme très prisée dans les cercles dirigeants. L'un des camps cherchait à déterrer de vilaines histoires, l'autre faisait tout pour les enterrer. Avoir accès aux sources policières ou à des informations venues du « milieu » pouvait être un atout précieux.

Tchernenko était en permanence tenu au courant de l'état de santé des autres dirigeants par Čazov, ministre de la Santé. Son propre bilan médical était tenu secret, « sous sept sceaux ». Même les autres membres du Politburo n'en savaient rien. Ce climat de secret était un terreau fertile pour les rumeurs et permettait à certains dirigeants, qui avaient accès personnellement au secrétaire général, malade, de le manipuler à leur avantage ou au profit de leur clan.

Le bâtiment du Comité central, sur la Vieille Place, était lui-même un lieu très secret. Les initiés vous diront que, traditionnellement, le bureau n° 6, au 9e étage, était celui du secrétaire général. Le bureau n° 2 était connu sous le nom de « bureau de Souslov ». Et c'est de là, je pense, que le Secrétariat était dirigé.

Le Politburo se réunissait tous les jeudis à onze heures précises, soit au Kremlin, soit à la Vieille Place. Au Kremlin, au troisième étage de la partie ancienne, le secrétaire général disposait d'un bureau et d'un salon de réception. C'était là aussi que se trouvait la « salle en noyer », avec sa grande table ronde autour de laquelle les hauts dirigeants s'entretenaient librement avant la réunion. Les membres associés et les secrétaires du Comité central, s'ils participaient à cette dernière, n'assistaient pas aux conversations informelles de la « salle en noyer ».

Sous Brejnev, les réunions étaient courtes. Il suffisait d'une heure, voire de quarante minutes, pour approuver les décisions déjà préparées. Sous Andropov, le travail était plus sérieux et les délibérations pouvaient durer des heures. Le Politburo devait aussi se prononcer sur les hautes nominations – il le faisait rapidement sous Brejnev, avec plus d'attention sous Andropov.

Un court passage des Mémoires de Ligačev ajoute une note intéressante à ce portrait collectif. Un jour, probablement en 1983, un des plus puissants tenants de l'aile conservatrice du Politburo, longtemps patron de la Défense, Ustinov (qui devait mourir en 1984), dit à Ligačev, nouvellement arrivé : « Egor, tu es des nôtres, tu es de notre cercle. » Celui-ci ne comprit pas ce qu'il entendait par ces mots – « des nôtres », « de notre cercle ». En fait, Ustinov voulait faire savoir à ce provincial fraîchement débarqué qu'il y avait des factions au Politburo. Celle d'Ustinov réunissait des conservateurs et des national-étatistes. Après sa mort, son soutien manqua cruellement à sa faction. Ligačev se trouvait alors dans le camp de Gorbatchev. Par la suite, durant la perestroïka, il rejoignit le camp des conservateurs. Dans ses Mémoires, il note que Gromyko, Usti-nov, Tchernenko et les autres dirigeants peuvent sans doute être accusés de bien des maux : c'était leur faute si, dans les années quatre-vingt, l'État était « au bord de l'effondrement ». Mais il ajoute qu'il faut mettre à leur crédit le fait d'avoir décidé de ne pas poursuivre la ligne Brejnev et de soutenir Gorbatchev, ce en quoi ils se sont montrés supérieurs à tous ceux qui avaient retourné leur veste au dernier moment et abandonné la politique pour ne plus songer qu'à leurs intérêts propres. Gromyko avait été le premier au sein du Politburo à proposer la candidature de Gorbatchev au poste de secrétaire général, ce qui avait valu à ce dernier un vote unanime, non seulement du Politburo, mais aussi des secrétaires du Comité central. Or, si l'on en croit Ligačev, l'issue aurait pu être tout autre.

Sur le fonctionnement du Politburo du temps de Gorbatchev, nous trouvons de nouveau des choses intéressantes dans les Mémoires de Dobrynin. Le Politburo était resté à peu près le même. La différence tenait au style personnel de Gorbatchev – plus moderne que celui des personnages décrits par Ligačev, à l'époque où, autour d'un Tchernenko malade, l'atmosphère du Politburo ressemblait davantage à celle d'une secte mystique qu'à la direction collégiale d'un grand État.

Dobrynin participait aux réunions du Politburo en tant que secrétaire du Comité central. Cela lui donnait le droit de donner son avis, mais pas celui de voter. Les secrétaires du Comité central étaient presque toujours présents. De temps en temps, Gorbatchev convoquait des réunions extraordinaires. Les votes sur des questions controversées étaient très rares. Gorbatchev prévenait ce genre de difficultés en disant que la question méritait un complément d'étude et serait discutée à la prochaine réunion. Entre-temps, il pouvait peaufiner à loisir la décision qu'il souhaitait voir adopter. Il aimait s'exprimer longuement et les séances duraient parfois jusqu'à six ou huit heures du soir. Il laissait aussi ses collègues s'exprimer et, de ce point de vue, l'atmosphère était plus démocratique. Pendant la pause du déjeuner, qui durait une heure, tous s'asseyaient autour d'une longue table dans une petite salle de travail. Ils n'avaient le choix qu'entre deux menus très simples, et sans alcool. À table, les discussions étaient des plus libres. Elles ne faisaient l'objet d'aucun compte rendu sténographique. L'assistant personnel de Gorbatchev prenait des notes « privées ».

Officiellement, seules les décisions du Politburo étaient enregistrées par écrit et transmises à une liste succincte de destinataires pour exécution et contrôle. Les décisions les plus importantes étaient consignées dans une chemise spéciale. L'ordre du jour était préparé par le secrétaire général, mais les membres du Politburo pouvaient le compléter ou le modifier – ce qu'ils faisaient rarement. Les documents préparatoires leur étaient envoyés un jour ou deux avant la réunion par les soins du « département général », service principal du Secrétariat. Ce département occupait une place à part dans l'appareil du Parti. Il était toujours entre les mains de l'homme de confiance du secrétaire général : Tchernenko pour Brejnev, Lukjanov, puis Boldin pour Gorbatchev. Lukjanov était un homme cultivé et mesuré. Boldin, en revanche, était un bureaucrate à l'esprit borné qui avait une certaine emprise sur Gorbatchev. Une énigme pour beaucoup, surtout après qu'il eut montré son vrai visage en se révélant être l'un des auteurs du complot contre Gorbatchev en août 1991[*].

Le département international que dirigeait Dobrynin n'avait rien à voir avec les Affaires étrangères. Ses 200 employés s'occupaient des partis communistes et autres mouvements de gauche à l'étranger. Les partis communistes des républiques populaires relevaient d'un département distinct. Dobrynin avait demandé à Gorbatchev de revenir sur une décision ancienne, qui datait du Komintern[**], pour laisser son département s'occuper de politique étrangère. Il obtint gain de cause le 13 mai 1986. Gorbatchev autorisa de surcroît le transfert de certains experts des Affaires étrangères au département international pour aider Dobrynin dans ses nouvelles fonctions[45]. Précisons que ces changements n'étaient pas dépouvus de visées politiques. Comme il l'écrit dans ses propres Mémoires, Gorbatchev cherchait par là à priver Gromyko de son influence sur la politique étrangère, et même à l'éliminer totalement de la vie politique. Et, grâce à l'expertise de Dobrynin, le secrétaire général avait désormais, seul, la haute main sur la politique internationale.

Dans notre esquisse du fonctionnement du Politburo, il est important de comprendre que Gorbatchev, malgré son style « moderne », restait un secrétaire général de type « classique ». Sa carrière au sein de l'appareil du Parti avait formé sa conception du pouvoir, et tout particulièrement de la fonction de secrétaire général, au-dessus des autres membres du Politburo et n'obéissant qu'à ses propres règles. Même si Dobrynin ne le dit

---

[*] En août 1991, les forces conservatrices et staliniennes (dont la majorité du gouvernement) tentent de bloquer le cours de la perestroïka par un coup d'État. Cet événement accélère le processus de disparition de l'URSS. (*NdT.*)

[**] Le Komintern, ou IIIᵉ Internationale, a été créé à Moscou en 1919 et dissous par Staline en 1943. (*NdT.*)

pas explicitement, sa description le confirme : Gorbatchev manipulait ses collègues, avec des stratagèmes assez grossiers, pour faire approuver ses choix. Il était incapable de se débarrasser du « syndrome du secrétaire général », et il lui fallut du temps pour comprendre qu'un pouvoir qui produisait ce type de position centrale « vidée de tout contenu » était déjà moribond.

Chapitre V

De quelques dirigeants

Poursuivons notre enquête sur les difficultés et les problèmes inextricables auxquels le pays est confronté à travers un autre prisme : celui des hommes placés à sa tête, ou responsables d'un secteur important. Les personnalités choisies ici ne sont pas les figures types du Politburo (Brejnev, Kirilenko, Souslov, Tchernenko et *tutti quanti*). Parmi ces derniers, on trouve d'habiles manœuvriers, mais surtout des hommes d'une grande médiocrité politique et intellectuelle. Au bout du compte, ce sont eux qui ont fini par occuper une position dominante. On peut les réunir sous une même étiquette, celle du « marais », et le fait même qu'ils aient détenu le pouvoir est révélateur du déclin du système.

Nous avons préféré privilégier des personnalités capables de réflexion sur le système ou, à tout le moins, sur leur domaine propre – des esprits prêts à tenter des changements, et qui avaient sans doute la même opinion que nous sur les dirigeants du « marais », principaux responsables de la stagnation. Nous nous intéresserons ici à quelques personnes seulement, plus particulièrement à Khrouchtchev, qui ouvre la période, et à Andropov, avec qui elle s'achève.

Andreï Gromyko

Andreï Gromyko est un personnage d'une stature considérable, mais avec une personnalité apparemment bien terne – une combinaison tout à fait exceptionnelle de traits incompatibles. L'homme a régné pendant 28 ans sur le ministère des Affaires étrangères. Bien que l'on ne sache pas qu'il se soit jamais mêlé de réformes, il n'en demeure pas moins un pilier du système en ce domaine essentiel. Beaucoup le jugeaient terriblement ennuyeux, avec son visage lugubre et ses yeux vides, mais si l'on interroge les diplomates occidentaux qui l'ont pratiqué, comme Henry Kissinger, on s'entend répondre qu'il était probablement le « numéro un » de la diplomatie mondiale, réputé parmi ses pairs comme un bourreau de travail d'une habileté redoutable. « Si vous restez en tête à tête avec Gromyko pendant une heure et en sortez vivant, vous pouvez commencer à vous considérer comme un diplomate », dit Kissinger. Un de ces « survivants » est le président Reagan. Après avoir passé une heure avec Gromyko – c'était en quelque sorte son examen d'entrée –, Reagan rentra tout excité à la Maison-Blanche, où l'événement fut fêté. Ce qu'il ignorait, c'est que Dobrynin avait dressé le portrait de Reagan à Gromyko, et lui avait conseillé de jouer tout doux. Les chefs de la délégation israélienne à l'ONU (dont David Horowitz) n'ont jamais mentionné, dans leurs Mémoires, le visage « lugubre » de Gromyko, à l'époque ambassadeur soviétique aux Nations unies. Lors du vote de la création d'Israël, en 1947, il leur demandait chaque jour : « Que puis-je faire pour vous aujourd'hui ? » *Tempora mutantur*.

Quoi qu'on puisse penser de la personnalité de Gromyko, il reste que la diplomatie soviétique, ses experts et ses grands ambassadeurs étaient, sous son ministère, de très haut niveau, ce qui s'explique en grande partie par son propre perfectionnisme. La lecture de ses notes, analyses et recommandations sur la situation mondiale confirme qu'il en avait une connaissance très pointue. Quant à savoir si ses collègues du Politburo l'écoutaient, c'est une autre histoire... Notons, à ce propos, que la qualité générale de l'information fournie aux dirigeants soviétiques s'améliorait constamment, et pas seulement dans le domaine diplomatique, ce qui témoigne à coup sûr de la dimension « modernisatrice » du système. Il suffit de rencontrer, aujourd'hui, un diplomate russe formé à cette école – il maîtrise toujours plusieurs langues – pour voir à quel point il est fier de son *alma mater*. Les principaux ambassadeurs étaient toujours des figures très respectées, notamment Dobrynin, leur doyen, ou encore l'envoyé spécial Kvecinskij, célèbre pour son art de faire avancer les négociations au cours de promenades informelles « dans les bois » avec son homologue américain Paul Nitze.

Les principales caractéristiques de Gromyko étaient sa complète identification avec « l'intérêt de l'État » et son dévouement sans faille. Elles constituaient la clé de son effacement personnel et du contrôle qu'il exerçait sur son ego – des traits extrêmement rares chez un homme qui a été le pivot de la diplomatie internationale pendant 28 ans. Egon Bahr, homme politique ouest-allemand, titulaire du portefeuille des Affaires étrangères de 1968 à 1972, ne cache pas son admiration pour le personnage. Commentant les Mémoires de Gromyko, où celui-ci livrait si peu de chose de sa vie et de son œuvre, Bahr remarque : « Il a dissimulé aux générations futures un vrai trésor et il a emporté avec lui, dans la tombe, une connaissance inestimable des interconnexions entre les événements historiques et les grandes figures de son temps, qu'il était le seul à pouvoir livrer. Quel dommage que cet homme extraordinaire se soit montré incapable, jusqu'à sa mort, d'évoquer toutes ses expériences. En fidèle serviteur de l'État, il considérait qu'il fallait toujours s'en tenir à une présentation sobre et concise de l'essentiel[46]. »

Cette rapide évocation de Gromyko doit être complétée par celle d'une intervention politique décisive. Après avoir été l'un des hommes forts du Politburo sous Brejnev et l'être resté sous Andropov et Tchernenko, il a joué un rôle déterminant dans l'élection de Gorbatchev au poste de secrétaire général, sachant pertinemment qu'elle impliquerait une poursuite des réformes, probablement dans la voie tracée par Andropov. Comme Ligačev l'a laissé entendre, l'issue de cette réunion du Politburo aurait pu être très différente.

Nikita Khrouchtchev

L'homme se signale par un mélange unique de traits opposés. J'ignore encore comment il a survécu à Staline, et s'il a jamais douté de ce dernier quand il faisait carrière sous ses ordres. Son côté campagnard et la maîtrise avec laquelle il exécuta un *gopak* (danse populaire ukrainienne) lors d'un banquet donné chez Staline (« Quand Staline vous dit : dansez, vous dansez ! ») ont pu tromper le chef suprême sur les ambitions et les intentions de ce « nigaud ». On ne saurait imaginer deux personnalités plus opposées.

Khrouchtchev faisait sensation sur la scène internationale, et pas seulement par ses comportements, qui créaient le scandale, comme lors de cette session de l'ONU où on le vit marteler son pupitre avec sa chaussure (ce qui est fort peu diplomatique !), ou encore lorsqu'il lança son fameux « Nous vous enterrerons » aux Américains – une expression déformée par une traduction malheureuse : *My vas pohoronim* signifie plus exactement « Nous vous survivrons ». Il a su prendre de gros risques, notamment en 1962 dans l'affaire de Cuba, où il n'a ni gagné ni perdu. Il a aussi été un authentique partisan de la paix sur la scène internationale. Ceux qui ont eu affaire à lui dans des sommets mondiaux n'ont jamais dit qu'il ne maîtrisait pas les dossiers. Il avait tendance, cependant, à en dire trop, au point de lâcher parfois un secret d'État, même à jeun, pour le plus grand désespoir du KGB. Khrouchtchev était un réformateur, et non un bâtisseur d'État, un dirigeant impatient et fonceur, un peu trop facilement séduit par des panacées utilisées à grande échelle, et parfois de façon risquée. À différentes reprises, il a su faire preuve d'une réelle audace. Le « rapport secret » contre Staline au XXe congrès était son affaire, il y tenait plus que tout et parvint à l'imposer à ses collègues récalcitrants, au mépris des règles établies et de toute diplomatie. Et le congrès entendit soudain que l'icône, l'idole, le glorieux symbole de la puissance du pays était un assassin couvert de sang, responsable de meurtres en masse. Ce fut un choc pour les antistaliniens. Quant aux staliniens de tout acabit, ils étaient plus qu'embarrassés et affirmaient que le tableau était très exagéré, alors même qu'il était encore fort incomplet. Pour les staliniens invétérés, le plus embarrassant était de voir tant de dirigeants haut placés manifester leur stupeur : comment pouvaient-ils prétendre ne rien savoir de l'étendue des atrocités commises ? En fait, seuls quelques initiés étaient au courant de l'ampleur réelle des choses : le secrétariat personnel de Staline, une poignée de membres du Politburo et les responsables du MVD qui avaient mené toutes les opérations.

La dénonciation de Staline et de son culte fut précédée d'une vague de réhabilitations de victimes innocentes, par la suite réintégrées dans le Parti. Cette initiative faisait de la terreur stalinienne une question cruciale pour le premier congrès réuni après sa mort[47]. Avant même le « rapport secret », sur une décision du Comité central du 31 décembre 1953, le Présidium créa une commission d'enquête, connue sous le nom de son président, Pospelov*. En faisaient également partie Komarov, Aristov et Švernik. La commission devait déterminer comment la terreur stalinienne avait pu frapper des membres du Comité central et des membres associés élus au XVIIe congrès en 1934. Elle était assistée dans ses travaux par le chef du KGB, Serov, et par une pléiade de chefs de services de la même instance : secrétariat, personnel, archives, inspection spéciale. La Procurature était représentée par l'adjoint au procureur militaire en chef. Tous membres du Parti, cela va de soi. À la veille du congrès, le Présidium du Comité central entendit le témoignage du prisonnier Boris Rodos, qui avait instruit des affaires très sensibles et avait été une des figures clés des procès politiques de la fin des années quarante. Dans sa déposition, il affirma que Staline avait tout dirigé en personne. Lui, Rodos, interrogeait les victimes et réclamait sans cesse des quotas d'exécutions plus élevés. Khrouchtchev insista pour mettre en avant la responsabilité personnelle de Staline et demanda que la question soit abordée lors d'une séance du congrès. Pendant les débats qui eurent lieu au cours des réunions du Présidium, Molotov, Vorochilov et Kaganovič déclarèrent souhaiter que l'accent fût mis sur la grandeur de Staline, malgré ses crimes. Mais Mikoyan et Saburov développèrent l'argumentation contraire : « Si tout cela est vrai, il ne peut y avoir de pardon » (Saburov). Le 8 février 1956, la commission présenta au Présidium un terrifiant tableau de l'extermination systématique par Staline d'innombrables cadres du Parti et de l'État.

Avec l'éviction de Khrouchtchev, en 1964, une ligne plus conservatrice réapparaît. Les cercles réformistes s'inquiètent d'une possible réhabilitation de Staline. En dépit des efforts

---

* Voir *supra*, p. 140 et suivantes.

acharnés dans ce sens de certains poids lourds de la nouvelle
équipe et de la tenue d'une série de procès contre des dissidents, ni Staline ni le stalinisme n'ont jamais fait leur retour.
Depuis les changements audacieux introduits par Nikita, le
terme « stalinisme » ne s'applique plus au système soviétique.
La décision, prise par le même Khrouchtchev, du retrait du
corps de Staline du mausolée et de son ensevelissement en un
autre lieu vise à prévenir le retour de ce mauvais esprit – preuve
que les croyances populaires sont toujours vivaces. Même si
des staliniens siègent encore au sommet, nourrissant de secrets
espoirs, et si certains traits pernicieux de l'ancien système
perdurent, le stalinisme en tant que tel appartient au passé.

Le traitement de choc appliqué par Khrouchtchev lui a coûté
cher politiquement, mais il a survécu aux différents contre-
coups de la déstalinisation, non sans mal, et peut-être a-t-il eu
quelques regrets de s'être lancé dans une telle entreprise. Quoi
qu'il en soit, au moment où elle fut déclenchée, la dénonciation
de Staline ne consistait pas en de simples mots ; on a vu qu'elle
avait été précédée et fut suivie par des actes : importante
campagne de « réhabilitations », démantèlement du complexe
industriel du MVD, le cœur de la machine répressive stalinienne, dont nous avons parlé dans la première partie.

Le style et l'ardeur de Khrouchtchev s'expliquent par
l'authenticité de son attachement aux classes populaires, mais
aussi par une émotivité qu'il ne contrôle pas toujours. Au-delà
de la fameuse plaisanterie sur son « socialisme du goulasch »
(il a effectivement dit que le goulasch était préférable à toutes
les phrases creuses sur le bien-être du peuple), il est convaincu
que l'élévation du niveau de vie de ses concitoyens est plus
qu'un impératif politique. Il y va de la justice et du
« socialisme ». Son personnage de fils du peuple est authentique. Il est fier de ses origines ouvrières, et même de ses racines
rurales. Il a été apprenti berger, avant de travailler comme
ouvrier dans la métallurgie et les mines. Il y a un rapport direct
entre ce passé et son langage, son aversion pour les militaires,
son mépris envers les bureaucrates, son goût déclaré pour un
enseignement supérieur orienté vers la production. S'il a tenté
de promouvoir une réforme dans ce sens, c'était, disait-il,
parce que dans le supérieur on ne formait que des mauviettes
qui ignoraient tout du travail physique à l'usine ou dans les

champs. La réforme sera abandonnée sous la pression de « l'opinion », c'est-à-dire des plus riches, des mieux formés et des bureaucrates, indignés de cette « industrialisation » du supérieur et qui ont mené campagne contre elle. En l'occurrence, ils avaient raison, mais Nikita, je suppose, les détestait, car ils n'avaient jamais tenu le manche d'une pioche.

On retrouve cette mentalité à l'œuvre dans ses relations changeantes avec les créateurs. Il a aimé *La Maison de Matriona* et *Une journée d'Ivan Denissovitch* de Soljenitsyne et en a permis la publication.. Ces deux romans mettent en scène des personnes profondément morales, qui viennent du monde des campagnes – Matriona, notamment, la paysanne, est une personnalité impressionnante de force morale ; et Ivan, un paysan lui aussi, conserve sa dignité humaine en dépit de l'humiliante réalité des camps.

C'est ici qu'il nous faut de nouveau évoquer A. Tvardovski, le rédacteur en chef de la revue littéraire *Novyj Mir*, qui avait publié les deux premiers romans de Soljenitsyne et se battait pour en publier d'autres[*]. Les relations amicales entre Khrouchtchev et Tvardovski étaient fondées, au sens littéral du terme, sur un « terrain » commun. Tvardovski était le fils d'un koulak exproprié et persécuté. Il connaissait bien le monde rural, avec lequel il était resté en contact en dépit de sa position élevée dans l'élite intellectuelle moscovite. Il est probable que Khrouchtchev pouvait accepter un discours politique critique s'il était présenté dans un langage simple par des personnes d'origine populaire. Il en allait tout autrement quand des intellectuels citadins tenaient le même discours en des termes sophistiqués. Il pouvait alors se laisser aller à des explosions grossières, indécentes, y compris contre des œuvres qu'il ne comprenait pas ou des artistes qu'il soupçonnait d'être des ennemis du régime.

Mais Tvardovski lui convenait. Il avait écrit pendant la guerre un long poème consacré aux aventures d'un soldat issu du peuple, Terkine. Après la guerre, il écrivit un autre poème intitulé *Terkine dans l'autre monde*, où il envoyait au ciel son héros, qui y observait (et subissait) la bureaucratie céleste

---

* Voir *supra*, p. 250 et suivantes.

avant de décider de revenir sur terre : là, au moins, la bureaucratie respirait. Après avoir pris connaissance de cette
cinglante satire de la bureaucratie soviétique, et donc du
système, Nikita téléphona aussitôt à son gendre, rédacteur en
chef des *Izvestja*, pour qu'il la publie sans délai. Si cette satire
avait été l'œuvre d'un intellectuel mondain, il aurait probablement composé un autre numéro…

Ici, un détail intéressant. Le célèbre cinéaste Mikhaïl Romm
et le non moins fameux sculpteur Ernst Neizvestnyj avaient
tous deux eu droit aux sorties de Khrouchtchev, et y avaient
répliqué de façon cinglante, sans la moindre concession. Pourtant plus tard, ils ont parlé de lui avec sympathie, défendant le
rôle historique qu'il avait joué. Sa pierre tombale a été sculptée
(gratuitement) par Neizvestnyj, et cela contre la volonté du
pouvoir. Romm a évoqué lui aussi Khrouchtchev en des termes
chaleureux. À l'évidence, Nikita émettait des signaux contradictoires, mais ces deux artistes accordaient plus d'importance
au signal positif. De même, comme nous allons le voir, Anastase Mikoyan, après avoir pesé le pour et le contre, finit par
juger que Nikita était « quelqu'un ».

Il nous faut revenir ici sur deux données historiques importantes évoquées dans la première partie. 1. – La Russie soviétique de 1945 était un État puissant, mais en réalité fragile.
C'était un pays affamé, dévasté, épuisé, terrorisé, dirigé par un
pouvoir en voie de décomposition, une superpuissance pauvre
qui battait de l'aile. Sous Khrouchtchev, dans les années
cinquante et au début des années soixante, l'Union a connu des
améliorations spectaculaires. Les experts ont beau dire que le
point de départ particulièrement bas doit inviter à ne pas
exagérer les résultats, les citoyens soviétiques, eux, ont senti la
différence. La Russie est parvenue à retrouver son statut de
grande puissance, tout en pansant les plaies de la Seconde
Guerre mondiale et les ravages du stalinisme. Elle a su trouver
des réserves pour assurer sa croissance future et le fonctionnement des institutions à tous les niveaux. Le régime avait donc
ses réserves et ses muscles : pour se relever au milieu d'un tel
champ de ruines, il fallait une immense vitalité. 2. – Tout en
étant talentueux, malin et capable d'apprendre, Khrouchtchev
était encore un dirigeant « non moderne » – une nouvelle
version du *hozjain* (le « maître ») bien plus qu'un homme

d'État et un stratège politique de son temps. Le modèle du *hozjain* était encore fort répandu chez les dirigeants, qui se pensaient propriétaires de l'État comme ils l'auraient été d'une exploitation, attentifs à tous les détails. Khrouchtchev et beaucoup d'autres étaient les produits d'un système patriarcal profondément enraciné, comme le montre bien, par exemple, leur intolérance à l'égard des opinions qui n'étaient pas les leurs. Une analyse confirmée par F. Burlackij, qui a passé des années dans la presse et l'appareil soviétiques. Bien que notre fougueux dirigeant, avec ses tendances populistes, n'ait pas été un despote comparé à Staline, il avait lui aussi tendance à vouloir tout gérer personnellement : les institutions et les hommes. Après tout, Staline était le seul grand chef que Khrouchtchev et les autres aient connu. Pour eux, il était un modèle, même si Nikita rejetait nombre de ses pratiques. À la différence du généralissime, par exemple, il détestait les militaires et leurs uniformes rutilants. Il les avait rendus fous de rage, surtout les pontes du KGB, tellement attachés à leurs uniformes et à leurs titres, quand il avait lancé : « Nous allons leur arracher leurs pompeuses épaulettes et leurs bandes de pantalon » – une menace qu'il avait effectivement commencé à mettre à exécution contre les généraux du KGB. Certaines de ses idées étaient fort dangereuses pour les apparatchiks, notamment sa proposition d'introduire une rotation obligatoire des responsables, à tous les niveaux, à partir d'un certain âge. On a dit que les brejnévistes l'avaient finalement évincé du pouvoir à cause de ce projet. Quant aux conservateurs, ils ne lui pardonnaient pas la « déstalinisation », la perte de prestige et la confusion qu'elle avait entraînées, dans le monde communiste et ailleurs. Il est probable que ces deux facteurs ont joué dans sa chute, avec d'autres, peut-être – notamment les nouvelles idées « farfelues » qu'il nourrissait, et que les comploteurs de 1964 ont étouffées dans l'œuf.

Anastase Mikoyan

Mikoyan est une personnalité tout à fait remarquable. Il est à lui seul une histoire du régime soviétique, ou plutôt de sa direction. Membre du Politburo pendant environ 40 ans, il est connu comme l'« insubmersible ». Maître dans l'art de survivre, il a su conserver un certain degré d'humanité et un sens des réalités, en dépit de sa participation à bien des atrocités, qui n'étaient pas forcément de sa propre initiative. Dans ses Mémoires, il apparaît comme un stalinien de la première heure. Ses réflexions sur ses premières années de dirigeant sont naïvement et profondément favorables à Staline, hostiles à toutes les oppositions antistaliniennes et parfaitement ignorantes des véritables enjeux.

En tant que membre du Politburo, Mikoyan n'aurait pas survécu s'il n'avait pas signé les listes de condamnations à mort que Staline faisait circuler et tenu les propos de rigueur sur les « traîtres contre-révolutionnaires ». Dans ses Mémoires, il prétend avoir été un jour forcé de cosigner des arrestations et des condamnations à mort parce que, selon ses dires, des « preuves » convaincantes avaient été présentées. Responsable des questions de commerce au sein du Politburo, dans un pays en état de pénurie permanente, il a multiplié les exploits en ce domaine qui, bien que vital, n'était généralement pas une priorité du régime. Ses talents d'organisateur ne font aucun doute, mais il était aussi un politique habile. Si l'on pouvait s'attendre à une grande souplesse de sa part, le soutien très ferme qu'il a apporté à la déstalinisation entreprise par Khrouchtchev reste surprenant. Il va même jusqu'à écrire qu'il en a été l'instigateur. Quoi qu'il en soit, c'est bien lui, en sa qualité de président du Soviet suprême, qui a supervisé les travaux de la commission des Réhabilitations. Il a aussi été le seul à soutenir Nikita lors de la session du Comité central qui devait entraîner sa chute. Une voix bien solitaire au milieu des hurlements de la meute. À lire son dossier, on voit que les conservateurs lui en ont voulu pendant les années soixante-dix, mais il était trop fort pour eux.

Le livre de Mikoyan est riche en détails nouveaux sur les derniers jours de Staline. Celui-ci était bien décidé à éliminer, y compris physiquement, Molotov et Mikoyan et tous deux en étaient convaincus. C'est là une explication possible de l'ardeur antistalinienne du Mikoyan poststalinien.

Apprenant que Staline se meurt, en mars 1953, les principaux acteurs du Politburo se retrouvent tous les jours à son domicile. Des discussions s'engagent et des alliances commencent à se nouer. Au départ, Mikoyan n'est pas dans la course. C'est le trio Malenkov-Beria-Khrouchtchev qui mène la danse. Ce que raconte Mikoyan du jeu des trois hommes dans la salle de réunion du Politburo est digne de Ionesco. Tout le Politburo est là, mais les trois poids lourds – Khrouchtchev, Malenkov et Beria, respectivement secrétaire général, Premier ministre et vice-Premier ministre (Beria est également maître de la police secrète et d'un énorme secteur de la production industrielle et militaire) – s'isolent dans un coin de la pièce pour débattre entre eux de l'ordre du jour fixé pour la réunion qui aurait dû se tenir. Les sous-fifres en sont réduits à observer, non sans inquiétude, ce qui semble bien être la constitution d'une clique qui décidera du sort de chacun. Le suspense dure un temps, mais la clique se révèle n'être que provisoire. Malenkov et Khrouchtchev s'allient à Molotov pour évincer Beria. Et ce n'est que le début. Ces changements d'alliance étaient endémiques et hérités des modes de fonctionnement sous Staline.

Mikoyan décrit, en l'approuvant, le retournement de Khrouchtchev contre Beria, ainsi que les autres alliances, rééquilibrages et coalitions. Ce récit met en lumière un autre trait du fonctionnement du Politburo : son incapacité à instaurer des règles du jeu permanentes, avec de vrais débats, dans lesquels les désaccords s'exprimeraient et seraient suivis d'un vote à la majorité, avant de passer à la poursuite de l'ordre du jour. C'est là encore un héritage du passé stalinien. S'engager dans un débat au risque de le perdre était un danger mortel sous Staline, qui maintenait délibérément tout le monde dans un état d'insécurité permanente. Quand le Politburo se retrouve enfin libéré de sa sinistre tutelle, il ne sait comment reconstruire un mode de fonctionnement opératoire – ce qu'aurait pu être la « direction collégiale » qu'il avait proclamée. Tout tourne toujours autour du secrétaire général (encore appelé président du Présidium du Politburo). Aucune mesure politique ne peut être adoptée sans l'approbation du patron et de ses collègues. Avant Staline, les instances de direction, et surtout le Politburo, avaient bel et bien des règles de fonctionnement (écrites et non écrites). Les majorités pouvaient changer selon les sujets abordés. Le chef de l'époque (Lénine) avait l'habitude d'être mis en minorité, ce qui ne l'empêchait pas de poursuivre son activité – le Politburo était un orchestre où chacun jouait sa partition.

Nous reviendrons sur cette absence de règles au sein du Politburo.

Le principal problème posé par les Mémoires de Mikoyan réside dans son argumentaire sur Staline et le stalinisme. Il est un fervent partisan de l'homme, de son idéologie et de sa politique. Il est en bons termes avec lui, le juge comme un interlocuteur très compétent, ils discutent souvent ensemble (surtout des questions économiques). Mais, quand Staline commence à éliminer des personnes de son entourage, surtout après le meurtre non élucidé de Kirov, Mikoyan se pose des questions. Il plaide en faveur des personnes arrêtées qu'il connaît personnellement, ou bien interpelle Staline : « Mais, toi, tu le connais très bien. Il ne peut pas être un espion. » Staline lui montre alors de prétendues « confessions », ou, parfois, accède à ses demandes de grâce. Sur la vague de terreur massive (1937-1938), le texte de Mikoyan ne sonne pas très juste : « Nous autres, au Politburo, nous ignorions la vérité [alors qu'on leur montrait toujours les documents utilisés comme « preuves »] et l'étendue de la répression. » Il prétend ne les avoir découvertes que grâce à la commission des Réhabilitations qu'il a supervisée. Plus inquiétant encore, Mikoyan n'opère aucun retour critique sur ce type de pouvoir ou de « parti » (qui avait cessé d'en être un). Il nous dit que Staline a fait preuve de raison et de grandeur pendant la guerre, mais qu'il est devenu « imprévisible » à partir de 1945, refusant la démocratisation que le peuple victorieux attendait. Sans pousser plus loin la critique, il se contente de déclarer qu'après la mort de Staline il a constamment appelé de ses vœux une démocratisation qui ne s'est jamais produite.

Peut-être ces reproches adressés à Mikoyan n'ont-ils guère de sens, car l'homme n'avait pas de pensée politique. Il est probablement plus pertinent de relever chez lui les traits de personnalité qui permettent de distinguer un stalinien d'un autre. En d'autres termes, le stalinisme « structurel » n'était pas le lot de tous les staliniens. Grâce à la position élevée qu'il avait atteinte, le jeune Mikoyan s'était adapté au système bien avant le triomphe définitif du stalinisme. Mais, par la suite, il a oublié sans grandes difficultés les pratiques staliniennes et adopté sans arrière-pensée un autre point de vue, même une autre vision du monde. Les staliniens « structurels », comme

Molotov et Kaganovič, s'étaient totalement identifiés au modèle stalinien et à Staline personnellement, et ils ne se sont jamais reniés. Il existe une troisième sorte de staliniens : ceux qui ont changé d'allégeance ou feint d'en changer, tout en restant staliniens dans leur comportement et leurs actions. Le dogmatisme, l'habitude d'exclure, de condamner sans appel, de s'en tenir à une argumentation rigide, de voir partout des complots faisaient désormais partie intégrante de leur personnalité. Mais Mikoyan n'était pas de ceux-là.

Ce qu'il dit de Khrouchtchev est très révélateur (nous ne parlerons pas ici de son trop prévisible jugement sur Brejnev). Passant en revue tous les changements introduits par ce dernier dès sa prise du pouvoir, il en approuve certains et en critique beaucoup d'autres. Il s'en prend aussi, naturellement, à ce que Khrouchtchev dit de lui dans ses Mémoires, où il ne cite pas ses mérites, et même l'attaque. Au bout du compte, pourtant, Mikoyan présente un bilan équilibré de l'action et de la personnalité de Khrouchtchev et donne la mesure de ses qualités et de ses défauts. Khrouchtchev l'a très souvent irrité, et il recense méticuleusement ses erreurs. Mais il termine en considérant que le bilan est positif. En fait, Mikoyan a soutenu Khrouchtchev sur plusieurs questions cruciales et dans des situations difficiles. Il dresse le portrait d'un personnage peu conséquent, facilement déloyal, et qui a perdu plus d'une fois le sens des réalités. Comme l'ont également souligné d'autres témoins, son passage au pouvoir est marqué par des initiatives irréfléchies et un art sans pareil de tout mettre sens dessus dessous. Mikoyan fait un bon inventaire des zigzags de Khrouchtchev. Il avait très bien compris qu'à force de se mettre tout le monde à dos Khrouchtchev courait à sa perte, mais il a défendu ce secrétaire général brouillon et ravageur, parce qu'il pouvait se prévaloir de nombreuses réussites et que l'équipe de rechange ne lui convenait pas. Sa conclusion est que l'irascible Nikita était « quelqu'un » (c'est son propre terme), et que l'on aurait dû, après son limogeage, utiliser ses capacités à un autre poste. En fait, ces paroles et ce jugement favorable ne sont pas gratuits, et ils ont à voir avec un fait peu connu. Quelque temps avant sa chute, Khrouchtchev, qui avait perdu toutes ses illusions sur le Parti, rêvait de donner une nouvelle vie au Soviet suprême. Il voulait le transformer en un véritable parlement.

La première étape aurait consisté à institutionnaliser la fonction de président du Soviet suprême et d'y nommer Mikoyan, qui, à l'époque, en présidait les séances. Khrouchtchev avait pris les premières mesures en vue de conférer de vrais pouvoirs à cette assemblée, et la perspective enchantait Mikoyan. Mais la chute de Nikita a signé l'enterrement du projet. Cet épisode permet de mieux comprendre la position de Mikoyan. Quoi qu'il en soit, si cette dernière initiative a tourné court, d'autres changements irréversibles ont été introduits grâce à Khrouchtchev.

Une des critiques adressées à celui-ci par Mikoyan mérite un examen séparé. Il lui reproche d'avoir cédé aux conservateurs (ou à ses propres doutes) en interrompant brutalement la politique de réhabilitation des victimes du stalinisme, que Mikoyan supervisait conformément à sa position au Présidium du Soviet suprême. Mikoyan et l'opinion publique libérale souhaitaient couronner le processus par la réhabilitation des victimes des procès à grand spectacle, Boukharine, Kamenev, Zinoviev, etc. Mais Khrouchtchev s'y était opposé, malgré l'insistance de Mikoyan. Pour ce dernier, toutes les accusations étaient mensongères, et les exécutions étaient assimilées à des crimes. Mais, aux yeux des fidèles d'un Parti encore peu déstalinisé, les accusés, même sous de fausses inculpations, restaient les chefs d'une opposition « anti-Parti ». Mikoyan lui-même, dans un chapitre précédent de son livre, parle avec mépris de ces accusés et victimes, et ne cache pas qu'il a soutenu toutes les entreprises de Staline contre ces « traîtres ». Tout se passe comme si, dans la ferveur de la déstalinisation, Mikoyan ne comprenait pas que les réhabiliter équivalait à rendre à ces opposants et aux courants longtemps stigmatisés comme « trotskistes-droitiers » le statut de critiques de Staline et du stalinisme.

On peut « sympathiser » sur ce point avec Khrouchtchev. Il avait déjà suffisamment d'ennuis avec le processus de déstalinisation qu'il avait lancé. Revenir sur les grands procès de 1937 était au-dessus de ses forces. Après tout, il n'avait jamais envisagé la possibilité qu'il pût y avoir au sein du Parti des fractions déclarées et des débats.

Chapitre VI

Kossyguine et Andropov

Alexeï Kossyguine

Kossyguine n'a jamais été au centre du jeu politique ; il manquait d'éclat pour cela. Il n'a d'ailleurs jamais souhaité « être dans la course » pour le poste de secrétaire général. Mais ses extraordinaires talents d'administrateur le rendaient indispensable. Dans les cercles supérieurs du pouvoir, on savait que l'économie reposait sur ses épaules, et personne n'en avait d'aussi larges.

La carrière de ce phénomène de l'administration se lit comme une histoire du gouvernement soviétique, des postes subalternes jusqu'aux plus hautes responsabilités, avec quelques chapitres authentiquement héroïques pendant la guerre. Parmi ceux-ci, comme on l'a déjà évoqué, l'évacuation des usines situées dans les territoires sur le point d'être conquis par les Allemands et la rupture du blocus de Leningrad, avec la construction d'une voie de ravitaillement et d'un oléoduc passant par le fond du lac Ladoga. Mais l'homme a également été ministre des Finances, chef du Gosplan, vice-Premier ministre, Premier ministre et membre du Politburo, admiré et envié par les secrétaires généraux parce qu'il savait, comme nul autre, faire tourner la machine administrative. Autour de lui, les gens travaillaient vraiment. Mais il était également connu dans les cercles gouvernementaux pour s'être opposé à Brejnev, en contestant le droit du secrétaire général à représenter le pays à l'étranger – une tâche qui, pour lui, devait être attribuée au Premier ministre, comme cela se pratique partout. Cette suggestion fut effectivement suivie pendant quelque temps, jusqu'à ce que Brejnev, qui ne devait pas avoir beaucoup d'affection pour un tel homme, y mette fin. Kossyguine était aussi connu pour l'intéressante réforme économique qu'il avait lancée, et que les conservateurs avaient sabotée, tout en continuant à lui en tenir rigueur.

Le livre de son gendre, Gvišiani, nous donne un aperçu de la pensée de Kossyguine[48]. Très dévoué au système, il n'en était pas moins conscient du besoin de le réformer, et vers 1964 tout semblait encore possible. Il croyait aux sociétés d'économie mixte et aux coopératives. Il connaissait la supériorité de l'Occident et pensait que l'URSS devait se mettre à son école. Sa conviction était qu'il fallait engager des transformations progressives, entamer le passage d'une « économie administrée par l'État » à un système où « l'État se contenterait de guider les entreprises ». Il était favorable à une multiplication des formes de propriété et de gestion, ce qu'il a tenté d'expliquer à Khrouchtchev, puis à Brejnev, sans résultat. Khrouchtchev avait entièrement étatisé les coopératives de producteurs. Au cours d'une réunion du Politburo, Gvišiani se souvient d'avoir entendu Kossyguine s'efforcer de convaincre Brejnev d'élaborer une véritable stratégie économique. Brejnev, à son habitude, avait utilisé une tactique dilatoire, qui revenait à enterrer l'idée. Kossyguine sortait de ce genre de discussions complètement abattu : « Il mettait en garde contre une confiance aveugle dans notre puissance et contre les dangers d'une politique incompétente. » Il s'était fermement opposé à tous les projets d'« inversion du cours des fleuves de Sibérie », comme à l'intervention de 1968 en Tchécoslovaquie ou à l'invasion de l'Afghanistan. Il disait tout haut que l'énormité des dépenses militaires et l'aide aux « pays amis » dépassaient les capacités de l'URSS. Mais le Politburo refusait de s'attaquer à ces vrais problèmes et « préférait se consacrer à toutes sortes d'inepties ».

Sous Brejnev, nombre de questions importantes, y compris de politique étrangère, étaient traitées à la Vieille Place, siège du Politburo, mais il était difficile d'y trouver quiconque ayant une bonne formation intellectuelle. Le rôle de figures ternes comme Souslov et Kirilenko était « considérable », écrit Gvišiani, qui a assisté à de nombreuses réunions ou commissions du Comité central au cours desquelles personne n'ouvrait la bouche : tous restaient là, silencieux, au garde-à-vous, jusqu'à ce qu'un document apparaisse où il était écrit : « Le Politburo (ou le Secrétariat) considère que... »

Personne ne songerait à prêter à un personnage austère et sans éclat comme Kossyguine une quelconque « effervescence intellectuelle » ou « volonté de renouvellement ». Pourtant, celles-ci se manifestèrent en relation avec les réformes économiques du milieu des années soixante (en fait, dès la fin des années cinquante). Car le prudent Kossyguine, qui ne prononçait jamais en public le moindre mot hétérodoxe, a déclenché, soutenu et protégé une véritable renaissance de la pensée économique et des publications dans ce domaine. Toute une littérature économique, assortie d'une masse de données, fut publiée, où figuraient sous des titres anodins des textes parfaitement subversifs. Ces parutions entraînèrent une explosion de la créativité dans les sciences sociales, qui se greffait sur les débats économiques, avec une remise en question des « dogmes intouchables » et de leurs multiples implications politiques. Tout cela se passait, à mon sens, sous la protection du Premier ministre.

Le débat mené sous l'aile tutélaire de Kossyguine démonte, pièce par pièce, les aspects fondamentaux du système économique. L'académicien Nemčinov publie, en 1964, dans la revue *Kommunist* un véritable réquisitoire, attaquant frontalement tout le système d'approvisionnement matériel et technique des entreprises (le Gossnab) et montrant qu'il est le principal obstacle au développement économique. D'autres économistes de renom se font entendre – Novožilov, Kantorovič, Efimov –, ainsi qu'une pléiade d'économistes mathématiciens : tous lancent une attaque directe contre le Gossnab, en faisant valoir qu'il n'est qu'une excroissance d'un système de planification administrative qui n'aborde l'économie qu'en termes d'unités physiques et fixe arbitrairement les prix. Le capital nécessaire aux investissements est proposé sans coût, d'où les énormes pressions des ministères, des entreprises, des gouvernements locaux pour en recevoir toujours plus, mais sans être soumis à l'obligation de l'utiliser de façon productive. Le phénomène à lui seul est un obstacle à une reproduction élargie du capital à un niveau technologique supérieur. Ces surinvestissements sont responsables de la chute des taux de croissance, et ils ont une autre conséquence inévitable : la pénurie permanente. Planifier dans de telles conditions n'est, au bout du compte, que perpétuer la routine.

Les débats s'étendent à de nombreuses publications. Même si les auteurs évitent dans leurs écrits de tirer des conclusions politiques directes de leurs analyses, celles-ci sont implicites. Tout le monde sait qu'il y a un « propriétaire » politique, responsable de l'économie et du système, et qu'il n'est pas possible de garder le diable dans la bouteille. Une lettre adressée au Comité central parvient au journal *Le Monde*, qui la publie dans son édition datée du 12-13 avril 1970. Elle est rédigée par trois dissidents, A.D. Sakharov, V.F. Turšin et R. Medvedev, qui mettent en garde contre les dangers qui pointent, selon eux, à l'horizon si les réformes politiques sont retardées plus longtemps. À leurs yeux, la situation est critique pour la production, mais aussi pour les citoyens, et le pays est condamné à devenir un État de second rang. Un livre publié en 1967, *Ekonomika i pravo* (*L'Économie et le Droit*), de V.P. Škredov, s'en prend directement à l'État et à ses bases idéologiques. Et cela avec d'autant plus de vigueur qu'il défend un point de vue marxiste. Selon Škredov, l'État, institution politico-juridique qui prétend à la propriété de l'économie, oublie que le politico-juridique (quelle que soit son importance dans la vie économique) est second par rapport à l'état actuel du développement socio-économique du pays. Dans ces conditions, la prétention du propriétaire à imposer sa vision des choses à l'économie, à la planifier et à la diriger selon ses vœux, est grosse de dangers si le niveau économique et technologique n'autorise pas encore la planification administrative (à supposer qu'il l'autorise un jour). Les rapports de production ne doivent pas être confondus avec des formes juridiques telles que la propriété. Ce serait du proudhonisme, et non du marxisme. Un État usurpateur, s'abritant derrière son droit à ne pas se plier aux réalités économiques, ne peut qu'engendrer une bureaucratie et devenir un obstacle majeur au développement économique. L'auteur souligne que les formes de base de la propriété n'ont pas changé pendant de longues périodes historiques, alors que les formes de production, comme Marx l'a montré, ont évolué par étapes successives jusqu'au capitalisme développé.

Le livre reçut un bon accueil dans *Novyj Mir* (n° 10, 1968), sous la signature de V. Georgiev, un des partisans de Kossyguine. Il louait Škredov d'avoir traité de front ce qui devait désormais être la tâche centrale : « dépasser le volontarisme dans la gestion du système de production de la société » en l'inscrivant dans le cadre d'un problème théorique plus large, « la corrélation entre les relations objectives de production et les activités volontaires, subjectives, de l'être humain ». Personne n'était assez naïf pour ne pas entendre, derrière ce langage, que l'État, en dirigeant l'économie comme il le faisait, lui causait d'énormes dommages.

La science économique n'était pas la seule science en effervescence. D'autres champs du savoir étaient en pleine ébullition, révélant de nouvelles dimensions de la vie sociale et culturelle, posant des questions pertinentes et s'approchant dangereusement du politique. La revue *Novyj Mir* était devenu l'organe où s'exprimaient bien des pensées critiques, et pas seulement sur la littérature. Ses 150 000 exemplaires mensuels, distribués jusqu'au fin fond du pays, étaient impatiemment attendus. On y trouvait de nombreuses informations et analyses sur le pays et sur l'Occident, et une vision social-démocrate de ce que pouvait être l'avenir de l'URSS. Le premier parrain de la revue avait été Khrouchtchev, et il est certain que Kossyguine l'a protégée autant qu'il l'a pu, au moins jusqu'en 1968. Comme on l'a vu, Tvardovski fut démis de ses fonctions de rédacteur en chef en 1970 et mourut en 1971. Il est enterré au cimetière de Novo Devič'ij, à Moscou. Une tombe bien discrète au milieu de celles, prétentieuses, de nullités couvertes de décorations.

Les sociologues frappaient aussi à la porte avec des enquêtes sur le monde du travail, la jeunesse et bien d'autres sujets jamais abordés jusque-là, notamment l'urbanisation (migrations, familles, femmes). Ils soulevaient les problèmes d'une société en devenir, des problèmes qui exigeaient une nouvelle approche et de nouvelles solutions.

Le monde juridique, avant tout les criminologues et les juristes, poussait à une réforme de la législation pénale et demandait qu'en soient éliminés les éléments purement répressifs. Une commission avait été nommée à cet effet. Elle réunissait trois ministres conservateurs, partisans des méthodes autoritaires, et six magistrats et juristes libéraux (dont Strogo-vič), assurés d'avoir la majorité des votes (à 6 contre 3). Il est certain que quelqu'un, en haut lieu, avait veillé à ce que la composition de la commission donne toutes les garanties. En 1966, le même Strogovič, membre d'un petit groupe très combatif, publia *Questions fondamentales de la légalité sovié-tique socialiste*, où il plaidait ardemment en faveur de la supré-matie de la loi, à laquelle personne ne pouvait prétendre déroger. Le livre avançait de puissants arguments, donnait de nombreux exemples concrets, dénonçait le règne de l'arbitraire en matière de droits de l'homme et du citoyen. Beaucoup restait à faire dans ce domaine. Il se prononçait clairement contre un système judiciaire rétrograde et essentiellement répressif, un système porté au châtiment plutôt qu'à la recherche de solu-tions, indifférent aux nombreuses autres possibilités offertes aux tribunaux en matière de lutte contre la délinquance. L'emprisonnement, en effet, ne faisait que transformer les détenus en criminels endurcis.

La floraison de l'économétrie et de la cybernétique, la créa-tion d'un ministère du Développement scientifique et technique, confié à Gvišiani, dont le personnel était majoritairement favo-rable aux réformes et qui jouissait d'un grand prestige, étaient autant de signes porteurs d'idées nouvelles et d'espoirs. Tout porte à penser que Kossyguine ne voyait là rien de mal, même s'il n'a jamais ouvertement contesté le statu quo par des décla-rations provocatrices. Mais d'autres pouvaient parler sans mâcher leurs mots dans la presse officielle. Ainsi, l'académi-cien V. Nemčinov déclarait qu'« un système politique à ce point paralysé du haut jusqu'en bas ne peut que freiner le déve-loppement technique et social, et il va s'effondrer tôt ou tard, sous la pression des vrais processus de la vie économique ».

On voit qu'il est faux de prétendre que « personne » n'avait prédit l'effondrement du système, comme beaucoup l'ont prétendu ces dernières années. La déclaration de Nemčinov date de 1973[49]. Le lecteur sait que les années qui suivent sont connues sous le nom de « période de stagnation », et il a désor-mais compris qu'elles ont été précédées chez les élites, et peut-être dans le peuple (cela demande d'autres recherches), par un bouillonnement intellectuel au contenu très riche et très sérieux. Celui-ci était dû aux « hommes des années soixante », dont beaucoup souhaitaient mettre un jour la main sur le Parti et transformer la Russie. Mais tout cela tourna court avec le « brejnévisme » et sa « maturité » débilitante. Quand Gorbatchev lança la perestroïka, les « hommes des années soixante » étaient déjà usés.

Iuri Andropov

Iuri Vladimirovitch Andropov, qui clôt la période que nous étudions, reste une figure mal connue. Nous aborderons ici certains aspects de l'histoire du régime qui sont directement liés à sa personnalité. Par la suite, nous évoquerons la brève période où il a été secrétaire général, même si les archives la concernant restent fermées. En mai 1967, lorsqu'il quitte la direction d'un des départements des Affaires internationales du Comité central pour prendre la tête du KGB, Andropov devient le bouclier du système. Ses biographes assurent que les scènes dont il a été témoin en 1966 lors du soulèvement de Budapest, où il était ambassadeur, l'ont beaucoup marqué. Il semble aussi que Janos Kadar ait eu sur lui une grande influence.

Sous Andropov, le statut du KGB atteint son apogée. Un an après son entrée en fonction, Andropov contrôle la « maison ». Le 5 juillet 1978, le KGB devient un comité d'État directement rattaché au Conseil des ministres de l'URSS, ce qui le place au-dessus des ministères et des autres comités. Le président du KGB est désormais un membre du gouvernement. Membre associé du Politburo depuis 1967, il en devient membre à part entière en 1973. Les compétences du KGB, basé à Moscou, s'étendent à l'ensemble de l'Union, avec un organisme comparable dans chaque république. Ses fonctions statutaires recouvrent l'espionnage, les atteintes à la sécurité de l'État, la police des frontières, la protection des secrets et documents confidentiels, les enquêtes pour actes de haute trahison, le terrorisme, la contrebande, le trafic monétaire à grande échelle et la défense de tous les systèmes de communication contre l'espionnage électronique. Difficile de savoir à ce jour laquelle de ces tâches mobilisait les plus gros moyens.

Dans les années soixante à quatre-vingt, le KGB acquiert une influence considérable dans toutes les sphères de la vie. Il surveille l'appareil d'État, la police en uniforme, les Églises ; il dirige le contre-espionnage militaire, intente des procès contre les opposants et lutte contre l'intelligentsia. Ces activités lui valent une image et une réputation détestables, tout comme à son patron, qui parvient à casser le mouvement dissident – une question qui a été au cœur de la guerre de propagande menée par et contre l'Ouest. Andropov est un brejnéviste loyal, mais comment pourrait-il en être autrement ? Il faut ajouter au tableau le recours abusif aux internements en asile psychiatrique, probablement l'action la plus répréhensible du KGB à l'époque.

Cependant, des rumeurs et des traits bien réels viennent compliquer le portrait d'Andropov. Pourquoi ce rempart d'un système ultraconservateur a-t-il constamment eu la réputation d'être un « libéral » ? Poudre aux yeux ? Pas sûr. Pour commencer, à la différence d'autres chefs du KGB, il est d'abord et avant tout un politique, non issu du sérail. À l'époque où il est encore à la tête de l'un des départements des Affaires internationales du Comité central, ses collaborateurs (il a recruté des esprits très brillants) le décrivent comme un homme très ouvert à la discussion, grand lecteur, doué pour l'analyse des affaires internationales et intérieures. Pour ses principaux lieutenants (Arbatov, Burlackij, etc.), travailler sous ses ordres et avec lui a été une expérience inoubliable. Au sein de ce bastion du dogmatisme qu'était la Vieille Place, le bureau d'Andropov était le « monde libre ». Ils parlaient avec lui de tous les sujets avec la plus grande franchise, y compris de leurs désaccords. S'il désapprouvait l'opinion de l'un de ses collaborateurs, aucune sanction ne s'ensuivait. Lui-même leur disait : « Rappelez-vous que dans ce bureau, nous pouvons dire ce que nous voulons. Mais ne vous emballez pas. Dès que vous franchissez cette porte, n'oubliez pas où vous êtes... »

Venant d'un homme politique intéressé par les questions intellectuelles, mais qui était aussi un réaliste convaincu, une telle déclaration témoigne de la présence en lui d'un second personnage, assez intelligent pour parler librement, mais aussi pour agir prudemment. Sur cet « autre » Andropov, il nous faut convoquer Markus Wolf, l'ancien chef des services secrets de la République démocratique allemande, qui le connaissait bien et l'admirait. Ses Mémoires nous apprennent bien des choses[50].

Au cours des années cinquante, le KGB a joué un rôle des plus sinistres dans les pays du bloc de l'Est. Mais les choses changent radicalement quand Andropov en devient le chef. Écoutons Wolf : « J'étais enfin en présence d'un personnage que je pouvais admirer, détaché du protocole et des petites intrigues d'antan. » Andropov est dépourvu de l'arrogance habituelle des dirigeants soviétiques, qui considèrent souvent leur empire comme invulnérable. Il a conscience que les interventions en Hongrie et en Tchécoslovaquie sont des aveux de faiblesse. Du point de vue politique et humain, il est totalement différent de ses prédécesseurs comme ses successeurs. Son vaste horizon intellectuel et sa capacité à comprendre les grands problèmes intérieurs et internationaux l'ont convaincu que la réforme de l'URSS et de son bloc, quoique risquée, est inévitable, et il entend s'atteler à la tâche. Durant une visite officielle en Allemagne de l'Est, au cours des banquets donnés en son honneur, il est présenté comme décontracté, courtois (et quelques verres ne modifient en rien son comportement). Quand on aborde des questions politiques comme le printemps de Prague ou les rapports avec les sociaux-démocrates ouest-allemands, il rejette toute approche purement idéologique, critiquant ceux qui accusent les communistes tchécoslovaques d'avoir été trop lents à mesurer l'étendue du mécontentement et à redresser la situation, et se prononçant pour un dialogue avec les sociaux-démocrates de RFA, sans se laisser impressionner par la haine que leur vouent ses interlocuteurs. Wolf apprécie cette franchise « dans un débat où la flatterie et la rhétorique sont d'ordinaire la règle ».

Les idées d'Andropov sur les méthodes de renseignement à l'étranger, sa bataille pour « responsabiliser » celui-ci ou les modifications qu'il a apportées à l'organigramme du KGB sont d'un moindre intérêt pour nous. Mentionnons tout de même sa condamnation du comportement arrogant des agents du KGB à l'égard des diplomates soviétiques en poste dans les pays de l'Est – il avait des mots très durs pour les « manières impériales » de certains de ses officiers.

Les nombreuses conversations d'Andropov avec Wolf prouvent qu'il était parfaitement conscient du retard de l'URSS. L'excès de centralisation, le goût absolu du secret, la séparation étanche des secteurs militaire et civil faisaient que l'Union soviétique, à la différence de l'Occident, était incapable de tirer un quelconque profit de ses avancées en technologie militaire. Les deux hommes discutaient souvent de la manière de remédier à ce désastreux cloisonnement. À constater la stagnation qui régnait autour de lui, Andropov se prenait à rêver d'une « troisième voie », social-démocrate à la hongroise, ainsi que de nouvelles formes de pluralisme économique et politique.

Les échanges entre les deux hommes apportent une confirmation sur un point essentiel. À la lumière de la masse d'informations dont il disposait sur l'Occident et sur l'URSS, Andropov était arrivé à la conclusion que son pays devait être restructuré en profondeur. Selon l'un de ses adjoints, Bobkov, même la guerre de propagande le renforçait dans l'opinion que le changement était la seule solution. Nous ignorons à quel moment il a commencé à penser qu'il lui appartenait personnellement de conduire cette mission. En tout cas, son esprit était mobilisé et, dans le cadre de ses fonctions au KGB et au Politburo, il se préparait pour une telle perspective.

Le KGB était un organisme complexe, parfois porté au laisser-aller et peu discipliné. Andropov a transformé ce « conglomérat » en un outil très efficace. Les témoignages abondent sur cette question, mais je ne suis pas en mesure de trancher. Andropov avait ses propres convictions, mais il ne les partageait qu'avec ses proches collaborateurs et avec Markus Wolf. Ceux qui ont travaillé avec lui sont unanimes pour dire qu'il était un antistalinien convaincu (ce point est important, surtout quand on pense à l'entourage conservateur et stalinien de Brejnev). C'était aussi perceptible dans son style et dans ses méthodes de travail. En transformant le KGB et ses méthodes de répression, il exigeait avant tout le « professionnalisme ». Il a toujours été extrêmement curieux du monde occidental, en particulier des États-Unis, et ses connaissances en ce domaine lui ont valu l'admiration de beaucoup, diplomates soviétiques ou personnalités critiques à l'égard du système.

Pour Andropov, une politique de répression devait être conçue comme le moyen de résoudre un problème. Face à Soljenitsyne, Sakharov, Medvedev et aux autres dissidents, l'approche choisie visait à limiter les dégâts politiques qu'ils pouvaient causer, et non à détruire les personnes, comme l'aurait voulu un stalinien ou tout autre *deržavnik*. Andropov était un esprit analytique, pas un bourreau. Alors que les tenants de la ligne dure étaient partisans d'isoler Soljenitsyne en l'envoyant en Sibérie, il a choisi de l'exiler à l'étranger. Quant à Sakharov, je ne sais ce que ces mêmes personnages pouvaient avoir en tête à son sujet, mais son envoi en exil à Gorki, préconisé par Andropov, ne menaçait ni sa santé ni la poursuite de ses travaux.

On a souvent dit qu'Andropov n'était que le chien de garde du vieux système, un conservateur, partisan de la répression, et donc un chef du KGB comme un autre. Mais c'est passer à côté de la réalité. On ne peut nier cela, ni le fait qu'il a envoyé les opposants en prison. Comment aurait-il pu faire autrement dans sa position, alors qu'il était constamment surveillé par les faucons du Politburo et ceux de ses propres services ? Andropov accomplissait sa tâche loyalement et prudemment. La sécurité du pays était à coup sûr une de ses préoccupations et il considérait que ses adversaires, souvent des alliés du monde occidental, ne sauraient être tolérés. Le fait que sa position et sa propre sécurité étaient à la merci d'un caprice de Brejnev est une autre dimension du piège à rats dans lequel il se trouvait pris.

Cependant, son esprit analytique et son sens du politique en faisaient un chef du KGB atypique. Pour son prédécesseur Semičastnyj, il y avait d'un côté une liste de dangers et de l'autre des ennemis, par définition coupables de ce dont on les accusait. Il fallait les réprimer, point à la ligne. Andropov, lui, se posait des questions : quel est le caractère de la menace ? quelles en sont les causes ? comment s'en protéger, sachant que les problèmes graves non résolus se transforment en plaie ouverte ? Il tentait de réfléchir à une solution politique et à des réformes. Comme on le tenait en haut lieu pour un défenseur pur et dur du système, il était en position de force, ce qui lui laissait la possibilité de neutraliser certains partisans influents de la ligne dure, voire d'obtenir leur soutien, et de diviser leur bloc (c'est ainsi par exemple qu'il a fait jouer ses bonnes relations avec l'ultraconservateur qu'était Ustinov).

Son parti pris d'analyse, à l'opposé d'une démarche d'éradication, apparaît dans deux rapports sur la situation dans le milieu étudiant qu'il transmet au Politburo, le premier le 5 novembre 1968, le second le 12 décembre 1976. Les messages délivrés dans l'un et l'autre cas sont très différents[51].

Le premier rapport analyse longuement la « psychologie de groupe », l'état d'esprit, les aspirations et les attitudes politiques des étudiants d'Odessa. Andropov recommande aux membres du Politburo de le lire attentivement, car ce qu'il expose est très important, en dépit de certaines naïvetés de son jeune rédacteur (un étudiant en fin de cursus travaillant pour le KGB). L'auteur souligne la faillite totale, abyssale, du Parti et de son arsenal politico-idéologique en milieu étudiant. Le raisonnement est simple : les étudiants connaissent bien leur ville, ils savent parfaitement que les dirigeants locaux accumulent les privilèges matériels, et ils sont choqués par le cynisme avec lequel ceux-ci utilisent le pouvoir à leur profit. Documents, chiffres et citations à l'appui, il prouve que le comportement du Komsomol et du Parti dans les établissements supérieurs est parfaitement stupide. Il souligne la débâcle intellectuelle des fonctionnaires du Parti, qui font des conférences « idiotes » et sont incapables de répondre à une question en avançant des arguments logiques et convaincants. Le niveau des sciences sociales est très bas, d'où la préférence des étudiants pour les sciences exactes et la technologie, qui sont valorisantes. Les sciences sociales suscitent leur mépris, n'ayant d'intérêt que si l'on veut faire carrière dans le Parti. L'engouement des étudiants pour l'Occident n'a donc rien de surprenant quand on sait à quel point ils respectent peu ceux qui le critiquent.

Voilà ce qu'Andropov voulait faire entendre au Politburo. Cet événement intervient peu de temps après sa nomination. Quelques années plus tard, il aurait agi de façon moins naïve. Nous ignorons combien de temps il lui a fallu pour comprendre que son premier adjoint, Semen Cvigun, nommé en même temps que lui avec le grade de général, était un pion de Brejnev, placé là pour l'espionner et faire son rapport (c'étaient les mœurs de l'époque) – et il ne devait pas être le seul chargé d'une telle mission.

L'autre document, huit ans plus tard, émane de la cinquième direction (chargée de la subversion idéologique), dirigée par Bobkov. Il est signé de ce dernier et traite également de l'état d'esprit des étudiants. Il rappelle d'abord que les services de renseignement et de propagande occidentaux visent tout particulièrement la jeunesse soviétique (ce qui, en soi, n'est pas faux), puis il donne une analyse statistique des « événements » à caractère politique en milieu étudiant au cours des dernières années : diffusion de tracts, petites manifestations, etc. Toutefois, le plus inquiétant, selon lui, est le nombre de cas de jeunes sanctionnés pour ivrognerie et autres comportements immoraux. Pour certains responsables du KGB, le « comportement immoral » conduisait directement à l'opposition politique. On ne sait pas ce que pensait Andropov de ce document, ni pourquoi il avait accepté d'étendre les compétences de la cinquième direction bien au-delà du domaine du contre-espionnage. En tout cas, cette mesure était certainement du goût des durs de l'appareil.

La différence d'approche entre le rapport de 1968 et le texte de Bobkov est frappante : renouant avec la conception de Semičastnyj, le second rejette la faute sur l'Occident et sur les personnes incriminées, et ne dit rien de la responsabilité du système. Andropov transmet le rapport Bobkov sans aucune recommandation particulière, se contentant de donner la liste des cinq destinataires (le premier est Souslov, « l'éminence grise » du Politburo). Il joint simplement au rapport une note qui précise que le KGB a l'intention de recourir à ses méthodes habituelles (« prophylaxie », arrestations dans les cas d'organisations clandestines). Les cinq destinataires apposent un « Oui » sur le document, sans rien ajouter, ce qui ne signifie rien d'autre que : « Oui, je l'ai lu. »

Si Andropov envoie le rapport sans commentaires, c'est parce que son contenu n'est pas celui qu'il aurait souhaité. Mais Bobkov, dans son livre écrit après la chute du régime[52], soutient que le KGB et la cinquième direction étaient souvent hostiles à toutes ces « persécutions », que des critiques mal informés leur reprochaient. Ils obéissaient simplement à des ordres du Politburo ou de l'appareil du Parti. Son argument clé, qu'il a souvent entendu dans la bouche d'Andropov, est que, face à l'intense propagande antisoviétique de l'Occident, il y avait une meilleure réponse que de simplement retourner toutes ces accusations contre les États-Unis. On avait plus de chances de gagner la bataille si l'on reconnaissait les faiblesses du système et ses échecs, et si l'on tentait de les corriger. Les analystes de la cinquième direction avaient souvent défendu cette ligne, mais la direction avait balayé ces idées d'un revers de main, comme si le KGB mettait son nez dans ce qui ne le regardait pas. Seul de tous les dirigeants, nous dit Bobkov, Andropov avait effectivement entrepris de changer radicalement la politique intérieure. Très bien informé des stratégies du camp adverse pour miner l'URSS, il proposait une vaste stratégie de contre-mesures scientifiquement élaborées par des chercheurs (psychologues, spécialistes des questions militaires, économistes, philosophes). Il fallait modifier énergiquement le caractère de la propagande, adopter une attitude tout à fait différente envers la religion et l'hétérodoxie politique, intensifier le combat contre la corruption et les tendances nationalistes et, avant toute chose, s'attaquer aux problèmes économiques les plus urgents. La cinquième direction avait soigneusement préparé l'argumentaire du rapport d'Andropov au Politburo, « qui aurait pu conduire à une démocratisation du Parti et de l'État ».

Andropov présente ce rapport lors d'une réunion du Politburo. Brejnev, Kossyguine, Mazurov, Šelepin, Ščerbickij et même Souslov, le grand idéologue, tous déclarent qu'ils sont d'accord avec ce double programme de réformes et de contre-offensive de la propagande. Bobkov dit ne pas savoir si le Politburo était sérieux ce jour-là. Le fait est que rien n'a suivi, en dépit du fait que le texte a circulé de main en main dans le haut appareil. C'est ainsi que l'unique carte possible n'a pas été jouée.

On ne sait trop pourquoi Bobkov ne date pas cette réunion. Il est impensable en tout cas que ce général du KGB expérimenté ait inventé un tel épisode. Le rapport doit se trouver dans plus d'un dossier d'archives. Si tout cela est vrai, la manœuvre est élégante : elle introduit des projets de réformes, mais s'efforce de les rendre attrayants aux yeux des conservateurs en leur montrant qu'ils constituent aussi de puissantes mesures de contre-propagande dans une période de guerre froide où les positions de l'URSS sont ébranlées. L'extraordinaire popularité de Gorbatchev sur la scène internationale, au début de la perestroïka, montre bien qu'une réforme de l'URSS pouvait effectivement être bien accueillie par l'opinion mondiale.

Mais l'idée était trop brillante compte tenu du niveau intellectuel des membres du Politburo. À moins que ceux-ci n'aient été trop avisés pour accepter leur propre suicide. Les fins stratèges du KGB, en tout cas, ont vu leurs espérances s'envoler. Et Bobkov de déplorer que ceux qui avaient le meilleur atout en main n'aient pas su le jouer. Cet événement, devenu un non-événement, semble confirmer à quel point le profil d'Andropov était singulier. Mais tout cela serait plus convaincant si l'on pouvait lire ce fameux rapport.

Les arrestations, les dissidents

On dispose aujourd'hui de données sur la répression de la dissidence politique pour la plus grande partie des années soixante et soixante-dix – nous en avons cité quelques-unes au chapitre III de la présente partie. Le nombre des arrestations et le type de châtiment infligé sont révélateurs. Sous Andropov, la méthode clé est la prévention. Il favorise la « prophylaxie », qui concerne beaucoup de monde, mais les arrestations arbitraires de masse n'ont plus cours. Nombreux sont les Russes qui confirment qu'à partir des années soixante la peur de la police secrète et de ses intrusions arbitraires, telles qu'on les a connues sous Staline, disparaît. À lui seul, ce changement rend possible la dissidence et d'autres formes d'action politique.

Andropov, qui connaissait personnellement certains des dissidents (dont Roy Medvedev), avait étudié leur personnalité. Il avait lu leurs œuvres, et les avait souvent appréciées. Mais, en tant que chef de la sécurité politique, sa mission allait bien au-delà. Ses services devaient être en mesure de produire une carte précise des foyers de troubles potentiels. Il estimait à 8,5 millions le nombre de personnes capables de passer à l'action à la première occasion. L'existence d'un tel potentiel offrait à certains dissidents éminents la possibilité de jouer un rôle de catalyseurs et de rassembleurs. Aux yeux d'Andropov, il était indispensable de recourir à des méthodes policières face à de tels foyers, d'autant plus qu'un nombre non négligeable de dissidents se réclamaient ouvertement de « l'autre camp ». Toutefois, il était convaincu qu'en dernière analyse l'élément décisif était la capacité du système à se montrer performant. Or, sur ce point, l'écart entre les besoins croissants de celui-ci et ses moyens en constante diminution (y compris les ressources intellectuelles – fortement limitées – des dirigeants) ne faisait que croître. Et cela valait non seulement pour l'économie, mais aussi pour les fondements politiques du système.

Le nouveau patron

Pour avoir une chance de succès, en 1982-1983, le ou les dirigeants devaient, paradoxalement, reconnaître non seulement que le système était malade (ce qu'Andropov et Kossyguine savaient déjà depuis un certain temps), mais que plusieurs de ses organes vitaux étaient d'ores et déjà morts.

Nemčinov, l'économiste, avait envisagé dès 1965 que les choses tourneraient mal quand il attaquait « un système mécanique ossifié où tous les paramètres essentiels sont fixés par avance, si bien que le système est paralysé du haut jusqu'en bas ». Lorsqu'un individu est déclaré mort, personne ne croit en une résurrection possible. Mais, quand il s'agit d'un mode de gouvernement, la possibilité de le casser et de le reconstruire reste accessible. Cela peut paraître incompréhensible, mais souvent des modèles de gouvernement ont été reconstruits avec un nombre considérable d'anciens composants.

Il est évident, on l'a déjà dit, que Kossyguine ou Andropov connaissaient la situation mieux que n'importe quel historien occidental, notamment grâce à la lecture de rapports dont nous ne pouvons prendre connaissance que quelque 25 ans plus tard. Parmi eux, un ouvrage solide, non publié, commandé par Kossyguine, alors Premier ministre, à la section économique de l'Académie des sciences. Trois ans après les avertissements de Nemčinov, les académiciens s'y livrent à une comparaison systématique entre les États-Unis et l'URSS, du point de vue des structures économiques, du niveau de vie, des progrès technologiques, des stimulants matériels, de la gestion et des orientations de l'investissement. Le verdict est le suivant : l'URSS est battue dans tous les domaines, à l'exception du secteur charbon-acier. Celui-ci fait la fierté du régime, mais il témoigne de l'arriération du pays, car il constituait déjà un secteur de référence au siècle passé. Le message est clair, c'est celui de la vieille inscription en araméen sur les murs du palais de Balthazar à Babylone, mais celle-ci résonne désormais différemment. Elle dit non plus *mneh mneh tkel ufarsin**, mais *mneh mneh... USA***. La menace ne vient donc plus de Dieu, mais des puissants États-Unis. Il n'y a plus une minute à perdre pour transformer radicalement le système.

À l'origine de la stagnation – mais c'était aussi son principal symptôme –, il y avait un Politburo littéralement au point mort, réuni autour d'un Brejnev au cerveau éteint, une impasse humiliante étalée devant toute la planète. Il n'était pas possible d'évincer Brejnev, car, à la différence de ce qui s'était passé avec Khrouchtchev, aucune majorité ne se formait sur le choix d'un nouveau chef. L'autre aspect du tableau, suffisamment patent pour être connu hors de Russie, était une corruption tentaculaire. Certains membres de la famille Brejnev y prenaient une part presque ostentatoire, et le pauvre Leonid n'aimait pas que l'on aborde ce sujet. La floraison de réseaux mafieux, auxquels nombre de hauts responsables du Parti étaient associés, était un autre phénomène dont le pays, mais non ses dirigeants, avait pris conscience. Il n'avait jamais connu pareille ampleur. Nul doute que le KGB avait là-dessus toute l'information requise.

Au moment précis où le pays comprend que le KGB s'apprête à attaquer vigoureusement ce fléau, et alors que l'étau autour de la famille Brejnev et d'autres poids lourds du régime se resserre, un coup de feu retentit soudain dans le ciel politique : le 19 janvier 1982, le premier adjoint d'Andropov, Semen Cvigun (l'ombre de Brejnev sur Andropov), se suicide. D'autres coups de feu de ce type suivront. Quelques jours plus tard, le second personnage du Politburo, un conservateur à tout crin, Souslov – « l'éminence grise » –, meurt de mort naturelle. Cette disparition est la clé du changement de rapport de forces au sein du Politburo, au détriment du « marais ».

Tout cela ressemble fort à un scénario de film politique. Au sein du KGB, Cvigun était en charge (sous le contrôle de Souslov) des principaux dossiers de corruption, qui concernaient des personnages très haut placés, dont la propre famille de Brejnev. Souslov, personnellement irréprochable sur ce point,

---

* Littéralement, IL a réfléchi, réfléchi, IL a décidé, IL a brisé. (*NdT.*)

** IL a réfléchi, réfléchi... et ce sont les États-Unis qui sont sortis. (*NdT.*)

lui avait ordonné de ne pas utiliser ces dossiers et de ne les montrer à personne. Andropov n'y avait donc pas accès. Quand les deux hommes disparurent, Andropov mit la main sur les dossiers et commença à creuser plus profond. On découvrit alors que Cvigun était personnellement impliqué dans plusieurs affaires de corruption, en compagnie de différentes personnes liées à certains membres du Politburo.

Passons sur les (multiples) détails de cette affaire. Brejnev meurt juste à temps, en 1982. La corruption a fortement ébranlé la capacité du « marais » à préserver, au sein du Politburo et du Comité central, un équilibre en sa faveur. Et c'est ainsi que l'atypique chef du KGB, Andropov, peut devenir secrétaire général, presque par accident. Il ne reste que quinze mois au pouvoir (ce qui est aussi accidentel), mais cette brève période soulève d'intéressants problèmes, dont une partie ne peut être traitée que sous forme de suppositions (« Et si… Et si… »).

Les différentes personnalités que j'ai évoquées ici étaient dynamiques et capables. Les figures obtuses et incompétentes du « marais », ou encore les simples poids morts, ont été passés sous silence. Mais il vaut la peine de s'attarder un instant sur la cuisine interne du Politburo. Le secrétaire général a tous pouvoirs sur les nominations : il peut coopter ou exclure qui il veut. À charge pour ses partisans de faire approuver ces décisions par le Politburo et le Comité central. Un autre scénario montre qu'un groupe qui veut choisir un nouveau secrétaire général peut expulser celui qui détient le poste à condition d'avoir suffisamment de partisans au sein du Comité central et de pouvoir compter sur le soutien de l'armée et du KGB. En fait, l'appui de l'armée suffit, même contre le KGB, qui, dans ce type de situation, est hors jeu.

Mais, inversement, des dirigeants faibles comme Brejnev ou Tchernenko ont pu paradoxalement bloquer la situation. Il y avait au sommet une majorité de gens médiocres qui voyaient dans un secrétaire général amoindri le meilleur garant des avantages acquis. C'est ainsi que Brejnev, un personnage plutôt rusé mais pas méchant, a pu devenir le ciment et la garantie du statu quo : il n'était pas dangereux et les poids morts ne se sentaient pas menacés. La situation est encore plus paradoxale lorsque le secrétaire général est en poste, mais totalement absent en raison d'une maladie qui dure depuis des années.

Lorsque Mikoyan critique la politique « désordonnée » de Khrouchtchev, il a raison sur le plan factuel. Mais cette politique n'est pas due au seul caractère de Khrouchtchev ; ses échecs sont imputables en partie à l'absence de règles de fonctionnement au sein du Politburo, censé être le sommet tout-puissant d'un système hypercentralisé. En l'absence de telles règles, un secrétaire général désireux d'obtenir ou de regagner la capacité de mener telle ou telle politique, ou simplement de garder son poste, devait comploter afin de s'assurer un contrôle total du pouvoir, avec l'aide de partisans jamais parfaitement fiables. L'ancien modèle de la dictature personnelle ressortait tel un diable de sa boîte, comme si le vide dont souffraient les institutions ne pouvait être rempli que par un seul homme – ce qui incitait les membres du Politburo à soutenir une position autocratique ou à y aspirer personnellement, comme si aucun autre mode de fonctionnement n'était envisageable. C'est ce qui avait rendu possible l'« impossible » Nikita, qui, dans un système collégial, aurait pu être un acteur important au sein d'une véritable équipe. Cette faiblesse quasi structurelle, qui poussait le secrétaire général à se conduire en dictateur, ou au moins le lui permettait, était l'empreinte congénitale laissée par Staline, une partie de son héritage qui n'avait pas été éliminée.

Cependant, sur l'échiquier du pouvoir au sommet (Politburo, Comité central, ministères), tout n'était pas complètement figé. Certes, le poste suprême pouvait revenir à un personnage médiocre, ou même diminué (Brejnev, Tchernenko), mais il pouvait aussi échoir à une personnalité dynamique et forte (Staline, Khrouchtchev, Andropov). Expulser un médiocre et changer le cours des choses est longtemps resté impossible, jusqu'au jour où une occasion appropriée, à mon sens, s'est présentée, quand la pieuvre de la corruption a touché certaines figures du « marais », les rendant vulnérables et manipulables.

Cette paralysie du système, alors même que personne ne tenait vraiment le gouvernail, n'a pas empêché que surgisse à un moment donné un vrai pilote capable d'imposer un changement de cap, en commençant par des bouleversements au sommet. Incontestablement, le hasard a joué un rôle au départ.

Mais il faut noter la vitesse avec laquelle le « marais » pouvait alors être asséché par une purge énergique de ses soutiens au sein de l'appareil du Parti. De nouvelles initiatives devenaient possibles, grâce à l'arrivée de nouveaux cadres dirigeants. Et c'est ce qui s'est passé avec Andropov.

L'un de ses proches collaborateurs au KGB, Vjačeslav Kevorkov[53], qui a occupé un rang élevé dans le contre-espionnage, nous livre quelques autres traits du personnage. Kevorkov était chargé de certaines missions internationales, et notamment du « canal secret » avec les dirigeants ouest-allemands. Cette position lui donnait l'occasion de rencontrer fréquemment Andropov, et à ce titre il est une source privilégiée. Selon ses dires, Andropov réfléchissait à la possibilité de passer un accord avec l'intelligentsia pour qu'elle l'aide à réformer le système. Son modèle était visiblement Lounatcharski, qui, sous Lénine, avait su communiquer et coopérer avec ce groupe social. Andropov avait parfaitement compris que la principale infirmité du Parti était la faiblesse intellectuelle de ses cadres et des hauts dirigeants, et tout ce que certains ont pu écrire sur son adhésion au brejnévisme relève de la mauvaise foi. En revanche, une chose est sûre : son poste était à la merci d'une décision de Brejnev. Mon argument selon lequel Andropov connaissait la véritable « valeur » des hauts dirigeants est confirmé par Kevorkov, qui cite une opinion de son chef : « Presque aucun des dirigeants actuels du Parti ou de l'État n'appartient à la classe des hommes politiques de talent, qui pourraient faire face aux difficultés que le pays affronte. » Pour Kevorkov, en tout cas, Andropov appartient à cette classe, et il conclut son livre sur cette phrase : « Andropov a été sans nul doute le dernier homme d'État qui croyait à la vitalité du système soviétique, mais pas de celui dont il avait hérité en accédant au pouvoir : il ne croyait qu'en celle du système qu'il entendait créer par des réformes radicales. »

Ce témoignage et d'autres semblent prouver qu'un politique intelligent comme Andropov comprenait que le système devait être reconstruit, car ses fondations économiques et politiques étaient désormais dans un piteux état. Le reconstruire ne pouvait signifier que son remplacement par autre chose, avec des phases de transition. Pensait-il vraiment en ces termes ? Indépendamment du fait que ses archives personnelles demeurent inaccessibles, les décisions qu'il a prises ou entendait prendre permettent de répondre par l'affirmative.

Il s'empare du pouvoir rapidement et en douceur. Il commence par agir avec beaucoup de prudence, mais très vite le pays comprend que des choses sérieuses se préparent au Kremlin. Les premiers pas sont ceux auxquels tout le monde s'attendait. Andropov veut restaurer la discipline sur les lieux de travail. Outre les travailleurs, il s'agit aussi de rééduquer les élites, qui ne brillent pas par leur éthique au travail. Il raille leur goût immodéré pour les luxueuses datchas et autres plaisirs de la vie (lui-même est connu pour vivre simplement). Dès que cela se sait, sa popularité grandit. Le pays a un patron et cela se voit. Une réforme exige de la préparation et du temps : des groupes de réflexion et des commissions sont constitués. Certaines mesures sont provisoires, d'autres vont plus loin et sont irréversibles. C'est le cas de la purge menée tambour battant contre toute une strate de responsables de l'appareil parmi les plus rétrogrades, piliers de l'équipe précédente. Les témoignages de ceux qui sont appelés pour les remplacer fournissent quelques détails[54].

Le limogeage de N.A. Ščelekov, protégé de Brejnev placé à la tête du ministère de l'Intérieur, est accueilli comme une mesure salutaire. Dans l'appareil du Comité central, les chefs des départements « Affaires courantes », « Organisations du Parti », « Recherche et universités », ainsi que le responsable du département général formaient ce que l'on appelait le « cabinet restreint » (parfois aussi baptisé « cabinet fantôme »), chargé de préparer les mesures politiques les plus importantes. Andropov met fin à leur omnipotence.

Autre grande satisfaction de l'intelligentsia : le limogeage de Trapeznikov, lui aussi protégé de Brejnev, qui se prenait pour l'idéologue en chef du Parti. Grand inquisiteur du régime, stalinien invétéré, il poursuivait de sa vindicte les écrivains et les universitaires qui tenaient des propos qui lui déplaisaient. Les personnages que nous venons d'évoquer (Ščelekov, Trapeznikov) constituaient le noyau dur de la direction du Parti. Les éliminer d'un coup revenait à émettre un signal particulièrement fort.

Sous Andropov, le rôle de Gorbatchev ne cesse de grandir. Des hommes nouveaux accèdent à des postes clés dans l'appareil du Parti. Andropov propose à Vadim Medvedev de prendre la tête du département « Recherche et universités ». Medvedev avait été violemment critiqué pour « insubordination » quand il avait essayé de faire de l'Académie des sciences sociales du Parti, dont il était le directeur, un véritable institut de recherche. Andropov l'informe que de nouvelles approches sont indispensables pour accélérer le progrès technique et scientifique et améliorer la situation des sciences sociales, particulièrement maltraitées par Trapeznikov : l'Académie des sciences sociales doit se consacrer à de vrais travaux, au lieu de produire des textes idéologiques totalement creux.

V.I. Vorotnikov, vice-Premier ministre de la République fédérative de Russie, est nommé par Andropov Premier ministre de cette république et membre du Politburo en 1983. Dans son journal intime, qu'il a publié[55], il complète le portrait d'Andropov. Il dit avoir été très impressionné par l'intelligence manifestée par celui-ci au cours des conversations qu'ils ont eues ensemble. Ses notes, prises lors des réunions du Politburo, révèlent un Andropov énergique et incisif, qui ne craint pas d'aborder des problèmes toujours plus complexes : discipline sur les lieux de travail, mais aussi fonctionnement de l'économie et recherche d'un nouveau modèle. Sa manière d'aborder le changement est très pragmatique. Il souhaite procéder par élargissement progressif du champ des réformes. Le premier pas important dans le domaine économique consiste à laisser les usines opérer « sur la base d'un complet autofinancement » (*polnyj hozrasčet*), c'est-à-dire en prenant en considération les coûts et les bénéfices. Mais Vorotnikov, nouveau venu, peu informé encore de la cuisine du Politburo, ne dit rien des commissions qui réunissaient des personnages de haut rang pour préparer ces changements. Il n'était pas non plus au courant des projets d'Andropov visant à réformer le Parti. Sur ce sujet, il faut consulter d'autres sources.

Tout en prenant ses premières initiatives, Andropov en prépare d'autres, et il en parle : « Nous devons changer les mécanismes économiques et le système de planification. » Un groupe de réflexion *ad hoc* – il existait peut-être sous une autre forme avant son arrivée au pouvoir – se met au travail. Entretemps, le lopin privé, que Khrouchtchev avait réduit ou interdit, est « réhabilité ». Et l'administration reçoit un sévère avertissement : les services ministériels n'ont pas su donner l'exemple d'une bonne organisation, et ils ont échoué à créer les conditions d'une « atmosphère de travail hautement productive[56] ».

Les changements entrepris sont importants, et d'autres, prévisibles, semblent en gestation. Des extraits des comptes rendus des séances du Politburo (désormais disponibles) jettent une lumière encore plus étonnante sur la stratégie en cours d'élaboration. Au moment où la campagne pour la réélection des grands organes du Parti approche, accompagnée des habituels rapports, Andropov déclare soudain dans une résolution officielle, en août 1983 : « Les assemblées électorales du Parti obéissent à un scénario établi d'avance, sans débat sérieux et franc. Les professions de foi des candidats sont déjà prêtes pour la publication ; toute initiative ou critique est étouffée. Désormais, rien de tout cela ne saurait être toléré[57]. »

C'est une véritable bombe. Critiquer les patrons du Parti obnubilés par leurs intérêts et laisser entendre qu'ils pourront être évincés, au moment même où s'ouvre la campagne pour les réélections, crée une situation absolument nouvelle pour l'ensemble de la couche dirigeante. La plupart d'entre eux étaient jusqu'à présent réélus d'office quel que fût leur échelon (bureaux ou comités du Parti, comités régionaux, Comité central).

Le changement en préparation était donc de taille. Si « élection » ne signifiait plus « nomination », l'atmosphère de la campagne risquait d'être bien différente. Andropov déclarait publiquement qu'il voulait de véritables élections. Ce qui signifiait qu'il savait que le prétendu « Parti » était un cadavre, qu'il était vain d'espérer lui rendre vie et que la seule chose à faire était de le détruire. Et c'est bien ce qu'ont compris les dirigeants en place. La célèbre « stabilité des cadres » (l'assurance de garder son poste quoi que l'on fasse) était sur le point de disparaître, et, avec elle, l'impunité du « bon vieux temps ». Le pouvoir confortable et parasite de la classe des chefs du parti-État touchait à sa fin. De véritables élections au sein du Parti signifiaient la réapparition de courants et l'émergence de nouveaux chefs ; de là pourrait renaître un parti, quel qu'en soit le nom. Un tel parti au pouvoir, programmant des réformes, aurait pu servir de pilote pour le pays dans la difficile transition vers un nouveau modèle.

Tout cela, bien sûr, est de l'histoire avec des « si... ». Andropov, qui souffrait d'une maladie des reins incurable, disparaît rapidement, en 1984. Il est remplacé par Tchernenko, un apparatchik sans visage, lui aussi gravement malade, dont le règne ne dure que treize mois. Après quoi le prétendu « Parti » connaît une première : en 1985, un secrétaire général jeune, Gorbatchev, héritier d'Andropov, aux idées souvent justes, appelé à connaître une chute aussi lamentable que son ascension a été spectaculaire. Plus tard encore, l'État-parti ou le parti-État disparaît, sans effusion de sang. Les redoutables forces de sécurité sont intactes, mais elles ne reçoivent pas l'ordre d'ouvrir le feu. C'est là un autre mérite de Gorbatchev, mais qui ne l'a pas empêché de sombrer dans l'impuissance et de perdre le pouvoir. En fait, il n'y avait personne sur qui tirer, car le système n'a pas été renversé par des masses en colère. A commencé alors une dérive vers ce que l'on a appelé les « réformes », qui ont plongé la Russie dans une nouvelle forme de sous-développement.

Notes pour un diagnostic

Des mots comme « paradoxe » ou « ironie » conviennent parfaitement pour qualifier la destinée historique de la Russie, tout comme l'image d'un fardeau tiré par tout un peuple, à l'instar des bateliers de la Volga, qui halent de lourdes barges en chantant : « Ces malins d'Anglais ont la belle vie, ils utilisent des machines pour tirer leurs charges. » Les Russes, eux, n'ont que le chant pour se donner du courage.

Cette histoire difficile et ses méandres sont la source d'une profonde angoisse existentielle pour de nombreux Russes (ou, plus exactement, habitants de la Russie), un sentiment qu'exprime bien le mot *toska*, entre mélancolie, tristesse, angoisse et dépression. Ajoutons-y *unynie* (désespoir), ainsi que l'inévitable touche d'apitoiement sur son propre sort. On obtient alors un puissant breuvage que seul un autre breuvage pourrait peut-être noyer. Ces sentiments, assortis d'une insupportable dose de cynisme, se retrouvent dans les très populaires chansons de la pègre, qui célèbrent le couteau – cet instrument des règlements de comptes est le symbole de tout un mode de vie. Dans la Russie d'avant la perestroïka, des bardes comme Okudjava, Vyssotski, Galič chantaient peu de chansons joyeuses : leurs chansons exprimaient un état d'esprit – le leur et celui du pays – entre rejet, pitié, prière et désespoir. Non pas que le peuple ignorât la gaieté en URSS – elle n'a jamais manqué –, mais ces artistes comprenaient que le pays avait pris la mauvaise route et que l'histoire les traiterait sans ménagements. Dans les époques de déclin, de décadence et de stagnation, les riches font la fête et les bardes désespèrent.

Nos données sont tirées des archives du Gosplan et de l'Office central des statistiques, inaccessibles à l'époque où les chansons des bardes résonnaient en Russie. Mais si l'on réunit ces deux types de « sources », on s'aperçoit qu'après tout elles racontent la même histoire.

Troisième partie

Le siècle soviétique.
La Russie dans son cheminement historique

Chapitre premier

Lénine et ses deux mondes

Dans l'introduction, j'ai souligné que la polarisation des opinions et l'impact puissant des propagandes inhérentes à la guerre froide avaient éliminé la « réflexion contextuelle » indispensable à l'enquête historique. Les objectifs et les priorités étaient différents et la parole était aux médias, aux idéologies et aux émotions.

Le travail des chercheurs se trouve confronté à des opinions largement répandues et souvent défendues avec passion. Ce « discours public » fortement structuré, absent des autres champs du savoir, repose sur des erreurs méthodologiques qui rencontrent un large écho dans certains médias et sont présentées comme des vérités allant de soi. La première erreur consiste à se focaliser sur les dirigeants, les services gouvernementaux et l'idéologie, dépeints comme des acteurs indépendants, considérés hors de leur contexte historique. Ni les situations qui les conditionnent, ni le passé, ni le monde environnant ne sont pris en compte. Pour la Russie, tout commence en 1917 – le « moment du péché originel » –, voire, pour certains, plus tôt encore, en 1902-1903, avec la publication par Lénine de *Que faire ?* À partir de là, les événements se déroulent comme s'ils étaient génétiquement déterminés, et la séquence « léninisme-bolchevisme-communisme » se met en place comme une fatalité. J'exagère sans doute quelque peu, mais cette ironie n'est pas inutile si le lecteur veut bien se rappeler qu'au moment où Lénine écrit *Que faire ?* toute la social-démocratie russe, lui compris, était absolument convaincue que la révolution à venir en Russie serait bourgeoise, ce qui revenait à exclure toute prise de pouvoir par la gauche. À l'époque, Lénine considérait le capitalisme russe comme une force conquérante lancée à toute vapeur et déjà visible derrière chaque buisson…

Chaque fois qu'une vision déterministe est adoptée, la recherche historique sérieuse passe au second plan. Et dès lors qu'en histoire on se place d'un point de vue « de parti » (gauche, droite ou centre), on ne retire de la tirelire que ce qu'on y a mis, et pas un sou de plus.

Dans le cas de l'historiographie soviétique, le mépris fort répandu pour les transformations sociales qu'a connues l'URSS, jugées sans importance, constitue un handicap supplémentaire. Le refus d'étudier la société sur une période longue, pour se concentrer exclusivement sur la structure du pouvoir, trouve souvent sa justification dans la formule : « Il n'y avait pas de société, uniquement un régime. » Le Kremlin, la Vieille Place, la Loubianka, trois adresses et rien d'autre autour. Plus récemment, la *nomenklatura* a été présentée comme une grande découverte, sans que l'on se rende compte que, faute d'une étude détaillée de ce que ce terme recouvrait, il n'était qu'un mot de plus.

Cela n'est qu'un exemple parmi tant d'autres du penchant de nombreux spécialistes à ne pas tenir compte des lacunes évidentes dans notre connaissance de ce pays. Savoir que ces lacunes existent et qu'il importe de les combler, c'est suivre un très ancien conseil épistémologique : *scio ut nescio*.

L'approche « contextuelle » suppose que l'on s'intéresse à la scène européenne dans son ensemble, à ses drames et à leurs séquelles. La situation y change à un rythme accéléré, une crise succède à l'autre. De 1914 à 1953, on assiste à une véritable cascade d'événements et de cataclysmes, qui ont pesé d'un poids très lourd sur la population de Russie. Et les dirigeants, avant même de s'engager dans une action, ne pouvaient pas ne pas affronter cette succession de crises, dont la plupart ne sont pas de leur fait. Lénine n'est à l'origine ni de la Première Guerre mondiale, ni de la chute du tsarisme, ni même de l'échec des forces démocratiques à maîtriser le chaos russe en 1917. L'action ou l'inaction, la folie ou la raison ne peuvent être comprises sans considérer la période, éclatée, secouée par des crises et chargée de passé : c'est elle qui fixe l'ordre du jour dans lequel les peuples s'engouffrent. Lénine, stratège politique par excellence, n'a fait que réagir à ce qu'il percevait et comprenait des crises qu'il vivait. Il est donc indispensable d'élargir le tableau et d'y replacer les personnes et les mouvements.

La complexité historique est faite d'innombrables facteurs qui peuvent converger, diverger ou se heurter les uns les autres. Elle excède de beaucoup l'action d'un chef, d'un groupe dirigeant, d'une classe dominante, d'une élite. Pour mieux cerner ces facteurs, il faut recourir à des paramètres plus larges. Même l'histoire d'un régime aussi brutal que celui de Staline n'est pas unidimensionnelle. On doit se poser des questions sur ce qui l'a rendu possible, ses origines lointaines et ses différentes phases : à quel moment a-t-il été en prise avec la réalité et à quel moment a-t-il été hors jeu ?

L'environnement extérieur ne peut pas non plus être passé sous silence, quel que soit le degré d'isolement et d'autarcie du régime. Non seulement les radios étrangères étaient écoutées, mais les études systématiques des performances économiques de l'Occident arrivaient sur les bureaux des dirigeants soviétiques. Les services de renseignement, les diplomates, les fonctionnaires du ministère du Commerce extérieur étaient autant de sources d'informations sur ce qui se passait hors des frontières, même si celles-ci étaient réservées à l'élite. Quant à ce qui arrivait jusqu'au peuple russe, on ne doit pas minimiser l'importance de la traduction des œuvres littéraires étrangères. Bien que soigneusement sélectionnées, elles étaient nombreuses. Les chefs-d'œuvre de la culture mondiale figuraient en bonne place et la qualité de la traduction était excellente. Les citoyens soviétiques étaient connus pour être de grands lecteurs, sans parler de leur passion pour la poésie et de la fonction politique spécifique qu'elle remplissait. Aujourd'hui, ces qualités ont presque entièrement disparu.

J'ai déjà fait allusion à une autre série de problèmes, difficiles à cerner et tout aussi complexes. Le système soviétique et le système occidental exerçaient une influence l'un sur l'autre, avec des répercussions dont les formes et l'intensité ont varié en fonction des fluctuations de la situation internationale. L'image que l'URSS voulait donner d'elle-même, celle d'un pays construisant le socialisme, est au cœur de ces échanges. Un examen plus précis de ce thème permet d'en éclairer les

différentes facettes, tant dans l'histoire de l'idéologie soviétique que dans l'interaction intense avec le monde extérieur, où
s'affrontaient les représentations et autoreprésentations du
« socialisme contre le capitalisme », que les deux camps se
renvoyaient à chaque tournant de l'histoire. La question de
savoir pourquoi et comment tant de personnes (de gauche),
critiques à l'égard du système occidental, ont été portées à voir
dans l'URSS ce qu'elle n'était pas et ne pouvait pas être est un
phénomène complexe, qui devra faire l'objet d'une étude
approfondie. Simultanément, on ne doit pas négliger l'usage
qu'a fait la droite de cette prétention de l'URSS à être ce
qu'elle n'était pas, pour mieux renforcer sa domination sur la
société occidentale et chercher à en saper les institutions démocratiques.

La prétention soviétique à constituer un contre-modèle et
une alternative au capitalisme a aidé l'URSS à mobiliser non
seulement son peuple, mais aussi de nombreux soutiens à
l'étranger. Elle a eu la possibilité de justifier, après la guerre,
l'existence d'un « camp socialiste » et de parer le système de
plumes presque crédibles. Cependant, si la voix était celle de
Jacob, les mains étaient celles d'Esaü. La réalité, à y regarder
de plus près, n'avait rien d'idyllique, mais elle correspondait à
un phénomène qui avait sa cohérence propre, dont faisait aussi
partie la Chine, dotée d'un système comparable et qui est
aujourd'hui encore une puissance avec laquelle il faut compter.

Le dernier handicap est le recours massif à des concepts,
comme celui de « totalitarisme » (sur lequel je reviendrai), qui
ont grandement contribué à fonder l'ignorance des changements considérables intervenus dans le système. Dans ce
contexte, la non-prise en considération du social est la preuve
patente de l'inadéquation conceptuelle de l'idéologie du
modèle totalitaire. Concentrer son attention sur le régime,
comme si la société par définition n'était qu'argile malléable,
c'est passer à côté des profonds changements structurels qu'a
connus la société, et dont la prise en compte est indispensable
pour comprendre les réussites du régime, ses transformations
internes, ses crises et sa chute.

Ces omissions, encouragées par le vide de la confrontation
idéologique et la guerre de propagande, constituent des objets
légitimes pour les recherches historiques, y compris les énormes

dommages que le régime soviétique s'est infligés à lui-même en interdisant la liberté de recherche et de débat. Les arguments et les postulats idéologiques, d'où qu'ils viennent, surtout quand ils relèvent de la propagande, ne sauraient guider la recherche ; ils n'en sont qu'un des objets. Leur étude doit permettre de déconstruire les affirmations abusives, de comprendre d'où elles procèdent et quel but elles poursuivent. Parallèlement, il faut élaborer un appareil conceptuel et les stratégies d'enquête capables de clarifier ce qu'était vraiment le système soviétique, la façon dont il a évolué (idéologies incluses) et la place qu'il faut lui attribuer dans le catalogue des systèmes politiques.

Répétons-le : le passé, en fait un passé pluriel, était à l'œuvre (et l'est toujours), parce qu'en Russie coexistaient des réalités (et non pas seulement des reliques) des siècles antérieurs. À la différence des périodes où le rythme du changement est lent, dans les périodes lourdes de crises, les strates sociales et les phénomènes appartenant à différentes époques se heurtent violemment et ne cessent, dans la plus grande confusion, de modeler et remodeler les comportements politiques et les institutions. Au XXe siècle, la Russie tsariste a connu son lot de bouleversements, qui ont perduré sous le régime soviétique, avec toute une gamme de phénomènes indissociables des changements politiques et sociaux : « crises », « révolutions », « guerre civile », périodes ascendantes, « déclin », puis effondrement. Le spectacle n'est pas forcément ennuyeux, même s'il est quelque peu déprimant. Il importe également de trouver les termes adéquats pour parler de chaque phénomène, car on ne peut traiter dans les mêmes termes de la période stalinienne d'industrialisation à marche forcée, qui associe progrès social et pathologie politique « cancéreuse », et du stalinisme de l'après-guerre, marqué par une rapide restauration économique et des campagnes politiques et idéologiques rétrogrades. Enfin, on ne doit pas perdre de vue le mouvement de pendule historique propre à la Russie : grande puissance européenne en 1913, c'est un pays ravagé en 1920 ; mobilisée dans un effort de guerre impressionnant entre 1941 et 1945, elle est en 1945 une superpuissance victorieuse, mais elle ressemble à un champ de ruines ; dix ans plus tard, c'est une superpuissance dotée de spoutniks et de fusées intercontinentales ; et la suite n'est pas moins surprenante. C'est là un ensemble très « dense » de processus historiques, et un domaine immense de recherche pour les historiens du changement social.

Nous ne nous faisons ni procureur ni avocat. Toute étude historique digne de ce nom s'attache à dire ce qui est. S'il y a du positif, un progrès, il apparaîtra nettement ; s'il y a un processus pathologique (l'histoire en est pleine), il apparaîtra aussi.

Nous avons vu que les opinions largement répandues dans les cercles politiques et les médias et les perceptions naïves sont des obstacles non négligeables, que doit surmonter une étude sérieuse de l'URSS. Les travaux scientifiques consacrés à ce pays et à son système relèvent d'une autre catégorie et doivent être abordés sous un angle différent, même si certains universitaires ont effectivement contribué à la fabrication d'un « discours public » standardisé sur l'Union soviétique. Réparties dans de nombreux pays, les recherches sur l'URSS ont produit une grande variété d'écrits, qui, à coup sûr, reflétaient d'une certaine manière les partis pris inhérents à la bipolarisation du monde, mais n'en étaient pas moins le fruit d'un travail sérieux, parfois impressionnant. Ils relevaient d'une multiplicité d'approches et d'écoles de pensée, en dépit de l'impossibilité d'avoir connaissance des sources soviétiques. Aujourd'hui, un accès facilité aux archives, mais aussi la triste situation dans laquelle se trouve la Russie font que nombre de mes collègues sont sans doute prêts à reconnaître qu'une approche plus équilibrée et sans complaisance de l'ère soviétique est non seulement possible, mais indispensable.

L'Union soviétique est un élément particulièrement complexe du XXᵉ siècle, elle ne peut être « décodée » que si l'on saisit bien le rôle qu'elle a joué dans les drames de ce siècle. Voilà qui nous ramène à ce qui est presque un truisme : l'impact des événements mondiaux sur la Russie a été constant et a pesé fortement sur son développement.

La révolution de 1905 et la Première Guerre mondiale ont eu une très forte influence sur le programme des sociaux-démocrates russes, y compris sur la fraction dirigée par Lénine (qui se constitue en parti en 1912), et ont orienté leurs stratégies.

Rappelons que ces mouvements politiques n'avaient pas été créés dans le but d'exercer le pouvoir, ni même de diriger une révolution, mais seulement dans l'intention d'y participer et de la faire avancer dans le sens de l'étape historique qui était à l'ordre du jour. Mais, quand la tentative de révolution « démocratique bourgeoise » de 1905-1907 échoue, Lénine commence à mettre en doute le jugement du parti social-démocrate et le sien propre sur la profondeur du développement capitaliste et son impact dans et sur la Russie. Jusque-là, il voyait le capitalisme à l'œuvre partout ; or il découvre soudain que ce ne sont pas les libéraux mais les paysans qui constituent la force révolutionnaire la plus à même de renverser le régime tsariste. Il s'engage alors dans la recherche d'une nouvelle perspective et d'une nouvelle stratégie. Et ce n'est qu'au cours de la Première Guerre mondiale que sa conception initiale de la révolution à venir (en fait formulée par Plekhanov) change, même si elle reste valide pour la plupart des membres de son parti.

Il est important de souligner que nombre de membres du parti social-démocrate russe, dont Lénine lui-même, ont vécu longtemps à l'étranger, où ils ont participé aux activités des partis sociaux-démocrates occidentaux, tout en continuant à suivre de très près la situation russe. On peut dire qu'ils avaient une « double nationalité » politique, ou, plus exactement, qu'ils vivaient politiquement dans deux mondes différents. Lénine était dans ce cas. Il était un social-démocrate russo-allemand, siégeant au comité exécutif de la IIe Internationale, et il n'y a aucune raison de mettre en doute son engagement de ce côté-là. Comme pour bien d'autres, c'est là que s'est constitué le bagage conceptuel qu'il a utilisé pour penser le monde. Mais, et ce n'est un secret pour personne, il était habité par la Russie, qui restait au cœur de ses préoccupations. Or ce monde russe était bien différent de l'Occident. C'était un agglomérat aux multiples facettes, dont les composantes n'avançaient pas toutes à la même allure, comme Lénine l'avait découvert, notamment à la lecture des historiens russes. Ses deux mondes entraient dans une période troublée qui allait durer longtemps, s'ouvrant avec la Première Guerre mondiale et enchaînant sur des crises et des révolutions. Ces événements touchaient toute l'Europe centrale et orientale, une région économiquement sous-développée et encore largement agricole, qui était déjà ou allait devenir la proie de systèmes dictatoriaux ou de régimes profondément autoritaires – à l'exception de l'Allemagne et de la Tchécoslovaquie, qui était une démocratie plus stable que celle de Weimar. Tous ces facteurs doivent être pris en compte dans la matrice du système soviétique. Autre point crucial à ne pas négliger : la social-démocratie allemande (d'une certaine façon l'*alma mater* idéologique de Lénine) se rallie à l'effort de guerre de l'Allemagne impériale, tout comme d'autres partis socialistes dans leurs pays respectifs. La IIe Internationale, qui semblait si puissante en 1914, éclate – un désastre dont le socialisme européen ne s'est jamais vraiment remis. La boucherie et les ravages économiques sans précédent provoqués par la Grande Guerre font naître, dans certains cercles de gauche, l'espoir que la fin du conflit allait produire une crise révolutionnaire dans toute l'Europe. Ils se lancent dans une quête fiévreuse d'analyses permettant de prévoir le cours des événements et d'élaborer une stratégie capable de doter l'Europe d'un gouvernement révolutionnaire. Le rôle de la Russie, son potentiel historique propre (de pays sous-développé), est jugé tout à fait secondaire.

Un échange de lettres entre deux bolcheviks émigrés, datant de 1915, Lénine et Boukharine, dans lesquelles ils polémiquent à propos des perspectives et des stratégies d'une future révolution, restitue leurs attentes exaltées et le cours de leurs pensées. À cette époque, Lénine tout comme Boukharine, jeune révolutionnaire romantique de dix ans son cadet, sont totalement plongés dans la perspective de la révolution à venir en Europe, ou même à l'échelle du monde. Les bolcheviks – souvent jeunes – se préparent à y jouer un rôle décisif. Lénine et Boukharine discutent le plus sérieusement du monde d'un éventuel recours à une « invasion révolutionnaire » de l'Allemagne, nécessaire à la défense de la révolution. Ils ne sont pas d'accord sur la question de savoir s'il faut ou non demander à la gauche allemande son aval. Boukharine pense que c'est indispensable. Sans cela, dit-il, une unité nationaliste risque de se reconstituer en Allemagne et « notre invasion » sera un échec. Dans cette perspective d'une révolution à l'échelle de l'Europe, la révolution en Russie semble à Lénine une affaire secondaire, et derrière le « notre invasion » de Boukharine, il voit pour sa part n'importe quelle force révolutionnaire en

Europe. Lénine se demande si l'impossibilité d'instaurer le socialisme en Russie (une idée communément admise jusquelà) est toujours un problème. Selon lui, ce serait le cas si seuls certains pays étaient touchés par la révolution. Mais si celle-ci doit s'étendre à toute l'Europe, la Russie ne sera plus qu'une composante d'une entité plus vaste et, de toute façon, les identités nationales se dissoudront[1].

De cet échange de lettres il ressort que la stratégie révolutionnaire, et pas seulement en Russie, devait ête imposée par... les « bolcheviks », un terme qui semble désormais désigner tous les partis révolutionnaires d'Europe, réunis dans une nouvelle organisation internationale, puisque la IIe Internationale est morte et que ses dirigeants ont failli. On assiste à un coup de barre à gauche, et les bolcheviks en prennent la tête.

Tout cela était joliment utopique et potentiellement porteur d'un impérialisme rouge. Comme la scène des événements en cours et à venir était mondiale, la réflexion ne concernait pas la Russie (qui n'avait pas de potentiel socialiste, tout le monde était d'accord sur ce point), et encore moins le fait qu'elle fût le centre des événements et capable d'en tirer des avantages expansionnistes. L'orientation de la pensée de Lénine vers le potentiel révolutionnaire de l'Europe allait se maintenir jusqu'au lancement de la NEP, dans ce qui était déjà connu comme la Russie soviétique. Avec le recul des perspectives révolutionnaires en Europe, la recherche fiévreuse d'alliés dans quelque pays en proie à une crise, motivée non par la force du nouveau régime russe, mais plutôt par sa grande vulnérabilité, est abandonnée. C'est un léninisme très différent qui prend la place du précédent.

1917 : les principaux camps

Gardant tout cela en tête, nous pouvons passer directement à 1917, année qui connaît un printemps glorieux et un automne très dur. La brièveté de ces deux saisons, leur intensité et leurs différences sont frappantes, et elles représentent bien plus que deux chapitres d'un fragment d'histoire saturé d'événements.

La révolution joyeuse qui éclate en Russie en février-mars 1917 présente des caractéristiques très intéressantes. L'autocratie tsariste n'a été renversée par personne. Elle est tombée d'elle-même en plein effort de guerre, sans qu'aucune alternative s'impose. La Douma, dont le prestige est nul, n'a pas la capacité de prendre la relève. Elle se contente de produire un gouvernement provisoire et se retire de la scène politique publique. Le gouvernement n'est pas responsable devant elle, et ne dure pas. À partir de là, tous les deux mois, un nouveau gouvernement est formé. Puisqu'il n'est ici question que de l'« essentiel », il nous faut souligner l'apparition dans l'arène politique, puis la disparition, de trois acteurs principaux. Ce sont d'abord les soviets, dont les dirigeants – les socialistes-révolutionnaires et les mencheviks – deviennent, à partir de mai 1917 (avec ou sans les libéraux), les figures centrales des gouvernements provisoires successifs. Viennent ensuite les bolcheviks, qui dans la phase initiale ne jouent que les seconds rôles au sein des soviets, mais dont l'importance augmente rapidement. Les futurs « Blancs », au début entièrement absents, commencent à rassembler leurs forces et deviennent très vite le troisième protagoniste. Quant aux libéraux, ils ont leurs propres priorités et changent d'alliés en fonction d'elles.

Les soviets – un phénomène singulier et intéressant, apparu dès 1905 – représentaient la seule structure en rapport avec le pouvoir d'État. Cependant, leurs dirigeants ne les poussaient pas à prendre directement le pouvoir puisque, selon leurs analyses et leur idéologie, le futur régime devait être libéral. C'était à eux que les deux partis socialistes devaient leur présence au pouvoir, ce qui les embarrassait presque. Les mencheviks, par exemple, dans leur majorité des marxistes orthodoxes, fondaient toute leur stratégie sur l'impossibilité de voir triompher le socialisme en Russie. Pour eux, la seule voie était celle du capitalisme et de la démocratie, et les seuls alliés, indispensables pour l'emprunter, la classe des propriétaires (les classes moyennes, dans le discours d'aujourd'hui). Les mencheviks, comme l'a montré Ziva Galili, étaient divisés en courants. Certains, une fois ministres du Gouvernement provisoire, revenaient sur leurs positions antérieures à la révolution. D'autres œuvraient dans les soviets ou restaient attachés à leurs idées d'antan. Il existait aussi une minorité, menée par Martov – les « internationalistes » –, dont les préférences allaient à un gouvernement purement socialiste. Elle était soutenue par les soviets et était opposée à la participation des socialistes au Gouvernement provisoire, une participation qui risquait de lui coûter cher[2].

Les constitutionnels-démocrates, ou Cadets, dirigés par l'historien et homme politique Pavel Miljukov, souhaitaient au départ le maintien de la monarchie pour éviter toute autre révolution, mais, à partir de mai 1917, ils se « retirent » (selon l'expression de Miljukov) de toute responsabilité en tant que parti et témoignent leur sympathie au général Kornilov quand il tente un coup d'État contre le gouvernement Kerenski. Ils rêvaient d'un gouvernement fort, capable de contenir le chaos qui menaçait le pays. Miljukov soulignait qu'il ne pourrait s'agir que d'une dictature militaire. Ils proposaient ainsi que Kornilov prenne la place de Kerenski, qu'ils jugeaient inefficace. En jouant la carte de ce général monarchiste, ils visaient à remettre de l'ordre dans la maison et à avancer vers une république, si les circonstances permettaient d'introduire davantage de démocratie. À leurs yeux, l'indispensable homme à poigne ne devait en aucun cas venir de la gauche. Ils coopéraient avec le Gouvernement provisoire de façon très molle, non en tant que parti, mais en acceptant certains portefeuilles ministériels afin de contrecarrer la gauche, qui était plus liée aux soviets. Ces derniers constituaient la seule force sur laquelle le Gouvernement provisoire pouvait encore compter. Comme ils recherchaient le soutien des Cadets, les partis démocratiques de gauche devaient payer le prix de leur participation au gouvernement en renonçant au soutien des soviets, leur unique point d'appui. Telles étaient les contradictions où, en raison de leurs orientations politiques et idéologiques, se trouvaient pris les Cadets d'une part, les dirigeants des soviets d'autre part. Ces thèmes doivent être abordés de façon plus détaillée, car ils permettent de mieux comprendre le kaléidoscope d'événements qui occupe les dix premiers mois de l'année 1917.

Les opinions et les choix politiques de Miljukov et de ses partisans chez les Cadets sont très éclairants. La dimension la plus critiquée de la révolution de Lénine, à savoir son programme de régime dictatorial fondé sur un parti unique, partait d'une réflexion sur le possible et l'inévitable que partageaient d'autres forces présentes dans l'arène politique. Ce n'est pas une révélation de dire que les Blancs (monarchistes pour la plupart) comptaient bien établir une dictature militaire qui restaurerait une autocratie. Ils vomissaient une institution comme la Douma, aux pouvoirs quasi inexistants sous Nicolas II. Et il est hors de doute qu'ils ne voyaient pas d'un bon œil le parti de Miljukov, même quand ce dernier, en réponse à leurs attaques, assurait qu'il avait fait tout ce qu'il pouvait pour sauver le tsarisme – ce n'était pas sa faute si celui-ci avait été impossible à sauver. Il ressort de tout cela que les Cadets – le parti libéral –, pourtant partisans d'une monarchie constitutionnelle, considéraient que même ce degré de libéralisation était exclu à l'époque en Russie, et, pour cette raison, défendaient la dictature. C'était également le cas du troisième acteur principal, à savoir Lénine et les bolcheviks. Ce parallélisme inattendu entre Miljukov et Lénine concernant les perspectives pour la Russie peut se révéler éclairant.

La description que fait Miljukov des derniers moments de la monarchie dans son livre de 1927, *La Russie à la croisée des chemins*, est aussi déprimante que celle proposée par la suite par l'historien soviétique Avreh dans un travail remarquable et solidement documenté sur le crépuscule du tsarisme. Miljukov expose sa thèse du manque de « cohésion » entre les différentes classes : paysannerie, noblesse, classes moyennes, ainsi qu'entre le tsarisme et la société[3]. D'où l'immense fragilité du système tsariste, qui se traduit dans l'indolence de l'État, la propension à la révolte parmi les couches populaires ou encore la pensée utopique de l'intelligentsia. Les idées de Miljukov, y compris ses formules relatives à la primauté de l'État sur la société dans l'histoire russe (qui revenaient à en faire le seul garant contre le risque d'éclatement), étaient fortement présentes dans l'historiographie russe. Les idées de Lénine et de Trotski sur la structure sociale de la Russie, même s'ils utilisaient d'autres termes, n'en étaient pas très éloignées. Le pessimisme de Miljukov sur la possibilité d'une issue démocratique aux événements de 1917 et des années suivantes reposait sur une vision d'historien : la dictature militaire ou le chaos.

Quelques textes plus anciens de Miljukov, jamais publiés et récemment découverts dans les archives[4], permettent de comprendre les raisons pour lesquelles il espérait sauver la monarchie. Il apparaît clairement que c'est l'absence d'une autre solution acceptable, dans une conjoncture où la porte était fermée à toute forme de démocratie, qui justifiait à ses yeux le choix de ce coup de poker historique.

Les « forces démocratiques », qui correspondaient à la gauche non bolchevique, ou plus exactement antibolchevique, comme elle se définissait elle-même – c'est-à-dire les mencheviks et les socialistes-révolutionnaires –, penchaient en principe pour une solution démocratique. Mais en leur sein certains, et notamment les ministres du Gouvernement provisoire, confrontés à la décomposition du pays, furent contraints d'adopter, d'abord timidement, des mesures relevant d'un état d'urgence : contrôle des prix, rationnement, achat forcé de céréales aux paysans, envoi de troupes ou de policiers pour mettre un terme à l'agitation dans les campagnes. Certains devinrent, à contrecœur au départ, puis très vite de plein gré, partisans d'un État fort, en contradiction totale avec leurs conceptions et leur idéologie antérieures. Bien plus, alors qu'ils étaient, plus que tout autre parti politique, les défenseurs d'un programme démocratique et récusaient le diagnostic de Miljukov et de Lénine, ils ne cessèrent jamais de soupirer après le premier, ce qui était un mirage, puisque Miljukov, lui, soupirait après la « poigne de fer » d'un monarchiste, un autre mirage. Mais aucune formule ne semblait pouvoir marcher.

Le gouvernement courait à la faillite financière. Le ministre des Finances, Šingarev, exposait en ces termes l'approche de la catastrophe : avant la guerre, la monnaie en circulation s'élevait à 1,6 milliard de roubles en papier-monnaie et à 400 millions en or, mais pendant la guerre, au lieu des 6 milliards de roubles prévus, on en avait imprimé 12 milliards, d'où une très forte inflation, qu'il qualifiait de « poison doux ». Avec la révolution de 1917, d'immenses attentes étaient nées dans la population. Tous les salaires avaient été augmentés, ainsi que les pensions. Les dépenses ne cessaient de croître et le Trésor était « vide ». On imprimait 30 millions de roubles par jour (ce qui mobilisait 8 000 ouvriers à la Monnaie). Comment sortir de ce chaos ? Impossible d'imprimer plus d'un milliard de roubles par mois – en fait 1,5 milliard à cause de l'inflation. Dix millions de personnes étaient sous les drapeaux : « Le sang coule sur le front, mais à l'arrière on dirait un festin pendant la peste. L'économie est au bord de la ruine, la patrie est en danger[5] ! » Mais que pouvait faire un ministre des Finances dans une telle situation ?

Des rapports de police, en provenance de tout le pays, faisaient état de troubles dans les campagnes, de problèmes de ravitaillement, et rendaient compte de l'état pitoyable de l'armée. Dans un contexte aussi déprimant, le Gouvernement provisoire, composé pour l'essentiel de socialistes-révolution-naires et de mencheviks (avec la participation symbolique de quelques propriétaires) comprend qu'il n'est plus maître de rien, que sa légitimité s'effondre de jour en jour et qu'il n'a plus de marge de manœuvre. Pour obtenir une nouvelle coali-tion rénovée et revigorée, il réunit le 14 septembre une « Assemblée démocratique » qui doit élire un préparlement informel, chargé de négocier la composition d'un nouveau gouvernement provisoire, renforcé et, espère-t-on, jouissant de quelque prestige. Mais l'ensemble des témoins des débats et des manœuvres au sein de ce préparlement élu par l'Assemblée n'ont pu que reconnaître que la volonté politique et la capacité de bâtir un État faisaient défaut en ces lieux. Tout n'était que palabres sans fin.

Septembre-octobre 1917, le préparlement

La réalité du préparlement est bien décrite dans les Mémoires d'Avksent'ev, un des dirigeants de l'aile droite des socialistes-révolutionnaires. À partir de février 1917, il est le président du comité exécutif des soviets paysans ; en juillet, il est nommé ministre de l'Intérieur. En septembre, il devient le président du Soviet provisoire de la république de Russie (le préparlement).

Son récit donne l'image d'une réunion solennelle dans quelque luxueux palais – en fait, un rassemblement parfaite-ment stérile, motivé par la seule haine des bolcheviks –, alors que dehors un autre système est en train de se construire. Avksent'ev décrit d'un trait vif et avec beaucoup d'amertume les dissensions internes à chaque composante (tous les partis étaient en proie à des scissions). La situation présentait toutes les caractéristiques propres aux cas de blocage et d'impuis-sance, dont un exemple particulièrement criant avait été offert un an plus tôt par une réunion au quartier général de Nicolas II sur le front, celui-ci se montrant incapable de faire autre chose que recomposer sans cesse son gouvernement alors que le monde autour de lui s'écroulait. Et l'on pourrait citer bien d'autres cas d'immobilisme sans issue, qu'il s'agisse d'un gouvernement ou d'un système. Le scénario est différent à chaque fois, mais le spectacle est le même : l'impuissance politique des acteurs clés du moment. En septembre-octobre 1917, les efforts déployés pour reprendre le contrôle des événements sont un classique du genre.

Avksent'ev et ses amis politiques tentent de stabiliser la situation en demandant aux représentants des soviets d'accepter une position minoritaire dans le « préparlement » que l'Assemblée démocratique est sur le point de désigner. La majorité est offerte aux « propriétaires », c'est-à-dire aux organisations et partis représentant les classes moyennes. L'Assemblée démocratique se réunit à la mi-septembre, à Petrograd. Les bolcheviks, qui dans un premier temps y participent, se prononcent en faveur de l'élimination complète des propriétaires et de la création d'un gouvernement purement socialiste, qu'ils se déclarent prêts à soutenir. Cette position ne peut intéresser que l'aile gauche du parti menchevique, dirigée par Martov. L'Assemblée démocratique procède à l'élection, à la proportionnelle, de 250 représentants issus des partis qui siègent en son sein, auxquels doivent s'ajouter 250 autres personnes venant des classes moyennes et des milieux d'affaires. Ces représentants sont censés constituer le soutien politique et moral du gouvernement. L'opération était nécessaire, nous dit Avksent'ev, « parce que le gouvernement n'avait aucun autre appui ».

La situation que décrit Avksent'ev est un paradoxe enveloppé dans un autre. Les démocrates de gauche offrent la majorité aux propriétaires pour donner au gouvernement une légitimité, sans voir que les soviets (qu'ils dirigent) constituent la seule source de soutien légitime. Ils cherchent ainsi un appui auprès d'éléments qui n'ont pas de pouvoir comparable à celui des soviets. Avksent'ev l'a bien compris : il porte aux nues l'action des chefs des soviets pour organiser la bourgeoisie et l'associer au combat politique, mais note que « cela n'a servi qu'à mettre en lumière la faiblesse de la bourgeoisie », dont ni les bolcheviks, ni les forces démocratiques ne sont responsables. Dans la coalition gouvernementale, les démocrates (c'est-à-dire les socialistes) ont le soutien des masses, alors que leurs alliés bourgeois n'en ont aucun. Pourtant, les forces démocratiques persistent à offrir la parité, et même la majorité, dans l'Assemblée à des éléments bourgeois qui n'ont rien à proposer pour stopper la crise, laquelle ne fait que s'aggraver. C'est pour le moins surprenant, surtout quand on sait que les leaders prestigieux de cette bourgeoisie cherchent leur messie dans une tout autre direction.

Avksent'ev souligne le caractère débilitant d'un processus qui consiste à mettre en place une coalition aberrante, et même impossible. Cela ne donne lieu qu'à des querelles de clocher, aucune unité ne se dégage et le gouvernement ne dispose pas du soutien dont il a besoin.

Certains ministres du Gouvernement provisoire toujours en place – Kerenski, Tereščenko et d'autres – se lancent alors dans des négociations avec les différents protagonistes au palais d'Hiver. Toutes les parties sont conscientes que le pays court à sa perte, qu'il faut de toute urgence réaliser l'unité, mais chacun s'accroche à sa sacro-sainte « formule », craignant que les masses, qui attendent à l'extérieur du palais, ne crient à la trahison si leurs termes magiques favoris sont abandonnés. On se chamaille sur de petites questions de dogme, voire sur de simples points de grammaire, on coupe les cheveux en quatre, alors qu'au-dehors gronde la tempête qui bientôt va emporter tout le monde.

Cependant, un gouvernement de coalition est formé et une autre instance, le Conseil provisoire de la République, est créée. Ce conseil doit entrer en fonction au début d'octobre pour donner le temps aux Cadets et aux propriétaires de désigner leurs représentants. Les négociations se poursuivent sur la composition de son présidium. Avksent'ev les relate par le menu, et nous amène finalement à la réunion solennelle du Conseil provisoire, le 7 octobre à trois heures de l'après-midi, au palais Marinski, dans la salle même où le tsar réunissait son Grand Conseil d'État. La salle est comble, le corps diplomatique est présent dans les loges. Kerenski ouvre la séance, il est accueilli par une ovation. Mais, nous dit Avksent'ev, « on ne sent nulle part la conviction que quelque chose de grand est en cours [...]. On a créé une institution unitaire pour les démocrates et les bourgeois, mais l'unité en est absente [...] et les contradictions sont toujours aussi fortes ». Chacun se préoccupe davantage de discourir que d'agir. La gauche met en avant le problème de la paix et la question agraire, dont les Cadets ne veulent pas entendre parler. Ils sont suivis sur ce point par Avksent'ev, qui tente de convaincre les mencheviks d'exclure tous les sujets de dissension du document final qui doit être adopté. Pour Avksent'ev, ce sont les soviets, c'est-à-dire leurs dirigeants mencheviques et socialistes-révolutionnaires, qui démontrent leur impuissance en ce moment critique et ne soutiennent pas le gouvernement. Voilà pour ce qui est du témoignage d'Avksent'ev.

Avksent'ev accuse la « gauche démocratique » d'un excès de rigidité dans son programme, mais en fait celle-ci n'avait aucun projet politique correspondant à sa force réelle. Ses représentants plaçaient tous leurs espoirs dans les Cadets et d'autres éléments bourgeois, alors que les Cadets n'avaient d'yeux que pour les monarchistes. Les mencheviks étaient divisés, de même que les socialistes-révolutionnaires, et ni les uns ni les autres ne pouvaient faire d'offre claire ni accepter celle des autres. Quand le menchevik Martov appelle à la formation d'un gouvernement purement socialiste, dont les soviets formeraient la base, sa position a le mérite de la clarté, mais il ne représente qu'une infime minorité au sein de son parti.

Il va de soi qu'une perspective socialiste était impossible, et c'est ce que tout le monde objectait aux bolcheviks. Sur ce point, les mencheviks et les autres avaient parfaitement raison. Cependant, s'ils disposaient d'un pouvoir considérable, ce n'était pas celui qui convenait à leur « formule ». Celle-ci exigeait qu'ils réussissent à convaincre les propriétaires de se prononcer pour un système démocratique. Mais la bourgeoisie était en cours de décomposition et ne voulait pas participer à un tel gouvernement. Voilà qui amène à poser la question : sur quel point les mencheviks avaient-ils donc raison ? Comme Miljukov le voyait bien, les « classes moyennes » sur lesquelles tous comptaient n'étaient qu'un fantôme politique, et les libéraux, qui auraient dû être leur levier politique, ne rêvaient que de dompter la bête et de trouver quelqu'un doté d'une poigne de fer. Alors que le pays partait en morceaux, aucun gouvernement ne semblait en mesure d'éviter le chaos total.

Les monarchistes de l'aile droite ne voyaient d'autre solution que la force militaire et le recours à la terreur, et ils ne s'en cachaient pas. Mais quel système comptaient-ils mettre en place une fois les émeutiers pendus aux réverbères ? Nombre de généraux blancs cherchaient leur modèle dans le passé, dans le retour à une monarchie qu'ils croyaient encore possible. Au cours des premiers mois de 1917, ces remparts de l'ancien régime semblaient être passés à la trappe, mais le coup d'État avorté de Kornilov en août et le fait que les libéraux aient été derrière lui auraient dû sonner l'alarme. La cible de Kornilov n'était pas les bolcheviks, mais la totalité de la gauche, le Gouvernement provisoire et les forces qui le soutenaient. Pour les militaires et d'autres cercles de droite, les dirigeants des soviets s'étaient rendus coupables d'un véritable crime, à l'instar de ce que la droite allemande avait dénoncé après la défaite de 1918 : c'était le mythe du « coup de poignard dans le dos » donné par les ennemis de l'intérieur. L'introduction des soviets dans l'armée, à l'initiative des dirigeants des soviets civils, était un affront pour le corps des officiers et sapait l'ardeur des troupes au combat. Les futures troupes blanches (où les « cent-noirs* » étaient nombreux) avaient besoin de temps pour se regrouper. Elles rêvaient de reprendre ensuite Moscou, de faire sonner à la volée les cloches de ses centaines d'églises et de restaurer l'Empire, avec un tsar à sa tête.

En attendant, depuis septembre 1917, le pays n'était pas gouverné et semblait ingouvernable. Seul un mouvement partisan d'un État fort pouvait le sauver ; mais, candidate à l'opération, la gauche démocratique était sur le déclin. Elle n'avait aucune force armée à sa disposition et n'agissait pas. Convaincue que le pays était prêt pour une démocratie libérale, et rien d'autre, et n'ayant pas compris que les libéraux eux-mêmes n'y croyaient pas, elle se refusait à reconnaître son erreur et ne se posait pas la question, pourtant évidente, de savoir à quoi la Russie était prête. De leur côté, les libéraux étaient très affaiblis et n'avaient d'espoir que dans les Blancs, car seule une poigne militaire pouvait sauver le pays.

---

* Mouvement nationaliste antisémite qui a organisé des séries de pogroms, en particulier dans le sud de la Russie et en Ukraine. (*NdT.*)

Mon propos n'est pas de dénigrer ces hommes, fort respectables dans l'ensemble, pris dans un cul-de-sac historique. Bien des futurs vainqueurs se cassaient aussi la tête (parfois au sens propre) sur tous ces problèmes, et notamment sur la question : à quoi la Russie est-elle donc prête ?

L'incapacité du préparlement à produire quoi que ce fût était incurable. Elle donnait un avant-goût de ce qui allait se passer à l'Assemblée constituante, dès sa séance inaugurale, le 19 janvier 1918, sous la présidence de V. Černov, personnage totalement discrédité, même au sein de son parti (les socialistes-révolutionnaires). Les forces qui avaient soutenu le Gouvernement provisoire n'étaient pas davantage capables de produire une nouvelle équipe dirigeante en janvier 1918 qu'elles ne l'avaient été en septembre 1917. Dès cette époque, leur potentiel politique était complètement épuisé, et elles avaient également perdu tout appui chez les militaires, surtout depuis les lamentables résultats de l'offensive ordonnée par Kerenski en juillet 1917. Lorsqu'elles arrivent en janvier 1918 à l'Assemblée constituante (élue en octobre), elles appartiennent déjà au passé. Or une assemblée de ce type, totalement inédite en Russie, était incapable de procéder à un tournant historique sans le soutien conjugué des masses et des troupes. Mais elle avait perdu l'appui des soviets (y compris des soviets militaires), et ceux qui l'avaient élue en octobre l'avaient déjà oubliée en janvier tant le décor changeait rapidement sur le théâtre de l'histoire. Les bolcheviks n'étaient pas les seuls à vouloir se débarrasser de cette Constituante. Les Blancs, s'ils avaient à l'époque représenté une force unie, n'auraient pas agi autrement. Et les Cadets, censés incarner la quintessence de la « démocratie bourgeoise », ne présentaient d'intérêt ni pour les uns ni pour les autres. Ils ne détenaient que 17 sièges sur 800, et la gauche divisée qui dominait l'Assemblée ne les intéressait pas[6].

En janvier 1918, le comité central du parti des Cadets adopta une résolution considérant qu'il n'était « ni nécessaire ni avisé » de réclamer la reconstitution de l'Assemblée constituante dissoute, parce qu'elle n'était pas capable d'exercer la mission qui lui avait été assignée, et donc de restaurer l'ordre en Russie[7]. Telle était la logique de tous ceux qui rêvaient d'un homme à poigne. Les Cadets le cherchaient chez les militaires de droite, car ils ne croyaient pas à la possibilité, à ce stade, d'une solution démocratique dans une Russie qui, selon eux, devait continuer le combat aux côtés de ses alliés et n'était pas mûre pour un vrai changement. Aussi, leur réponse aux besoins réels d'un pays en voie de décomposition était de partir en quête d'un général offrant toutes les garanties.

La toile de fond de cette analyse se trouvait, on l'a dit, dans les idées de Miljukov sur la faiblesse structurelle de la Russie : son caractère composite sur le plan social faisait qu'elle constituait un terreau favorable pour les crises, lesquelles pouvaient la menacer d'éclatement. Mais cette analyse aurait dû conduire son auteur à comprendre les causes de la chute du tsarisme et à être plus sceptique quant au recours à une dictature militaire de droite. L'une des raisons pour lesquelles Miljukov avait tenté en 1917 de maintenir Nicolas II sur son trône était que « l'on ne pouvait pas se permettre de changer les symboles de la nation en période de tempête », même s'il était profondément déçu par le tsar. Sa décision ultérieure de s'en remettre à un dictateur de droite reposait sur une analyse sociopolitique erronée de ce qui se cachait derrière un tel personnage, qui en général ne se contente pas de flotter au-dessus de la réalité le temps d'accomplir sa mission de remise en ordre. Les forces sociales capables d'appuyer les généraux successifs dans lesquels Miljukov plaçait tous ses espoirs avaient fait leur temps. L'historien a évoqué par la suite les états d'âme de son parti lorsqu'il coopérait avec les Blancs : certains membres avaient le sentiment de ne pas être à leur place, mais d'autres se sentaient tout à fait à leur aise dans ce camp, une raison évidente pour eux de renier leurs idées et de faire éclater le parti.

En septembre 1917, certains dirigeants bolcheviques considéraient que la situation était désespérée et que le Gouvernement provisoire avait fait faillite. Mais la conduite à tenir était encore en discussion. Après quelques hésitations, en septembre, Lénine estime que la Russie connaît une « situation révolutionnaire » qu'il ne faut pas rater. Ce concept, c'est-à-dire la définition de ce type de crise, est crucial dans la pensée de Lénine. Quand les symptômes d'une crise révolutionnaire ne sont pas visibles, chercher à prendre le pouvoir est de l'aventurisme pur et simple. Apprécier correctement ce genre de situation n'est pas chose facile, et Lénine s'est trompé à plusieurs reprises : quand toute l'Europe tremblait sur ses bases, on pouvait discerner à volonté des situations de crise. Mais Lénine a reconnu ses erreurs et a cherché à les corriger. En revanche, dans cette Russie de l'automne 1917, les choses semblaient claires : la formule d'une crise révolutionnaire, c'est-à-dire une situation où les classes dirigeantes ne peuvent plus gouverner et où les classes populaires sont en rébellion, était bel et bien là. Le vide croissant du pouvoir ne pouvait être comblé que par une ou des forces socialistes (option rejetée par les mencheviks et les socialistes-révolutionnaires), sans quoi ce serait la droite monarchiste qui le ferait. Un groupe important de dirigeants bolcheviques, mené par Zinoviev et Kamenev, était d'accord sur la caractérisation de la crise mais se prononçait en faveur d'un gouvernement de coalition réunissant les partis actifs dans les soviets. Pour eux, c'était même une condition *sine qua non* à la prise du pouvoir par les socialistes. Mais ils n'eurent pas plus de succès dans leur tentative de coopération avec les mencheviks et les socialistes-révolutionnaires que ceux-ci n'en avaient eu avec une bourgeoisie qui se dérobait sans cesse.

Lénine et Trotski ne pensaient pas qu'il suffisait de proclamer une révolution socialiste pour instaurer aussitôt un régime postcapitaliste. Le point de départ de la théorie de la « révolution permanente » de Trotski reposait sur la prémisse que la Russie seule n'était pas mûre pour le socialisme, loin s'en fallait. Pour Lénine aussi la perspective d'une révolution n'était concevable qu'à l'échelle de l'Europe. Après Octobre, il laisse ouverte la question de la caractérisation du nouveau régime et de son évolution ultérieure. Ce qui est certain, en tout cas, c'est qu'après avoir perdu ses illusions sur un développement rapide du capitalisme dans la Russie tsariste, il est passé à une thèse beaucoup plus sobre sur le « développement combiné » de la Russie (une formule de Trotski), où coexistent « l'agriculture la plus arriérée, la paysannerie la plus fruste et un capitalisme industriel et financier des plus avancés[8] ». Ce qui, à l'évidence, n'est pas un bon point de départ pour une quelconque entreprise socialiste : même si l'on s'emparait des bastions du capitalisme financier et industriel, le gros de la population restait historiquement trop éloigné des toutes premières marches conduisant au postcapitalisme. Quant à l'autre formule, plus réaliste, utilisée par Lénine pour caratériser le système socioéconomique de la Russie – l'idée d'un système « à plusieurs strates » (probablement venue de la lecture de Miljukov) –, elle ne rendait pas l'entreprise plus aisée : la perspective du socialisme restait tout aussi éloignée.

Aussi la proclamation, en octobre, d'une « révolution socialiste » voulait-elle dire avant tout que les socialistes prenaient le pouvoir et qu'ils considéraient que la situation internationale était révolutionnaire. Dans le cas de la Russie, c'était une déclaration d'intention, renvoyant à un avenir lointain dans un autre environnement international. Aussi utopique fût-elle, cette proclamation avait une réelle force politique : le fait de présenter la prise du pouvoir comme une révolution socialiste (même si l'avenir s'annonçait lourd de complications) était déterminant. C'était mettre en avant l'idée léniniste que la Russie arriérée pouvait jouer un rôle de catalyseur sur une scène internationale très agitée. Le pronostic ne s'est pas réalisé, mais à l'époque il n'avait rien d'absurde.

Le second avantage décisif de cette vision utopique tenait au fait que le « socialisme » signifiait un attachement à la justice sociale et à l'égalité des droits entre les différentes nationalités, une composante clé du credo. L'absence de visées nationalistes russes se révéla d'emblée comme une arme puissante contre les Blancs, lesquels défendaient au contraire la traditionnelle domination grand-russe – une faiblesse qui leur fut fatale dans un pays multinational.

La vision socialiste était aussi un appel lancé aux paysans ; l'approche en termes de classes leur était familière. Le slogan « Prenez la terre aux propriétaires terriens et aux riches » n'était d'ailleurs pas une incitation à le faire, mais une acceptation *a posteriori* du fait que les paysans étaient déjà en train de s'emparer des terres, et que personne ne pouvait les arrêter. Par cette action, les paysans éliminaient les propriétaires nobles, qui constituaient une classe, ainsi que les paysans riches, les koulaks, eux aussi considérés comme une classe (ce qui n'est pas sans poser quelques problèmes dans une analyse plus rigoureuse en termes de classes). L'approche des bolcheviks exprimait donc une réalité connue des paysans et contenait des revendications de justice sociale très proches de leurs intérêts fondamentaux. Le terme « socialiste » faisait sens pour eux, sans qu'il fût besoin d'aucune lecture de Marx. Cela constituait un autre avantage de taille sur les Blancs : sur tous les territoires qu'ils occupaient, ces derniers restituaient leurs terres aux nobles et aux propriétaires terriens, une erreur fatale mais qui n'était pas accidentelle. Quelle qu'ait pu être leur puissance sur le plan militaire, les Blancs étaient politiquement voués à l'échec, tout comme le monarchisme russe en général.

Quoi qu'il en soit, quelques mois après Octobre et la prise du pouvoir par les bolcheviks, l'alternative qui s'offrait à la Russie était parfaitement claire. D'un côté, les Rouges, un camp radical doté d'un pouvoir d'attraction considérable et, de façon inattendue, capable de construire un État. De l'autre, les Blancs, qui savaient se battre mais étaient incapables de (re)construire un État. Et, en dehors de ces deux camps, personne d'autre, exactement comme Lénine l'avait prévu.

Dès lors que la révolution s'appuyait sur les paysans pauvres, les soldats et les ouvriers, elle ne pouvait pas être socialiste en substance, mais elle pouvait être une révolution « plébéienne », cousine éloignée de la révolution socialiste. Et c'est là le secret de sa victoire : elle a permis la mobilisation par les bolcheviks de vastes armées issues des classes populaires. La composition de l'Armée rouge est très éclairante. Les soldats étaient pour la plupart des paysans, les sous-officiers des ouvriers qui avaient servi dans l'armée tsariste ; d'autres, comme Khrouchtchev, avaient reçu une formation accélérée au commandement. Beaucoup de membres de l'intelligentsia avaient des responsabilités militaires ou politico-militaires. La présence de dizaines de milliers d'anciens officiers du tsar, souvent d'origine noble, compliquait encore le tableau. Si certains ont déserté pour rejoindre les Blancs, la majorité d'entre eux sont restés fidèles aux soviets. Et la formule s'est révélée gagnante !

La période strictement révolutionnaire (fin 1917 - début 1918) est peu sanglante, mais la situation devient de plus en plus tendue. Quand la guerre civile, au plein sens du terme, éclate, en juillet 1918, c'est une confrontation sauvage et sanglante aux enjeux décisifs. Elle va déterminer qui détiendra le pouvoir dans une Russie plongée dans un indescriptible chaos. Tout compromis entre les deux camps est exclu : c'est une lutte à mort pour savoir qui va enterrer l'autre.

Ces événements bouleversent le fonctionnement du parti bolchevique, qui n'a plus rien de commun avec ce qu'il était avant Octobre. Non seulement toute l'organisation a été remodelée, mais les membres sont renouvelés par vagues successives – chacune apportant des manières de penser et d'agir différentes. Le phénomène se poursuit sur une longue période. Avec la paix qui approche, on assiste à un afflux de nouveaux membres qui veulent participer à une tâche entièrement nouvelle : construire un État, administrer un pays, élaborer une stratégie dans la conduite des relations internationales. Pendant un certain temps, les cadres principaux sont recrutés parmi ceux qui ont rejoint le Parti durant la guerre civile, qui les a formés politiquement. Cela explique que beaucoup soient partisans d'une ligne autoritaire, même en temps de paix. À partir de 1924, le recrutement change encore une fois avec l'arrivée d'éléments que les bolcheviks qualifient d'entièrement « bruts », c'est-à-dire dépourvus d'expérience politique et qui, à la différence des combattants de la guerre civile, n'ont pas fait la preuve de leur adhésion au régime. Pour les vieux bolcheviks, dont les survivants occupent en général de hauts postes à responsabilités, le Parti est méconnaissable : ce n'est plus un parti de révolutionnaires totalement dévoués à la cause du socialisme. Les nouveaux arrivants ne partagent ni leurs valeurs, ni leur passé. Tous vont être désormais encadrés par une organisation tout à fait différente de l'ancienne, même si elle s'appelle encore « le » Parti.

Notons que ces recrutements se font toujours dans une logique plébéienne, et c'est là un point fort pour le régime tout au long des années vingt. La politique d'industrialisation à grande échelle des années trente apporte au Parti d'autres éléments issus du peuple, profondément intéressés à la poursuite du régime et qui seront les artisans de la victoire de 1945.

Une précision s'impose ici : il n'y a rien de comparable entre un privilégié qui acquiert un privilège supplémentaire et une personne située au bas de l'échelle sociale qui a soudain accès à ce qui était jusque-là hors de sa portée, aussi modeste cela soit-il. Le pouvoir n'appartient pas aux « plébéiens » en tant que classe populaire, mais ils ont désormais, ainsi que leurs enfants, la possibilité d'accéder (en grand nombre) à des positions auparavant hors d'atteinte. Cet afflux d'éléments

populaires dans les niveaux inférieurs et moyens de la bureaucratie et dans les professions techniques est pour le régime une
source constante de force et de soutien populaire. Mais parce
que « plébéien » implique faible niveau d'éducation et propension à l'autoritarisme, un vieux bolchevik, souvent doté d'une
formation intellectuelle poussée et qui a étudié *Das Kapital*, la
plupart du temps dans une prison tsariste, a l'impression de se
trouver plongé dans un milieu où, pour reprendre une plaisanterie des banlieues industrielles de Birmingham, on confond
volontiers Marx et Engels avec Marks & Spencer.

En fait, cette prédominance des origines et des mentalités
plébéiennes, associée à la fierté des « techniciens » (formés sur
le tas ou de manière accélérée), constitue l'arrière-plan culturel
et politique du stalinisme, pendant la NEP d'abord, et surtout,
massivement, au cours de la décennie suivante. Pour ceux qui
ont connu une telle ascension sociale (et qui ont une telle
mentalité), la puissance de l'État et celle de son chef sont non
seulement acceptables mais nécessaires. Néanmoins, la base
sociale du stalinisme, qui explique le soutien de masse dont il a
bénéficié dans les années trente et par la suite, n'est pas la
seule source du phénomène. Comme je l'ai exposé dans la
première partie, les germes du stalinisme se trouvent dans
l'idéologie « étatiste » qui se développe parmi les combattants
de la guerre civile qui gravitent autour de Staline à l'époque où
la NEP se met en place.

Chapitre II

L'arriération et la rechute

Nous avons établi un lien entre la révolution russe et la crise générale en Europe déclenchée par la Première Guerre mondiale. À ce propos, certains ont soutenu, parfois catégoriquement, que sans la guerre le système tsariste aurait pu survivre. À l'appui de cette thèse, on rappelle que la révolution de 1905, déjà, semblait avoir été déclenchée par la défaite des Russes face aux Japonais. Nous ignorons ce qui se serait passé si le conflit mondial n'avait pas éclaté, ou si la Russie avait été capable de rester en dehors de celui-ci. Sans doute cette dernière hypothèse est-elle vraiment hasardeuse, mais ce que l'on peut affirmer avec certitude, c'est que les guerres, sans être à elles seules des causes déterminantes, accélèrent la chute des régimes qui ne sont pas capables de les gagner. Le régime avait déjà perdu des guerres au XIXe siècle, il avait connu une défaite face au Japon – une puissance apparemment bien plus faible que la Russie –, suivie aussitôt d'une révolution. Si l'on s'intéresse aux causes de ces défaites, il faut en conclure que la Russie était dans un état de crise, qui n'a fait que s'approfondir avant et durant le cataclysme à grande échelle de 1914-1918. Après 1905, rien n'avait été entrepris pour redresser la situation, et les préparatifs en vue d'une nouvelle guerre étaient inexistants. Les problèmes sociaux ne cessaient de s'aggraver et le régime lui-même (sa manière de gouverner) était dans un état de totale décadence et avait perdu tout sens de la réalité. Si ce diagnostic est juste, alors ce n'est pas la guerre qui a renversé le tsarisme. Il était déjà miné par la crise, et c'est elle qui a entraîné sa défaite militaire, avec pour conséquence une dangereuse décomposition du système. Le fait que des partis et des groupes sociaux plus modernes, qui auraient dû être capables de prendre le gouvernail, aient échoué à empêcher l'effondrement du régime est une preuve supplémentaire de l'existence d'une crise systémique grave. Celle-ci a voué à l'impuissance l'étroit cercle du pouvoir tsariste, les élites représentant les classes moyennes et des sensibilités inter-classes, qui auraient pu être une alternative, mais aussi le système pluripartite, encore embryonnaire, né du développe-ment de la Russie depuis le début du siècle. Dans un contexte de défaite militaire et avec un gouvernement toujours plus faible, les soldats mécontents et les officiers humiliés d'une armée battue ont joué un rôle déterminant dans la guerre civile et la victoire des Rouges. C'est là un aspect clé de tous les bouleversements des années 1917-1921, sans oublier le fait que l'immense majorité des soldats étaient des paysans.

Il importe de souligner le poids du facteur militaire durant cette période. Les conséquences de la Première Guerre mondiale et de la guerre civile ont fait, en 1993, l'objet d'une table ronde réunissant des spécialistes à Moscou, qui a apporté des données nouvelles, découvertes dans les archives, et ses conclusions ne manquent pas d'intérêt.

Premier paradoxe : la guerre, qui au départ a été un facteur d'unification de fractions importantes de la société, a aussi été un facteur sans lequel février 1917 n'aurait pas eu lieu. Certes, dans un premier temps, elle a maintenu des millions de soldats dans les tranchées, mais plus elle avançait, plus elle divisait la société. En créant 2 millions de déserteurs et en armant le pays, elle a fourni le « carburant » sans lequel la guerre civile n'aurait pas été possible. De ce point de vue, accuser les bolcheviks n'a pas de sens : ils ont contribué à la chute du régime, mais les conditions objectives de sa chute n'étaient pas de leur fait. Plus de 15 millions de soldats ont servi sur le front oriental, dont 3 millions environ dans des services auxi-liaires –, un chiffre à lui seul supérieur aux effectifs des armées française et anglaise réunies. Ces combattants représentaient la masse essentielle de la main-d'œuvre du pays, des hommes de 20 à 40 ans, issus de tous les groupes sociaux – en un mot, la force vive de la nation. À la veille de février 1917, les forces armées comptaient 10 millions d'hommes, dont 7,2 millions dans l'armée active, ce qui veut dire qu'en deux ans et demi de guerre 5 millions environ de soldats mobilisés et de soldats d'active étaient morts au combat ou des suites de leurs blessures, avaient été faits prisonniers ou s'étaient enfuis. Presque un sur trois ! Ce sont des pertes énormes, bien supérieures à celles de tous les autres belligérants.

Les soldats russes ont payé de leur sang l'arriération technologique de leur pays et son absence de préparation. Ils portaient de lourds paquetages, travaillaient dur et étaient mal nourris : toutes les fournitures manquant dramatiquement, l'armée ne recevait que 30 à 60 % des approvisionnements qui étaient les siens en temps de paix. Ces pertes militaires considérables ont profondément modifié la situation sociopolitique dans le pays. Des masses de gens détenaient désormais des armes, et leur psychologie était celle de combattants de première ligne. Un très grand nombre d'officiers d'active et de réservistes de première catégorie avaient perdu la vie. Ils avaient été remplacés par les réservistes de deuxième et de troisième catégories et par des hommes ayant dépassé la limite d'âge pour servir, très peu disposés à se battre et à risquer leur vie. Les plus grosses pertes avaient été enregistrées dans les unités d'élite (cosaques, garde impériale) et chez les officiers et les sergents d'active, l'épine dorsale de l'armée. Les porte-enseigne et les officiers de réserve avaient aussi été rudement frappés. C'est ainsi que le tsarisme perdit la force qui était son principal soutien, l'armée. L'erreur monumentale commise par Kerenski en juillet 1917, quand il lance les troupes dans une nouvelle offensive, contribue davantage encore à la démoralisation de cette masse de paysans armés, qui vont se répandre bientôt avec leurs armes dans tout le pays. Ils viennent grossir les rangs des bandes de « verts » (ni rouges, ni blancs) ou se livrent à du pur brigandage, tout en fournissant à la paysannerie les armes et les chefs qu'il lui faut pour s'emparer des terres des propriétaires et procéder à leur redistribution. C'est là une puissante contribution à la transformation de la crise en une catastrophe qui ne cesse de s'aggraver[9].

Pour nous, ce sont des éléments importants. Il n'y a rien de plus dangereux et dévastateur qu'une armée démoralisée basculant dans le banditisme, et c'est dans ces masses de soldats déserteurs que les deux camps ont puisé pour mener la guerre civile. Si les sous-officiers, comme on l'a vu, étaient des ouvriers, et les soldats essentiellement des paysans, les officiers venaient des classes moyennes, de l'intelligentsia et de la noblesse. Les Blancs ont rallié à leur cause les officiers, les Cadets et ce qui restait des unités cosaques, et les Rouges les membres du Parti, les ouvriers d'usines, un gros contingent de sous-officiers de l'armée tsariste et même, ce qui est plus surprenant, de nombreux officiers.

Le fait que les soldats vaincus aient joué un rôle si important dans la décomposition de l'ancien régime et la création d'un nouveau est une autre preuve que la guerre perdue était à imputer au délabrement du régime, et non à la malchance. Il confirme aussi le caractère plébéien de la révolution. Il est surprenant que les auteurs sur lesquels je m'appuie ici parlent des « soldats » sans mentionner qu'ils étaient des paysans. Dans l'introduction à son histoire de la Révolution, Trotski décrit celle-ci comme un phénomène avant tout paysan, incluant toutes les masses rurales, avec ou sans uniforme militaire.

L'arriération de la Russie et le léninisme

Le tableau de la Russie postrévolutionnaire que nous avons esquissé dans la première partie (des intellectuels marxistes, une énorme masse de membres du Parti, et même de cadres, presque illettrés, une industrialisation à marche forcée et un chef objet d'un culte sorti tout droit de quelque ancien catalogue politique) pose la question de l'arriération de la Russie. Le syndrome de ce sous-développement était le gouffre (c'est-à-dire la distance historique) séparant les élites de la grande masse de la population, encore rurale. Cette « distance », en elle-même cause de crises, profondément ancrée dans l'histoire russe, ne pouvait qu'exacerber les crises socio-politiques qui surgissaient. La tendance d'un État à répondre aux difficultés qu'il rencontre par la coercition plutôt que par la souplesse et le compromis est aussi un scénario habituel, et il n'est pas impossible que Staline ait raisonné précisément de cette manière.

L'autre facette de la même question est la distance historique entre un empire sous-développé et les pays développés. Les problèmes à résoudre sont définis à la fois par les pays

« avancés » et par ceux qui doivent les rattraper. Plus le besoin d'accélérer les rythmes est grand, plus le rôle de l'État devient crucial, surtout quand ce scénario est depuis longtemps à l'œuvre dans l'histoire du pays. En Russie, le problème était particulièrement aigu en raison du manque de « cohésion » (*sceplenie*, un terme utilisé par Miljukov) entre les différentes couches sociales, qui géographiquement vivaient sur le même territoire, mais, économiquement, socialement et culturellement, ne vivaient pas dans le même siècle. Lénine (peut-être influencé ici par Miljukov) avait bien cerné ce problème, lui qui distinguait cinq strates (ou structures) socio-économiques, allant du paysan qui utilisait encore un araire de bois aux groupes financiers et industriels extrêmement modernes de Moscou ou Leningrad. Ces strates (*uklady*) ont été utilisées, en URSS même, comme argument par certains historiens critiques pour attaquer la thèse défendue par les conservateurs du Parti dans les années soixante, selon laquelle 1917 était une révolution socialiste et le système un authentique socialisme développé. Ces historiens, qui avançaient une autre interprétation de 1917, partaient des « strates » définies par Lénine pour montrer que la révolution russe ne pouvait pas être socialiste, et ne l'était pas, sous-entendu par là que les dirigeants conservateurs du Parti prônaient des positions erronées. Ce débat eut lieu lors d'un colloque qui se tenait à Sverdlovsk, et on ne sera pas étonné d'apprendre que ces historiens ont perdu leur poste, sous la pression de Trapeznikov, que le lecteur connaît déjà.

Si l'on considère comme un trait central de la réalité économique et sociale de la Russie le fait que l'immense majorité de la population, en 1917, n'était pas encore entrée dans l'ère industrielle, on ne peut qu'accorder une importance majeure au surcroît d'arriération et de sous-développement causé par la guerre civile. Dans une conjoncture où la simple survie physique était un impératif difficile à satisfaire, il était normal que les formes les plus avancées d'organisation humaine aient été les plus vulnérables, et que les activités les plus élémentaires, qui produisaient au moins de quoi se nourrir et se chauffer, aient été celles où l'on enregistrait les meilleurs taux de survie. Du point de vue des indicateurs économiques, démographiques, politiques et culturels, le point de départ du régime, en 1921, se situe en fait cinquante ans en arrière. Beaucoup de propriétaires terriens et d'hommes d'affaires avaient été tués pendant la guerre civile, un plus grand nombre encore avait émigré. La classe des propriétaires terriens nobles (environ 500 000 personnes, familles comprises) et la haute bourgeoisie (125 000 personnes) avaient disparu. Dans les campagnes, il ne restait que 11 à 12 % de propriétaires, pour la plupart des petits propriétaires qui, désormais, travaillaient comme de simples paysans. Dans les professions intellectuelles, les pertes étaient également lourdes. En 1914, l'économie employait 136 000 personnes ayant une formation universitaire, et encore plus de techniciens. Hostiles pour la plupart au nouveau régime, une grande partie d'entre eux avaient choisi l'émigration, sans qu'on puisse avancer des chiffres précis. On sait, par exemple, que la majorité des médecins étaient restés. Mais les ravages de la guerre, de la Révolution et de la guerre civile étaient encore plus élevés que ce qu'indiquent les chiffres. Conséquence de la guerre et des événements de 1917 : environ 17,5 millions de personnes (plus de 12 % de la population) avaient été déplacées et vivaient dans des conditions précaires. Plusieurs millions de personnes connurent le même sort au cours des années suivantes. Les grandes villes avaient perdu beaucoup de leurs habitants. Entre 1917 et 1920, la population cumulée de Moscou et de Leningrad était passée de 4 300 000 à 1 960 000 (plus de 2 millions de personnes avaient émigré). Avec la famine de 1921-1922, bien des gens se transformèrent en réfugiés en quête de nourriture.

Quelque 3 millions de soldats étaient morts au combat, de leurs blessures ou de maladies. Quelque 13 millions de civils perdirent la vie, principalement en raison de la famine de 1921-1922 ou des suites des épidémies qui ravagèrent la Russie (notamment la grippe espagnole, qui frappa l'ensemble de l'Europe). En janvier 1923, la population de l'URSS atteignit son chiffre le plus bas, inférieur de 6 à 9 millions à celui de janvier 1914. Les événements de 1914-1921 ont plongé la population russe dans la misère et lui ont infligé des pertes colossales. Il va de soi que l'économie était également ravagée. Dans la grande industrie, la production ne représentait plus que 13 % du niveau de 1913 (4 % pour le fer et l'acier). La production de céréales ne dépassait pas les deux tiers des niveaux des années 1909-1913, et c'était un miracle qui ne s'expliquait que par la force et l'endurance des paysans. Le commerce extérieur s'était effondré et, au début de 1921, la crise dans l'énergie, les transports et l'alimentation frappait le pays de plein fouet. Chez les ouvriers de l'industrie, considérés comme les piliers du régime, protestations et agitations se multipliaient[10]. Jamais le pays n'avait été à un niveau aussi bas. Les effets politiques de cette immense régression engendraient une « archaïsation » de la société, consécutive à la perte de nombreuses composantes de la civilisation accumulées dans le passé. Ses conséquences étaient d'une extrême gravité. Il est sûr qu'une telle conjoncture a favorisé la formation d'une autocratie primitive. Cependant, dans le court terme, cet état de catastrophe a déclenché le lancement de la nouvelle politique économique (NEP), qui par bien des aspects fut un succès et contraignit à définir, ou plutôt à redéfinir, la stratégie du régime.

Dans les années 1917-1919, Lénine, qui appartenait à deux mondes, réagit à la crise du socialisme à l'Ouest comme un membre déçu de la IIe Internationale se devait de le faire : en créant la IIIe Internationale (1919). Deux ans plus tard, il se trouva confronté à un Occident qui commençait à récupérer ses forces, et à une Russie dont le retard s'était aggravé et qui n'était pas le lieu d'où l'on pouvait diriger une révolution mondiale. De plus, il devait assumer le défi que représentait pour l'Occident et l'Orient ses slogans révolutionnaires et la création du Komintern. D'une façon ou d'une autre, tout cela devait être repensé et mis en perspective. Fidèle à lui-même, Lénine reconnaît la profondeur des changements survenus dans son pays et dans le monde. Il entreprend de reconsidérer bien des aspects de l'ancienne stratégie pour en imaginer une autre, entièrement nouvelle. Contraint de réagir à des développements historiques dramatiques, il change de perspectives et de stratégie, ce qui interdit d'attribuer une forme de rigidité à son « isme », contrairement à une opinion très répandue et, elle, parfaitement rigide.

Les léninismes et la dernière révision

L'« isme » en question a été conditionné, dans une large mesure, par d'abrupts changements. La période d'avant 1914 (quand la révolution à venir était censée être libérale), la situation de crise ouverte par la Première Guerre mondiale, l'année 1917 avec ses retournements de perspectives, puis le communisme de guerre et, enfin, la NEP correspondaient à des situations suffisamment éloignées pour exiger à chaque étape un changement de diagnostic, mais aussi de stratégie, et plus encore une redéfinition des objectifs poursuivis. Il y a de bonnes raisons de croire que l'essence de cet « isme » réside dans la capacité de Lénine à penser tous ces tournants. Dans ce cas, il y a eu au moins trois « léninismes » différents, et le dernier est particulièrement intéressant.

En 1921, quand s'ouvre une période de paix intérieure, la révision et l'adaptation dans lesquelles s'engage Lénine concernent tous les aspects du système à édifier, y compris son idéologie. Le 27 mars 1922, il déclare devant le XIᵉ congrès du Parti (le dernier auquel il participe) que « la voiture ne va pas dans la direction où le conducteur croit qu'il la conduit ». C'est une déclaration léniniste « classique », surtout lorsqu'il ajoute : « Nos idées sur le socialisme doivent être repensées. » Cette sortie est suivie d'autres discours publics qui vont dans ce sens au cours de la même année, puis jusqu'en mai 1923. Ces positions constituent ce qui est connu comme son « testament[11] ». Mais, dès le XIᵉ congrès (bien qu'affaibli par la maladie), il met en avant tout un ensemble d'idées nouvelles qui ouvrent la voie à une ample révision des conceptions et des pratiques antérieures.

Désormais, il avance une recommandation de portée générale : « Nous devons apprendre de toute personne qui connaît quelque chose mieux que nous », qu'il s'agisse du capitalisme national et international, de l'humble employé de commerce, ou même des anciens « gardes blancs », s'il s'avère qu'ils sont compétents, car il importe de prouver aux paysans que les nouveaux maîtres du pays ont la volonté d'apprendre, qu'ils savent comment gouverner et le faire au bénéfice de la paysannerie. Vient ensuite un avertissement très ferme : « Soit nous réussissons l'examen de passage dans notre compétition avec le secteur privé, soit ce sera l'effondrement. » Comme on peut s'y attendre, il revient alors à l'idée de « capitalisme d'État » (déjà envisagée en 1918), qui lui paraît la meilleure solution, à condition que ce capitalisme soit nettement contenu dans certaines limites par le nouvel État. C'est un concept qui permet de faire preuve d'un certain réalisme, tout en maintenant une perspective socialiste, même si elle est repoussée dans un futur lointain. Dans son discours devant le IVᵉ congrès du Komintern, le 13 novembre 1922, Lénine rappelle qu'il a déjà évoqué cette solution en 1918 (elle lui a été inspirée par l'économie de guerre allemande mise sur pied par Rathenau, ministre de l'Économie), et qu'il faut la repenser en fonction d'une alliance sociale. Il voit toujours la Russie comme composée de cinq strates, du paysan aux entreprises d'État soviétiques (appelées « socialistes »). Le problème qu'il soulève est de savoir si le capitalisme d'État, qui occupe la seconde place sur l'échelle des formations socio-économiques progressistes, ne doit pas dans l'immédiat prendre le dessus sur le socialisme[12].

Le sujet est compliqué, mais l'intention est claire : Lénine entend dessiner une perspective différente pour le long terme, dans le cadre de son appel à « repenser nos idées sur le socialisme ». Le Parti est socialiste, alors pourquoi un tel raisonnement ? Ce qui existe, c'est une paysannerie patriarcale primitive, ainsi que quelques rares formes socialistes au sommet. À l'évidence, un « capitalisme d'État » non socialiste constituerait déjà pour la Russie une réelle avancée : « Nous avons fait une révolution, mais il est préférable d'atteindre d'abord l'étape du capitalisme d'État. » Lénine revient là-dessus quand il explique les raisons du passage à la NEP : le « capitalisme d'État » est la meilleure manière d'instaurer une alliance entre la paysannerie et le gouvernement en leur proposant un État qui joue à grande échelle le rôle de producteur et de marchand. La Russie n'est pas assez moderne pour aller droit au socialisme, et commencer par le « capitalisme d'État » est la bonne voie.

Lénine cherche fiévreusement une manière non utopique de préserver une perspective à long terme et les idéaux socialistes, tout en s'engageant dans une phase de transition aux objectifs réalistes, où l'État devient une sorte de capitaliste collectif, avec le concours d'un secteur privé. En somme, une forme d'économie mixte, du même type que celle qu'avait proposée Trotski à la fin de 1921 à une session du Komintern (ou devant son comité exécutif), mais sans utiliser le terme de

« capitalisme d'État ». Trotski expliquait alors que le socialisme n'était possible que dans un avenir lointain (plusieurs
décennies) et qu'il n'y avait qu'une seule route à suivre si l'on
voulait que les usines dont l'État était propriétaire deviennent
socialistes. Cette route passait par l'école de l'économie de
marché. Lénine avait lu ce texte, publié par Trotski avec un
tirage limité. Il l'avait considéré comme « une passionnante
brochure » et avait demandé à Staline et Molotov d'en faire
tirer 200 000 exemplaires. Ce que, naturellement, ils n'avaient
pas fait[13].

L'élément central de cette réflexion est l'attention portée à
la paysannerie et l'élaboration de la stratégie correspondante.
Dans les textes qui font partie du « testament, » Lénine écrit
que, si une politique radicale est adaptée à la situation de
guerre civile, elle doit être fortement adoucie en temps de
paix : « Pas de communisme dans les campagnes », « Pas
d'exécutions sommaires », le socialisme n'est rien d'autre
qu'un système de « coopérateurs civilisés », ce qui est en soi
une tâche et un défi, puisque la grande masse des paysans ne
sait ni lire ni écrire. Mais cette proclamation signifie aussi que
l'État est à la recherche d'une véritable alliance avec le monde
rural qui réponde à ses intérêts vitaux et fasse en sorte que les
campagnes comprennent sa politique et l'acceptent. Elle
implique aussi l'introduction d'un important correctif dans le
système dictatorial. Les dictatures ne sont pas instaurées pour
les mêmes raisons, et il peut y avoir de l'une à l'autre des différences de grande portée, ce que laisse entendre le « Pas
d'exécutions sommaires ».

Tous les éléments sont donc réunis : Lénine entend redéfinir
le concept de socialisme en fonction des réalités russes, changer
de stratégie à l'égard de la paysannerie[14], et il indique clairement le type d'État qu'il souhaite. Ses projets sur le fonctionnement du Parti et le dispositif institutionnel à mettre en place
pour garantir en dernière analyse la primauté du congrès du
Parti sur ses instances élues (à commencer par le Politburo)
constituent un autre aspect capital de sa nouvelle doctrine. Et il
ne faut pas oublier que c'est dans ce cadre que s'inscrit son
appel (encore secret) à écarter Staline de son poste[15].

Pour apprécier pleinement l'étendue et la profondeur de
cette nouvelle conception, il convient de revenir sur ce que

nous avons déjà exposé, dans la première partie, à propos du conflit entre Lénine et Staline concernant la formation de l'URSS. Nous avons vu qu'il s'agissait d'un combat entre deux camps politiques : l'un était encore le « bolchevisme », branche radicale de la social-démocratie russe et européenne, l'autre se présentait comme un nouveau courant issu du parti bolchevique, connu plus tard sous le nom de « stalinisme ». C'était une bataille décisive, dont l'enjeu était la nature même du nouvel État : soit une version de la dictature refusant l'autocratie, se tournant vers la société (avant tout la paysannerie) et cherchant avec elle un compromis, soit une autocratie privilégiant la violence.

Les deux courants semblaient n'en former qu'un, mais il y avait en réalité entre eux un antagonisme à mort, comme le prouve le fait que le vainqueur a entrepris d'anéantir délibérément et systématiquement ses adversaires. Le « bolchevisme » est resté quelque temps dans le jargon du Parti, mais non sa substance. Il est donc temps de nous pencher sur cette organisation politique, avant qu'elle ne disparaisse de la scène.

Qu'est-ce que le bolchevisme ?

La réponse à cette question passe par l'examen de tous les tournants politiques et des modes d'action alors adoptés, y compris de leur capacité à produire le programme que nous venons d'évoquer.

Nous laisserons de côté les activités prérévolutionnaires des bolcheviks, menées dans la clandestinité (il n'existe à ma connaissance aucune monographie récente là-dessus). Cependant, ils étaients déjà regroupés dans un parti politique, qui a continué de fonctionner comme tel pendant la guerre civile et après. La substance du « bolchevisme » ne peut pas être comprise sans un examen précis de la manière dont il fonctionnait. La comparaison entre les textes des premiers congrès et ceux des suivants montre la profondeur de la métamorphose. Le léninisme recouvrait une stratégie (ou plutôt des stratégies) pour transformer la société. Le bolchevisme était un parti, il possédait différentes structures qui assuraient son fonctionnement comme tel. Il cherchait à préserver le caractère populaire de l'État en cours de formation et excluait toute affinité rétrograde avec les formes antérieures de despotisme. Les politiques à suivre faisaient l'objet de discussions, les échanges étaient souvent âpres et les décisions étaient prises par un vote à la majorité. Presque tous les dirigeants de premier plan, et beaucoup d'autres de moindre envergure, ont été en conflit avec Lénine, souvent violemment, sur des questions capitales de stratégie politique. Le Parti a connu des débats idéologiques, qui constituaient une procédure normale en son sein. Ils avaient lieu non seulement lors des réunions en petit comité du Politburo, mais aussi lors des sessions du Comité central et, plus largement, dans les congrès et les conférences du Parti.

Il est significatif que, même au cours de la guerre civile, alors que les cadres du Parti étaient mobilisés et devaient venir directement du front aux réunions, les congrès et les conférences ont été réunis chaque année, comme l'exigeaient les statuts. Les sténogrammes nous donnent une bonne image de ces réunions : on n'y discutait pas simplement de politique, des courants s'affrontaient ouvertement, avec rapports et contre-rapports. Le président de séance pouvait faire taire un orateur de la majorité et donner la parole à un représentant de la minorité pour qu'il exprime son opinion ou réfute la position majoritaire. Toutes ces procédures ont disparu quelques années plus tard. Si respecté que fût Lénine, il était souvent attaqué frontalement, et il pouvait réagir avec colère. Mais les choses n'allaient pas plus loin, telles étaient les règles du jeu. Il faut souligner à nouveau que Lénine n'a jamais été l'objet d'un « culte », pas plus avant la Révolution qu'après. Mais on peut parler dans son cas de « charisme », à condition de vider le mot de toute connotation métaphysique. Il a fallu un véritable coup de force et toute une série de manœuvres pour qu'à sa mort, malgré le refus de sa femme et des membres de sa famille, son corps fût embaumé, et donc « béatifié ». Par cette opération, il s'est retrouvé encore plus mort politiquement que s'il avait été normalement enterré.

Fondateur et dirigeant du Parti et de l'État, Lénine ne s'est jamais conduit en despote ni en dictateur au sein de son parti. Il jouissait d'une autorité innée, mais c'était aussi le cas d'autres dirigeants qui s'étaient trouvés en conflit avec lui en maintes occasions, sans pour autant perdre leur position. La seule fois – un épisode bien connu – où, en 1917, il a voulu faire exclure du Comité central deux dirigeants (Zinoviev et Kamenev), il s'est entendu dire tranquillement par le président de séance, Jakov Sverdlov : « Camarade Lénine, ce n'est pas ainsi qu'on agit dans notre parti. » Cet instantané est très révélateur : lors de cette session où est débattue la question de savoir s'il faut ou non prendre le pouvoir, Lénine, qui est très excité et se conduit de façon émotionnelle, se fait rappeler à l'ordre par un autre dirigeant influent qui préside la séance. Ce type de fonctionnement et de pratiques, constitutif de la tradition bolchevique, a perduré après la Révolution. Lénine a toujours respecté les procédures du Parti, il argumentait de façon véhémente, protestait, se battait jusqu'au bout, mais il acceptait que les décisions importantes fassent l'objet d'un vote et, à plusieurs reprises, il a été mis en minorité. Il était à coup sûr un leader, mais pas un despote. Son rôle était celui d'un dirigeant au plus haut niveau. Mais il ne considérait pas le Parti ni sa direction comme sa propriété. On ne peut donc pas le traiter de « dictateur de la Russie ». Et cela d'autant moins que, durant toute la guerre civile, aux yeux du monde et de la Russie, la direction était représentée par Lénine-Trotski – phénomène intéressant, puisque le fondateur du Parti était Lénine, et lui seul. Mais Trotski avait dirigé la Révolution à ses côtés, un fait qui était accepté par le Parti et par Lénine lui-même.

Le bolchevisme était un parti, mais c'était aussi un *ethos*. Les discussions pouvaient aller très loin. Nous allons donner quelques exemples des questions débattues dans les instances du Parti et sur la place publique. Les débats autour de la question de savoir s'il fallait ou non prendre le pouvoir en 1917, et, si oui, s'il fallait le faire seul ou avec des alliés, sont bien connus grâce à la publication des sténogrammes du Comité central en 1917 et dans les premiers mois de 1918[16]. Autre exemple : Osinskij-Obolenskij, leader de l'opposition dite « centraliste démocratique », publie un article dans la *Pravda* en décembre 1920. À ce moment, le Parti était encore militarisé et lui-même exerçait des responsabilités militaires sur le front, mais la victoire semblait assurée et il estimait qu'il était temps d'aborder les problèmes difficiles qui se profilaient à l'horizon. Selon lui, l'un de ces problèmes était de faire revivre le Parti comme organisation politique dès que la phase de militarisation serait terminée. Il proposait donc des règles de fonctionnement permettant aux majorités de conduire la politique de leur choix, et aux minorités de critiquer et de prendre la barre si la ligne adoptée se révélait un échec. Sans cela – et c'était un avertissement adressé aux dirigeants comme aux simples membres –, le Parti en tant qu'organisation politique risquait de périr. Ce texte fut publié dans la *Pravda* malgré la pénurie de papier qui réduisait souvent le principal quotidien du Parti à une simple feuille.

Un autre exemple de ces débats sur des thèmes ultrasensibles est l'évaluation après coup de l'échec de la guerre contre la Pologne, lors d'une conférence du Parti en 1920, l'année de la défaite. Une partie du débat a lieu à huis clos (sans publication de compte rendu), mais l'autre partie se déroule publiquement, et l'on peut entendre Radek, un des dirigeants du Parti, dire à Lénine (le sténogramme le confirme) : « Nous vous l'avions bien dit. » Lui et quelques autres avaient soutenu que les ouvriers polonais ne se rallieraient pas aux troupes russes et que la contre-offensive sur Varsovie était une erreur. J'ignore qui étaient les grands instigateurs de l'aventure polonaise, mais Lénine en avait accepté l'idée, dans l'espoir de réveiller la gauche allemande. Il n'apprécie certainement pas ces propos, mais il est bien obligé de les entendre. Trotski était également opposé à cette opération (c'est probablement ce qui explique le « nous » de Radek), et il le fit savoir lors du XIe congrès sans que personne le contredise – une pratique tout à fait acceptée durant ces années. Bref, la gauche du Parti était contre l'opération, Lénine s'était trompé.

Des questions plus sérieuses encore faisaient l'objet de discussions publiques ou étaient abordées dans la presse du Parti ; on en retrouve la trace dans les sténogrammes des congrès et des conférences. Lénine n'était pas le seul à réagir aux problèmes qui s'abattaient de toutes parts sur le Parti – un parti au pouvoir très faiblement structuré, tout à fait conscient de sa faiblesse et du niveau très bas de ses cadres et de sa propre presse, également affaibli par la prolifération des disputes et la multiplication des « cliques », notamment dans les cercles dirigeants à l'échelon local et central. Une grave question était celle de l'apparition d'un fossé de plus en plus grand, et vivement ressenti, en matière de pouvoir et de privilèges, entre « ceux d'en haut » et « ceux d'en bas ». Un phénomène particulièrement troublant dans un parti égalitaire de « camarades », dont la plupart vivaient très pauvrement. Ce problème faisait l'objet d'un débat ouvert dans les organisations du Parti et dans sa presse, et les dirigeants, conscients du malaise, tentaient d'y remédier.

Mais les cris scandalisés de « ceux d'en bas » n'étaient pas les seuls à susciter des débats, imposés à des dirigeants parfois réticents à les mener ; les dirigeants eux-mêmes soulevaient des problèmes politiques et sociaux et en discutaient publiquement , en soulignant les dangers que courait le Parti. Nous prendrons ici l'exemple des réflexions de Zinoviev, membre du Politburo, devant le XIᵉ congrès. Peu de temps auparavant, Lénine avait lancé un cri d'alarme à propos de la disparition de la « classe ouvrière », durant et après la guerre civile. Zinoviev considérait que ce n'était plus le problème : cette classe était en voie de reconstitution, elle quittait les campagnes où elle avait cherché refuge et était désormais prête à rejoindre le Parti. Ce qui le préoccupait, en revanche, c'était l'afflux dans le Parti d'ouvriers à peine alphabétisés et de nombreux candidats issus des autres classes. Il était partisan d'interrompre provisoirement le recrutement pour écarter le spectre menaçant d'un processus de dégénérescence, que je désignerais pour ma part comme un « Thermidor interne ». Les mencheviks émigrés l'annonçaient comme imminent, et Zinoviev les citait sans la moindre réserve, ce qui, quelques années plus tard, deviendrait proprement impensable. La différenciation sociale croissante au sein du Parti, due à l'afflux de nouveaux membres, entraînait l'apparition de divers courants idéologiques et politiques. C'était la thèse que défendait David Dallin, un des dirigeants mencheviques, dans un livre qu'il venait de publier à Berlin[17]. À ses yeux, il n'y avait aucune vie politique et sociale en dehors du Parti et de l'armée, et pour cette raison il était impossible de liquider le bolchevisme de l'extérieur. En revanche, cette liquidation était concevable par des processus spontanés à l'œuvre au sein du Parti. Dallin prédisait des scissions, des complots, des intrigues de toutes sortes. Les éléments paysans et différents groupes d'ouvriers et de petits-bourgeois prenaient lentement conscience de leurs intérêts, et l'intelligentsia retrouvait sa capacité naturelle à produire des courants idéologiques (démocratique, impérial, révisionniste). Tout cela allait refaire surface le moment venu, « et leurs batailles rempliraient l'histoire politique ». L'ensemble du raisonnement est cité par Zinoviev et figure dans le sténogramme du congrès. Dallin raillait l'idée naïve selon laquelle une purge (au sens classique d'exclusion du Parti) des éléments déviationnistes pourrait changer quoi que ce soit aux manifestations inévitables de forces centrifuges dans la société. Zinoviev ne semblait pas en désaccord avec lui. Il se disait convaincu qu'il y avait « en fait dans le Parti un processus moléculaire, qui n'est pas simplement le reflet des luttes internes, mais qui renvoie à tout ce qui se produit dans le pays sur le vaste spectre de la lutte des classes en cours ». Toutes sortes d'éléments étrangers au monde du travail pénétraient dans le Parti, mais il espérait toujours que le « noyau prolétarien » tiendrait bon, maintiendrait l'engagement idéologique initial et empêcherait les influences étrangères de prendre le dessus. Zinoviev considérait également qu'à cette étape le maintien de la démocratie ouvrière aurait une influence salubre sur la vie du Parti. L'« opposition ouvrière » (formée par des dirigeants syndicaux au sein du Parti) en déplorait l'absence et la mettait au premier plan de ses revendications. Elle demandait même que cette « démocratie ouvrière » soit renforcée par une purge des « cols bleus » et par une mise au pas de l'intelligentsia, une méthode des plus problématiques pour construire un parti viable. Ces positions étaient inacceptables pour la direction. Le niveau culturel des ouvriers était trop bas et leur conscience de classe trop faible à l'époque pour que l'on puisse faire d'eux l'unique force dans la construction du Parti.

En fait, le Parti n'avait pas de réponse convaincante à tous ces problèmes dans le court terme. Ce dont il était capable, c'était opérer le tournant vers la NEP sans perdre la maîtrise du processus, améliorer le travail du Parti et de ses administrations, entreprendre une œuvre patiente d'éducation, assortie de l'exclusion des éléments troubles. Cela supposait une dose croissante de contrôle par le centre et d'autoritarisme. Les objectifs démocratiques étaient visiblement impossibles à atteindre, quelles que fussent les bonnes intentions de la direction et d'un grand nombre de membres de la base. Mais la vieille garde du Parti espérait tout de même réussir à maintenir un esprit et des procédures démocratiques dans les échelons supérieurs.

Les membres de cette vieille garde en étaient restés à l'*ethos* d'avant la Révolution. Pour eux, l'adhésion au Parti n'était pas la voie vers l'obtention de carrières douillettes. Ils s'étaient littéralement épuisés à la tâche pendant la Révolution, pendant la guerre civile et dans les ruines qu'elle avait laissées. Beaucoup de responsables étaient en très mauvaise santé et leurs médecins les prévenaient qu'ils ne pouvaient plus continuer à ce rythme. Dans plusieurs cas, il fallut une décision du gouvernement pour les forcer à prendre du repos ou à aller suivre un traitement à l'étranger, souvent en Allemagne. Il est vrai que les quelques milliers d'individus qui avaient adhéré pendant la guerre civile ne faisaient pas partie de la « vieille garde » au sens strict du terme, mais beaucoup parmi eux étaient encore prêts à de grands sacrifices pour la cause. Pour les membres les plus convaincus, le pouvoir en soi n'était pas un enjeu central. L'adhésion était un engagement qu'il fallait payer de sa personne, et il n'y avait aucune récompense à en attendre.

Tous ces débats interviennent juste avant et pendant que Lénine lui-même entreprend de repenser radicalement sa stratégie, une réflexion qu'il poursuit aussi longtemps qu'il peut penser, parler et dicter. Lors de sa dernière apparition, dramatique, au XIe congrès, il attaqua violemment les partisans de méthodes autoritaires – un point que nous n'avons pas encore mentionné. À cette époque, les membres du Parti participaient à de nombreuses réunions publiques dans des clubs qui existaient partout à travers Moscou et probablement ailleurs, des réunions au cours desquelles la politique du Parti était critiquée librement, voire rejetée. Certains éléments conservateurs du Parti les dénonçaient comme des actes déloyaux et en appelaient à Lénine pour qu'il fasse cesser ces manquements à la discipline. Lors du XIe congrès, l'un de ces « indisciplinés », Rjazanov, était présent dans la salle, et les partisans d'une ligne dure, espérant avoir le soutien de Lénine, lui rappelèrent qu'il avait interdit les fractions au sein du Parti en 1921, à un moment où celui-ci était littéralement en train d'éclater en différents groupes et courants. La longue réponse de Lénine fut sans ambiguïté. Il ne dit rien de cet incident de parcours qu'avait été l'interdiction des fractions en 1921, évoqua les nombreux cas où, dans le passé, le Parti avait connu bien des discussions de fond, et affirma que, sans ces libres débats, il n'aurait pas survécu, et ne pourrait encore survivre.

Le point fondamental que nous essayons de mettre ici en avant est le suivant : le bolchevisme était un parti politique qui reconnaissait à ses membres le droit d'émettre des opinions et de participer à l'élaboration de sa ligne, et Lénine était très soucieux de lui conserver ce caractère. Dans son discours lors de ce même congrès, il déclara également qu'il fallait que le Parti soit libéré des tâches d'administration et qu'il se consacre en priorité à la direction politique du pays, laissant les questions administratives aux bureaucrates professionnels, aux forces du capitalisme d'État et aux organisations coopératives.

Tels sont les moments essentiels de la dernière version du léninisme. Il ne fait aucun doute que Lénine était très préoccupé par la situation. Dans ses dernières apparitions, déclarations et écrits, il opposait un « non » lucide et résolu à l'essentiel de la politique qui serait suivie après lui. Et cela ne peut être effacé de la mémoire historique.

Comme nous le savons, le programme de cette figure majeure, qui a dirigé une révolution radicale mais, une fois le pouvoir conquis, a plaidé avec insistance pour un retour à la modération, n'a pas été appliqué. La possibilité de réfléchir en toute liberté sur les problèmes du Parti, les courants qui le traversaient ou les menaces qu'il devait affronter a été l'apanage de cette formation politique spécifique autobaptisée « bolchevique ». Aussi longtemps que les différentes instances ont fonctionné et que les décisions politiques ont respecté les règles qui répartissaient l'autorité entre elles, il n'y eut pas de dictature personnelle, ni en Russie ni dans le Parti. La dictature était aux mains du Parti, pas de Lénine. Quand elle finit par tomber aux mains d'un individu qui s'érigea en dictateur, la *party* du Parti fut sur le point de se terminer.

Un système à parti unique ?

La majorité des anciens cadres étaient et se considéraient comme membres du Parti, mais ils découvrent au fil des années que désormais ils sont « ailleurs ». Très vite après la mort de Lénine, ils ne reconnaissent plus le Parti et réagissent soit en le quittant, soit en s'adaptant à la nouvelle ligne, soit en rejoignant une des oppositions (ce qui leur a coûté la vie). Nous savons que le système a continué à être d'un seul tenant, mais au prix d'une complète transformation, qui incluait une terreur de masse à l'encontre du Parti et un changement profond de sa colonne vertébrale et du système, désormais dominés par les classes dépendant de l'État.

Les mencheviks (de l'étranger) et nombre de voix critiques au sein du Parti continuèrent à avancer l'idée que le monopole du politique ne pouvait qu'entrer en conflit avec la différenciation sociale inévitable qui se produisait à l'intérieur comme à l'extérieur du Parti. Dallin (cité plus haut) s'attendait à une implosion à plus ou moins brève échéance. Et l'on peut dire que quelque chose de ce type a effectivement eu lieu sous la dictature absolue de Staline. Mais il ne s'agissait pas d'une « implosion » due aux contradictions internes au Parti. Décrire ce phénomène dans les termes et avec les catégories propres aux débats qui avaient éclaté dans les années 1902-1903 ou au début de la période soviétique n'a pas de sens. Depuis, la scène politique avait été bouleversée et le décor avait changé. Des termes comme « Parti », « bolchevik », « socialiste » ou même « léniniste » étaient encore employés, mais avec un tout autre contenu. Une « créature » politique tout à fait différente avait pris la place. C'étaient désormais le caractère pathologique du dirigeant suprême et la consolidation de son pouvoir autocratique qui dictaient les tâches de l'heure et définissaient la substance de l'ordre politique – toutes choses que le bolchevisme n'avait pas connues. L'industrialisation menée à un rythme forcené et les mouvements de population vers les villes produisaient d'énormes transformations, et la différenciation croissante de la société s'accompagnait de l'apparition de tendances et d'intérêts sociaux nouveaux. Tout cela compliquait la tâche des gouvernants. Staline voyait dans cette différenciation et dans ces développements inévitables (en fait positifs) une menace permanente, et il mena tout au long de son règne une guerre fondée sur la terreur contre les cadres et contre des couches plus larges de la population. C'est là que se situait le noyau irrationnel de sa politique, puissamment relayée par la composante paranoïaque de sa personnalité.

On peut considérer que le XIIe congrès (mars 1923) a été en fait le dernier où le Parti était encore en droit d'utiliser son nom révolutionnaire, et que l'année 1924 a marqué la fin du « bolchevisme ». Pendant quelques années encore, les uns après les autres, des groupes de vieux bolcheviks se sont engagés dans des combats d'arrière-garde pour tenter de corriger d'une façon ou d'une autre le cours des événements. Mais leur tradition politique et leur organisation, enracinées dans l'histoire de la social-démocratie russe et européenne, ont été rapidement balayées par la masse des nouveaux venus et par de nouveaux modes d'organisation qui ont coulé cette formation dans un moule totalement différent. Le processus d'« apparatisation » du Parti (carrières, discipline, rangs, suppression de tous droits politiques) était un scandale absolu pour les opposants des années 1924-1928, mais l'ancien Parti était mort. Le maintien de l'ancien nom et de l'ancienne idéologie ne doivent tromper personne : dans un contexte politique fluctuant, les noms durent plus longtemps que les contenus.

Le fait que la Russie ne fût pas prête pour une quelconque forme de socialisme marxiste était une évidence pour tous les marxistes, mais les masses de nouveaux adhérents n'accordaient plus le moindre intérêt à ces questions théoriques. Ils adhéraient pour servir les causes qu'on leur proposait, y compris celle consistant à éliminer le bolchevisme des origines jusqu'à la dernière trace. Pendant un temps, le socialisme impossible a servi de feuille de vigne, mais les événements et les tendances que nous étudions ne peuvent être décrits comme « l'échec du socialisme » : il n'a pas pu échouer, puisqu'il n'était pas là au départ. La Russie dévastée n'était prête ni pour la démocratie (ainsi que Miljukov l'avait compris), ni pour le socialisme, comme Lénine et Trotski le savaient parfaitement. Dans une telle situation, il ne fut pas demandé aux anciens cadres de « bolcheviser » les nouveaux arrivants ; en fait, cela leur fut même interdit, et ils se retrouvèrent submergés, on l'a vu, par des centaines de milliers de nouveaux venus qui ne partageaient ni leur idéologie ni leur *ethos*. Le Parti au pouvoir, si activement dénoncé à travers le monde par les ennemis du socialisme et du bolchevisme, s'est réinventé en fonction de tâches et de réalités nouvelles, tout en conservant les anciennes étiquettes. Sous cet angle, les derniers écrits de Lénine témoignent d'une tentative de refondation du bolchevisme pour éviter l'apparition d'une créature totalement différente. Lénine comprenait que ses adversaires s'inspiraient précisément des formes précapitalistes de l'État absolutiste, et que la culture politique, le caractère des cadres formés dans la guerre civile et l'afflux de nouveaux membres peu éduqués et dépourvus d'expérience politique poussaient dans le sens d'un retour au passé. L'arriération du pays et l'obligation d'accélérer sa croissance économique constituaient également un terrain propice pour la constitution d'un « État fort » (ce qui n'était pas une absurdité en soi), propre à séduire et même à servir d'idéal pour bien des personnes dévouées à leur patrie, et cela quelle que fût la politique suivie. Cela est d'autant plus vrai si l'on considère que cette arriération pesait sur un pays qui, par son passé, mais aussi par son potentiel, était un empire, et que les pressions exercées sur lui par les nations les plus avancées étaient fortes. Avec, en contrepartie, une mobilisation populaire pour la défense du pays tout aussi massive. Dans un tel climat, la formation d'un « régime despotique » ne fut pas immédiatement perçue comme très différente de celle d'un « État fort ». Lénine, lui, avait vu la différence, l'avait appelée par son nom et avait désigné les vrais coupables, mais la plupart de ses compagnons des années héroïques ne l'avaient pas compris, pour dire les choses gentiment. Et le bolchevisme a quitté la scène très vite après la mort de son fondateur.

Chapitre III

La modernité avec une torsion

Nous venons de traiter de la dégénérescence institutionnelle de ce qui aurait dû être le pivot du système. Le présent chapitre sera tout entier consacré à la dynamique, aux changements et aux avancées. Sur ce front, les conflits ne manquent pas non plus, et nous les prendrons en compte le moment venu.

Nous avons déjà souligné à quel point le degré d'arriération et la complexité de l'entreprise avaient été dramatiquement accrus par le grave recul qui avait suivi la guerre civile. Dans un pays déjà pris dans une spirale de crises, un tel recul alourdissait la tâche de reconstruction et de redémarrage, et poussait à utiliser encore plus fortement le bâton, à savoir l'État. Cette affirmation doit cependant être nuancée en raison de la NEP, de sa vitalité et de l'intérêt qu'il y avait à la poursuivre le plus longtemps possible, comme le pensaient en la lançant aussi bien Lénine que Trotski. Aujourd'hui le débat se poursuit sur les possibilités que la NEP, d'une durée si courte, ouvrait à la Russie de l'époque. Lors de la perestroïka, certains considéraient même qu'elle pouvait servir de modèle pour la période postsoviétique. Ce problème n'a pas fini de susciter des interrogations... À l'évidence, une alternative à la NEP était déjà présente sous la forme d'un État hypertrophié et despotique, qui trouvait un terreau favorable dans l'histoire du pays, terreau renforcé par les catastrophes récentes. En 1921, le pays était encore plus pauvre qu'avant la Première Guerre mondiale, son retard sur l'Occident encore plus accusé et douloureusement ressenti. La distance avec l'Ouest n'avait jamais été aussi grande, et la « distance historique » entre les composantes rurale, urbaine et bureaucratique s'était encore creusée. Ceux qui, après la mort de Lénine, s'étaient lancés dans l'entreprise de modernisation ont commencé par émasculer l'organisation politique originale des révolutionnaires qui, arrivés au pouvoir en 1917, avaient construit un État et sauvé le pays de la désintégration, et qui nourrissaient de grands projets pour l'avenir. Désormais, ils mettaient en avant leur propre manière de faire, laquelle associait un développement économique accéléré avec une forme accentuée d'archaïsme dans la construction de l'État, ce qui a conduit certains chercheurs à utiliser le terme « despotisme agraire » pour caractériser l'État stalinien. Sans nous attarder sur l'intérêt historique de cet emprunt aux anciens despotes, nous pouvons dire que l'on se trouvait face à un État modernisateur non moderne – à l'origine de l'un des casse-tête qui ont pesé lourd sur le destin du pays pendant des décennies.

Cette ligne de pensée est également utile quand on tente de comprendre le phénomène soviétique dans toute sa trajectoire historique. La contradiction inscrite dans l'expression « modernisateur non moderne » a persisté, et a continué à se manifester sous différentes formes après la mort de Staline. La dimension modernisatrice de l'action de l'État (l'industrialisation) a enclenché une série de phénomènes (urbanisation, éducation, mobilité sociale) porteurs d'émancipation pour les masses de personnes impliquées, même si cette émancipation restait bridée par de puissants freins. Une des clés de l'énigme soviétique se trouve précisément dans l'interaction entre l'émancipation et les facteurs qui l'ont freinée.

Le développement, au sens le plus courant du terme, ne pouvait se produire sans amener dans les villes des millions de paysans, ni sans réduire le fossé qui existait entre les minorités privilégiées et les couches plus larges de la population. Une telle dynamique était du reste en accord avec l'esprit et le caractère plébéien de la révolution. Le développement social en URSS a été réellement très large et très profond, avec des effets considérables, bien que très différents selon les époques – dans les années vingt, sous Staline et par la suite. Le terme « modernité », souvent utilisé, parfois critiqué, s'applique ici si l'on s'en tient aux faits bruts, sans considérer leurs colorations idéologiques, souvent présentes dans les sources auxquelles nous allons maintenant recourir.

Les indicateurs de la modernité en URSS

L'une de ces sources est l'histoire sociale de la Russie en deux volumes publiée récemment par B.N. Mironov, historien et statisticien russe[18]. Son argumentation repose essentiellement sur des données anthropométriques, tout en accordant aussi une large part aux facteurs sociaux. Le livre est riche en analyses et en informations. Toutefois, le lecteur se doit d'être attentif au caractère très subjectif et métaphorique de certaines affirmations de Mironov, auxquelles nous réagirons ici et là, mais que nous laisserons pour l'essentiel parler elles-mêmes.

L'adhésion de Mironov à « l'Occident », non seulement comme modèle, mais aussi comme étalon auquel tout doit être rapporté, est d'une naïveté désarmante. Le lecteur en jugera lui-même à mesure que nous la découvrirons. Ce qu'il nous dit revient en substance à poser que la Russie n'était pas l'Occident. Mais il ne suffit pas d'énumérer tout ce que l'Est n'avait pas par rapport à l'Ouest. L'Est (en fait, il y en a plusieurs) n'a cessé au cours des siècles de fonder des États, de résoudre des problèmes historiques, de produire des cultures, si bien qu'il faut également regarder les choses de l'intérieur, et non se contenter de parler de ce qui n'existe pas.

Mais la vision générale de Mironov, celle d'un progrès réel de l'URSS vers ce qui peut être appelé « modernité », est réaliste et solidement argumentée. Il affirme que la Russie était différente de l'Occident comme un adolescent l'est d'un adulte : émotive, hypermobile, manquant de contrôle sur soi et de prudence, portée à l'expérimentation, naïve, absolue dans ses exigences, et simultanément pleine de curiosité, capable enfin d'assimiler la nouveauté – après tout, un adolescent n'est pas un « adulte attardé ». Les Russes ne se sont pas dotés d'institutions à l'occidentale, non parce qu'ils n'y sont pas parvenus, mais parce qu'ils n'en ressentaient pas le besoin. Tout ce que l'Occident a produit de bon a fini par atteindre la Russie, et quand cela ne s'est pas fait au début du siècle, cela s'est fait à la fin.

Mironov met en avant la laïcisation de la conscience sociale, bien supérieure à celle que l'on observe à l'Ouest : le système de valeurs de la Russie est devenu totalement laïque et temporel. Une révolution démographique s'est produite qui a libéré les femmes du lourd fardeau consistant à donner la vie à des enfants voués à mourir très tôt, les structures sociales ont pris un aspect moderne. La mobilité sociale a atteint un niveau élevé, les classes sociales se sont ouvertes et la société dans son ensemble est devenue plus réceptive à l'influence des valeurs et des normes de comportement occidentales. Un modèle de famille nucléaire est apparu, avec une attention plus grande accordée aux enfants et l'accession des femmes à l'égalité juridique avec les hommes, accompagnée d'une amélioration de leur statut social. L'urbanisation a progressé : le pays est devenu essentiellement urbain et ses habitants se sont réorientés vers des modèles de consommation propres aux villes. Ils sont passés automatiquement de formes d'organisation sociale rurales à d'autres plus complexes, et cela même dans les campagnes.

Ainsi, à la fin de l'ère soviétique, la modernisation s'était fortement rapprochée des modèles de l'Ouest. Un solide système de protection sociale avait été mis en place (retraites, soins médicaux, aide aux femmes enceintes, allocations familiales), et l'on peut clore la liste en évoquant le remarquable développement de l'éducation et de la sphère intellectuelle dans son ensemble. En outre, l'empire était *de jure* une confédération, et les nations non slaves avaient connu un réel développement. Ce n'est qu'à l'époque soviétique qu'une société « disciplinée » (Mironov utilise le terme de Foucault) est apparue en Russie, ce qui a permis d'éviter toute explosion révolutionnaire au moment du passage à un régime postsoviétique. La distance entre la Russie et l'Occident, d'un point de vue général, avait donc été réduite, et le pays ne faisait plus partie du monde en voie de développement. Mironov, cela va de soi, est parfaitement au fait des moyens utilisés dans les débuts pour atteindre cette modernisation, mais il a raison de souligner que le résultat est remarquable. Personnellement, j'ajouterais d'autres éléments : sécurité physique des individus, développement du réseau des bibliothèques et de la lecture, du goût des arts, de la poésie, importance de la science. Pour des raisons que j'ignore, Mironov ne signale pas qu'après 1991 tous ces niveaux de développement ont connu une forte régression, alors qu'il est indispensable de le savoir pour mieux comprendre le phénomène soviétique et son héritage.

Mironov recourt ensuite à une méthode empruntée à des chercheurs occidentaux : l'utilisation des mesures anthropométriques (à savoir la taille des conscrits au moment du service militaire obligatoire), dont il pense qu'elle peut constituer un bon indicateur des hauts et des bas de l'état socio-économique du pays. On constate ainsi que la taille moyenne des hommes baisse à partir des années dix-huit cent cinquante (à cause de la guerre de Crimée) et continue de chuter après l'émancipation des serfs. La crise dure trente ans et les principales victimes en sont les paysans, au bord de l'épuisement, frappés par la guerre et le poids des impôts. Dans les années dix-huit cent quatre-vingt, le statut biologique de la population s'améliore. Des données montrent que l'alimentation se détériore entre 1850 et 1890, mais s'améliore entre 1890 et 1910. Entre 1850 et 1890, la mortalité est élevée et instable, mais elle décline à partir de 1890 grâce aux progrès de la médecine. On a beaucoup parlé, après les réformes d'Alexandre II, de la dégénérescence de la population russe, en s'appuyant précisément sur l'état physique des jeunes recrues, et l'on continue de le faire jusqu'à la fin du siècle, alors qu'une amélioration s'observe à partir des années dix-huit cent quatre-vingt. Les estimations du revenu national pour les années 1885-1913, calculées par P.R. Gregory et citées par Mironov, montrent une croissance de la consommation par tête à partir de la seconde moitié des années dix-huit cent quatre-vingt.

En 1927 (nous le savons grâce à des données fiables publiées plus tard), la population s'est remise de toutes les épreuves endurées au cours de la guerre mondiale et de la guerre civile. Dans les villes, la taille moyenne des recrues est de 1,676 m, dans les campagnes de 1,675 m ; leur poids moyen est respectivement de 61,6 et 61,9 kg. L'indice de masse corporelle (ratio entre le poids et la taille) est de 22 dans le premier cas et de 22,54 dans le second. C'est ce que Mironov appelle un bon « biostatut ». Ainsi, contrairement à ce à quoi on aurait pu s'attendre, la taille des nouveau-nés ne cesse de croître entre la fin de la guerre civile (1920) et la fin des années soixante (et même entre 1985 et 1991), ce qui veut dire que les années trente et la Seconde Guerre mondiale n'ont pas eu d'incidences. À partir des générations nées en 1936-1940, la croissance de la taille moyenne est aussi rapide en ville qu'à la

campagne. En 25 ans, elle passe en moyenne (selon les différentes catégories) de 47 à 61 mm – une croissance jusque-là
inconnue en Russie. Cela signifie qu'au cours de la période
soviétique le statut biologique des citadins et aussi probablement celui des ruraux n'ont cessé de croître.

Comment expliquer ce phénomène quand on sait que l'État
ne cessait d'abaisser le niveau de vie ? se demande Mironov. Il
avance l'hypothèse selon laquelle, dans l'URSS des années
trente-cinquante, le revenu par tête d'une famille aurait
augmenté grâce à des ressources internes et, en partie seulement, externes, et ce de quatre manières différentes. Le taux
des naissances a rapidement baissé et, de ce fait même, les
dépenses liées aux enfants. Les dépenses médicales ont également diminué, pour la population en général et pour les enfants
en particulier. Nombre de femmes qui ne travaillaient pas
auparavant ont pu le faire parce qu'elles avaient moins
d'enfants, parce que la demande en main-d'œuvre était énorme
et que l'État mettait à leur disposition des crèches et des jardins
d'enfants. Enfin, une meilleure redistribution des richesses a
aussi joué en faveur de cette amélioration du « statut
biologique » (un sujet de recherche intéressant et peu exploré).

Tout cela s'inscrit dans le cadre d'une révolution démographique, qui intervient en Russie entre 1920 et 1961 (plus tard
qu'en Occident, où elle est achevée au début du XXe siècle).
Elle se caractérise par une baisse de la natalité (voulue par les
parents eux-mêmes), par une meilleure lutte contre les maladies infectieuses et par une baisse de la mortalité infantile – en
somme, un modèle de reproduction de la population plus
moderne, plus rationnel et plus économique.

Une certaine baisse de la natalité avait déjà été observée
après les réformes de 1861. Une autre avait eu pour cause les
ravages de la guerre mondiale et de la guerre civile. Vers 1925,
la Russie a retrouvé ses taux d'avant guerre et, à partir de cette
date environ, on observe une tendance à la baisse de la natalité
qui se poursuit dans les années trente. En 1941, elle est de
25 % inférieure à celle de 1925. La Seconde Guerre mondiale
n'a fait qu'accentuer cette chute. Mais, une fois la paix
revenue, on ne retrouve pas le taux d'avant guerre. Après un
certain accroissement en 1949, on assiste à une forte et irréver-
sible baisse de la natalité. Deux chiffres indiquent l'importance

du phénomène : la Russie est passée d'un taux de naissances de 206 ‰ dans les années vingt à un taux de 29 ‰ dans les années soixante. La cause principale tenait au désir des Russes de limiter le nombre d'enfants, notamment par l'avortement (le plus fort taux du monde). Il faut aussi prendre en compte une tendance à retarder l'âge du mariage, la fréquence des divorces et l'augmentation du nombre de femmes qui restaient célibataires toute leur vie.

La chute de la natalité était contrebalancée par une extraordinaire baisse de la mortalité (39,8 ‰ dans les années dix-huit cent cinquante, 30,2 en 1900, 22,9 dans les années vingt, 7,4 dans les années soixante), avec un accroissement correspondant de l'espérance de vie (28,3 ans en 1838-1850, 32,34 ans en 1896-1897, 44,35 ans en 1926-1927, 68,59 ans en 1958-1959) et un accroissement parallèle du nombre de retraités. En 1926, pour 100 personnes valides, on comptait 92 non-actifs, dont 71 enfants et 16 retraités ; dans la période 1926-1959, ce chiffre chuta de 20 % par famille. Et, comme la plupart des invalides recevaient une pension, la famille en était aidée d'autant. Au total, la société et les familles ont donc bénéficié de la chute de la mortalité et de l'augmentation de la durée de la vie active. Mironov en conclut que tout le monde a gagné à cette révolution démographique, qu'il appelle « rationalisation du processus de la reproduction ».

Ce type de reproduction moderne a rationalisé le cycle de la vie familiale et des individus, celui des femmes en premier lieu. Les fonctions de procréation qui leur coûtaient jadis d'énormes efforts, de la nubilité à la ménopause, étaient désormais circonscrites à une période plus réduite de leur vie, ce qui leur permettait de travailler et d'améliorer le revenu familial. Et, de fait, les femmes sont devenues une composante importante de la main-d'œuvre dans tous les secteurs clés. En 1970, leur niveau d'instruction s'était considérablement élevé ; elles étaient bien représentées dans les professions techniques et très présentes dans la recherche scientifique. Mironov a raison de souligner qu'« aucun autre pays au monde n'a connu une telle professionnalisation et une telle acculturation des femmes ».

Mais ce triomphalisme excessif mérite que l'on s'y arrête un instant. De nombreuses études sociologiques soviétiques ont montré que l'émancipation très réelle des femmes avait deux limites : leur présence purement symbolique dans les structures du pouvoir, et un système patriarcal qui se refusait à quitter la scène, y compris dans les familles urbaines. La rareté des appareils ménagers n'arrangeait rien. En rentrant à la maison après une dure journée de travail, la femme avait encore trois bonnes heures de tâches ménagères devant elle, d'où une fatigue chronique très répandue. Dans les années soixante, l'État a fait des efforts « héroïques » pour accroître la production d'appareils ménagers, et a obtenu des résultats satisfaisants, mais on restait loin du niveau qu'il aurait fallu atteindre.

En dépit de cette réserve, les indicateurs de l'émancipation des femmes sont indéniables, et nous devons à Mironov d'avoir mieux compris les changements intervenus dans la structure sociale du pays et dans la formation de ce que j'appelle une « nouvelle société » – le tout en un temps record et en dépit des cataclysmes passés. Les données démographiques nous occuperont encore dans le chapitre suivant car, si elles traduisent une émancipation, elles reflètent aussi des réalités plus sombres.

Contentons-nous pour le moment de signaler en passant un phénomène décrit par Mironov, propre à cette société et bien connu, mais jamais vraiment étudié en profondeur, dont l'importance a été soulignée par la grande sociologue Tatjana Zaslavskaja, membre de l'Académie des sciences. Mironov nous dit que « l'égalisation des revenus de la grande masse de la population autour d'un niveau moyen a constitué pour la société soviétique une autre réserve intérieure susceptible d'être mobilisée ». Il va même jusqu'à considérer que la diminution des inégalités de revenus entre groupes sociaux a contribué à l'amélioration du statut biologique de la population : en effet, plus une société est pauvre, plus son statut biologique est sensible aux inégalités. Nous ne disposons pas d'une bonne évaluation des inégalités en URSS, mais l'État a fait beaucoup pour réduire les disparités matérielles, et les résultats sont incontestables. La forte mobilité de la population, les mariages mixtes entre personnes de régions et de cultures différentes ont aussi eu un impact positif sur des indicateurs tels que la taille des conscrits, tout comme le phénoménal progrès de l'urbanisation (15 % de citadins en 1921, 50 % en 1961). Même si le système offrait à ses citoyens un niveau de vie beaucoup plus bas que celui des pays occidentaux, il reste que la taille des hommes n'a cessé de croître en Russie, au moins jusqu'au début des années quatre-vingt, au même rythme, ou à peu près, que dans les pays développés.

Des travaux de Mironov, nous retiendrons avant tout l'idée que l'amélioration du « statut biologique » (et l'ensemble des facteurs qui y ont contribué) est restée le « secret » du système, un secret que celui-ci ignorait sans doute lui-même. Et, comme le statut biologique de la population est sans nul doute en train de décroître aujourd'hui, il y a là probablement une explication à la nostalgie éprouvée par nombre de citoyens russes pour le défunt système soviétique.

Chapitre IV

L'urbanisation : succès et échecs

Notre attention constante aux changements du paysage social – la bureaucratie, la politique, l'économie, l'application des lois font partie de ce paysage – offre un cadre d'analyse qui nous permet de distinguer entre d'une part ce qui a été urbanisé *et* modernisé, et d'autre part ce qui s'est urbanisé sans vraiment se moderniser. L'importante question de l'égalité des revenus mérite des recherches plus approfondies. Mais une égalité au moins relative et l'atténuation des différences de classes et du cloisonnement des diverses couches de la population étaient des faits indiscutables, qui restaient présents dans la mémoire des Russes émigrés aux États-Unis, où l'inégalité économique fait partie de l'*ethos* du système.

Le jugement positif que porte Mironov sur ce phénomène est cependant en contradiction avec sa conception de la modernité, définie en termes de conformité avec le modèle occidental. De plus, il le conduit à considérer que la disparition de l'ancien esprit communautaire russe, hérité de son passé rural, était un signe de la « maturité » du pays. Ne doit-on pas penser au contraire que cet esprit communautaire « non moderne » a beaucoup fait pour conserver, chez les citoyens soviétiques, un sens de l'égalité, des bonnes relations de voisinage, si propice à la santé, à la croissance physique et au bien-être moral ? Est-ce vraiment un bien pour les sociétés modernes que de s'en débarrasser ? La solitude, si répandue dans les masses urbaines aujourd'hui, est le produit malsain d'une atomisation de la société à laquelle l'esprit communautaire peut porter quelque remède.

Si nous nous sommes attardé jusqu'ici sur les « changements mécaniques », c'est-à-dire sur les migrations continues dans

l'espace soviétique –, un phénomène très complexe en lui-
même –, il faut comprendre que l'urbanisation donne un
contenu nouveau au mot « mobilité ». Il ne s'agit plus seulement de changer de résidence ou de lieu de travail, ni de se
déplacer sur le territoire comme dans les années trente. À partir
des années soixante, on assiste, dans l'environnement urbain, à
une mobilité sociale, culturelle, économique, psychologique,
que l'on saisit mieux encore si on la met en parallèle avec
l'acception traditionnelle purement spatiale du terme.

La complexité de l'urbanisation et son pouvoir de transformation génèrent des masses d'idées qui circulent à travers de
nouveaux canaux de communication, exposent la population à
des flots d'informations, donnent une prime à l'inventivité, à
l'éducation, à la créativité intellectuelle, et, pour finir, donnent
naissance à de nouvelles conceptions de l'existence et à de
nouveaux besoins dans la vie personnelle. Tout cela se trouve à
des années-lumière des rythmes ruraux de la Russie traditionnelle, où le changement était lent, où l'univers se réduisait au
village, facile à maîtriser (chacun connaissait dans le détail la
vie de son voisin), ce qui procurait un profond sentiment de
familiarité avec la réalité sociale et favorisait une attitude fataliste face aux caprices de la nature. Un attachement à la tradition, une mobilité limitée, un horizon étroit (au sens géographique) étaient la règle. Faute d'un système scolaire de qualité
ménageant des étapes de transition, ce mode de vie rural ne
préparait pas à affronter les grandes villes, ni même les simples
agglomérations urbaines, où il était indispensable d'avoir une
formation, d'améliorer ses compétences professionnelles ou
d'en changer. Le nouvel arrivant se trouvait exposé, à sa grande
stupeur, à une immense variété de croyances, de personnalités,
de modes vestimentaires, d'informations, de valeurs, qui bous-
culaient en permanence les espaces sociaux, familiers et traditionnels. Des influences atomisantes et des incitations à entrer
dans toutes sortes de réseaux de relations nouvelles et différentes, qu'elles fussent sociales, politiques, économiques ou
culturelles, remettaient en cause l'univers socio-culturel traditionnel, dont elles érodaient la résistance parfois obstinée.

Mais le monde rural n'était pas le seul à être ainsi défié. La
société urbaine exerçait également une immense pression sur
l'État, d'abord parce qu'elle se présentait comme une nouvelle

entité, entièrement différente, à gouverner. De plus, cette société était encore jeune, sans expérience des pratiques d'auto-régulation, avec un poids encore important des traditions. Il est donc juste, et désormais plutôt évident, de considérer le processus d'urbanisation comme équivalant à la formation d'une nouvelle société. Tant que la période de transition permettait de parler d'une étape à mi-parcours, le vieux monde rural et le nouveau monde urbain ont coexisté, les anciennes traditions et mentalités côtoyant l'éclat des capitales et la complexité des « villes scientifiques ». L'État et ses principales institutions gouvernaient alors simultanément des « siècles différents », et ils se trouvaient soumis à des pressions idéolo-giques et politiques venant de groupes totalement hétérogènes. L'interaction complexe des cultures et des mentalités, qui, à cette étape, se reflétait dans la sphère du politique et de l'État, a produit un mélange d'éléments religieux et laïques que l'on retrouvait dans la symbolique de l'État, dans la manière d'exer-cer le pouvoir, mais aussi dans les réactions de la population face à ce pouvoir. Le culte de Staline, l'explosion du chagrin populaire à sa mort, l'acceptation en profondeur d'un pouvoir autoritaire, le phénomène que représentait Nikita Khrouchtchev – non seulement sa conduite du pouvoir, mais aussi les protesta-tions à grande échelle qu'elle suscitait de la part du peuple et de l'intelligentsia –, tout cela traduisait un paysage social et culturel en pleine mutation : l'urbanisation progressait et la société urbaine devenait le mode de vie dominant.

Quelles qu'aient pu être les survivances des traditions et des pratiques du passé, l'urbanisation a transformé la société et forcé le pouvoir à s'adapter à cette nouvelle entité, faute de quoi le pays ne pouvait être gouverné ni se développer. En d'autres termes, l'État et le système de gouvernement ont dû acquérir leur propre mobilité et réagir à un agenda historique tout à fait différent. Les changements que nous avons déjà évoqués, notamment dans le domaine de la répression, étaient une réponse à la complexité des tâches que la réalité imposait désormais à l'État : les anciennes méthodes de coercition et de mobilisation n'étaient plus adaptées, il fallait définir des moyens nouveaux et réfléchir soigneusement aux stratégies à mettre en place. Les problèmes évoluaient souvent de manière spontanée et, pour les résoudre, il fallait faire preuve de souplesse et acquérir la capacité de négocier avec la population. Mais les autorités bureaucratiques étaient des néophytes pour ce qui était de gouverner le nouveau labyrinthe urbain, souvent autonome et difficile à gérer. L'urbanisation, qui allait la main dans la main avec la modernisation, engendrait de nouveaux comportements et une abondance de « ressources » spécifiques qui échappaient très largement aux politiques menées par l'État, les contournaient ou les adaptaient aux besoins de la population. Cette énorme concentration d'énergie dynamique ne pouvait être maîtrisée avec les méthodes et les appareils qui avaient été utilisés pour gérer une population à dominante rurale et un secteur urbain relativement réduit. L'« appel de l'histoire », dans ce cas précis, exigeait de l'État qu'il s'adapte à cette nouvelle réalité et se transforme de façon à laisser jouer les forces dynamiques de la société urbaine et à concentrer ses efforts dans les domaines qui relevaient effectivement de sa compétence.

À ce titre, les changements du début de l'époque khrouchtchévienne dans les domaines de la politique pénale, du travail, de l'éducation et de la politique sociale – évoqués dans la deuxième partie – vont dans la bonne direction. Ils marquent la reconnaissance de la part du système des changements en cours dans la sphère sociale, et donnent naissance à de nouvelles formes de rapports entre la société et l'appareil d'État. Ce processus s'accompagne d'une « démilitarisation » de la société et du régime. L'enchevêtrement des facteurs sociaux et économiques devient extrêmement complexe, et l'État s'efforce d'y répondre en s'adaptant à ces besoins et états d'esprit nouveaux. Les rapports entre le monde du travail et l'État sont souvent décrits du point de vue des travailleurs par la plaisanterie déjà citée : « Vous faites semblant de nous payer et nous faisons semblant de travailler. » Certains la prennent au premier degré, et bien que ce ne soit qu'une plaisanterie, elle comporte une part de vérité, à savoir l'existence d'un contrat social tacite, jamais signé, jamais entériné, par lequel les partenaires concernés s'entendent sur un travail très peu intensif et sur une faible productivité de l'économie. Les conséquences en sont multiples : un nombre relativement faible de conflits sociaux sur les lieux de travail, et même dans la société tout entière, mais aussi un niveau de vie plutôt bas, qui encourage tous les partenaires à chercher des revenus supplémentaires dans différentes activités privées, légales ou semi-légales (lopin, second travail à temps partiel). Et ce phénomène produit à son tour des conséquences, pas forcément négatives, pour toutes les parties concernées.

De leur côté, les gestionnaires, qui désormais sont mieux formés et ont consolidé leurs positions, déploient toute une gamme d'initiatives, tolérées ou illégales, indispensables au succès du versant officiel de l'opération. Parfois, ils versent dans des pratiques proprement délictueuses, qu'il s'agisse de corruption ou de marché noir. Pour respecter à peu près les objectifs fixés par la planification, les services ministériels et les administrations des entreprises ont appris à se protéger par toute une série de mesures défensives. En fait, ils mettent en place un système basé sur des règles informelles : accumulation de stocks, de moyens de production et de main-d'œuvre qui constituent autant de réserves non autorisées, utilisation des *tolkači* et autres intermédiaires officieux pour obtenir les fournitures indispensables hors des canaux officiels, sabotage ou ignorance des enquêtes et des politiques officielles, et, finalement, création de puissants réseaux d'alliés et de groupes de pression au sommet. Ces administrations échappent de fait à tout contrôle réel par le Parti (ou n'importe quelle autre instance), et elles ne sont pas loin d'être les véritables détentrices du pouvoir d'État. Une affaire à suivre attentivement.

La réalité que constituent une société urbanisée et une économie nationalisée explique également les changements intervenus dans le fonctionnement du Parti, censé être le moteur du système, et dans les relations qu'il entretient avec les couches supérieures de la bureaucratie. Les couches inférieures (les « employés »), elles, font partie à la fois de la société globale et du réseau administratif où elles travaillent. À ce titre, elles sont dans une position d'émetteurs, mais aussi de récepteurs d'opinions sociales, d'états d'esprit, de pratiques et d'intérêts. Les groupes d'intérêts de la bureaucratie (responsables de branches de l'économie, complexe militaro-industriel, communauté scientifique, militaires), ainsi que les intérêts, opinions et droits des strates inférieures de l'administration (où tous sont membres des syndicats), sont *de facto* légitimés, de la même façon qu'est reconnu *de facto* le droit des spécialistes à négocier

âprement salaires et conditions d'emploi sur un véritable
« marché du travail des spécialistes ». L'existence *de jure* et *de facto* d'un marché du travail est devenue une composante de la
réalité soviétique, tout comme les relations complexes entre la
direction des entreprises, les travailleurs, les syndicats et le
Parti.

La prise en compte des attentes de l'opinion publique et la
volonté d'y répondre figurent désormais fréquemment à
l'ordre du jour du gouvernement, et modifient sa manière
d'agir à un degré inconnu depuis la fin de la NEP. Des documents du Parti et de l'État, publiés à l'époque ou découverts
plus tard dans les archives, sont riches en informations ou en
avertissements concernant l'état d'esprit des différentes
couches sociales : les organes du Parti ou du gouvernement y
expriment leurs inquiétudes à propos de telle ou telle politique
(ou absence de politique) qui risque de susciter des mécontentements. L'état d'esprit des ouvriers préoccupe les autorités et
fait l'objet de nombreux débats au sommet, surtout quand les
rapports signalent que les ouvriers n'assistent pas aux réunions
du Parti, n'y ouvrent pas la bouche ou encore huent les
orateurs – sans parler d'actions plus résolues et des différentes
formes de protestation auxquelles ils ont recours (les grèves
sont bien plus nombreuses qu'auparavant).

Les rapports sur l'état d'esprit des étudiants, des intellectuels et des cadres administratifs sont également nombreux et
abondamment discutés. Dans ces segments de la société, le
moral est bas, ce qui entraîne des performances assez faibles,
et l'on y rencontre assez souvent une attitude hostile au Parti.
C'est pourquoi, quand une mesure politique suscite un mécontentement massif, elle est adoucie, officiellement retirée ou
abandonnée dans les faits. Quand les femmes refusent d'entrer
sur le marché du travail tant qu'on ne construit pas de crèches
pour leurs enfants, les autorités réagissent : elles réprimandent les responsables de cette situation, réorganisent, bref,
prennent des mesures, améliorent la politique sociale et font
des concessions. Cela revient à accorder *de facto*, et même *de
jure*, certains droits revendiqués par tel ou tel secteur de la
société. Se préoccuper de l'opinion publique et négocier avec
les différentes composantes de la société sont des attitudes qui
font désormais partie de la scène sociopolitique. Et lorsque cet

état de fait est remis en cause par une décision irréfléchie dans quelque domaine (ce type de décisions n'est pas rare de la part de Khrouchtchev), le prix à payer est immédiat.

Les efforts accomplis pour améliorer le Code civil et le Code pénal et pour moderniser le système pénitentiaire permettent-ils cependant de parler d'un État de droit ? Certainement non. Pour qu'un tel terme fût approprié, il aurait fallu que la légalité s'applique aussi, au moins dans une certaine mesure, mais sans ambiguïté, à la direction du pays. Il aurait fallu également que le système reconnaisse officiellement le droit de critiquer ou, à tout le moins, le droit des opposants politiques à être jugés lors d'un procès régulier. Tel n'était pas le cas. En revanche, on peut parler d'un rôle accru de la loi et du système judiciaire à la suite de la suppression des procédures extrajudiciaires secrètes et des exécutions arbitraires.

Les « désordres de masse » comme ceux de Novotcherkassk hantaient le KGB, car il ne savait comment les traiter : dans ce cas précis, on avait envoyé la troupe et le nombre des victimes avait été élevé. Les événements de Novotcherkassk étaient largement connus, et présentés par les opposants au système comme le summum de l'arbitraire et la preuve de son échec, mais les informations sur d'autres soulèvements similaires restaient très parcellaires. Un livre paru ces dernières années, basé sur un travail d'exploration des archives, dresse le tableau de tous les événements de ce type, qui préoccupaient tant Semičastnyj[19]. Sous Brejnev, on dénombre 9 émeutes, dont 7 au cours des premières années ; sous Khrouchtchev, leur nombre est deux fois et demi plus élevé. Entre 1957 et 1964, les armes sont utilisées dans 8 cas – sous Brejnev, seulement 3 fois (en 1967). Sous Khrouchtchev, le nombre de morts et de blessés chez les émeutiers est de 264, contre 71 sous Brejnev. Sur 25 ans, le total des morts ou des blessés au cours d'émeutes s'élève à 335 personnes – les chiffres ne font pas la distinction entre les deux catégories de victimes –, ce qui donne une moyenne annuelle de 13,4 blessés ou tués (mais plusieurs années n'ont pas connu d'émeute).

Il serait utile de disposer d'une étude sur les cas d'émeutes (intensité, nombre de blessés et de morts) dans d'autres pays. Le chiffre soviétique – 335 blessés et tués en 25 ans –, compte tenu de l'immensité du pays, est-il vraiment exceptionnel ?

Le panorama des transformations, des innovations et des réformes permet d'apprécier à sa juste valeur la différence entre le modèle stalinien et le modèle poststalinien. La fin de la terreur de masse comme méthode de gouvernement a contraint les autorités, et d'abord le Parti, à s'engager dans ce que j'appelle une « négociation » avec les principaux acteurs sociaux et bureaucratiques, ce qui a accru la dépendance du régime à leur égard.

La « surstalinisation » de la totalité de l'histoire soviétique, par extension du stalinisme en amont et en aval, est une pratique courante qui sert différents desseins, mais pas la recherche historique. Il n'y a aucune raison de négliger l'étendue et l'importance des transformations de la structure sociale, le poids de tel ou tel groupe, grand ou petit, stratégiquement décisif, la fusion de l'appareil du Parti avec l'État, la fin de la terreur de masse, à moins d'avoir en tête quelque construction idéologique. En dehors de cet objectif, ces phénomènes sont essentiels lorsqu'il s'agit de déchiffrer une entité historique complexe.

Cela posé, nous ne devons cependant pas oublier que cette société et ce régime n'étaient pas à l'abri de l'apparition de courants idéologiques et politiques réactionnaires, y compris au sein de l'État et des dirigeants du Parti. Nous n'aborderons ce vaste sujet que sous l'angle des difficultés de la déstalinisation et des pressions très fortes en faveur de la réhabilitation de Staline. Les débats internes permanents au sein de la direction poststalinienne, l'opposition à la déstalinisation décidée par Khrouchtchev ne portaient pas sur la poursuite du stalinisme, mais sur l'image de Staline, bâtisseur de l'État et dirigeant d'une « grande puissance » (*deržava*). Son recours à des méthodes brutales quand les intérêts de l'État étaient en jeu était approuvé par les conservateurs. Indiscutablement, et cela n'a rien de surprenant, certains hauts dirigeants du régime dictatorial, et nombre de responsables de moindre envergure, ont défendu cette attitude. Toutefois, dans notre analyse, il est important de constater que, en dépit de toutes sortes de ballons d'essai et de demi-mesures visant à restaurer l'image de Staline en grand homme d'État, la réhabilitation n'a pas eu lieu, parce qu'une telle entreprise n'avait plus de sens. Même chez les staliniens, plus personne ne défendait l'idée de purges sanglantes. Certes, on continuait à arrêter des personnes pour raisons politiques, sur la base des critiques qu'ils formulaient contre le régime ou en raison de leurs activités ; mais il ne s'agissait plus de crimes imaginaires ou fabriqués de toutes pièces, que les accusés étaient forcés de « confesser ». De même, les règlements de comptes entre dirigeants n'étaient plus des affrontements à mort. Depuis Khrouchtchev, aucun dirigeant n'a été emprisonné ni exécuté. Personne ne souhaitait revenir à un tel régime. Rien de ce qui se passait ne pouvait être comparé à la période stalinienne.

Mais ce jugement sur ce que le système n'est plus n'a de sens que si l'on dresse le tableau de ce qu'il est devenu. Vue « d'en bas », la réalité est un véritable labyrinthe : des masses de gens et de services agissent comme bon leur semble. Un nombre considérable de décrets et de lois, émanant du Comité central ou, plus solennellement, conjointement du Conseil des ministres et du Comité central, ne sont pas appliqués ou le sont mollement. Des phénomènes de masse, comme la mobilité spontanée de la main-d'œuvre, sont toujours aussi intenses. Les responsables ne perdent jamais leur travail, même quand ils sont limogés. Certains juges n'apprécient guère la sévérité des lois et cherchent à requalifier les délits moins sévèrement, estimant même parfois qu'ils ne relèvent pas d'une peine de prison ; d'autres font exactement le contraire, considérant que la nouvelle politique est trop libérale. Tous ces éléments montrent qu'une histoire qui ne s'attache qu'aux seules mesures politiques est trompeuse. Les événements historiques que nous observons prennent la forme de processus qui ne dépendent qu'en partie des mesures politiques ; en fait, ils sont souvent principalement, voire totalement, le produit de développements spontanés (la *stihia* déjà rencontrée).

« Ceux d'en haut » ne sont pas les simples promoteurs d'une politique volontariste. Le Politburo gouverne avec l'aide de 2 à 4 millions de *načal'niki* (« chefs » au sens large) : un million environ dans de hauts postes à responsabilités, un million dans des postes de moindre importance, à la tête d'unités administratives, un million encore à la tête des « entreprises industrielles ». Tout ce monde constitue une couche sociale assez vaste, qui possède sa propre histoire et sa propre sociologie. Ses membres ont conscience de leurs intérêts, exactement comme les ouvriers, les paysans, les employés et l'intelligentsia qui travaillent sous leur autorité. Ainsi, on voit des directeurs d'entreprises industrielles installer leurs usines dans des zones bien développées où ils n'ont pas le droit de le faire, entretenant une réserve de main-d'œuvre et constituant des stocks – autant d'agissements interdits et, de surcroît, non financés officiellement (dans ce cas, d'où vient l'argent ? De caisses noires ?). Même les règles de la *nomenklatura* sont contournées, ce qui permet d'offrir de bons postes, des promotions, et de constituer autour d'un chef un réseau de « fidèles », avec ses coteries, ses cliques et ses clientèles – phénomènes bien connus des sociologues, en URSS comme ailleurs.

Ces développements spontanés concernent tous les groupes sociaux, quel que soit le régime : les personnes haut placées ne pensent qu'à leurs affaires, et leurs subordonnés font tout (que ce soit licite ou non) pour satisfaire leurs intérêts propres. Conséquence : quand une large série de facteurs est en jeu, on peut discerner plusieurs dynamiques qui interagissent et rendent la réalité plus complexe que ce qu'en montrent les clichés officiels. Les changements sociaux qui interviennent lors de la période d'urbanisation effrénée marquent une nouvelle étape dans la complexité de la société, qui se traduit par un puissant élan donné au « facteur social » (liberté de mouvement accrue pour la main-d'œuvre, création pour les « spécialistes » d'un marché du travail qui contribue à renforcer le rôle joué par l'intelligentsia). Ce niveau de complexité ne peut manquer de mettre sévèrement à l'épreuve les limites du système politique.

Prêter attention à ce « facteur social », comme nous le faisons depuis le début de ce livre, permet de prendre conscience d'une réalité sociale complexe et des bouleversements qui l'accompagnent. L'existence du régime soviétique durant la période post-stalinienne a été relativement brève, mais elle a été marquée par une trajectoire historique d'une exceptionnelle intensité. Après la mort de Staline, on observe non seulement l'abandon de la terreur de masse, mais aussi la disparition d'autres traits qui relevaient de l'« asservissement » de la population. Les transformations consécutives à la fin de cet état de servage sont particulièrement importantes : elles marquent une extension des libertés individuelles, qui doit être reconnue et ne saurait être rejetée avec mépris sous le simple prétexte qu'un système démocratique offre beaucoup mieux. Le destin ultérieur du régime ne serait pas compréhensible sans la prise en compte de cet espace de respiration accordé à chacun, dans les classes populaires comme ailleurs. L'amélioration des conditions sociales, une plus grande attention portée à la sécurité au travail, la réduction de la journée de travail, des congés plus longs dans des lieux de villégiature plus accessibles, l'amélioration des salaires (bien qu'elle ne soit pas spectaculaire), tout cela doit être considéré dans le cadre de la réflexion sur le système. Ainsi que nous l'avons montré dans la deuxième partie, les relations employés-employeurs reposent désormais sur le Code du travail et sur des garanties juridiques qui donnent au travailleur la liberté de quitter une entreprise pour une autre. Les droits des ouvriers et des employés sont mieux définis et protégés ; le dispositif juridique permet de contester les décisions de la direction et de porter l'affaire devant des tribunaux ou des chambres spéciales créées pour régler les conflits du travail – où les chances des travailleurs d'obtenir gain de cause ne sont pas négligeables. Toutes ces transformations sont favorisées par l'amélioration du niveau scolaire des travailleurs, due en partie à un afflux de jeunes diplômés du secondaire dans les entreprises. Ceux-ci exercent une pression sociale forte sur les directeurs d'usines et le gouvernement lorsqu'ils découvrent l'écart patent entre, d'un côté, leur niveau d'éducation et leurs aspirations et, de l'autre, les conditions encore primitives du travail industriel dans les entreprises, qui tardent à introduire les innovations technologiques qu'ils espéraient y trouver. Alors que beaucoup d'ouvriers de la génération précédente s'accommodaient parfaitement de la faible intensité du travail, les jeunes travailleurs diplômés sont très déçus. Insatisfaits du caractère monotone, archaïque et même souvent non mécanisé de leur travail, ils sont prêts à aller chercher mieux ailleurs, et ils en ont désormais le droit. Pour les retenir, il faudrait améliorer le niveau technologique des entreprises, ce qui exigerait en fait de revoir tout le système des stimulants dans l'industrie (et dans l'économie en général) – une perspective qui soulève des problèmes économiques d'une incroyable complexité et devient pour le sommet un véritable casse-tête politique.

Le terme « sociologie » désigne en raccourci l'ensemble des intérêts, des interactions et des comportements de tout groupe social, et il s'applique aussi à la production et à la diffusion d'idées, d'idéologies, de courants et d'états d'esprit politiques, désormais beaucoup plus intenses. Ce phénomène est indissociable du rôle accru de l'intelligentsia, du poids grandissant de l'opinion publique, des mentalités et des comportements qui pénètrent la classe bureaucratique, l'appareil du Parti, la jeunesse ou encore les ouvriers. Certains semblent croire qu'il ne peut y avoir d'histoire politique, et encore moins d'histoire de l'idéologie, dans un pays qui ne reconnaît pas aux opinions politiques le droit d'exister, de se manifester et de s'organiser. Pourtant, les idéologies et tendances politiques existaient bel et bien en URSS et trouvaient le moyen de se faire entendre, pour peu qu'elles n'aient pas pris une forme organisée et n'aient pas visé le renversement du régime. Ceux qui s'engageaient dans cette voie couraient le risque d'avoir affaire à la police secrète, mais celle-ci, si puissante fût-elle, ne pouvait rien contre les « idées diffuses » répandues dans la jeunesse et dans de larges autres segments de la population, de la bureaucratie, de l'armée ou de l'intelligentsia. À partir du moment où ces « idées diffuses » apparaissent, c'est l'histoire (ou, si l'on préfère, la sociologie politique) qui prend le dessus, et la police est alors démunie, surtout quand ces opinions se répandent dans les couches supérieures, voire dans ses propres rangs. Le Parti, lui, n'est pas seulement démuni, il succombe à ces idées et à ces courants : différentes variétés de nationalisme (parfois virulent) ou encore d'« étatisme », profondément ancrées dans ces milieux, s'expriment presque ouvertement, en toute impunité, alors même qu'elles contribuent à saper le régime qui les tolère. Mais les forces ouvertement hostiles au régime ne sont pas en mesure de le menacer sérieusement. D'ailleurs, on sait que le régime n'a pas été renversé, qu'il est mort après avoir épuisé ses ressorts internes, qu'il s'est effondré sous son propre poids, un cas très particulier dans l'histoire des chutes d'empires. De petits noyaux d'individus désireux de le renverser existaient, mais ils ne disposaient pas d'un soutien populaire suffisant. On a vu que les services d'Andropov avaient évalué à quelque 8,5 millions le nombre d'opposants ou de conspirateurs potentiels, surtout dans le sud-est de la Russie et dans l'intelligentsia de la capitale. Mais jamais ces éléments n'ont été en mesure de se rassembler pour constituer une force politique cohérente[20].

Le contrôle policier et les informateurs (*stukači*) n'expliquent pas à eux seuls la solidité du régime. Il fallait que les citoyens trouvent dans ce système quelque chose qu'ils souhaitaient ou appréciaient, qu'il s'agisse du statut international du pays, de la relative homogénéité sociale de sa population, des possibilités considérables d'ascension sociale pour les classes défavorisées, de la nouveauté relative des libertés accordées, *de jure* ou *de facto*, lors de la revitalisation du système après la mort de Staline, et même dans sa période de déclin. Toutes ces libertés étaient liées à une réalité urbaine probablement encore trop jeune pour permettre la cristallisation de nouvelles aspirations politiques nettement tranchées, et susceptibles de recevoir un large soutien populaire.

Dans le cadre de cette société urbaine en expansion, l'apparition de la sociologie parmi les champs du savoir académique est à la fois naturelle et hautement significative. Les pressions pour développer une discipline jusque-là bannie viennent non seulement des académiciens, mais aussi des différents responsables et analystes du Gosplan, des Finances, de l'Office central des statistiques, du Comité d'État au travail, autant d'instances dont le champ d'action ne se limite pas à une branche, mais concerne l'économie dans son ensemble, la société et la machine gouvernementale. Pour ne pas être en reste, le KGB crée en son sein, avec l'aide de l'Académie des sciences, un institut de recherche sociologique pour mieux connaître certains milieux – le monde étudiant, en particulier –, et ses éventuels comportements antisociaux ou hostiles au régime.

La sociologie connaît un développement rapide. Les sociologues deviennent, volontairement ou non, un groupe de pression (soutenu par les institutions académiques et leurs membres), et apparaissent vite comme indispensables pour mieux connaître la société, les lieux de travail, la jeunesse et ses aspirations, la famille, la condition des femmes, etc. Tous leurs articles, et notamment les enquêtes sur le terrain, donnent une image de la réalité qui n'a pas grand-chose à voir avec les clichés et la rhétorique de l'idéologie officielle. Ils font entrer cette réalité dans la conscience des gens, mais aussi dans celle des responsables du Parti et de l'État, auxquels ils font découvrir de nouvelles approches et de nouvelles tâches. Très vite, les services gouvernementaux se mettent à commander des études. Quelques sociologues se détachent (Tatjana Zaslavskaja et ses collègues du très novateur Centre académique de Novosibirsk, d'autres encore à Leningrad et à Moscou). Ils produisent des études réalistes, sans mâcher leurs mots, sur les conditions de vie dans le monde rural, les usines, les bureaux. Les économistes de nombreux centres, et notamment ceux de l'Institut central d'économie mathématique, déploient une intense activité et mettent en circulation des études, publiées ou non, qui sont transmises au gouvernement. Certaines sont des commandes, mais d'autres ont été menées à l'initiative des chercheurs. Les experts en sciences politiques donnent aussi leur avis, y compris quand on ne le leur demande pas. Ils envoient des notes aux dirigeants, parfois pour s'élever contre une décision ou une autre (par exemple, contre l'invasion de l'Afghanistan).

Le gouvernement et l'appareil du Parti choisissent pour conseillers, à l'occasion ou de façon permanente, des experts des instituts académiques ; ces derniers constituent la fraction de l'intelligentsia le mieux au fait de la réalité urbaine dans sa complexité et cherchent à développer un nouveau type d'analyses, très éloignées du discours idéologique officiel ou de l'agit-prop conservatrice. De ce point de vue, les milieux gouvernementaux sont un peu plus ouverts que l'appareil du Parti, encombré par une foule de brejnévistes, même si leur poids est contrebalancé par la tendance de certains départements et secrétariats à avoir leur propre brain-trust. Andropov[21], probablement à l'origine de cette tendance, fait venir dans son département des gens brillants qui développent des analyses prospectives. Beaucoup d'entre eux, après la chute du régime, démontreront de grandes capacités intellectuelles et morales qui feront de leurs témoignages des documents dignes de foi.

Mais cette société urbaine éduquée n'est pas seulement porteuse des phénomènes réjouissants que nous venons d'évoquer. Politiquement, elle ne produit pas que des réformateurs éclairés. Elle compte aussi des réactionnaires et des partisans d'une ligne dure. Mais nous avons choisi de nous concentrer ici sur la nouveauté et la complexité de la réalité urbaine à laquelle le régime doit faire face, et non sur tel ou tel courant politique – d'autant plus qu'un courant change facilement de ligne.

Que « dit » l'économie ?

Le fonctionnement de l'économie et ses performances devenaient un problème de plus en plus préoccupant. Une dichotomie fatale semblait à l'œuvre. Alors que la nouvelle structure sociale était en expansion, les rythmes du taux de croissance de l'économie ne cessaient de ralentir. Il suffit de dire que le taux de croissance du revenu national (selon des estimations occidentales), après avoir connu dans les années cinquante le score respectable de 5,7 % par an (presque aussi rapide que pendant le premier plan quinquennal), était tombé à 5,2 % dans les années soixante, à 3,7 % dans la première moitié des années soixante-dix, à 2 % enfin en 1980-1985[22].

Robert Davies confirme ce tableau. Dès le milieu des années soixante-dix, le taux de croissance tombe si bas que, pour la première fois depuis les années vingt, le PNB augmente moins rapidement qu'aux États-Unis, et beaucoup moins rapidement que dans d'autres pays récemment industrialisés. Derrière ces chiffres se cache une réalité de plus en plus complexe, qui échappe à toute régulation économique ou politique. Les services économiques et les chercheurs savent que la situation est de plus en plus tendue.

Il n'est donc pas étonnant que celui qui a la responsabilité du pilotage de toute l'économie, le Premier ministre Kossyguine, demande à l'Académie des sciences, dès 1966, d'évaluer la situation sous l'angle de la compétitivité entre l'URSS et les États-Unis. L'Académie a une section chargée de la « concurrence avec le capitalisme », que l'on peut solliciter sans irriter le Gosplan ni l'Office central des statistiques, lesquels, de leur côté, fournissent régulièrement au gouvernement des données comparatives sur le développement des économies occidentales. Le rapport en question, commandé par le Conseil des ministres, est probablement achevé à la fin de 1966, et il est présenté au gouvernement au début de 1967. L'étude, tout à fait dans l'esprit des réformes de Kossyguine (officiellement lancées en 1965 et au centre de débats passionnés), vise à faire partager un sentiment d'urgence propre à renforcer le camp des réformateurs. Le tableau de l'économie présenté au gouvernement et au Gosplan est tout sauf réjouissant. L'inaccessibilité des archives de Kossyguine nous empêche de savoir ce qu'il pensait de la situation, mais ce texte reflète au plus près les inquiétudes très sérieuses qu'il nourrissait au sujet de la vitalité du système. En revanche, le rapport ne dit mot du poids des dépenses militaires, qui bloque le développement de l'économie. Il se contente d'affirmer que l'augmentation des salaires et la croissance de la production des biens de consommation représentent une condition préalable à l'engagement véritable de l'économie dans la course au progrès technologique[23]. D'ailleurs, Kossyguine est parfaitement au courant de tout cela grâce à d'autres sources.

Les économistes de l'Académie montrent que le retard de l'URSS concerne tous les indicateurs clés, à l'exception des branches où elle occupait déjà une position de leader à la fin du XIXe siècle, et qui sont toujours celles que met en avant la propagande. Souligner cette prouesse paradoxale jette une lumière crue sur les handicaps du pays et sur leur gravité.

Kossyguine avait-il vraiment besoin d'un tel rapport dans son combat contre les conservateurs ? Tout le monde connaissait les énormes retards de l'économie soviétique. Le pays dilapidait d'immenses ressources. Les conservateurs hostiles aux projets de Kossyguine prétendaient probablement qu'il suffisait d'améliorer la gestion de l'économie pour éliminer le gaspillage et accroître les ressources, sans se préoccuper du système. Une manière de faire entendre que le gaspillage était entièrement imputable à Kossyguine... Or, si Kossyguine était préoccupé par ce problème, il n'en était pas responsable : le gaspillage était le résultat, et non la cause des dysfonctionnements. Aussi, la commande d'une étude sur l'étendue et la profondeur des dégâts devait aider à mieux diagnostiquer les blocages. Cette mission fut confiée à une commission pour l'Élimination du gaspillage, dotée de grands pouvoirs, certainement avec le soutien de Kossyguine, même si ses adversaires pouvaient également y être intéressés (ils en étaient peut-être même les initiateurs).

Nommée en 1966, après avoir été rebaptisée commission pour l'Économie des ressources de l'État, elle réunissait les directeurs des ministères et des services transversaux (Gosplan, Finances, Statistiques, Travail et Salaires, Gossnab). Avec l'aide d'autres services, elle avait pour mission d'étudier tous les secteurs clés du système (nous ignorons si elle était aussi chargée du complexe militaro-industriel). Ses conclusions donnèrent lieu à un énorme rapport, qui étudiait le travail de l'administration dans la plupart des domaines (recherche, investissements, branches économiques, culture, santé publique). C'était un peu l'examen médical d'un corps gigantesque et malade réalisé par tout le personnel d'un hôpital. Les phénomènes et les chiffres étaient connus de Kossyguine, mais, comme on l'a signalé, son initiative était peut-être à double tranchant. De plus, les docteurs ne disaient rien de la manière de traiter le malade.

La commission avait utilisé, entre autres données, celles fournies par la commission de Contrôle d'État, qui détaillaient le gaspillage et les pertes de matières premières, les énormes dégâts subis par les matériaux lors des transports, le gaspillage de pétrole et d'électricité, l'accumulation de produits invendables, la production de biens trop lourds, trop grossiers, en raison de la vétusté des techniques et des méthodes de production, l'utilisation de charbon en provenance de régions très lointaines, donc très coûteux, alors que cette ressource était disponible plus près à bien meilleur marché[24].

Ce ne sont là que quelques exemples. Les canalisations et les oléoducs remplissaient une fonction essentielle dans l'économie, mais on continuait à fabriquer des canalisations en métal plutôt qu'en béton armé (pour l'alimentation en eau des villes, par exemple), alors que ces dernières coûtaient de 30 à 40 % moins cher, même en tenant compte des investissements nécessaires au changement de type de production. Comparées aux autres, elles permettaient en outre une économie de métal oscillant entre 80 et 90 % et leur durée de vie était trois fois supérieure. Pourtant, le plan de 1966 ne prévoyait qu'une faible production de canalisations modernes, au lieu du million de mètres cubes nécessaire.

Autre anomalie coûteuse : les usines accumulaient des réserves de matériaux (matières premières et produits finis) bien au-delà des normes autorisées. Ceux-ci étaient souvent stockés dans des lieux inadaptés, parfois à ciel ouvert, soumis aux intempéries et au pillage. Les entreprises refusaient de les céder à d'autres qui en avaient besoin, alors qu'elles étaient parfaitement en droit de le faire. Très souvent aussi, au mépris de la réglementation, les usines utilisaient des moyens considérables pour payer des salaires qui étaient liés au dépassement des plans de production de produits peu demandés. Des mesures étaient proposées pour obliger les directeurs à ramener les réserves à un niveau acceptable.

Autre problème, la croissance des coûts de distribution, qui représentaient 5,31 % du prix de vente au détail en 1958 et 6,25 % en 1965. Par ailleurs, le coût des cantines pour les travailleurs avait nettement augmenté sur la même période, en raison des pertes de marchandises au cours du transport ou du stockage, de la mauvaise qualité des emballages, des salaires excessifs accordés au personnel (et aussi en raison du règlement de lourdes amendes).

Nombre d'entreprises accordaient des augmentations de salaires supérieures à la croissance de la productivité du travail. Dans la première moitié de 1966, 11 % des entreprises industrielles, commerciales et de transport avaient procédé à un tel dépassement, et le surcoût salarial atteignait les 200 millions de roubles.

Les licenciements illégaux d'ouvriers occasionnaient également des pertes importantes au gouvernement. En 1965, dans 60 % des cas qui leur avaient été soumis, les tribunaux avaient ordonné la réintégration des travailleurs licenciés, et la restitution des salaires non perçus représentait chaque année quelque 2 millions de roubles, alors que les responsables de ces licenciements illégaux n'étaient pas punis.

Les pertes dues aux ruptures de stocks et aux détournements de marchandises dans les organisations commerciales et l'industrie alimentaire étaient évaluées à 300 millions de roubles. Les responsables étaient déférés devant les tribunaux, mais les procédures étaient très longues. Le paiement des dommages était d'autant plus ralenti que bien des entreprises ne mettaient aucune hâte à poursuivre les coupables en justice.

Cette situation dans le commerce se retrouvait dans la recherche et la culture, où les infrastructures étaient sousemployées et les personnels fortement excédentaires. De plus, les entreprises tardaient considérablement à introduire dans la production les innovations technologiques. On trouve dans le rapport une liste de produits et d'équipements mis au point depuis des années, mais toujours pas utilisés. Ici encore, les pertes étaient incroyables.

Le Comité de contrôle populaire, de son côté, avait enquêté dans un grand nombre d'entreprises industrielles, et il apportait sa contribution à la litanie. Il avait notamment découvert que les coûts de production fixés par le Plan étaient presque constamment dépassés. Et la détermination de ces coûts ne tenait pas compte du fait que les coûts des années précédentes, qui servaient de base, avaient déjà été dépassés en raison du gaspillage, des erreurs de gestion, des surproductions et de la mauvaise utilisation des capacités productives. Le comité ne se privait pas d'énumérer les dysfonctionnements et les gaspillages, mais il faut noter la « gentillesse » de ses recommandations aux ministères, grands consommateurs de ressources. Il ne fait qu'attirer « l'attention des ministères sur le besoin de planifier plus soigneusement la réduction des coûts de production ». Mais pourquoi ceux-ci l'auraient-ils fait ?

Comme toujours quand une commission de contrôle était nommée pour étudier ce qui posait problème, elle donnait l'image d'un chaos total où rien ne marchait. Il faut donc préciser que nombre d'entreprises fonctionnaient normalement, sans quoi l'économie entière se serait écroulée depuis longtemps. Mais le système était tout proche de ce stade critique où le « gaspillage » allait en faire une aberration historique : un système qui produirait des coûts, mais pas de marchandises.

S'il continuait à avancer tant bien que mal, c'est que le pays disposait d'énormes ressources. D'où cet autre paradoxe : un pays très riche et une consommation très faible. La commission suggérait, en substance, que tout le monde apprenne à se montrer économe. En réalité, le problème ne tenait pas seulement au gaspillage. Tout aussi stupéfiant était le fait que le système de planification perpétuait, voire augmentait, l'inefficacité et les pertes dans le processus de production, alors que par définition il aurait dû les empêcher.

Le moment n'était plus très loin où des mesures purement économiques et technologiques n'auraient plus aucun effet.

Certains pensaient que des réserves pour le développement économique existaient dans le coûteux secteur des armements, puisque, d'après les calculs du Gosplan, 40 % de toutes les nouvelles machines produites en URSS étaient destinées à des « projets spéciaux ». N'était-il pas temps qu'elles contribuent à une relance du secteur civil ? Mais c'était encore un fantasme. Dans le complexe militaro-industriel aussi, le progrès technologique reposait sur le gaspillage et sur une totale indifférence aux coûts. En raison d'un secret excessif (et du pouvoir tout aussi excessif de ce complexe), la situation, de ce point de vue, empirait. Quelles que fussent les réussites (et elles étaient nombreuses, dissimulées dans les fameuses « villes fermées » qui prenaient beaucoup et ne rendaient rien en retour), les retombées économiques sur l'industrie civile étaient nulles.

D'un autre côté, le système de « planification », dont les objectifs étaient presque exclusivement quantitatifs, échouait à imposer des corrélations suffisamment raisonnées entre ces objectifs et le système des stimulants, ou à assurer un équilibre global entre les grands facteurs socio-économiques capable de favoriser le progrès technique et scientifique et permettant la satisfaction des besoins de la société, à la fois changeants et croissants. Les planificateurs soviétiques savaient parfaitement que les économies occidentales les plus avancées établissaient ces corrélations avec succès. Une formule pour faire mieux que l'Ouest existait sur le papier dans les bureaux du Gosplan, et les choses semblaient avoir fonctionné dans les premières années du régime et pendant la guerre. Mais cela signifiait simplement que les pathologies étaient tolérables un temps. Avec la croissance et les changements intervenus dans l'économie, les méthodes inchangées de planification devenaient une entrave. Elles ne faisaient que perpétuer, voire aggraver, les pathologies. Le système de planification était en plein désarroi et s'écroulait en même temps que l'ensemble du modèle étatique, économique et politique.

Tout ceci explique qu'aux yeux de Kossyguine il ne s'agissait pas seulement de faire le tour des branches et des entreprises pour, dans un deuxième temps, faire des économies dans chacun des services (productifs, commerciaux ou autres). En fait, la tâche était monumentale. Il devenait impératif et urgent de supprimer la direction générale du Gosplan.

Chapitre V

Main-d'œuvre et démographie : un casse-tête

Un bon indice pour évaluer et comprendre à la fois la croissance des années soixante et le déclin des années soixante-dix est fourni par l'enchevêtrement de facteurs qui provoque, de façon étonnante, une pénurie croissante de main-d'œuvre.

En 1965, comme on l'a vu dans la deuxième partie avec les recherches menées par le Gosplan, le problème résidait principalement dans des distorsions au niveau de la répartition géographique de la main-d'œuvre : certaines régions avaient des excédents, mais il était difficile de convaincre les travailleurs de migrer ; d'autres régions connaissaient des pénuries qu'on ne parvenait pas à combler.

Au fur et à mesure que les années passent, on comprend de plus en plus clairement que les méthodes de planification n'ont pas suffisamment évolué depuis le modèle initial des années trente. Celui-ci consistait à répartir abondamment des investissements, en comptant sur la capacité du système à mobiliser en temps voulu de grosses réserves de main-d'œuvre là où il le fallait. Tout est différent désormais. En premier lieu, le Plan et le ministère de l'Éducation ont pour mission de former de grandes quantités de personnels qualifiés, techniciens ou spécialistes de haut niveau, ainsi que des chercheurs, une tâche qu'ils remplissent avec succès sur une grande échelle. Mais, à partir de 1968, un problème entièrement nouveau surgit : le spectre d'une pénurie pure et simple de main-d'œuvre (et non de certaines catégories), sans véritable perspective pour y remédier. Comment expliquer cette situation dans un pays de 270 millions d'habitants, une population supérieure à celle des États-Unis, avec une économie et un PNB très inférieurs ?

Dans le chapitre précédent, le rapport que j'ai largement résumé révélait que le phénomène appelé « gaspillage » était absolument central. Les facteurs à l'origine du gaspillage handicapaient aussi la productivité et ne rendaient possible la croissance que par injection dans l'économie de gros investissements, permettant une certaine expansion quantitative – une formule qui ne pouvait que mener, à plus ou moins brève échéance, à une impasse si rien n'était fait. D'aucuns avaient compris cette logique, à une époque où l'économie soviétique semblait encore en assez bonne santé. Mais le Plan était incapable d'assurer la coïncidence entre objectifs d'investissement, production et mobilisation adéquate de la main-d'œuvre. Il existait des normes sur la quantité de main-d'œuvre nécessaire à la production, mais aucune politique ni aucune mesure cohérente n'était définie pour en assurer le respect – il aurait fallu pour cela des mesures sociales appropriées. Dans le passé, les besoins en main-d'œuvre étaient satisfaits par des flux spontanés de travailleurs ou par une politique de mobilisation. Ces mécanismes ne jouaient plus, et tout était rendu encore plus compliqué par les facteurs démographiques.

L'articulation des facteurs pertinents dans une situation où il n'était plus possible de « mobiliser » la main-d'œuvre fut analysée en 1968 par un expert, devant un auditoire de hauts responsables triés sur le volet. Le conférencier, E.V. Kasimovskij, était le directeur de l'Institut de recherche du Gosplan de la République fédérative de Russie, et sa conférence était intitulée « Problèmes de la main-d'œuvre et du niveau de vie[25] ». Son exposé, très riche, faisait le tour des problèmes de main-d'œuvre, de productivité du travail et de distribution des ressources humaines. Nous en reprenons ici les points essentiels.

Au cours des dernières années, les grandes villes avaient connu une pénurie de main-d'œuvre : elle concernait quelques dizaines de milliers de travailleurs à Leningrad, mais aussi à Moscou, Kouïbychev, Tcheliabinsk, Sverdlovsk, et la situation était encore pire en Sibérie. « C'est une période nouvelle, nous n'avons jamais vu cela auparavant. » Sans doute les projections démographiques permettaient-elles d'espérer pour le prochain plan quinquennal un fort afflux de jeunes sur le marché du travail, mais elles annonçaient aussi que cette augmentation irait ensuite en décroissant. En 1961-1965, 2,6 millions de jeunes étaient arrivés sur le marché du travail, 4,6 millions étaient attendus pour le plan 1966-1970, 6,3 millions pour 1971-1975, mais le chiffre retombait à 4,6 millions pour 1976-1980.

À cette diminution du nombre de jeunes arrivant sur le marché du travail s'ajoutait le fait que l'introduction de l'enseignement secondaire obligatoire allait empêcher d'utiliser dans la production les jeunes de 14-15 ans. En 1965, la République fédérative de Russie comptait 287 000 jeunes travailleurs de cet âge, elle en aurait encore 263 000 en 1970, mais le chiffre tomberait à 130 000 en 1980.

À l'évidence, les facteurs démographiques introduisaient un nouveau blocage. La réduction annoncée des cohortes de jeunes prêts à entrer dans la production était due à la baisse de la natalité, particulièrement marquée depuis le début des années soixante. En 1950, le taux était encore de 27 naissances pour mille, mais, en 1967, il n'était plus que de 17 ‰ (14,5 ‰ dans la République fédérative de Russie). En dépit de la baisse de la mortalité, la chute de la natalité réduisait fortement l'accroissement naturel de la population : de 17 % en 1950, il était passé à moins de 10 % en 1967 (moins de 8 % en Russie). La natalité avait chuté dans les douze républiques soviétiques, et tout particulièrement en Russie, en Ukraine, en Biélorussie, en Moldavie et au Kazakhstan. Le phénomène était encore plus préoccupant dans les deux métropoles de l'URSS : entre 1960 et 1966, le taux de natalité était passé de 7 à 2,2 ‰ à Moscou et de 6,4 à 3 ‰ à Leningrad. Selon certaines estimations, la mortalité à Moscou en 1972 serait supérieure à la natalité de 3 %, et à Leningrad, en 1973, de 2 %. En 2000, le chiffre de mortalité serait 2,5 fois supérieur à celui de la natalité, ce qui équivaudrait à une réduction de la population de plusieurs centaines de milliers d'individus.

Sur l'ensemble de l'Union, la chute de la natalité dans les villes était supérieure à celle observée dans les campagnes. Mais un phénomène totalement nouveau était apparu : le taux des naissances global de la République fédérative de Russie, où résidait un quart de la population rurale de l'URSS, était encore plus bas que dans les villes. Sur 71 unités administratives de la république, 18 avaient des taux de natalité inférieurs à ceux des villes. Dans des régions comme celles de Novgorod, Pskov, Kalinine, les taux de natalité étaient inférieurs aux taux de mortalité.

Le taux de reproduction de la population s'effondrait. De 1,4 pour toute l'URSS en 1938-1939, il était passé à 1,12 en 1968, ce qui le plaçait en dessous des taux des pays capitalistes à cette date (1,56 aux États-Unis, 1,13 au Canada, 1,38 en France, 1,44 en Angleterre).

En URSS (et en République fédérative de Russie), une femme avait en moyenne 2,5 enfants (1,9 dans les villes et 3,3 dans les campagnes). Une étude de l'Office central des statistiques avançait que, pour une reproduction normale de la population, une moyenne de 3 enfants par femme était nécessaire. Ce qui voulait dire que la population des villes ne se reproduisait plus par elle-même, sa croissance n'étant due qu'aux apports des campagnes.

Avec un déclin de la natalité plus rapide que celui des autres pays socialistes et des pays capitalistes, quelles allaient être les conséquences sur les problèmes de main-d'œuvre ? Certains démographes considéraient que le phénomène était sans danger pour le niveau de vie. Mais l'auteur du rapport que nous citons n'était pas de cet avis : si la chute de la natalité se poursuivait, le niveau de vie des ouvriers risquait d'en pâtir.

La densité de peuplement était encore faible en URSS – 32 habitants au km² –, et plus faible encore en Sibérie. La chute de la natalité, en ralentissant l'accroissement de cette densité, allait diminuer encore les possibilités de peupler la Sibérie, ce qui était un problème préoccupant. Si le taux de natalité ne se redressait pas, on risquait d'assister à une stagnation, voire à une baisse du niveau de vie, qui était de toute façon déjà trop bas.

Les causes de la chute de la natalité

La natalité avait chuté pendant la guerre et n'était jamais remontée depuis. La distribution des âges et des sexes avait changé. Cela concernait en premier lieu la disparité entre les hommes et les femmes, mais on constatait aussi un creux dans la tranche d'âge des 30-50 ans. En 1959, la tranche d'âge des

20-24 ans comptait 106 femmes pour 100 hommes dans les villes et 98 femmes pour 100 hommes dans les campagnes. En 1967, les chiffres étaient respectivement de 98 femmes pour 100 hommes dans les villes et de 95 femmes pour 100 hommes dans les campagnes. Ainsi, la situation s'était presque normalisée dans les villes, mais elle s'était détériorée dans les campagnes. Pour la tranche d'âge des 25-29 ans, en 1959, il y avait dans les villes plus de femmes que d'hommes, et en 1967 cette situation avait encore empiré. Dans les campagnes, la proportion était de 131 femmes pour 100 hommes. Ces disparités constituaient un sérieux handicap en matière de main-d'œuvre et de démographie. Elles avaient naturellement un fort impact sur le taux de natalité et le taux de reproduction de la population.

L'augmentation du nombre des femmes employées dans la production (19 millions en 1950, 40 millions environ en 1968) jouait dans le même sens. La proportion des femmes dans la production avait doublé dans la République fédérative de Russie. Or le taux de natalité chez les femmes actives (ouvrières ou employées) était de 30 à 40 % inférieur à celui des femmes travaillant à la maison ou sur le lopin familial. La première raison en était la difficulté plus grande pour une femme qui travaillait de s'occuper de ses enfants. Beaucoup d'entre elles n'avaient aucun parent pour les aider, ni les moyens de payer une nourrice. Dans de nombreuses villes, il n'y avait pas de place dans les crèches et les jardins d'enfants. Le fait que les femmes (plusieurs millions d'entre elles) étaient souvent employées à des travaux très durs et non mécanisés (mines, construction de machines, métallurgie) est un autre élément. Kasimovskij considérait qu'il était temps de réviser la liste des emplois pour lesquels le travail des femmes était autorisé, afin qu'elles puissent à la fois travailler et faire des enfants. Un autre facteur bien connu, enfin, était la régulation des naissances, et le nombre des avortements était supérieur à celui des naissances.

Au premier trimestre de 1968, l'Institut de recherche du Gosplan de la République fédérative de Russie, le ministère de la Santé, celui des Finances et l'Office central des statistiques étudièrent les causes de la chute de la natalité dans 13 grandes villes et 10 régions rurales en Bachkirie, dans la province de Krasnoïarsk, dans les districts de Kalinine et de Pskov. Les réponses des 1 600 femmes interrogées sur les raisons de leur avortement confirmaient les résultats d'une enquête menée précédemment auprès de 26 000 femmes : 22 % d'entre elles avaient déclaré ne pas vouloir d'enfant à cause des conditions de logement, qui ne pouvaient que se détériorer avec la venue d'un bébé ; 18 % avaient mentionné les difficultés à trouver une crèche ; 14 % considéraient que leurs revenus étaient insuffisants et qu'une naissance les réduirait encore. Ces trois difficultés représentaient plus de la moitié des raisons invoquées.

Bien que la construction de logements ait été accélérée, elle restait insuffisante dans bien des villes. Les places pour les enfants dans les crèches et jardins d'enfants étaient aussi en augmentation, mais seule la moitié des demandes était satisfaite. Par ailleurs, en dépit de la hausse du salaire minimum à 60-70 roubles par mois, les revenus du foyer étaient toujours insuffisants, surtout lorsque la famille était monoparentale, un cas fréquent. Les allocations ne bénéficiaient qu'à un petit nombre de personnes, et l'aide ne devenait vraiment substantielle qu'à partir du cinquième enfant. En 1967, 3,5 millions de femmes seulement recevaient des allocations familiales. Parmi elles, 2,1 millions avaient cinq enfants et plus. Beaucoup de femmes avortaient pour des raisons de santé, souvent à cause d'un travail trop dur. Comme la période de repos nécessaire après un avortement n'était pas payée, elles reprenaient immédiatement le travail, ce qui entraînait souvent des complications, voire la stérilité.

Le taux de natalité souffrait aussi d'un accroissement de l'instabilité des relations conjugales. Au cours des dernières années, le nombre des divorces avait fortement augmenté, surtout dans les campagnes. En 1960, on comptait 1 divorce pour 9 mariages, mais en 1966 il y avait 1 divorce pour 3 mariages.

En conclusion de son rapport, Kasimovskij indiquait que, quelques mois avant cette enquête, un laboratoire d'études de la population avait enfin été créé à l'université de Moscou (celui qui fonctionnait avant guerre au sein de l'Académie des sciences n'avait toujours pas été remis en activité). Des mesures pour élever le taux de natalité et une étude sur l'ensemble de la question avaient été soumises au gouvernement et au Comité central.

Nous considérons qu'une partie des problèmes étaient dus au niveau de vie en URSS. Un homme comme Mironov serait tenté d'y voir les effets de la modernisation que l'on retrouve dans toutes les sociétés urbaines. Mais ce serait sous-estimer certaines retombées socialement négatives de la modernisation, surtout dans les conditions soviétiques. Il est donc indispensable de compléter son tableau excessivement positif par la mention des effets secondaires fort dangereux sur lesquels il fait l'impasse.

Les réserves de main-d'œuvre existent-elles ?

La chute de la natalité n'était pas la seule cause du problème de recrutement de la main-d'œuvre. Il était de plus en plus difficile de puiser dans les réserves que constituaient ceux qui travaillaient à domicile ou sur leur lopin familial. En 1960, les personnes engagées dans ces activités représentaient encore entre un quart et un cinquième de la main-d'œuvre de réserve (19 % en Russie), mais on estimait qu'en 1970 le chiffre ne dépasserait pas 8 %. En outre, il était nécessaire de faire une distinction entre les personnes employées dans ce secteur et les réserves effectives. En effet, seule une moitié d'entre elles acceptait l'idée d'aller travailler au-dehors (et, pour une moitié encore, sous certaines conditions). De plus, la méthode utilisée pour recenser cette main-d'œuvre potentielle était peu fiable et source de déceptions. Dans la République fédérative de Russie, en 1960-1965, 5 700 000 personnes avaient été recrutées pour travailler dans l'économie d'État, mais seulement 1 million au cours du plan quinquennal suivant et elles ne devaient pas être plus de 500 000 pour le prochain plan. Le nombre de personnes travaillant sur leur lopin risquait fort d'augmenter entre 1976 et 1980. De plus, la situation était très différente selon les régions. Signalons au passage que la majorité des travailleurs à domicile (cultivateurs de petits lopins ou éleveurs de quelques têtes de bétail) étaient des femmes.

Aussi les réserves étaient-elles pratiquement épuisées, même si certaines ressources locales existaient encore çà et là, mais difficiles à dégager. Beaucoup préféraient un travail à domicile, plus propice à l'élévation de leur niveau de vie.

Autre source possible de main-d'œuvre, les retraités. La population vieillissait et leur part dans la population augmentait. Beaucoup de régions qui manquaient de bras avaient développé les services sociaux pour attirer des retraités, mais cette source était limitée. En 1965, 1,9 million de retraités avaient un emploi dans l'économie étatisée ; on espérait atteindre 2 millions en 1970, et peut-être 2,5 millions en 1980.

Les autorités comprenaient certainement que le développement ne dépendait pas tant des réserves de main-d'œuvre que de l'augmentation de la productivité du travail. Or ce taux de productivité, étudié sur une période longue, était en baisse. Entre 1951 et 1960, la productivité du travail avait augmenté de 7,7 %, mais seulement de 5,6 % entre 1961 et 1965. En 1962, on avait observé une remontée provisoire à 6 %, mais 1967 avait connu une nouvelle baisse en raison d'une forte chute de la croissance dans l'agriculture. Le taux de croissance de la productivité était encore élevé dans certaines branches industrielles de pointe, mais dans l'ensemble il était très inférieur à ceux des pays capitalistes. Aux États-Unis, la productivité du travail était 2,5 fois supérieure dans l'industrie et les services, et 4,5 fois supérieure dans l'agriculture (selon l'Office central des statistiques soviétique). Les experts mettaient en garde : si la productivité n'augmentait pas, l'URSS ne rattraperait pas l'Occident, même d'ici à l'an 2000 ! Faire croître cet indicateur crucial était donc la tâche prioritaire : il fallait trouver les moyens et les mesures qui permettraient d'avancer vers cet objectif.

Population et migrations de main-d'œuvre

Il était indispensable d'améliorer la spécialisation et la coopération entre les entreprises et les branches industrielles. Des décisions en ce sens avaient été prises pour Leningrad et Moscou, mais elles ne porteraient pas leurs fruits avant des années. Le plus urgent était de mobiliser les réserves de main-d'œuvre, mais leur répartition géographique était une difficulté supplémentaire. Sur les 128 millions d'habitants que comptait la République fédérative de Russie (seule prise en compte ici), 25 millions seulement vivaient dans la partie (Oural et Sibérie). Cette disparité bloquait le développement économique de ces régions, qui auraient dû pourtant connaître la croissance économique la plus forte en raison de l'abondance de leurs ressources naturelles. Pour atteindre les objectifs fixés, il était nécessaire d'y transférer 2,6 millions de personnes (la période de référence est apparemment 1968-1980). Mais, depuis une quinzaine d'années, on assistait à un mouvement en sens inverse. Des gens quittaient la Russie pour d'autres républiques, au rythme de 200 000 personnes par an en moyenne – en fait, les départs des régions orientales étaient nettement supérieurs. Entre 1950 et 1960, la Russie avait perdu 2,8 millions d'habitants au profit des autres républiques. Encore plus troublant : en Russie même, les gens quittaient les régions où la main-d'œuvre était déficitaire pour en gagner d'autres où elle était déjà excédentaire. Ce qui les attirait dans le Nord-Caucase ou dans la région de Stavropol, c'était la douceur des températures et un développement plus dynamique de la petite exploitation agricole.

Les campagnes avaient aussi leur lot de problèmes, avec une productivité quatre à cinq fois inférieure à celle des États-Unis, mais avec des variations d'une région à l'autre. La répartition déséquilibrée des âges et des sexes ne faisait qu'empirer. On observait une migration intense, non planifiée, vers les villes, d'autant plus préoccupante que 73 % des migrants avaient moins de 25 ans et que 65 % d'entre eux étaient des femmes de la même tranche d'âge. La proportion des jeunes et des 30-40 ans dans la population rurale diminuait, alors que celle des personnes plus âgées ou qui n'étaient plus en mesure de travailler augmentait. Ceux qui partaient étaient précisément ceux dont les campagnes avaient le plus besoin, en raison même de la mécanisation et de l'électrification accrues de l'agriculture. En 1968, dans les kolkhozes, il n'y avait qu'un homme valide pour deux foyers. L'âge moyen du kolkhozien actif était de 50 ans, et beaucoup travaillaient au-delà de l'âge de la retraite.

Le tableau d'ensemble était donc tout à fait inquiétant. La forte distorsion de la pyramide des âges, la conjugaison de la chute de la productivité et des départs vers les villes saignaient les campagnes à blanc. Cette traditionnelle réserve de main-d'œuvre, qui semblait inépuisable, ne subvenait même plus à ses propres besoins. Trouver de la main-d'œuvre nouvelle revenait à gratter le fond d'un tonneau pour y trouver à boire. Parmi ceux qui préféraient travailler sur leur propre lopin (surtout des femmes), certains n'acceptaient un emploi à l'extérieur qu'à temps partiel. Mais leur nombre chutait rapidement, sans parler du fait que des emplois qui les éloigneraient trop de leur lopin (surtout à la campagne) entraîneraient immédiatement une baisse de la production de denrées agricoles.

Était-ce déjà une situation de crise ? En tout cas, elle n'était pas loin. Les documents que nous avons utilisés dans la deuxième partie montrent que, selon les experts du Gosplan, le plan quinquennal 1971-1975 s'annonçait sous de fâcheux auspices.

Comme la main-d'œuvre devenait une denrée rare, les études, les recherches, les conférences se multipliaient. Des textes circulaient en permanence, du Gosplan vers le Comité central et du Comité d'État au travail vers le Conseil des ministres. Un expert déclara brutalement : « Je considère que, pour le pays dans son ensemble, nos ressources en main-d'œuvre sont presque épuisées. » Si nous nous souvenons qu'à la même époque beaucoup, si ce n'est la majorité, des entreprises ployaient sous le personnel excédentaire, l'absurdité de cette impasse totale sur la question de la main-d'œuvre (pour ne rien dire des autres aspects du système économique) aurait dû mettre les dirigeants en état d'alerte permanente. Pourtant, cet énorme flux d'informations et d'analyses, qui dressaient le tableau d'une gestion commettant des erreurs monumentales et annonçaient que ce prétendu super-État allait rapidement atteindre un point de non-retour, ne suscita aucun émoi visible et ne déclencha aucun réveil. Le Politburo se contenta de produire sans fin des résolutions appelant tout à chacun à se montrer plus efficace.

Chapitre VI

Le labyrinthe bureaucratique

Alors que tant de tensions et de sombres perspectives s'accumulent, il est temps de nous tourner une fois encore vers ceux qui dirigent (nous ne disons pas encore « possèdent ») les branches et les services économiques. Aucun aspect de la société, de l'économie et de la politique de l'URSS ne peut être abordé sans tomber à chaque fois, encore et toujours, sur la classe bureaucratique, que ce soit celle des administrateurs de l'État (*upravlency*), celle des apparatchiks du Parti, ou les deux, dans leur interaction permanente. Nous allons donc revenir sur cette question, en partant des analyses de la commission pour l'Élimination du gaspillage[*], dont les compétences s'étendaient au monde administratif.

L'histoire des institutions de l'État et du Parti abonde en structurations et restructurations – on crée des structures, on les divise, on les supprime, on les rétablit –, bien que les quinze dernières années du régime, *a contrario*, n'aient connu une période de grande stabilité en ce domaine. La plus spectaculaire de ces initiatives antibureaucratiques aura été celle de Khrouchtchev, qui a supprimé d'un trait de plume plus de cent ministères industriels – c'est la seule initiative à avoir connu une pareille ampleur. Cependant, en 1965, tous ces ministères sont déjà de nouveau en place. Le problème institutionnel dont nous parlons ici, un trait systémique en lui-même, consiste

---

[*] La commission pour l'Élimination du gaspillage a été ensuite rebaptisée commission pour l'Économie des ressources de l'État (cf. chapitre IV de la présente partie). Dans ce chapitre, nous la désignerons simplement sous le nom de « commission Antigaspillage ». (*NdT.*)

plutôt en une sorte de bricolage permanent, une forme de « névrose bureaucratique », dont le système ne se guérit qu'en attrapant une autre maladie. L'administration a beaucoup de poids, elle est devenue très influente (et prospère), et s'attache à limiter le pouvoir despotique du Politburo. La névrose bureaucratique est une manière d'esquiver les vraies réformes, partant de l'idée chère à Staline que la seule chose à faire est de « corriger » les administrateurs.

Tout ceci demande explication. Suivre les caprices de l'administration n'est pas tâche facile[26]. La bureaucratie (et ses réseaux administratifs), cet élément moteur de l'histoire soviétique, n'a pas fait l'objet de recherches suffisantes. Son étude nous mène pourtant au cœur du système, et l'on découvre que la bureaucratie qui dirigeait l'État en était pratiquement devenue la propriétaire. Les changements dans ses structures, dans l'image qu'elle donnait d'elle-même et dans son statut doivent être étudiés non seulement dans le cadre de l'histoire de l'administration, mais aussi sous l'angle politique, contrairement à l'idée répandue qui veut que les traits essentiels du système aient été concentrés dans le Parti. Sous Staline, la bureaucratie était déjà un codirigeant indispensable, mais elle était instable et fragile en raison de la jeunesse de ses structures et de la nouveauté de ses tâches ; de plus, ses membres étaient « suspects » car Staline comprenait et redoutait sa capacité à consolider ses positions et sa soif de pouvoir. La situation change profondément dans la période poststalinienne : encore marquée, au début, par les traditions plébéiennes et rurales du pays, la bureaucratie devient au cours des années 1950-1960 une bureaucratie pleinement urbaine dans une société elle aussi urbanisée. Dans ses échelons supérieurs, elle est désormais une puissance solidement établie et farouchement retranchée sur ses positions. Cette émancipation est un des traits fondamentaux de toute la période poststalinienne, car c'est bien la bureaucratie de l'État et du Parti qui a mis fin aux pratiques arbitraires qui, sous Staline, rendaient sa situation si précaire. Le stalinisme est remplacé par un modèle totalement bureaucratique qui, très vite, acquiert un quasi-monopole sur tous les postes stratégiques du pouvoir.

Ici, il faut prendre en compte la rapidité du changement social dans les années 1950 et 1960 et les transformations radicales concomitantes du paysage sociohistorique. La construction d'une bureaucratie, encore fragile sous Staline, et sa consolidation en une structure de pouvoir monopolistique dans les premières années ayant suivi la mort de ce dernier se sont produites dans une société essentiellement agraire. Sa position de monopole dans l'État et d'accaparement du pouvoir a précédé le passage définitif du pays à une civilisation urbaine. Une caractéristique ancienne de l'histoire russe, signalée par Miljukov, employée et reformulée par Trotski, se répétait une fois encore : l'instauration d'un pouvoir fort a précédé le développement de la société, et lui a permis de dominer celle-ci. Mais l'ère soviétique a connu également le processus inverse : des vagues successives de développement social, à grande échelle, ont créé de nouveaux traits systémiques et entraîné une cascade de phénomènes complexes, que nous essayons précisément de débrouiller dans ce livre.

Nul doute que le phénomène bureaucratique deviendra plus palpable si nous avons une idée de sa taille, de sa structure interne et de son pouvoir. Nous savons déjà qu'il n'est pas facile de connaître avec précision le nombre des personnes employées par l'État et les administrations, car tout dépend des critères utilisés, notamment par l'Office central des statistiques. Les meilleurs chiffres sont probablement ceux du recensement de tous les services administratifs effectué en 1970. La simple lecture des matériaux et l'énumération des résultats révèlent la complexité et le caractère tentaculaire du phénomène. Nous en donnons ici une brève synthèse.

Le recensement porte sur le personnel administratif de toutes les institutions de l'État, et donne sa répartition entre les différentes unités administratives importantes, entreprises et organisations. L'administration de chaque république fait l'objet d'une présentation séparée, ainsi que celle des districts. Je ne mentionne ici cette opulence statistique que pour rappeler qu'elle existe.

Le centre de calcul de l'Office central des statistiques explique que, cette fois, ont été inclus tous ceux qui ne travaillent pas directement à la production. Les cas ambigus ont été tranchés : par exemple un ingénieur qui travaille dans un atelier n'est pas considéré comme relevant du personnel administratif, alors que celui qui travaille dans les bureaux de l'usine l'est, sauf si sa tâche consiste à dessiner des plans. Le personnel de service est inclus, mais dans une catégorie séparée. Les gardiens forment eux aussi une catégorie à part, probablement parce qu'ils sont mieux payés que le personnel de service proprement dit.

Au 15 septembre 1970, date du recensement, la totalité de l'appareil administratif représentait 13 874 200 employés, soit 15 % de la population active (ouvriers et employés). Les personnes exerçant des fonctions de direction (*rukovoditeli*) et leurs adjoints étaient au nombre de 4 143 400 (niveau central, républiques et districts), tous organismes confondus. Après eux, la plus importante catégorie était celle des « spécialistes en chef » et de leurs adjoints, regroupant aussi les ingénieurs, techniciens, agronomes, etc., travaillant dans l'administration : 2 080 400 personnes. Venaient ensuite les ingénieurs-économistes, les économistes et les planificateurs : 543 400. Le reste était réparti entre les comptables, les statisticiens, les informaticiens, les employés de bureau et le personnel de service.

Un type particulier d'institutions était traité séparément : les ministères centraux et leurs homologues dans les républiques, ainsi que les autres grands services ayant un statut et une importance comparables (les comités d'État). C'est d'eux que dépendaient les organisations qui étaient en charge de la grande masse de la population active du pays – 49 708 377 ouvriers et employés. Pour administrer tous ces travailleurs, ils étaient 7 996 116, dont 2 539 796 dans la catégorie des « chefs ». En d'autres termes, un sur trois était un « chef »[27].

Au-dessus de ces chefs, on trouvait les très hauts responsables, quelques centaines de personnes à la tête d'institutions géantes. Une autre source nous apprend qu'en 1977 il y avait 32 ministères compétents pour toute l'URSS (dont 25 ministères industriels) et 30 ministères pour l'Union mais ayant des homologues au niveau des républiques (dont 10 industriels)[28]. À quoi s'ajoutaient environ 500 institutions qui se désignaient comme « ministères », mais n'étaient que des services gouvernementaux dans les républiques « autonomes », ce qui est important pour l'étude des élites locales, mais pas pour celle de la « strate supérieure ».

Avant le recensement de 1970, on donnait en général le chiffre de 8 millions pour les employés de l'administration, dont 2,5 millions décrits pudiquement comme *načal'niki* (« chefs »). Avec le recensement, le tableau changeait : le total était de 13 millions, avec quelque 4 millions de *načal'niki*. Les statisticiens avaient traité séparément – à juste titre – les membres du noyau dur des ministères, qui constituaient la vraie strate dirigeante. Il s'agissait des six comités d'État ayant des compétences au niveau de l'Union (Science et Techno-logie, Commerce international, Météorologie, etc.) et de douze comités ayant la double compétence (Union et républiques), ainsi que de services comme le KGB, le Gosplan, l'Office central des statistiques, le ministère des Finances, etc. Les responsables à la tête de ces institutions étaient membres du gouvernement.

À ce noyau dur, composé des responsables de quelque 80 grandes institutions gouvernementales, il fallait ajouter les membres du Politburo, les chefs de l'appareil du Parti (au niveau central et à celui des républiques), les secrétaires régio-naux du Parti et ceux des capitales, ce qui donnait au total environ 1 000 personnes (dont un peu moins de la moitié étaient membres du Comité central). Toutes étaient des person-nages de poids, soucieux des intérêts des 2,5 millions de personnes qui travaillaient pour eux. Si l'on s'intéresse à l'*élite dirigeante*, c'est le premier chiffre (1 000) qui est le bon, mais si l'objet de l'étude est la *classe* dirigeante, alors c'est le second (2 500 000) qu'il faut considérer. Un certain nombre d'intellectuels, de savants et d'artistes faisaient partie de cet ensemble, un petit nombre dans le cercle étroit, la plupart dans le cercle large. Mais cela ne nous intéresse pas directement.

Le « milieu » où se forment les dirigeants

Quand on se plonge dans l'énorme masse de dossiers et de documents du Politburo, de l'Orgburo, du Secrétariat, des départe-ments de l'appareil du Parti, on est frappé par l'intensité des contacts entre bureaucrates de l'État et bureaucrates du Parti, de même qu'à l'intérieur de chaque appareil. Un directeur d'usine, qui pouvait aussi être un bureaucrate, au sens strict comme au sens péjoratif, était en contact quotidien avec des personnes appartenant à d'autres groupes sociaux que lui, techniciens et ouvriers. En revanche, les dirigeants ne rencontraient les ouvriers qu'au cours de déplacements officiels – en général, ils prononçaient un discours et les ouvriers applaudissaient. La pauvreté de ces contacts est normale pour des dirigeants, mais il n'en reste pas moins que leur environnement était principalement constitué de bureaucrates, et que c'était par eux que passait tout le processus politico-administratif. Dans l'appareil du Parti lui-même, du Politburo jusqu'aux cellules, les questions de personnes occupaient beaucoup de temps, ainsi que le traitement de détails économiques et administratifs dérisoires. L'approche des questions générales était réservée à un nombre très réduit de responsables. Tel était le milieu et les activités dans lesquels Molotov, Malenkov, Khrouchtchev étaient quotidiennement immergés. C'est ce milieu qui les façonnait. Une connaissance approfondie de ses détails et de ses rouages était la marque de leur maîtrise, et ils l'exhibaient pour impressionner leur public ou leur interlocuteur.

En revanche, la capacité à traiter des grands problèmes – normalement la tâche principale d'un dirigeant – était cruellement absente chez la plupart d'entre eux. Ils consacraient l'essentiel de leur temps à régler des questions de salaires et de budgets et à signer des milliers de décrets préparés par différents services – des activités qui ne correspondent pas à proprement parler aux attributions d'un dirigeant politique, mais plutôt celles d'un contrôleur tatillon qui veut se persuader qu'il maîtrise les choses (alors qu'une véritable maîtrise consiste à embrasser en profondeur des réalités plus vastes). Les qualités annexes qu'ils possédaient (astuce, ruse, art de se constituer une clientèle) ne servaient qu'à des jeux personnels de pouvoir. Et, derrière ceux-ci et cette « passion du contrôle », qui engloutissaient le plus clair de leur énergie et de leurs compétences, on discerne l'inefficacité croissante de leur pouvoir politique et de leur capacité, si convoitée, à contrôler tous les rouages. Signalons en passant qu'en 1966 un service de contrôle d'État très puissant, dont le fonctionnement coûtait plus cher que celui des ministères de la Santé et de la Culture réunis, fut supprimé par Brejnev, simplement parce qu'il souhaitait contrecarrer l'influence de son chef, le très ambitieux Šelepin.

Le formatage des dirigeants par leur milieu entretenait des rapports étroits avec le principe soviétique selon lequel l'économie nationale était la propriété de l'État. C'est de là que la bureaucratie tirait son pouvoir monopolistique, c'est de là que venait le seul type de dirigeants qu'un tel État sût produire.

Les strates administratives elles-mêmes ont connu des changements en raison de l'urbanisation croissante du pays. Leur niveau d'éducation et de professionnalisme, leur niveau de vie, leurs habitudes culturelles étaient autant de facteurs qui avaient nécessairement un impact sur le fonctionnement intra- et inter-bureaucratique. Même si l'impression demeurait que le secrétaire général était le maître (un point, c'est tout !), le système n'était plus une véritable autocratie. Le secrétaire général pouvait dominer l'appareil du Parti (il en était aussi très dépendant), mais l'exercice réel du pouvoir et l'application des différentes politiques prenaient la forme, comme on l'a dit, d'un intense marchandage entre les différents services gouvernementaux. Ceux-ci étaient passés maîtres dans l'art de jouer avec les frontières officielles et officieuses du pouvoir. Leurs droits – officiels et informels – ne cessaient de croître, si bien que leurs objections, contre-propositions et exigences étaient devenues une composante des procédures administratives et politiques, acquérant un statut quasi constitutionnel dont nous savons trop peu de chose. Nous avons déjà vu, par exemple, que le pouvoir central était incapable d'obliger les ministères à se plier aux procédures de la planification. Dans de nombreux domaines, ils agissaient uniquement en fonction de leurs propres intérêts.

Dans la mesure où rien ne pouvait être accompli sans les ministères et les autres administrations de ce type, les événements ou, plus exactement, les puissantes tendances contradictoires qui étaient à l'œuvre forçaient les dirigeants du système à s'adapter non seulement à une réalité sociale changeante, mais aussi à la « sociologie » de la bureaucratie elle-même. Certaines tendances de l'univers bureaucratique peuvent être définies comme des « fabriques à systèmes ». De fait, il était devenu impossible de distinguer l'État de son personnel administratif dirigeant.

La formation des structures complexes de cette strate de chefs est un phénomène crucial. Ses effectifs, on l'a vu, s'élevaient à 2 millions en 1970, si l'on s'en tient aux postes les plus sensibles. Le pouvoir de ces chefs leur permettait d'imposer la satisfaction de leur soif insatiable d'un meilleur niveau de vie, d'avantages en nature, de toujours plus de pouvoir, et aussi la tolérance d'un certain degré de corruption. Ils étaient le véritable pivot du système. On distingue aussi une autre tendance qui conduisait à un amalgame de fait des échelons supérieurs de l'État et du Parti pour former un unique complexe de pouvoir. Les ministres les plus importants étaient membres du Comité central et certains (KGB, Affaires étrangères, Défense) siégeaient au Politburo. Paradoxalement, la procédure qui permettait cet amalgame était celle de la *nomenklatura*. Restaurée après la guerre pour remettre le monstre administratif à sa place, elle avait très vite révélé sa face cachée, qui allait dans le sens inverse du but recherché. Si l'élite au sommet était composée de « nomenklaturistes », tous fonctionnaires de haut rang, mais souvent aussi hauts responsables du Parti, la question de savoir « qui contrôlait qui » n'est pas sans intérêt. Les membres de la *nomenklatura* et les administrations sous leur autorité étaient devenus ceux qui faisaient marcher l'État – ils contrôlaient en fait l'élément dominant du système.

Dans ces conditions, quel était le rôle exact du Parti, ou plus exactement de sa direction ? Il va de soi qu'il s'agissait d'un appareil puissant qui s'appuyait sur la machine administrative gouvernementale pour gérer le pays. Mais l'idée que le premier contrôlait la seconde parce qu'elle était sa *nomenklatura* ne repose sur rien de précis. Le Politburo et son appareil étaient eux aussi une administration et, à ce titre, une bureaucratie faisant partie d'une bureaucratie plus vaste. L'administration gérait des employés et des travailleurs. Le Parti, lui, avait des employés et des membres. Mais ces derniers ne contrôlaient rien. Comme ce « parti » présentait des traits tout à fait curieux, nous serons amené à mettre ce mot entre guillemets.

D'un système de « parti unique » à un système « sans parti »

Si paradoxal que cela puisse paraître, nous allons examiner l'hypothèse selon laquelle le « parti dirigeant » ne détenait pas, en fait, le pouvoir. Cela peut sembler irréel, mais l'histoire soviétique est une véritable fabrique à mythes et faux-semblants, entre étiquettes fallacieuses et délires. Ainsi, des slogans tonitruants comme « collectivisation », « dictature du prolétariat », « communisme », « centralisme démocratique », « marxisme-léninisme », « avant-garde » n'avaient pas grand-chose à voir avec la réalité.

Au fil des années, l'orientation initiale du régime vers les classes et les masses ouvrières et paysannes avait cédé la place à une autre orientation, vers l'administration, ses « institutions » et toutes les catégories de « responsables ». Ce processus global d'étatisation, où l'État devient le centre absolu, a atteint son point culminant avec le développement d'un culte de l'État, qui était le véritable mode de pensée des couches supérieures de la bureaucratie. Dans des discussions privées, mais aussi en public, on entendait de hauts responsables du Parti déclarer que les ministères ne s'occupaient que d'affaires sectorielles et que seul le Parti était capable de penser les intérêts supérieurs de l'État. De tels propos étaient en fait une réponse aux milieux ministériels, qui affirmaient exactement le contraire. Cela nous permet de mieux comprendre ce qu'« « étatisme » signifie. Les responsables du Parti ne disaient pas qu'ils étaient les seuls capables de représenter les intérêts de la société : ils étaient en compétition avec d'autres bureaucrates pour être les meilleurs porte-parole de l'État, et tenaient à affirmer leur primauté.

Dans les années trente, l'organisation qui se parait du nom de « parti » avait perdu son caractère politique ; elle s'était transformée en un réseau administratif, où une hiérarchie dirigeait une armée de simples membres. Au cours de l'étape suivante, cette créature administrative s'est retrouvée privée de tout pouvoir : sous Staline, il est absurde de parler de « parti au pouvoir » dans la mesure où ses instances ne fonctionnaient pas, où personne ne demandait jamais l'avis des membres et où les rares congrès se réduisaient à des séances d'applaudissements.

Il est vrai que Khrouchtchev a redonné au sommet du Parti (au Comité central) et à son appareil le pouvoir sur le Parti et sur l'État, mais cela ne changeait en rien certaines caractéristiques essentielles : les membres de la base n'avaient toujours aucun droit politique, le Parti restait une hiérarchie dirigeante, sans aucune vie politique un tant soit peu substantielle. Sous

Staline, le Parti avait perdu son pouvoir au profit du chef suprême ; après Khrouchtchev, il n'a cessé de le perdre au profit de la machine étatique, qui a fini par absorber son réseau dirigeant pour en faire, une fois pour toutes, son porte-parole et son représentant. Le processus d'étatisation, si important dans le phénomène soviétique, et probablement sa caractéristique principale pour ce qui est du système politique, a alors atteint son stade final. Quand le système est entré dans une période prolongée de « stagnation », le Parti, incapable d'entreprendre quoi que ce soit, impuissant à imposer des mesures politiques d'envergure aux ministères et aux autres services gouvernementaux, a sombré en même temps que le reste.

Nous pouvons d'ores et déjà formuler une première série de conclusions : le « Parti » n'a pas toujours été au pouvoir ; à un moment donné, il a cessé d'être un parti politique pour devenir un service parmi d'autres, l'axe central d'une administration. C'est ce qui justifie les guillemets autour du mot « parti ». On peut même aller jusqu'à dire que le système de « parti unique » sur lequel on a tant glosé était finalement un système « sans parti ». On a quelques raisons de penser que, si elle avait eu un vrai parti engagé dans la vie politique et capable de jouer le rôle d'une direction politique, l'URSS aurait peut-être échappé à une fin lamentable et épargné au pays une crise gigantesque. Mais, après tant d'années et de vagues de transformations historiques, cette structure politique fondée sur un appareil puissant et des membres privés de droits était vermoulue. Rien d'étonnant à ce qu'elle se soit effondrée si facilement, sans qu'il ait été besoin pour cela d'un coup de boutoir ou d'une tempête.

Quels sont donc les facteurs et les circonstances qui ont conduit le système du Parti à cette existence quasi fantomatique, en dépit de la crainte qu'inspirait et qu'inspire encore aujourd'hui, rétrospectivement, la Vieille Place ? C'est la transformation du Parti en appareil (son « apparatisation »), phénomène ancien, qui a entraîné son absorption *de facto* par les réalités bureaucratiques de l'État. Le processus a commencé du jour où le Parti s'est immergé dans l'économie et dans les questions de détail, supposées relever des seuls ministères. De fait, le personnel des ministères avait le sentiment que le Parti doublait son travail au lieu de s'occuper de ses propres affaires. Le conflit peu connu qui a éclaté entre Brejnev et Kossyguine sur la question de savoir qui devait représenter le pays à l'étranger illustre bien le problème.

La « crise d'identité » du Parti – formule que j'ai utilisée dans la première partie pour décrire les tentatives de réforme des années 1946-1948 – est désormais plus facile à déchiffrer. L'appareil s'était restructuré en 1946 dans le but de retrouver une identité politique en se retirant de la supervision directe de la vie économique. L'argumentation développée alors était la suivante : les ministères « achetaient les apparatchiks », « le Parti avait perdu le pouvoir », et il devait retrouver les fonctions qui étaient les siennes s'il voulait restaurer son pouvoir. Mais, deux ans plus tard, en 1948, il est de nouveau restructuré dans un but exactement contraire : se mêler des affaires économiques et les « contrôler ». La contradiction était la suivante : quand le Parti s'occupait de politique, il perdait le contrôle de l'économie et de la bureaucratie, mais quand il s'engageait pleinement dans le contrôle de l'économie et se mêlait directement de ce que faisaient les ministères et de la manière dont ils le faisaient, il perdait ses fonctions spécifiques, et même la compréhension de ce qu'elles étaient. La seconde logique l'a emporté, et elle a permis l'absorption *de facto* du Parti par le mastodonte bureaucratique.

Il vaut la peine de rappeler que Lénine et Trotski (ce dernier dans une lettre au Politburo juste avant le XIᵉ congrès) avaient soulevé ce problème et averti les dirigeants bolcheviques que le fait de se mêler directement des affaires des administrations économiques, au lieu de diriger par leur intermédiaire, allait favoriser la bureaucratisation du Parti lui-même et l'irresponsabilité croissante des administrations. L'argumentaire de Trotski était le suivant : de même que nous avons souhaité que les syndicats ne s'occupent pas de la gestion de l'économie (les syndicats doivent rester des syndicats), laissons le Parti être un parti. Mais les choses ne se passèrent pas ainsi, et Boukharine, en 1928, déplorait ce qui était déjà presque un fait accompli : « L'appareil du Parti et celui de l'État ont fusionné, et c'est un grand malheur. » Qui allait conduire, après la mort de Staline, à des tendances contradictoires.

La commission Antigaspillage au travail

La pénurie croissante de main-d'œuvre engendre une réponse, en termes de marché, presque « classique ». La main-d'œuvre est une marchandise, et comme l'État, principal employeur, en est de plus en plus dépendant (d'autant que le travail forcé n'est plus une option possible), il doit affronter cette pénurie par différents biais. Conséquence de l'interaction des facteurs en jeu, on voit apparaître dans les relations de travail un nouveau climat et de nouveaux modèles. Mais cela ne suffit pas à soigner la maladie qui ravage l'économie étatisée. Le régime multiplie les mesures pour répondre aux pressions et aux espoirs des différentes couches sociales. Mais, en dépit des recommandations pressantes de la commission Antigaspillage, du Comité de contrôle d'État et de bien d'autres services, qui insistent sur l'urgence des mesures à prendre, il échoue à obtenir une augmentation de la productivité du travail, à empêcher les entreprises d'accumuler les réserves de main-d'œuvre et de matières premières, et à relancer l'innovation technologique, beaucoup trop lente. Les dirigeants du pays sont confrontés à un dilemme. D'un côté, ils ont un cruel besoin de main-d'œuvre et doivent gagner les faveurs des travailleurs. De l'autre, ils doivent courtiser les administrations qui gèrent la main-d'œuvre. La partie n'est pas facile à jouer ! Désormais, un mode de fonctionnement « consensuel » est inévitable, et le marchandage avec les ministères devient la règle. Mais, comme c'est toujours le cas avec les bureaucraties, ce comportement revient à partager le pouvoir. On notera cependant que ce partage n'intervient pas dans les relations avec les travailleurs. Les seules concessions qui leur sont faites sont l'octroi de certains droits et tolérances (comme c'est, par ailleurs, le cas avec d'autres groupes d'intérêts), mais ils n'ont pas le statut de partenaires. Ce nouveau mode de gouvernement, qui consiste à prendre en compte toutes sortes de pressions sociales et à y répondre, n'est jamais mentionné par les tenants du « modèle totalitaire », qui considèrent que la dépendance a toujours été totale et unilatérale (pour eux, par définition, un régime à moitié totalitaire est aussi impossible qu'une femme à moitié enceinte).

C'est pourtant là que réside la grande nouveauté de la période poststalinienne, et elle a certainement contribué à la vitalité du régime dans les années soixante. Mais le fait que la bureaucratie qui gère l'État obtienne (ou plus exactement arrache) plus que les autres et conclue une « entente cordiale » avec les dirigeants politiques est difficilement compatible avec la prise en compte des intérêts des ouvriers et des autres couches de la société. Le mauvais fonctionnement de l'économie et les gaspillages rendent vain tout espoir de maintenir la paix sociale et d'assurer au pays un certain développement. La planification bureaucratique ne parvient pas à moderniser l'économie, et le « marché » passé avec l'administration, s'il accroît le pouvoir de cette dernière, n'augmente en rien ses performances. Ces accords à l'amiable avec les bureaucrates ne constituent pas une politique, ils relèvent seulement d'une dérive qui tente de composer avec les maux du système.

Le lecteur est désormais au fait des multiples dysfonctionnements de ce dernier, et sûrement désireux de savoir ce que la commission Antigaspillage proposait pour les ministères et les autres services gouvernementaux. Pour les tenants de la ligne conservatrice, la voie à suivre était simple : la solution tenait dans un renforcement de la discipline – « la loi et l'ordre », comme on disait sous d'autres cieux. Mais c'était se bercer d'illusions.

L'histoire de l'administration d'État était dominée depuis le début par d'incessantes batailles menées par le Politburo pour contenir (et même réduire) sa croissance et ses coûts, et accroître son efficacité. La commission Antigaspillage, qui avait abandonné la formule « éliminer le gaspillage » pour celle, moins offensive, d'« économiser les ressources de l'État », avait rencontré des représentants des ministères centraux et des ministères des républiques pour préparer un premier relevé de propositions, lequel tenait compte de toutes les données et informations qu'elle avait accumulées sur toutes les branches. Sa tentative pour trouver des moyens d'économiser sur les dépenses de fonctionnement des administrations était à l'évidence courageuse. Jusque-là, réduire les cohortes proliférantes de bureaucrates avait semblé parfaitement impossible, car toutes ces machines administratives avaient à leur tête des hommes qui comptaient parmi les plus puissants du régime. Les persuader de procéder à des coupes sombres n'était pas chose facile. De plus, certains membres de la commission Antigaspillage (dont nous donnons la liste dans la note 29) étaient eux-mêmes les patrons d'importantes administrations.

N. Rogovskij, expert réputé et chef du département du Travail au Gosplan, a rédigé un compte rendu des discussions (il serait plus juste de parler de bataille) au sein de la commission Antigaspillage[29]. Au départ, celle-ci avait proposé de réduire les coûts de fonctionnement de 1 015 millions de roubles, mais, après de longues séances de marchandage, elle avait dû accepter le chiffre de 905,3 millions – les ministères centraux et ceux des républiques, quant à eux, n'acceptaient qu'une réduction de 644 millions. Des discussions concrètes sur les dépenses et les effectifs étaient conduites avec chaque ministère séparément et, à chaque fois, le même type de désaccord sur l'étendue des coupes nécessaires surgissait. La commission Antigaspillage acceptait d'en rabattre un peu, tandis que la partie adverse se refusait à toute concession, ou ne consentait qu'à des réductions des plus minimes. Rogovskij informait le gouvernement que la majorité des ministères et des républiques était opposée à tout changement et souhaitait laisser les choses en l'état.

Quant à la réduction du nombre de fonctionnaires, autre point très sensible, la commission Antigaspillage voulait supprimer 512 700 postes, ce qui représentait une part importante de la main-d'œuvre employée dans l'administration selon le plan pour l'année 1967, et aurait permis d'économiser 590 millions de roubles sur la masse salariale. Il va de soi que les ministères concernés ne voulaient pas en entendre parler.

Dans son plaidoyer adressé au gouvernement en faveur des coupes budgétaires, Rogovskij soulignait un des gros obstacles rencontrés par l'économie soviétique : il était difficile de trouver un équilibre entre les revenus de la population et la fourniture de biens de consommation. Réduire les dépenses administratives y aiderait. Ce raisonnement laisse perplexe : supprimer un demi-million d'emplois aurait évidemment réduit la masse monétaire des revenus, mais ceux qui auraient perdu leur poste seraient venus grossir les rangs des pauvres.

Que s'est-il passé dans la réalité ? Il y eut effectivement quelques suppressions de postes ici et là, mais la plupart des fonctionnaires concernés retrouvèrent un emploi ailleurs, voire dans le même ministère. Certains avaient formulé l'espoir que les fonctionnaires se tourneraient vers des emplois manuels (où l'on manquait de main-d'œuvre, surtout dans les régions lointaines), mais c'était rêver à voix haute...

Une autre source précieuse sur le monde bureaucratique nous vient du Comité de contrôle d'État, qui procède à une étude de la scène bureaucratique en 1966 et transmet sa contribution à la commission Antigaspillage, dirigée par Bajbakov. On y trouve exprimées une série d'idées sur la manière de réduire les coûts de fonctionnement. Attachons-nous d'abord à l'une d'entre elles, discrètement énoncée parmi d'autres. Il s'agissait de supprimer les avantages dont bénéficiaient certaines catégories de hauts fonctionnaires, ce qui aurait permis de faire de substantielles économies. Le Comité de contrôle d'État dressait une liste de ces avantages en chiffrant en roubles (en millions de roubles, bien sûr) chaque catégorie de « services » que les responsables s'offraient à eux-mêmes. La liste est significative : les responsables et les chefs de service recevaient une allocation dite « d'alimentation diététique », ainsi qu'une allocation (équivalant à un mois de salaire) « pour besoins sociaux », avec des bons de séjour à prix réduits dans des sanatoriums et des maisons de repos ; ils avaient à leur disposition des datchas, dont l'entretien et les réparations étaient pris en charge par le gouvernement... Le Comité de contrôle d'État proposait de supprimer tous ces avantages et ceux, encore plus scandaleux, dont bénéficiaient les militaires de haut rang et leurs familles. Il tirait la sonnette d'alarme, signalant que le personnel administratif avait augmenté de 24 % au cours des cinq dernières années (soit 1,4 million de fonctionnaires supplémentaires), ce qui portait le total à plus de 7 millions (rappelons que ce chiffre était seulement celui du noyau dur du réseau ministériel), et la masse salariale à 13 milliards de roubles. Ce taux de croissance était supérieur à celui de l'emploi en général, et l'on aurait pu facilement, en tentant de le ralentir, économiser un milliard de roubles.

Un des secteurs où les personnels étaient les plus surabondants était celui des services d'approvisionnement entretenus par la plupart des ministères. Le Comité de contrôle d'État en donnait des exemples, que l'on ne saurait ignorer si l'on veut comprendre les réalités soviétiques. Les départements et les directions de ces ministères pour « l'approvisionnement des travailleurs », sans compter les personnels des magasins et des cantines, employaient 36 700 personnes, soit une masse salariale annuelle de 40 millions de roubles. Bien souvent, ces services auraient pu être fermés, les magasins et les cantines étant alors approvisionnés directement par le réseau commercial de l'État.

Le Comité central et le Conseil des ministres avaient décrété que le problème de « l'approvisionnement des travailleurs » devait relever d'un système unifié (déjà en cours de constitution), avec l'espoir qu'il coûterait moins cher et serait plus efficace. Mais nombre de ministères refusaient de s'en remettre à d'autres organisations que les leurs et préféraient garder leurs propres canaux d'approvisionnement en nourriture, matières premières et machines, si bien qu'ils continuaient à créer et à entretenir des entrepôts et des bureaux pour le stockage et la vente. Nombre d'entre eux achetaient aux entreprises des matériaux et des produits manufacturés d'intérêt général et les commercialisaient à travers leurs propres réseaux dans d'autres régions ou d'autres républiques. Un exemple : le ministère de l'Industrie chimique, à partir de son service de vente de Sverdlovsk, envoyait à Moscou, Kiev, Leningrad et Donetsk toutes sortes d'équipements et de produits semi-finis, alors que ces articles étaient disponibles dans ces villes, dans les entrepôts des organismes chargés de l'approvisionnement général. Ce système, qui mobilisait des milliers d'employés superflus et débouchait sur de telles irrationalités, était une source inépuisable de plaisanteries – nul besoin de se plonger dans les archives pour les connaître.

Nous reviendrons sur ces questions d'approvisionnement et de commercialisation (les *snaby-sbyty**) à propos d'un de leurs effets pour le moins inattendu. Mais, auparavant, tournons-nous vers les « excès » auxquels le monde administratif se laissait aller, dénoncés comme tels par le Comité de contrôle d'État. En premier lieu, il y avait les « missions » (*komandiro-*

---

* Expression désignant les deux moments du processus : l'approvisionnement (*snab*) en marchandises et leur écoulement ou commercialisation (*sbyt*). (*NdT.*)

vki) à Moscou (un million par an) pour des séminaires ou des conférences, voire, dans près de la moitié des cas, sans aucune raison ni invitation ; elles coûtaient à l'État 600 millions de roubles par an. Le Comité de contrôle d'État proposait de réduire ces déplacements de 30 % (mais, là encore, quelle chance cette proposition avait-elle d'être acceptée ? Aller jouir des plaisirs de la capitale était un privilège des plus recherchés !). Une autre pratique qui avait pris des dimensions inacceptables consistait à envoyer toutes sortes d'intermédiaires (*hodatai i tolkači*) pour conclure des affaires et trouver des matériaux. De façon générale, le Comité de contrôle d'État déplorait le fait que les mesures et les efforts entrepris pour réduire la « mobilité bureaucratique » n'aient donné aucun résultat[30].

Les administrations aimaient s'offrir tous les services et les privilèges qu'elles pouvaient arracher à l'État, mais elles aimaient aussi faire la fête. Après la guerre déjà, en pleine période de pénurie, les hauts responsables n'oubliaient pas de se donner du bon temps. Mais, dans les années soixante, l'alcool coulait littéralement à flots et les fêtes étaient encore plus fastueuses. Personne n'essayait même de prétendre qu'elles avaient quoi que ce fût à voir avec le service de l'intérêt général. L'étalage des bouteilles vides consommées par les fonctionnaires aux frais de l'État parlait de lui-même. Le gouvernement recevait régulièrement des lettres indignées et des dénonciations de ce « train de vie », au point qu'il commença à s'en inquiéter sérieusement. Une campagne à l'échelle de tout le pays contre les dépenses illégales des deniers publics pour des banquets ou des réceptions fut décidée. Des enquêtes de grande envergure furent lancées, révélant l'étendue du phénomène. Tout était prétexte à banquets – anniversaires, jubilés, conférences, visite de quelque personnage important –, lors desquels la vodka, le cognac et les vins étaient généreusement servis aux invités. Les services financiers et de contrôle disposaient de toute une documentation sur ces affaires ; ils savaient parfaitement que les patrons et leurs comptables dissimulaient ces dépenses sous la rubrique « frais liés à la production », et que les ministres et hauts responsables fermaient les yeux. Le Conseil des ministres élabora un projet de décret : les ministères ne pourraient désormais donner de

banquets que dans des cas exceptionnels, après autorisation du
Conseil des ministres (ou du gouvernement local dans les républiques), et l'on ne pourrait plus y servir d'alcool. Les trans-
gressions seraient sévèrement punies et les coupables devraient
rembourser de leur poche les frais engagés.

Le projet de décret était proposé conjointement par le
ministre des Finances (Garbuzov) et par le président du Comité
de contrôle d'État (Kovanov), lesquels avaient d'abord
présenté à leurs collègues du gouvernement un « panorama »
de tous ces excès. En 1968, 6 500 entreprises et services
gouvernementaux avaient fait l'objet d'une enquête (au niveau
central, à celui des républiques et à celui des districts), laquelle
avait révélé que dans plus de mille d'entre eux étaient organisés de somptueux banquets, où l'on consommait d'énormes
quantités d'alcool et régalait de cadeaux les invités d'honneur.
À Iževsk, douze entreprises relevant de différents ministères
avaient dépensé chacune des milliers de roubles en réceptions
et soirées. Entre octobre 1967 et juillet 1968, l'une d'entre
elles avait vidé 350 bouteilles de cognac, 25 bouteilles de
vodka et 80 bouteilles de champagne, pour un coût total de
3 100 roubles. Parfois, les banquets étaient donnés dans des
restaurants, lesquels étaient cités dans le document, avec
l'addition, faisant apparaître clairement le montant des bois-
sons consommées[31].

On voit que l'information ne manquait pas sur le train de vie
des responsables financé par l'argent de l'État, et que les dirigeants cherchaient à y remédier. Mais il y a tout lieu de douter
qu'ils aient obtenu une quelconque satisfaction en ce domaine.
Le décret lui-même permettait l'organisation de banquets dans
certaines conditions (impossible de les interdire complètement), et nous pouvons être sûrs que les autorisations nécessaires étaient accordées. C'était bien dans le style de ce
système où tout se faisait par contacts personnels, échanges de
services, transactions, promotions, etc.

Ce détour était nécessaire pour en revenir à la foule des
« ravitailleurs » (snabžency), pour lesquels les repas au restaurant, les réceptions, les beuveries faisaient partie de la routine.
Il était inconcevable de travailler sans s'offrir ces petits plaisirs
ou sans distribuer les pots-de-vin, et tout le monde le savait. Le
KGB et les procureurs pouvaient raconter à ce sujet des

histoires particulièrement juteuses. Les réunions arrosées n'étaient que le préliminaire à toute une « culture » de la combine, du marchandage, du profit personnel et de la corruption. Les services d'approvisionnement constituaient par excellence le milieu engendrant cette culture et la répandant partout dans l'administration, surtout dans celle qui s'occupait des affaires économiques. À mesure que nous avancerons dans cette enquête, nous découvrirons l'existence de puissants ressorts systémiques qui s'apprêtaient à transformer la scène bureaucratique soviétique en décor d'une pièce tout à fait différente.

Le Gossnab d'URSS. Personnels et activités (1970)

Des institutions comme le KGB et le Gosplan sont connues, au moins de nom, dans le monde entier. Mais, en dehors des spécialistes, personne à l'étranger ne connaît le Gossnab, Comité d'État pour l'approvisionnement matériel et technique, alors que pour les économistes soviétiques et l'ensemble de la classe administrative il constituait le moteur même du système économique. Comme le KGB et le Gosplan, le Gossnab était un organisme supraministériel, dirigé par un économiste et administrateur prestigieux, V. Dymšic, qui avait fait sa carrière au Gosplan. Le Gossnab était censé fournir à l'économie tout ce dont elle avait besoin pour fonctionner. Ses entrepôts, ses dépôts de gare et ses bureaux étaient une sorte de Mecque pour les innombrables *tolkači* (« ceux qui font avancer ») et autres émissaires des différents ministères et unités de production. Ceux-ci venaient s'assurer que le Gossnab leur fournirait bien ce qui leur avait été promis pour la réalisation du Plan. La grande crainte était d'avoir moins que prévu, ou rien du tout, ou trop tard, et, comme le Gossnab était fréquemment en rupture de stock pour toutes sortes d'articles, les *tolkači* étaient chargés d'entretenir les meilleurs contacts avec ses agents et de leur graisser la patte pour obtenir le nécessaire.

Un fournisseur centralisé de cette taille était considéré par les économistes soviétiques comme une contradiction en soi. Même entre des mains compétentes, le Gossnab connaissait, comme toute administration soviétique, des pénuries et des dysfonctionnements. Il était maudit par tout le monde, sauf par ceux qui bénéficiaient d'une priorité d'approvisionnement accordée par le gouvernement (le secteur des armements ou d'autres programmes chers au cœur des dirigeants).

En dépit de son très haut statut dans l'organigramme des institutions soviétiques, le Gossnab devait se soumettre aux mêmes routines administratives que les autres organismes sur les questions de budget, de personnel, d'unités structurelles. La connaissance de toutes ces procédures nous permet de comprendre la nature de cet appareil. La négociation budgétaire avec le ministère des Finances n'était pas des plus âpres, car celui-ci était conscient de la complexité des tâches du Gossnab et de son statut élevé dans la hiérarchie des administrations. Le 8 août 1970, V. Dymšic approuva la liste des personnels du Gossnab et l'envoya au ministère des Finances pour enregistrement, comme la procédure l'exigeait, afin d'obtenir les effectifs et le budget correspondants. Le document précisait le nombre et les salaires des dirigeants, le nombre de spécialistes, les services spécialisés, leur champ d'activités, car tout devait être approuvé par les contrôleurs financiers. Nous apprenons ainsi que le Gossnab comptait 34 unités réunissant 1 302 employés. Parmi eux, on trouvait 286 responsables de haut niveau, dont 10 personnes occupant des fonctions directoriales. La masse salariale mensuelle pour ces 286 postes était de 284 786 roubles. Un tableau à part indiquait le salaire des 10 plus hauts fonctionnaires (de 550 à 700 roubles, sans les avantages en nature), soit un total de 5 300 roubles par mois (sans compter le salaire du chef du Gossnab). À l'autre bout de l'échelle des salaires, on trouvait les employés, qui touchaient 70 roubles par mois, sans aucun avantage en nature.

Comme on l'a dit, la négociation se faisait en douceur. À cette étape, Dymšic était en position de force. Les inspecteurs des Finances acceptèrent les 1 302 postes comme effectif central, tout en essayant autant que possible de faire baisser leur nombre et leurs salaires. Quand Dymšic demandait un salaire moyen de 219 roubles par administrateur (il était de 215 roubles l'année précédente), le ministère des Finances lui en proposait 214. Les représentants des Finances avaient des règles fixes en matière de catégories d'employés (*načal'niki*,

« spécialistes », « hauts spécialistes »), et ils chicanaient sur tout. Mais ils approuvèrent sans difficultés particulières tout ce qui concernait les 10 plus hauts fonctionnaires. Venait ensuite l'examen des activités du Gossnab et de ses départements (outre ses services d'approvisionnement, il possédait des usines, des équipes de construction et des laboratoires de recherche). Les services d'approvisionnement étaient répartis par départements spécialisés : industrie lourde, énergie, métaux, matériaux de construction, etc., à quoi s'ajoutaient un département d'import-export et les services de gestion interne[32].

Une longue page serait nécessaire pour dresser la liste des départements et sections de cet imposant organisme. Il employait 130 000 personnes, ce qui n'était pas excessif compte tenu de sa mission − organiser, en direction de l'appareil productif du pays, le flux continu de tout ce qui était nécessaire à son fonctionnement : machines et équipements, matières premières, combustibles, matériaux de construction et outils, etc. Cet état de fait semble parfaitement naturel, jusqu'au moment où l'on réalise qu'en fait une administration était chargée de reproduire en URSS tout ce que les mécanismes de marché assuraient partout ailleurs. Si le Gossnab avait fonctionné de façon satisfaisante, l'URSS aurait bel et bien été l'alternative au capitalisme qu'elle avait prétendu être à une époque − le Gossnab et le Gosplan auraient alors été les deux cathédrales d'un monde nouveau. Rappelons au lecteur qu'un vrai socialiste comme Trotski expliquait au comité exécutif du Komintern, en décembre 1921, que le socialisme relevait d'un projet à très long terme, et que ceux qui voulaient y parvenir un jour devaient commencer par utiliser les chemins bien tracés de l'économie de marché.

Le fait est que, dans le monde soviétique, aucune autre administration centralisée n'a engendré une telle quantité d'effets secondaires « décentralisés ». Le Gossnab, ce super-fournisseur, était un des grands goulots d'étranglement du système, puisqu'il était la cause et le gestionnaire d'incessantes pénuries.

Rien d'étonnant, par conséquent, à ce que l'ensemble de l'appareil économique ait réagi à ces pénuries et à l'incapacité patente du Gossnab à fournir ce qui était indispensable en se lançant dans toutes sortes de pratiques et de combines, et en se dotant d'un système propre d'approvisionnement (les *snaby*) et de commercialisation (les *sbyty*), à l'instar des ministères et des grandes entreprises industrielles ou autres. Ce monde trouble des *snaby* et des *sbyty* avait acquis sa vie propre au point de devenir une composante centrale de la vie économique et sociale. Aucune étude de la réalité soviétique ne peut se permettre de la passer sous silence, et il importe de ne pas la confondre avec le Gossnab.

« Trouble » est bien l'adjectif adéquat pour décrire cette pléthore d'opérateurs en marge du système officiel, mais il n'en reste pas moins que, si le régime voulait savoir à quoi s'en tenir sur ce point (et même s'il ne le voulait pas vraiment), il pouvait s'en remettre aux services d'inspection, qui procédaient régulièrement à des enquêtes sur le secteur, voire, mieux encore, à l'Office central des statistiques, qui effectua le 1er octobre 1970 un recensement de ces organisations « commerciales ». Bien que celui-ci ne puisse prétendre être complet – il n'inclut évidemment pas les services d'approvisionnement de l'armée –, les chiffres sont impressionnants. Les 11 184 organisations recensées au troisième trimestre de 1970 employaient 722 289 personnes pour une masse salariale de 259 503 700 roubles. L'Office central des statistiques donnait aussi des informations sur les entrepôts, les stocks et les coûts de transport[33].

Ce recensement était incomplet parce qu'il ne tenait pas compte des personnels officieux de ces *snaby-sbyty*. Les proverbiaux *tolkači* figuraient en effet souvent sur les registres du personnel d'autres services administratifs, ou encore dans des emplois plus ou moins fictifs au sein des entreprises. Ils passaient leur temps chez toutes sortes de fournisseurs et disposaient de tous les moyens nécessaires pour « accélérer » ou simplement obtenir l'approvisionnement en moyens de production et biens de consommation, y compris auprès du Gossnab. Car la mission d'approvisionnement était rarement remplie sans un « coup de pouce » en direction des fonctionnaires du Gossnab, ou directement auprès des entreprises qui fournissaient les biens en question – et c'était la fonction des *tolkači*. Leur activité était sévèrement condamnée par le Parti, mais elle était plus florissante que jamais : sans eux, l'économie aurait été totalement bloquée.

Il existait encore une autre dimension que le recensement ne pouvait prendre en compte. Ces intermédiaires pourvus de ressources abondantes étaient fréquemment en rapport avec les trafiquants du marché noir qui grouillaient autour des entrepôts d'usines, où l'on ne tenait pas un compte rigoureux des articles en stock. L'énorme armée d'individus engagés dans les activités des *snaby-sbyty* constituait ainsi un milieu naturel pour la conclusion de toutes sortes d'affaires, et donc pour le développement d'une protoéconomie de marché souterraine, souvent vitale et utile. En tout cas, un aspect surréaliste de la réalité soviétique.

Chapitre VII

« Distinguer la lumière de l'ombre » ?

Gregory Grossman a été un pionnier dans l'étude du phéno-mène appelé la « seconde économie ». D'autres spécialistes, et les Russes eux-mêmes, préfèrent une formule plus mystérieuse : « économie de l'ombre[*] », qui renvoie à une réalité plus vaste et plus complexe que celle du « marché noir », expression égale-ment utilisée. C'est une question épineuse, avec des dimensions économiques, sociales, juridiques et criminelles, et même profondément politiques. Les auteurs russes d'un ouvrage très sérieux, qui connaissent bien les travaux occidentaux sur ce point et s'y réfèrent, ont approfondi le sujet à partir de sources et d'études russes jusque-là inaccessibles[34].

L'économie de l'ombre n'est pas facile à définir, mais les efforts entrepris pour la cerner font pénétrer dans des méandres de l'économie soviétique encore mal connus. Pour certains historiens, ses causes sont à chercher dans le déséquilibre pour ainsi dire permanent entre l'offre et la demande, le déficit en biens de consommation et en services entraînant des pressions inflationnistes. Selon l'économiste hongrois Janos Kornai, la planification bureaucratique génère des pénuries de capital et de biens ; l'économie de l'ombre se présente alors comme un rectificatif partiel des effets de cette camisole de force imposée par une économie de pénurie. Quand les salaires perdent leur pouvoir d'achat, la population est contrainte de trouver d'autres sources de revenus, et beaucoup recherchent une acti-vité supplémentaire, en plus de leur emploi dans l'économie

---

[*] Traduction littérale du terme russe *tenevaja èkonomika*. (*NdT.*)

d'État. Les experts qui ont tenté de mesurer l'étendue de l'économie de l'ombre soviétique pour les années 1960-1990 estiment qu'elle a été multipliée par 18 au cours de cette période : un tiers dans l'agriculture, un tiers dans le commerce et la restauration, un tiers dans l'industrie et la construction. Dans le cas des services, les principales activités de l'économie de l'ombre étaient la réparation des logements et des voitures, les soins médicaux et les leçons particulières à domicile.

I.G. Minervin, qui a contribué au chapitre de l'ouvrage mentionné, utilise des travaux occidentaux et des contributions russes récentes. La majorité des auteurs occidentaux (Grossman, Wiles, Shelley) s'accordent à considérer que le développement d'une économie de l'ombre est inévitable dans les économies socialistes, ce que confirment des études de spécialistes russes plus récentes encore. Mais comment la définir exactement ? Pour certains, elle recouvre toutes les activités économiques qui n'entrent pas dans les statistiques officielles, ou encore toutes les formes d'activité économique qui ont pour objectif le profit personnel et ignorent les dispositions légales. D'autres (des chercheurs occidentaux) considèrent que l'économie de l'ombre était plutôt une « seconde économie » ou un « marché parallèle ». Mais, comme la frontière entre activités légales et activités illégales est souvent difficile à tracer, certains d'entre eux y incluent toutes les activités considérées comme acceptables dans la pratique, mais ne relevant pas de l'économie officielle. C'est ainsi que Grossman place dans la « seconde économie » des activités répandues aussi bien dans le bloc de l'Est qu'en Europe occidentale, telles que la culture d'un lopin ou d'un jardin privé, ou encore la vente du produit de cette culture sur les marchés kolkhoziens – autant d'activités légales en URSS, mais pouvant parfois être associées à des pratiques illégales. La situation était aussi ambiguë dans le bâtiment : utilisation de matériaux de provenance douteuse, pots-de-vin, usage illicite de moyens de transport appartenant à l'État, aide apportée à des personnes privées ou à des pontes du régime pour construire une maison ou une datcha... Même chose encore concernant les innombrables travaux de réparation effectués par des individus ou des équipes privés, licites, semi-licites ou illicites (les deux dernières catégories appartenant à l'économie de l'ombre). Le phénomène avait ceci de particulier qu'il consistait dans la mise en circulation sur des marchés illégaux de marchandises et de services légaux. Les origines et la nature des « affaires » étaient, elles aussi, semi-légales ou illégales. Ces marchés semi-légaux concernaient aussi bien des activités de services non déclarées et non soumises à la fiscalité (location privée d'appartements, soins médicaux, leçons particulières, réparations) que des échanges en nature entre entreprises cherchant à pallier leur incapacité à réaliser les objectifs fixés par le Plan.

La sphère proprement illégale incluait la commercialisation de toutes sortes de biens rares (pièces de rechange, produits de consommation), de produits fabriqués illégalement ou encore volés. Venaient ensuite des activités criminelles, comme le détournement de fonds, la contrebande, le trafic de drogue, etc., interdites partout dans le monde. Mais cette sphère ne représentait qu'une partie de l'économie de l'ombre, la plus dangereuse, jugée inacceptable par bien des personnes engagées par ailleurs dans des activités économiques parallèles.

On doit à l'Américaine Louise Shelley une autre définition éclairante. Elle distingue dans cette « seconde économie » les activités légales et les activités illégales, mais exclut tout ce qui est ouvertement criminel. Le secteur privé légal correspond pour l'essentiel aux marchés où les paysans, mais aussi d'autres personnes, vendent la production des lopins. L'économie illégale, plus vaste, a deux composantes, l'une fonctionnant au sein même de l'économie officielle, l'autre qui lui est parallèle. Les principales activités illégales dans l'économie officielle sont la spéculation sur les biens rares, les pots-de-vin aux gens bien placés, la corruption des professeurs ou des directeurs d'établissements scolaires, la constitution d'équipes envoyées travailler dans la construction, la manipulation des comptabilités et les réponses truquées aux enquêtes, l'ajout d'« âmes mortes » sur les listes du personnel et, pour finir, la constitution d'usines clandestines dissimulées au sein des usines officielles et utilisant leurs matières premières.

L'étendue de l'économie de l'ombre

Aux difficultés de définition de l'économie de l'ombre s'ajoutent celles qui concernent l'estimation de son étendue. Les chercheurs considèrent tous que celle-ci était importante, et qu'elle produisait de grandes quantités de biens et de services. L'Institut de recherche du Gosplan estimait qu'au début des années soixante l'économie de l'ombre concernait moins de 10 % des effectifs moyens annuels d'ouvriers, d'employés et de kolkhoziens, mais qu'à la fin des années quatre-vingt plus d'un cinquième du total des actifs y était impliqué, soit quelque 30 millions de personnes. Dans certains secteurs de services (réparation et construction des maisons, réparation des voitures), elle prenait en charge 30 à 50 % de tous les travaux entrepris, c'est-à-dire plus que les services officiels (estimations de Menšikov). La distillation de vodka à domicile, par exemple – une branche importante –, était difficile à estimer, car production officielle et production clandestine étaient étroitement liées.

Les chercheurs soulignent le fait que l'économie parallèle existe aussi dans le monde occidental, où son développement reflète le renforcement de la réglementation par l'État. Dans le cas soviétique, l'économie de l'ombre peut être considérée comme une adaptation et une réaction de la population face aux contrôles de l'État et aux défaillances de l'économie étatisée.

Au début des années quatre-vingt, l'Institut de recherche du Gosplan propose la classification suivante, probablement la meilleure dans le cas soviétique :

1) l'économie « non officielle », constituée d'activités de production de biens et de services, pour la plupart légales, mais non déclarées, bien qu'assujetties à l'impôt ; elles sont tolérées ;

2) l'économie « fictive » : comptabilités truquées, détournements de fonds, spéculations, pots-de-vin ;

3) l'économie de l'ombre, celle des activités interdites par la loi.

Ce tableau doit être complété par ce que nous avons exposé concernant les *snaby-sbyty*. On obtient ainsi une image plus réaliste des activités économiques, des interactions entre les différents services économiques et les innombrables variétés d'initiatives privées ou semi-privées. Nous aborderons bientôt les implications politiques de cette scène économique complexe.

L'ensemble des échecs et des dysfonctionnements du système bureaucratique – les pénuries phénoménales de biens et de services étaient devenues un trait systémique – poussaient ou forçaient les différentes institutions à chercher des solutions dans des arrangements privés, dans le troc de marchandises ou de matières premières et le truquage des chiffres de la production. Si la perspective d'un profit personnel n'est pas nécessairement l'objectif premier, elle devient progressivement un moteur puissant, surtout au début des années quatre-vingt, quand il apparaît clairement à tout le monde que la direction du pays manifeste peu de zèle à poursuivre les délinquants haut placés. Louise Shelley fait remarquer que, dans les années soixante-dix, 90 % des cadres accusés de violation de la loi s'en tiraient avec une simple réprimande du Parti. Cette indulgence n'échappait pas à l'opinion publique, à tous les niveaux de la société. Elle compliquait considérablement l'entreprise de rationalisation et d'amélioration de la direction à l'échelon central, qui supposait une remise en ordre préalable et une autorité morale retrouvée.

De son côté, la population cherchait tout naturellement à maintenir ou à améliorer son niveau de vie par l'obtention de revenus supplémentaires, alors que le marché des biens de consommation était très défaillant et que l'inflation déclarée ou cachée était forte. Le contraste entre le règne général de la corruption dans l'administration et le rejet par l'idéologie officielle de toute entreprise privée alimentait, sur le plan économique et psychologique, les facteurs qui poussaient à se lancer dans l'économie de l'ombre, voire à participer directement au marché noir.

Certains experts considèrent que l'économie de l'ombre contribuait à la survie du système en corrigeant partiellement ses dysfonctionnements, qu'elle aidait la plupart des citoyens à joindre les deux bouts et que, de ce fait même, elle maintenait le régime en place. Je pense pour ma part qu'il ne faut pas exagérer son rôle positif. Ces mêmes auteurs estiment que ces pratiques développaient dans l'esprit des gestionnaires d'entreprises de nouvelles motivations, qui venaient s'ajouter à celles normalement attachées à leurs fonctions. Mais l'existence de toute une gamme de réseaux parallèles fonctionnant dans l'ombre conduisait certains segments de l'élite soviétique à rompre avec le système officiel et à établir des liens étroits avec l'« élite » non officielle – ces deux élites avaient en fait beaucoup de choses en commun. Les leaders de l'élite non officielle (impliqués dans le marché noir, quand ils n'avaient pas des connexions directes avec les mafias criminelles) conservaient des positions officielles ou maintenaient des rapports étroits avec l'élite officielle, ce qui leur permettait de jouer en arrière-plan le rôle de groupes de pression pour des causes douteuses ou des personnalités peu fréquentables. Ces activités peuvent également être qualifiées de « politique de l'ombre », et on les retrouve partout où de tels groupes sont à l'œuvre.

Le système soviétique garantissait à tous ses citoyens une couverture sociale, un service de santé publique, une éducation et le droit à la retraite, alors que les emplois liés à l'économie de l'ombre étaient pour la plupart à temps partiel et échappaient à toute réglementation. Ainsi, le secteur officiel faisait bénéficier gratuitement le secteur non officiel de ses services, et contribuait de cette façon à la reproduction de la main-d'œuvre de l'économie de l'ombre[35]. R. Rifkina et L. Kosals résument très justement la situation : il n'était désormais plus possible, dans les entreprises, de distinguer les activités légales des activités illégales. C'était la naissance d'un « marché noir et blanc[36] ».

D'aucuns considèrent que, même si le fonctionnement de l'économie, parasité par l'économie de l'ombre, était fort éloigné de celui d'une économie saine, il restait préférable au capitalisme sauvage de style mafieux qui s'est abattu sur la Russie après la chute du système soviétique. En tout état de cause, ce phénomène est une dimension supplémentaire des tendances qui traversaient, conditionnaient, entretenaient et minaient le système soviétique : les ressources que la population pouvait trouver dans les errances de ce dernier font partie du tableau. La faible intensité et la faible productivité de la journée de travail, qui étaient au cœur du « contrat social » entre les travailleurs et l'État, rendaient possibles des occupations parallèles (culture du lopin privé et autres). Ces ressources officiellement ignorées devinrent de plus en plus importantes avec la croissance de l'économie de l'ombre : du complément de nourriture, on passa au complément de revenu grâce aux emplois à temps partiel, accessibles à un nombre de gens toujours plus grand. Dans ces ressources ne figurent pas les activités criminelles, car elles pouvaient conduire en prison...

Les sociologues et le niveau de vie (1972-1980)

Alors que les dirigeants de l'économie étatisée cherchaient le moyen de remédier à une pénurie de main-d'œuvre et à une baisse de la productivité du travail, les sociologues, et notamment les experts en sociologie économique, confirmaient l'importance de l'économie de l'ombre et aboutissaient à des conclusions étonnantes. En dépit des mauvaises nouvelles annoncées par les planificateurs et des signes évidents d'un déclin du système, en ces années de stagnation, le niveau de vie de la population était bel et bien en hausse. La réponse des citoyens à la transformation des conditions économiques engendrait de nouveaux modèles de comportement et de nouvelles valeurs, que les statistiques gouvernementales étaient incapables de prendre en compte.

Les données utilisées par les sociologues venaient de deux sources : des enquêtes conduites dans la ville sibérienne de Rubcovsk (région de l'Altaï), d'abord en 1972, puis en 1980 et 1990, et de celles menées auprès de la population rurale dans la région de Novosibirsk en 1975-1976 et 1986-1987. Les indicateurs du développement à Rubcovsk étaient voisins de la moyenne générale russe des années soixante-dix - quatre-vingt, et ceux de la région de Novosibirsk (une des plus importantes de la Sibérie occidentale) proches de la moyenne inter-régionale russe, si bien que les données recueillies dans ces deux études, menées par des instituts de l'Académie des sciences de Moscou et de Novosibirsk, peuvent être considérées comme donnant une image fidèle de la situation nationale.

On y découvre que les conditions de logement s'étaient améliorées, que l'achat de biens durables avait sensiblement augmenté, que les équipements de loisirs pour les citadins étaient plus nombreux, que la plupart des familles avaient un lopin près de leur habitation ou dans la campagne voisine – même si le nombre des lopins restait insuffisant par rapport à la demande. Un tiers des citadins avait accès à des potagers collectifs. Au cours des vingt années étudiées, les activités de construction s'étaient fortement développées (garages, abris de jardin, datchas). D'une façon générale, les couches les plus démunies de la population avaient vu leurs revenus augmenter, ce qui témoigne d'une dynamique d'ensemble orientée vers un niveau de vie minimal décent. Les différences les plus marquées en matière de niveau de vie, mesurées par la qualité du logement, les revenus, la possession d'une voiture, s'étaient considérablement réduites.

Cela explique pourquoi on observe parmi la population russe d'aujourd'hui une nostalgie paradoxale pour le « bon temps » de la période Brejnev. Ce « miracle » d'une amélioration du niveau de vie alors que l'économie était en plein déclin reposait sur l'existence d'une énergie au travail non mobilisée par l'économie étatisée, de ressources sous-utilisées et d'une abondance d'autres ressources encore à dilapider (le pays était toujours fabuleusement riche). Mais, comme nous l'expliquent les sociologues, cet accroissement du niveau de vie dans les années soixante-dix et quatre-vingt a eu un coût très élevé. Alors que les économistes et les dirigeants cherchaient à accroître le rendement de l'économie et la productivité du travail, à réduire le gaspillage et à utiliser plus rationnellement les ressources, celles-ci étaient l'objet d'une prédation systématique.

La vie quotidienne des années soixante-dix et quatre-vingt allait, tôt ou tard, refléter le déclin de l'économie étatisée, car la charge de travail personnel non payé sur le lopin ou à domicile augmentait. Beaucoup devaient chercher un second emploi, et bien d'autres déclaraient souhaiter en avoir un. Une augmentation similaire de la charge de travail s'observait dans les campagnes, hommes et femmes investissant davantage de temps dans la culture du lopin privé ou dans des travaux à domicile, principale source de revenus complémentaires, qui permettaient d'aider des parents vivant en ville et d'échanger des produits agricoles contre des produits manufacturés.

Cette tendance à l'augmentation de la charge de travail et à la diminution du revenu monétaire s'observe dès les années

1972-1980. Dans les années quatre-vingt-dix, après l'effondrement de l'URSS, le rôle du lopin ou du jardin privé devient vital, celui-ci occupant la plus grande partie de l'activité de nombreuses personnes. Les jardins, lieux de loisirs dans les sociétés urbaines développées, retrouvent leur fonction préindustrielle. Un même recul s'observe dans bien des sphères de l'existence, où les stratégies de survie se traduisent par la dévaluation d'une des plus évidentes réussites des décennies précédentes : l'amélioration du niveau d'éducation, qui devient de moins en moins utile (tendance déjà observable à la fin des années soixante-dix), comme en témoigne la baisse du nombre de ceux qui suivent des cours après leur journée de travail. Les auteurs déplorent la diminution de ce qu'ils appellent la fonction économique et culturelle de l'enseignement supérieur et de la possession de qualifications professionnelles de haut niveau, au profit d'une recherche pragmatique d'avantages matériels. La réduction du temps consacré aux loisirs s'explique par la nécessité de travailler davantage pour joindre les deux bouts en raison des échecs de l'économie étatisée dans les années soixante-dix et quatre-vingt[37].

Force est donc de conclure que l'amélioration du niveau de vie dans les dernières années du régime, bien réelle, n'est nullement un « miracle ». C'est plutôt un mirage, tout comme les joues qui rosissent quand on les pince, le prélude à un lent déclin qui voit la ruine de bien des réussites du passé.

Une privatisation de l'État ?

Tandis que, pour s'en tirer, la population est obligée de démultiplier sa charge de travail, les réseaux dirigeants, surtout au niveau supérieur de la *nomenklatura*, voient leur bien-être s'accroître sans qu'il aient pour autant à travailler plus dur ni à réduire leurs loisirs. Il leur suffit pour cela d'élargir les canaux d'où ils tirent leurs revenus. Il est donc temps de leur consacrer à nouveau toute notre attention.

Notre étude de l'économie de l'ombre a permis de mieux saisir les processus à l'œuvre parmi les responsables de l'administration d'État, notamment avec les *snaby-sbyty*, ces réseaux d'approvisionnement et de commercialisation qui fournissent aux unités de production ce que le système étatisé devrait leur procurer. Leurs activités semi-légales deviennent vite indispensables, bien qu'officiellement désapprouvées, car elles remplissent une fonction vitale pour les entreprises qu'elles ravitaillent dans un contexte de distorsion des mécanismes économiques. Selon cette logique, basculer dans des activités nettement illégales peut se révéler nécessaire, ou en tout cas pas trop difficile. L'existence de réserves (partiellement ou totalement dissimulées) en matériaux, moyens financiers, voire en main-d'œuvre, la croissance des pratiques de marchandage et de lobbying, les vastes possibilités d'action qui s'ouvrent à la frontière de l'économie de l'ombre et du marché noir, tout cela témoigne de l'émergence d'un modèle, et même d'un système, à la fois indispensable et parasite (à l'instar d'un corps qui produirait des pathologies bénéfiques). Dans le comportement des dirigeants d'entreprises, on assiste à l'effacement progressif de la frontière entre propriété d'État et propriété privée. Parallèlement, une autre frontière se dissout : celle qui existe entre d'une part les revenus et les privilèges accordés officiellement aux hauts responsables, et d'autre part les possibilités considérables qu'ils ont de les augmenter en utilisant à leur profit personnel la position qu'ils occupent dans la hiérarchie de l'État. Et cette voie mène à des enjeux encore plus substantiels dans le comportement des responsables des institutions et des entreprises. En effet, c'est une chose que de chercher à tirer de l'État de plus en plus d'avantages en nature, c'en est une autre que de ne plus se contenter de ces avantages et de chercher à accumuler des richesses. Des réseaux existent désormais à cet effet au sein de l'économie étatisée à travers les différentes manifestations de l'économie de l'ombre, mais aussi à travers le « marché noir », qui lui-même s'ouvre sur des filières directement mafieuses. Toutes ces variantes, en particulier les dernières, sont florissantes sous Brejnev, comme jamais dans l'histoire soviétique.

En nous plaçant dans une perspective historique plus large, il est possible de distinguer des transformations politiques plus importantes en fonction des positions successives qu'a occupées la bureaucratie dans le système et des effets que ces changements de position ont eus, historiquement, sur le régime tout entier. Une fois libérée des rigueurs et des horreurs du stalinisme, la classe administrative est passée à un niveau supérieur et est devenue la codirigeante de l'État. Mais elle ne s'est pas arrêtée là : les couches supérieures de la bureaucratie ont commencé à s'approprier l'État en tant que représentant collectif de ses intérêts, et elles en avaient une conscience aiguë. Les responsables à la tête des ministères ou d'autres services se désignaient comme les « chargés d'affaires de l'État ».

L'autobiographie de Zverev, qui a été ministre des Finances sous Staline et après lui, fournit une bonne illustration de cette image de soi que véhiculaient les hauts responsables de l'administration. Admirateur invétéré de Staline, il mentionne à peine le Parti : le fait d'en être membre est considéré comme une évidence, une simple formalité. Pour qu'on en arrive à une situation pareille, il a bien fallu que le Parti connaisse une transformation, comme nous l'avons vu dans la première et la seconde parties. Devenu lui-même un appareil administratif et une hiérarchie, le Parti non seulement s'est retrouvé dans une dépendance totale, mais a fini par être complètement absorbé par la classe des hauts responsables de l'État dont nous venons de parler, ce qui a permis à cette dernière de franchir une nouvelle étape dans son « émancipation » : désormais, elle existait comme une classe administrative qui, soumise formellement à toutes sortes de règles, était en fait incontrôlable et débarrassée de toutes entraves. Elle commença à s'attaquer au sacro-saint principe de la propriété de l'État sur l'économie. Les processus spontanés que nous avons mis en lumière vidèrent de tout contenu une série de principes idéologiques et politiques. Le plus important d'entre eux, celui de la propriété étatique des richesses et des moyens de production, connut une lente érosion qui ouvrit la porte, dans un premier temps, à la constitution de véritables fiefs au sein des ministères, et, dans un deuxième temps, à la privatisation de fait des entreprises par les directeurs. Il faut appeler les choses par leur nom : au sein de l'économie étatisée, un protocapitalisme était en voie de formation.

Ce point a été mis en avant de façon très pertinente par Menšikov, un économiste que nous avons déjà cité à propos de l'économie de l'ombre[38]. Il accorde une attention particulière aux secteurs illégaux au sein de l'économie étatisée, secteurs

qu'il appelle « l'économie de l'ombre intérieure » et qui exerçaient une forte influence sur l'économie officielle. Ce puissant secteur n'a pu se développer que grâce à une division des
fonctions de propriété et de gestion : d'un côté, la gestion
privée du capital social des entreprises d'État, de l'autre, une
appropriation privée des résultats de l'utilisation de ce capital.
Il était formé non seulement par ceux qui opéraient à l'intérieur
de l'économie de l'ombre, mais aussi par les directeurs officiels des entreprises, en étroite connivence avec les membres
les plus haut placés de la *nomenklatura*. Tous ces personnages,
écrit Menšikov, ont joué un rôle important quand le capitalisme qui sortait par les pores de la planification centrale est
devenu une force décisive et puissante qui a fait éclater le
système. C'est ainsi que la *nomenklatura*, propriétaire souter-
rain, est devenue propriétaire au grand jour.

Cette interprétation montre les conséquences inévitables du
phénomène de grande ampleur qu'a constitué la mainmise des
hautes strates de la bureaucratie sur la totalité du pouvoir
d'État, et par conséquent sur l'économie. Le principe soviétique selon lequel tout appartient à l'État (le pilier central de
tout le système) a été progressivement subverti, préparant le
terrain pour le passage d'une quasi-privatisation à une privatisation au sens plein.

Le lecteur comprend désormais pourquoi il a fallu entrer
dans le détail des *snaby-sbyty* : c'étaient les « termites » qui
participaient à l'accomplissement de cette tâche. On ne s'éton-
nera donc pas qu'au moment de la perestroïka ces services de
bureaux-dépôts-entrepôts d'approvisionnement aient été les
premiers à se déclarer « entreprises privées » et à prendre un
statut ouvertement commercial. Cela allait apparemment dans
le bon sens, si ce n'est qu'ils privatisaient un bien qui ne leur
appartenait pas. Or le premier principe de l'économie de
marché est que, si l'on veut acquérir des biens, il faut les payer.
Non pas que le vol n'ait jamais été, et ne soit pas encore,
présent dans les économies de marché à l'Ouest, mais il est
normalement considéré comme un délit relevant du droit
pénal. Tout le monde sait à quel point, dans les réformes entreprises après la chute du régime, privatisation et activités criminelles ont marché la main dans la main, en l'absence de toute
loi répressive.

Mais notre étude ne porte pas sur la perestroïka. Nous traitons de la période dite « de stagnation », au cours de laquelle les principaux piliers du système sont en pleine décomposition. L'économie a non seulement perdu toute dynamique, mais elle produit avant tout du gaspillage. Que fait donc le Gosplan ? Son collège (la réunion des hauts responsables) semble être d'accord avec les conclusions de son institut de recherche, qui discerne dans l'économie un processus fatal : les tendances extensives l'emportent sur les tendances intensives. En 1970, il publie une déclaration au ton très serein (pas un seul mot alarmiste n'y figure), où il formule un diagnostic qui glace le sang, ainsi qu'un pronostic : les projections du huitième plan quinquennal (1971-1975) reposent sur de graves disproportions. Cela aura pour conséquence le fait que « les indicateurs de base vont ralentir, se dégrader ou stagner ». La raison en est que les indicateurs d'efficacité très bas sur lesquels reposent les calculs conduisent à un double déséquilibre : entre les ressources de l'État et les besoins de l'économie du pays d'une part, et entre les revenus monétaires de la population et la production de biens de consommation d'autre part (cette remarque laisse supposer qu'une première version de ce plan respectait ces proportions et ces équilibres). D'où la crainte d'une détérioration de la circulation de la monnaie et des biens commercialisables au cours du neuvième plan : on doit s'attendre à ce que le rôle stimulateur des salaires dans l'élévation de la productivité du travail et des autres méthodes de gestion économique aille en s'affaiblissant. Tout se passe comme si ce rapport affirmait en fait que le huitième plan planifie une détérioration de l'économie au cours du plan suivant. En d'autres termes, les économistes soviétiques sont parfaitement conscients de la pente glissante sur laquelle s'est engagée l'économie[39].

La « stagnation » se caractérise par l'impossibilité de tirer quoi que ce soit de la bureaucratie et par l'absence de volonté et d'idées au sommet pour stopper la décomposition du système. Tout effort en vue de réduire l'hypertrophie de la bureaucratie ou de lui imposer un changement de comportement est une bataille perdue d'avance. Après la disparition de Staline, les nouvelles règles du jeu, qui consistaient en « marchandages » entre les services gouvernementaux et les instances supérieures du gouvernement formées par le Politburo et le Conseil des ministres, ont permis à la bureaucratie de devenir un mastodonte, qui non seulement est le véritable maître de l'État, mais s'y constitue des fiefs sous les yeux de l'appareil du Parti, réduit au rôle d'un simple spectateur qui n'a d'autre horizon que de devenir lui-même un fief parmi d'autres.

Le diagnostic est simple : le système est malade, la bureaucratie se porte comme un charme. Pour celle-ci, réformer l'État signifie se réformer elle-même : personne ne peut l'y forcer, et pourquoi le ferait-elle spontanément ?

Il était impératif de résoudre le problème de la pénurie croissante de main-d'œuvre et de stopper le déclin économique en augmentant fortement la productivité du travail. Mais ce dernier point, à lui seul, exigeait une révolution, le passage à un modèle d'économie mixte, qui n'était concevable que si certaines conditions politiques étaient réunies – et ces conditions, elles aussi, représentaient une révolution. Les réformes technologiques et économiques étaient indissociables de réformes politiques. La machine du Parti devait être dessaisie du dernier pouvoir qu'elle détenait encore : celui d'interdire tout changement. Un soulèvement des masses contre les institutions politiques aurait permis d'y parvenir, mais il ne se produisait pas ; l'autre solution était une réforme de l'intérieur, qui s'attaquerait en premier lieu au Parti. Seule une force politique revitalisée pouvait contraindre la bureaucratie à opérer le passage à une économie mixte, en exerçant sur elle une pression par en haut et par en bas, et en la menaçant clairement d'une expropriation totale. La mise en place d'un système transitoire permettrait de préserver un niveau de vie minimum, d'éviter l'effondrement de l'économie et d'ouvrir les portes à l'initiative économique des individus et des groupes. La tâche suivante consisterait à redonner aux citoyens le droit de décider politiquement de leur destin. Puisque rien de tout cela n'a eu lieu, quel est l'intérêt de l'évoquer ? me direz-vous. Pour une raison méthodologique simple : mieux faire comprendre ce qui s'est passé.

Les dimensions politiques du système, sur lesquelles nous en savons déjà beaucoup, doivent retenir une fois encore notre attention. L'érosion des systèmes politiques et de la capacité des groupes dirigeants à gouverner et à agir est un phénomène relativement fréquent dans l'histoire. Chaque cas est une combinaison de traits généraux et de caractères particuliers. Les observateurs détectent ces érosions lorsqu'ils constatent qu'un système reste englué dans les schémas de ses réussites antérieures, un peu comme ces généraux qui s'accrochent aux stratégies de leurs victoires passées. Un tel scénario resurgit périodiquement dans des circonstances différentes, et on l'observe régulièrement dans les régimes en déclin. Les hommes politiques et les analystes du politique devraient toujours l'avoir à l'esprit, même dans le cas de régimes apparemment prospères. Et quand un observateur constate qu'un système tolère, voire propulse au sommet, des conservateurs incapables, alors qu'il faudrait une direction énergique, il est en droit de penser que l'heure du requiem n'est pas bien loin.

Le système soviétique a connu des réussites, même si c'était de manière tronquée, lorsqu'il a répondu à l'appel de l'histoire en mobilisant ses richesses et l'immense majorité de sa population. Un penseur dépourvu de la moindre envergure, Boris Eltsine, a déclaré que le système soviétique n'était qu'une expérience qui avait fait perdre son temps à tout le monde. C'était sûrement vrai de ses propres activités, aussi bien quand il était le patron du Parti à Sverdlovsk que quand il exerçait au Kremlin les fonctions de président de la Fédération de Russie... Mais sa remarque n'est qu'un bavardage creux, répété à l'envi, qui ignore les réalités historiques. J'ai consacré bien des pages à décrire la décomposition du système, car c'est une réalité historique à étudier, mais cela ne signifie pas pour autant que l'ensemble du bilan historique doit être envisagé sous cet angle. Le système soviétique a sauvé la Russie de la désintégration en 1917-1922, il l'a sauvée à nouveau, et avec elle l'Europe, d'une domination nazie qui se serait étendue de Brest à Vladivostok (difficile d'imaginer ce que cela aurait signifié pour le monde !). À ces succès il faut ajouter d'autres réussites mesurées à l'aune des critères qui, au XXe siècle, définissent un pays développé : la démographie (au moins jusqu'aux années soixante-dix), l'éducation, la santé, l'urbanisation, la place accordée à la science – tout un capital que les piètres réformateurs des années quatre-vingt-dix ont largement dilapidé. Alors pourquoi un tel échec ? Tous les changements sociaux qui ont permis au pays d'avancer dans le siècle ne représentaient que la moitié du travail. L'autre, la construction de l'État, a suivi une direction erronée. Aussi, lorsque les circonstances historiques ont changé (y compris grâce aux énergies que le régime a su mobiliser), l'URSS s'est trouvée confrontée à une contradiction fatale : la sphère du social explosait littéralement, le monde politico-bureaucratique était en voie de glaciation. Ce tournant correspond à ce que j'ai appelé « la seconde émancipation de la bureaucratie », qui a vu dans son ultime étape l'absorption de fait de l'appareil du Parti par les cohortes ministérielles. Ce processus comportait par ailleurs une autre dimension, déjà évoquée. L'économie soviétique et la totalité des richesses nationales étaient formellement possédées par l'État, et les administrations n'étaient là que pour servir. Mais qui était le véritable propriétaire ? L'idéologie et la pratique des nationalisations venaient des conceptions du Parti sur l'édification d'un système supposé socialiste. Il lui appartenait d'assumer la responsabilité de l'intégrité du système, dont le cœur était précisément le principe de la propriété d'État. Mais l'énorme machine bureaucratique qui gérait les « richesses » a imposé sa propre conception de l'État et s'est érigée en représentant exclusif de celui-ci. Elle a prétendu être sur un pied d'égalité avec l'appareil du Parti, voire occuper la première place. L'autre versant de ce processus a vu l'appareil du Parti se dissoudre, socialement et politiquement, dans la bureaucratie d'État pour former avec elle un seul bloc. Le Parti déclarait toujours conserver une position dominante, mais, dans les faits, les directions bureaucratiques dans les ministères et les entreprises étaient devenues les maîtres du pays. Peu importe que la Constitution ait continué à proclamer qu'il en était autrement. Les cellules du Parti implantées dans les ministères et les entreprises ne servaient à rien (une opinion largement répandue parmi les responsables économiques), et ses instances centrales ne faisaient que reproduire ce que le Conseil des ministres et les ministres eux-mêmes avaient entrepris. Une organisation politique ne se justifie que si elle accomplit un travail politique ; à partir du moment où elle se contente de répéter ce qui se décide ailleurs, son existence n'a plus de sens.

Le processus sous-jacent à ces métamorphoses correspond à ce que j'ai appelé la « dépolitisation du Parti » (déjà pleinement réalisée par Staline). Le rôle du Parti a changé après que sa fonction de direction politique a été profondément entamée par son autodissolution dans le milieu bureaucratique. Une formulation possible consiste à dire que le Parti et ses dirigeants ont été expropriés et remplacés par une hydre bureaucratique, formant une classe qui détenait le pouvoir. Toute volonté politique était désormais paralysée. Le sommet de cet État centralisé à l'extrême a bloqué toute tentative déclarée de réforme, considérée comme inacceptable par les différentes composantes de la bureaucratie. Les chefs du Parti n'étaient plus en mesure de s'opposer à cette dernière. Bien au contraire, les privilèges de ceux qui représentaient les piliers du régime croissaient sans la moindre retenue, leur bien-être était la seule chose qui comptait. Plus grave encore, quand la volonté politique tombe aussi bas, les illégalités et un fort degré de corruption sont largement tolérés. Les périodes de stagnation et de déclin encouragent les privilégiés à se livrer à des pratiques fortement répréhensibles – une autre façon de s'approprier le gâteau.

La perte de vitalité du système politique – la « dépolitisation » – n'est pas une exclusivité soviétique, même si l'exemple de l'URSS fait figure de classique du genre. Les racines d'un tel phénomène peuvent être fort diverses. Il se produit notamment quand les services de l'administration se transforment en groupes de pression pour des intérêts qu'en principe ils ont pour mission de surveiller au nom de l'État. C'est ainsi qu'à l'Ouest l'appareil d'État en tant que tel ou certaines de ses composantes, mais aussi des groupes importants d'élus, peuvent agir de façon à défendre de puissants intérêts économiques. Le processus politique fonctionne à l'envers : au lieu d'être une entreprise qui pense et sert les intérêts nationaux et internationaux et définit les agendas correspondants, il s'est transformé en un ensemble de manœuvres et de manipulations au service des intérêts de certains individus ou groupes privés.

Nous sommes maintenant en mesure d'apporter une réponse à la question que nous avons soulevée à plusieurs reprises : une bureaucratie peut-elle être contrôlée par une autre bureaucratie ou par elle-même ? Notre réponse est catégorique : c'est non. Un tel contrôle est du ressort exclusif des responsables politiques du pays et des citoyens. Il appartient à ceux-ci de définir les tâches et les moyens spécifiques à mettre en œuvre pour assurer un tel contrôle. Cette capacité, la direction de l'URSS l'a perdue, ce qui a conduit à une série de paradoxes : le Parti était « dépolitisé », l'économie bureaucratisée était gérée et contrôlée par une bureaucratie plus attentive à conserver son pouvoir qu'à faire progresser la production, plus soucieuse de préserver de confortables routines que de développer la créativité et l'innovation technologique. D'où une autre série de paradoxes : une « économie souffrante », mais une « bureaucratie épanouie », qui prospérait dans l'indolence ; les privilèges des bureaucrates augmentaient, mais les performances du système se dégradaient ; les investissements croissaient, mais la croissance dégringolait ; le nombre des personnes formées et compétentes était en forte hausse, mais le régime, incapable d'accepter l'existence de talents indépendants, les excluait... Bref, une véritable formule magique pour que le système cesse de fonctionner...

Tous les phénomènes et les processus qui se déroulaient au sommet avaient des répercussions dans la population, qui voyait que les usines et les autres richesses nationales appartenaient à la fois à tout le monde et à personne, que les « patrons » y pullulaient, mais qu'aucun ne se conduisait de manière responsable. C'est ce qui explique que l'arrivée d'Andropov au poste de secrétaire général et la dynamique nouvelle qu'il insuffla aussitôt au Politburo aient été si bien accueillies dans presque toutes les couches de la société : le pays avait enfin un « patron » (*hozjain*). La tâche qui l'attendait était colossale : il devait surmonter les effets d'un processus lancé par Staline, qui avait consisté à priver le Parti de tout droit politique. La tendance n'avait pas été inversée après la mort du chef suprême : le Parti restait une organisation dont les membres n'avaient aucun droit, et les dirigeants se trompaient eux-mêmes en affirmant que la politique était leur affaire. Ils restaient sans voix et paralysés face à une administration qui avait cessé de les écouter. Il fallait reconstruire un parti qui réponde à l'appel de ses dirigeants à engager des réformes : face à une direction décidée, prête à mobiliser sa base, la bureaucratie récalcitrante avait peu de chances de l'emporter. Apparemment, Andropov se préparait à répéter la célèbre phrase de Lénine en mai 1917. À la question : « Quel parti aura le courage de prendre le pouvoir seul ? », Lénine avait répondu : « Un tel parti existe », ce qui avait fait s'esclaffer tous les antiléninistes.

Je caractérise le régime soviétique comme un « État sans système politique », c'est-à-dire un squelette puissant, mais sans chair. Cela aurait dû être compris (et, apparemment, cela le fut par certains) et inspirer une série d'initiatives visant à créer progressivement les éléments manquants : plus de liberté pour la recherche, l'information, les discussions et les syndicats, recréation (ou repolitisation) du Parti. Relancer la vie politique interne au Parti (qu'il s'agisse des fractions, du programme, des courants d'opinion, des statuts), comme Osinskij-Obolenskij le recommandait dans la *Pravda* en 1920, tel était le programme que mettait en place Andropov 62 ans plus tard, un an avant de succomber à la maladie.

Le fardeau de l'histoire

Ce qui est arrivé au système soviétique depuis la fin des années soixante marque la réapparition de toute une série de traits qui avaient accablé la Russie des tsars pendant des siècles et dont elle n'avait jamais réussi à se débarrasser. Comme si le pays ployait sous un fardeau historique, que l'on croyait sorti du champ de l'histoire et qui pourtant resurgissait... L'ancienne Russie, où le développement de l'État et de son pouvoir avait toujours précédé les progrès de la société, avait fini par trébucher : le système politique s'était bloqué et avait stoppé toute dynamique économique et sociale. Et voilà que le même scénario se reproduisait – au cours du même siècle.

L'essor et la chute du système soviétique sont parfaitement résumés par le destin de la station orbitale Mir : au départ elle constitue une percée technologique sans précédent dotée d'une survie exceptionnellement longue, mais elle est victime de défauts de fabrication et de dysfonctionnements permanents ; elle est sans cesse réparée grâce à de véritables miracles dus à l'incroyable ingéniosité des experts chargés de son fonctionnement (qui me rappellent ces conducteurs de camions russes pendant la guerre, qui réussissaient à réparer leur véhicule en remplaçant ou en rattachant les pièces manquantes ou cassées avec des lacets de chaussure !). Et tout cela se solde par un plongeon bien dirigé dans l'océan, sans causer de dommage à quiconque.

Mais, inversement, il vaut la peine de rappeler au lecteur ce qui ne s'est pas produit. La Russie poststalinienne n'a pas connu le supercontrôleur, omniprésent et omniscient, prédit par certains écrivains. Si la dictature avait été « fidèle » à elle-même et avait produit un totalitarisme « décent », elle aurait duré pour l'éternité. Les terrifiantes fantasmagories littéraires (dont certaines ont été écrites quand la chimère se déchaînait et que l'horreur régnait effectivement) ont eu lieu *et* n'ont pas eu lieu : Zamiatine, Huxley, Orwell prophétisaient qu'un pouvoir monopolistique asservirait totalement les êtres humains et les transformerait en rouages numérotés d'une énorme machine. Mais l'histoire, en dépit de ses pages sombres, a évité ce terrible piège. En réalité, quelles qu'aient été la politique et l'idéologie du régime, des processus historiques étaient à l'œuvre, et l'on passe totalement à côté d'eux quand l'étude se limite au régime, voire, dans une de ses variantes, à la seule dénonciation du régime. Ce à quoi nous avons assisté, c'est la réapparition tout à fait singulière de traits qui ont pesé très lourd sur le destin de la Russie dans le passé.

Quand je parle du « retour du fardeau historique », c'est par référence aux tendances historiques longues (plusieurs siècles) qui, après avoir été bénéfiques à la Russie, l'ont ravagée. L'historien russe Soloviev voyait dans le processus historique de la colonisation russe – des petits groupes d'hommes migrant vers d'immenses territoires – un trait caractéristique de l'histoire de la Russie, qu'il qualifiait de « diluée[40] ». En d'autres termes, cette histoire est une expansion quantitative dans l'espace, ce qui rend à chaque fois très difficile le passage à un mode de fonctionnement qualitatif, c'est-à-dire intensif et en profondeur. On avait pu croire un temps que le régime soviétique avait surmonté cet ancien handicap. Mais voilà qu'à son crépuscule, alors que presque tous les signes de vitalité disparaissaient, il se trouvait de nouveau atteint du syndrome de l'expansion quantitative, qui laissait présager l'inévitable épuisement de ses ressources économiques, sociales et poli-tiques. L'extraordinaire élan du développement soviétique avait modernisé, mais aussi perpétué un mode de développement extensif, et les experts du Gosplan en étaient tristement conscients. Notons que cette tendance de l'histoire russe à se « diluer » est loin d'avoir disparu.

Toutes ces remarques, encore une fois, méritent un bémol. Ce développement extensif, orienté vers la quantité, était, paradoxalement, présent dans la vigoureuse mobilisation stalinienne qui a permis la victoire de 1945, la survie de la Russie et celle de l'Europe. En d'autres termes, la traditionnelle impulsion venue d'en haut, de l'État, était capable d'accomplir bien des choses, mais ces exploits gérés par l'État avaient des limites, et ils n'ont pu jouer à plein que dans la phase de transition d'une civilisation purement rurale à une civilisation de plus en plus urbaine.

L'historien russe Kliučevskij (mort en 1911), irremplaçable dès lors qu'il s'agit de réfléchir sur le passé de la Russie et ses fardeaux, a suggéré qu'un pays aussi immense était presque impossible à diriger et qu'il serait très difficile de modifier sa trajectoire historique. Kliučevskij n'était pas un fataliste : il constatait l'existence d'un « fardeau », et celui-ci n'a toujours pas été allégé.

Chapitre VIII

Qu'est-ce que le système soviétique ?

Deux erreurs fréquentes ont gêné et gênent toujours la réflexion sur l'URSS, et il convient de les dissiper avant de se demander ce qu'était le régime soviétique. La première consiste à confondre l'anticommunisme avec une étude de l'Union soviétique. La seconde, qui est une conséquence de la première, est de « staliniser » l'ensemble du phénomène, comme s'il n'avait été qu'un goulag du début jusqu'à la fin.

L'anticommunisme, tout comme ses ramifications, ne relève pas de la recherche. C'est une idéologie qui se fait passer pour une étude : elle ne colle pas aux réalités de l'« animal politique » en question, et l'étendard de la démocratie a couvert des entreprises qui utilisaient le régime autoritaire (dictatorial) d'en face pour, paradoxalement, légitimer des causes conservatrices, ou d'autres plus douteuses encore. Aux États-Unis, le maccarthysme ou le rôle particulièrement subversif joué dans la politique américaine par Hoover, le très puissant directeur du FBI, s'appuyaient l'un comme l'autre sur l'épouvantail communiste. Les manœuvres peu reluisantes de certains membres de la droite allemande pour blanchir Hitler en mettant en avant Staline et ses atrocités relèvent de cette utilisation abusive de l'histoire. L'Occident, dans sa défense des droits de l'homme, s'est montré fort indulgent envers certains régimes et très sévère envers d'autres (sans parler de ses propres violations de ces mêmes droits). Cela n'a pas toujours servi son image et, en tout cas, n'a certainement pas contribué à une bonne compréhension du monde soviétique et d'autres phénomènes importants qui lui sont associés.

David Joravsky[41] s'est montré particulièrement dur et caustique dans sa critique des méthodes employées par l'Occident pour embellir son image, comme si la célébration de l'économie de marché, de la défense des droits de l'homme, de la démocratie et des libertés par les « anticommunistes » pouvait permettre de « comprendre » l'URSS. Quant au « modèle totalitaire », historiquement inadéquat et purement idéologique, il vise à camoufler les pages sombres de l'histoire de l'Occident (à commencer par les horribles massacres dont la Première Guerre mondiale a marqué le point de départ) et passe allégrement sur les contradictions et les faiblesses de ces régimes démocratiques et les méfaits d'une politique impérialiste, toujours d'actualité. Joravsky a également dénoncé les contradictions et les échecs de la social-démocratie allemande : son abandon de la lutte des classes, salué avec enthousiasme, et sa conversion à des pratiques supposées démocratiques n'ont eu d'autre effet que d'émasculer ce parti et d'en faire l'auxiliaire et la victime de régimes obscurantistes qu'il n'était pas prêt à combattre.

Cet appel réaliste et de bon sens à cesser de passer sous silence les nombreux échecs de la civilisation occidentale et ses crises terrifiantes (un silence qui permet surtout de noircir encore plus le tableau de l'autre camp) est aussi un appel à redonner sa dignité à la recherche et à reconnaître cette réalité incontournable : « l'autre camp », si singulier qu'il ait été et si marqué par ses propres traditions historiques *sui generis*, était lui-même un produit de la crise de la civilisation dominée par l'Ouest et par son système impérialiste mondial.

Où placer le système soviétique dans le grand livre de l'histoire ? La question est d'autant plus complexe qu'il a existé sous deux versions, si ce n'est trois (sans parler de la guerre civile, où il n'était qu'un camp militaire).

Cette question, nous l'avons déjà posée à propos de la période stalinienne, et nous avons proposé une réponse. L'histoire de la Russie est un remarquable laboratoire pour étudier certaines variétés de systèmes autoritaires et leurs crises jusqu'à nos jours. Aussi, nous allons reformuler la question en la centrant sur le système soviétique après la mort de Staline. Était-ce un système socialiste ? Absolument pas. Le socialisme, c'est quand les moyens de production sont la propriété de la société, et non d'une bureaucratie. Le socialisme a toujours été conçu comme un approfondissement de la démocratie politique, et non comme son refus. Persister à vouloir parler du « socialisme soviétique » est une véritable « comédie des erreurs » ! On est en droit de s'étonner du fait que le débat sur le phénomène soviétique ait été et soit toujours mené en ces termes. Si quelqu'un, mis en présence d'un hippopotame, déclare avec insistance qu'il s'agit d'une girafe, va-t-on lui donner une chaire de zoologie ? Les sciences sociales seraient-elles à ce point moins exactes que la zoologie ?

Toute cette confusion vient du fait que l'URSS n'était pas capitaliste : l'économie et les autres richesses du pays étaient propriété de l'État et, dans les faits, de ceux qui le dirigeaient au sommet. Il s'agit là d'une dimension cruciale, qui conduit à placer le système soviétique dans la même catégorie que les régimes traditionnels, où la possession d'un vaste patrimoine territorial donnait le pouvoir sur l'État. Ce processus historique est à l'œuvre dans la formation de la Moscovie et de sa monarchie autocratique. Elle aussi disposait d'une bureaucratie influente, mais c'était le souverain, et non sa bureaucratie, qui avait le pouvoir absolu. Dans le cas soviétique, c'est la bureaucratie qui, en dernière analyse, a acquis collectivement un pouvoir incontesté qu'elle ne partageait avec personne d'autre. Cet « absolutisme bureaucratique », cousin des anciens « despotismes agraires », était beaucoup plus moderne que celui du tsar ou de Staline, mais il appartenait encore à la même *espèce*, surtout si on ajoute le contrôle politique des citoyens par l'État.

Cet argumentaire implique également que l'État bureaucratique soviétique, malgré ses innovations révolutionnaires à la fois dans la terminologie et dans le recrutement de son personnel, issu des classes inférieures, était l'héritier direct de bien des anciennes institutions du tsarisme, et qu'à ce titre il était inévitable qu'il se situe dans la continuité de la tradition tsariste de construction de l'État. Cela tenait pour une large part au fait qu'après la Révolution les services rouverts sous les auspices des soviets n'ont pu fonctionner qu'avec le concours des fonctionnaires du régime défunt. Lénine lui-même avait déclaré, en le regrettant, que des sections entières de l'administration tsariste restaient en fonction sous le nouveau régime et qu'il en résultait une continuité historique bien supérieure à tout ce qui avait été prévu avant Octobre. De fait, le nouveau régime devait faire ses classes dans le domaine des finances, des affaires étrangères, des affaires militaires, des services de renseignement, et il était contraint de recourir non seulement à l'expertise de quelques spécialistes, mais aussi à l'expérience de services gouvernementaux au grand complet, qui sur bien des points continuaient d'agir selon les méthodes qu'ils avaient apprises. Les anciens corps de fonctionnaires ne pouvaient pas être remplacés ou changés en une nuit. Un nouvel État avait été créé, mais ses fonctionnaires étaient toujours ceux de l'ancien régime, et Lénine se demandait comment les faire travailler mieux[42]. Une telle continuité de pratiques et de traditions héritées du passé était inévitable, d'autant plus que les effectifs s'évaluaient à quelques dizaines de milliers d'individus, et que les traditions dans ces institutions de l'État sont particulièrement tenaces. Les nouvelles autorités ne savaient pas comment procéder. En fait, elles n'avaient d'autre choix que de reprendre les institutions en l'état, changer quelques détails et les laisser travailler comme elles en avaient l'habitude.

Le système soviétique a fini par ériger un État bureaucratique assez « classique », gouverné par diverses hiérarchies pyramidales. Il n'y avait donc pas de réelle nécessité, une fois passée la période de ferveur révolutionnaire, de prendre ses distances par rapport aux modèles antérieurs, sauf, peut-être, dans le cas des institutions qui n'avaient pas d'équivalent sous le tsarisme. De plus, chaque fois qu'un nouveau service devait être créé, une commission spéciale était nommée pour veiller à son organisation, et très vite s'est installée la pratique consistant à demander à un spécialiste de l'administration ou à un bureaucrate chevronné d'étudier la façon dont un service analogue fonctionnait sous le régime tsariste. Quand il n'y avait pas de précédent, on se référait aux modèles occidentaux.

Le recours aux précédents historiques est partout une chose naturelle, mais, dans le cas de l'URSS, il a pris une dimension particulièrement nette. La Russie de Staline a effectivement adopté quasi officiellement les principes idéologiques de l'État tsariste, et même si la pratique proprement stalinienne consistant à arborer les vieux symboles nationalistes a été abandonnée après sa mort, le modèle bureaucratique soviétique a conservé de nombreux traits de son prédécesseur tsariste, abstraction faite de l'habillage idéologique. La tradition poursuivie définit l'essence même du système : un absolutisme représentant la hiérarchie bureaucratique sur laquelle il était fondé. Même la fonction apparemment « neuve » de secrétaire général rappelait à plus d'un titre l'image du « tsar, maître du pays ». Certes, la symbolique et les scénarios des manifestations publiques du pouvoir n'étaient pas identiques, mais les cérémonies imposantes des régimes tsariste et soviétique participaient d'une même culture, où les icônes occupaient une place de choix : ces manifestations visaient à donner une image de puissance et d'invincibilité, qui n'était parfois qu'une façon de dissimuler, de faire oublier ou encore d'exorciser une fragilité interne. Mais les successeurs des tsars auraient dû savoir, surtout au crépuscule de leur régime, que les crises systémiques et les effondrements faisaient aussi partie de leur répertoire historique.

Comme la construction d'un État fort était, depuis la fin des années vingt, au centre de tous les efforts, le problème de sa désignation se posait. Finalement, après avoir rejeté certains emprunts par trop choquants faits par Staline au tsarisme, les dirigeants adoptèrent le terme tsariste *deržava*, particulièrement prisé dans les cercles conservateurs national-étatistes et cher aux responsables des forces armées et de la sécurité publique. Rappelons que, du temps de Lénine, *deržavnik* était un terme péjoratif utilisé pour désigner le partisan d'un nationalisme russe oppresseur et brutal. Quant au terme *deržava*, il renvoie également au passé par les rapports qu'il entretient avec deux autres termes qui étaient au cœur du pouvoir tsariste : *samoderžec*, qui désigne le maître absolu (l'autocrate), et *samoderžavie*, qui caractérise le régime comme une « autocratie ». Sans doute la faucille et le marteau avaient-ils remplacé le globe d'or surmonté d'une croix, symbole du pouvoir impérial, mais ils ne représentaient plus qu'une relique d'un passé révolutionnaire, qui amusait beaucoup les cohortes ministérielles.

La possession de toutes les terres par l'État (personnifié par l'autocrate) avait été la caractéristique de plusieurs anciens régimes en Europe centrale et orientale. En URSS, au nom du socialisme, cette propriété de l'État s'étendait à l'ensemble de l'économie et à bien d'autres secteurs de la vie du pays. Malgré une apparence plus moderne (les bureaucrates soviétiques, à la différence de leurs prédécesseurs tsaristes, géraient des usines où l'on construisait des machines, et même des « villes atomiques »), c'était bien l'ancien modèle de la propriété de toutes les terres (principale ressource économique dans l'ancien temps) qui se trouvait préservé, et même renforcé, par le pouvoir considérable exercé par l'État sur les producteurs directs.

Tout au long de notre exploration de la nature de cet État, nous avons découvert de nouveaux traits, des « bifurcations » dans le modèle de développement et toute une série d'ambiguïtés. Si le système se rangeait dans la catégorie ancienne des autocraties propriétaires des terres, il n'en reste pas moins qu'il accomplissait une tâche historique propre au XXe siècle, celle d'un « État développemental[*] », et nous avons longuement décrit la manière dont il a mené à bien le développement du pays. C'est à cette catégorie d'« État développemental » qu'appartient l'URSS durant les premières étapes de son existence. De tels États ont existé et existent toujours dans plusieurs pays, en particulier sur d'immenses territoires en Orient et au Moyen-Orient (Chine, Inde, Iran) où ont régné d'anciennes monarchies rurales. Cette rationalité historique est à l'œuvre dans la construction de l'État stalinien, même si sa transformation en « stalinisme » fut une dangereuse distorsion, à laquelle les systèmes dictatoriaux sont facilement enclins. Mais le passage à un modèle despotique n'est pas une pathologie incurable, comme le prouvent l'élimination du stalinisme en Russie et celle du maoïsme en Chine. Et, malgré les embûches, la présence d'un État qui rend possible et dirige le développement économique reste une nécessité historique.

Vers les années quatre-vingt, l'URSS avait atteint un niveau de développement économique et social supérieur à celui de la Chine, mais son système s'était enlisé dans une logique autodestructrice. Le type de réformes qu'envisageait Andropov aurait pu donner au pays ce dont il avait tant besoin, un État

---

* Traduction littérale. Par là, il faut entendre un État qui prend en charge, par des méthodes plus ou moins contraignantes, le développement du pays. (*NdT.*)

réformé et actif en mesure de continuer à jouer son rôle de guide du développement, mais capable aussi de renoncer à un autoritarisme désormais obsolète dans la mesure où le paysage social avait été profondément transformé.

Mais le recours à une symbolique ancienne, comme celle de *deržava* – recours qui exprimait l'état d'esprit et les intérêts d'une composante importante des élites au pouvoir –, était le signe d'une perte d'énergie de l'appareil d'État, qui, en voie d'enlisement, n'utilisait plus son pouvoir que pour servir ses intérêts personnels. Il marquait également l'interruption de toute dynamique de réformes, à un moment où le pays en avait encore terriblement besoin. Au lieu d'ajouter l'ordinateur à la faucille et au marteau, les dirigeants se réfugiaient dans le conservatisme, s'engageant dans une voie sans gloire. Si les citoyens vivaient dans un système doté d'une généalogie et de caractéristiques anciennes, ils ne vivaient plus au XVIIIe siècle, mais au XXe. L'État était resté en arrière, et cette « bifurcation » (la société allant dans une direction, l'État dans une autre) fut fatale.

Le terme « absolutisme bureaucratique » (qui nous semble adéquat pour désigner le système soviétique) est emprunté à une analyse de la monarchie bureaucratique prussienne du XVIIIe siècle, dans laquelle le souverain était en fait dépendant de la bureaucratie dont il était le chef[43]. De même, en URSS, les hauts dirigeants du Parti, les maîtres supposés de l'État, avaient dans les faits perdu tout pouvoir sur leurs bureaucrates.

Les ex-ministres soviétiques sans envergure, qui parlent avec nostalgie dans leurs Mémoires des splendeurs du super-État qu'ils ont perdu, n'ont pas compris que l'engouement pour le terme *deržava* a précisément coïncidé avec la période où l'État a cessé d'accomplir la tâche qu'il avait été capable de remplir et avait effectivement remplie. Il n'était plus qu'une version fantomatique de lui-même, le dernier soupir d'un pouvoir sur le point de rejoindre le tombeau d'une famille de régimes surannés avec lesquels il conservait trop d'attaches.

Le facteur étranger

Le phénomène soviétique est un chapitre profondément typique de l'histoire russe, non pas malgré, mais à cause du

rôle de l'environnement international, y compris l'utilisation
d'idéologies empruntées à l'extérieur. Les autocrates qui ont le
mieux réussi dans l'histoire russe ont eu ce même type de
rapports avec le monde extérieur. Ce pays à l'histoire très acci-
dentée, constamment engagé dans des relations d'amitié ou
d'hostilité avec ses voisins proches et lointains, a dû développer de tels rapports non seulement sur les plans militaire,
économique, commercial, diplomatique et culturel, mais aussi
en apportant des réponses culturelles et idéologiques à une
série de défis. Il l'a fait soit en empruntant les idées de l'étranger, soit en leur opposant des conceptions de son cru, ce qui
explique que ses dirigeants orientaient leurs antennes et vers le
monde extérieur, et vers le pays. De même, dans l'histoire de
l'URSS, l'étranger a constamment contribué à déterminer la
forme que prenait le régime, même si cela s'est fait par différents biais. La Première Guerre mondiale et la crise du capitalisme à l'époque ont beaucoup à voir avec le phénomène léniniste et avec les étapes parcourues par la Russie soviétique tout
au long des années vingt. La crise des années trente et la
Seconde Guerre mondiale ont également eu un impact direct
sur l'URSS de Staline.

Les « miroirs déformants » (auxquels nous avons fait allusion à propos du stalinisme) influençaient les images que les
populations et les dirigeants se formaient de l'autre camp.
Comme les deux systèmes en compétition avaient chacun leurs
crises et leurs phases de développement, les « miroirs
déformants », de chaque côté, émettaient et réfléchissaient des
images où réalité et fiction étaient presque impossibles à
distinguer. Si le stalinisme des années trente, au plus fort de
son élan, jouissait à l'Ouest d'un grand prestige et d'une attention bienveillante, en dépit de la misère et des persécutions
subies par les citoyens, c'était dans une large mesure en raison
des images négatives que donnait du capitalisme la crise occidentale, et tout particulièrement celle qui sévissait à l'époque
en Europe centrale et orientale. La Russie envoyait en retour
l'image de son puissant élan industriel, et la misère de la population était relativisée par l'idée que cette dynamique impressionnante en viendrait vite à bout. Un même effet déformant
s'observe dans le cas de Staline et du stalinisme lors de son
triomphe sur l'Allemagne, en 1945, à un moment où le pays

était de nouveau plongé dans une profonde misère, dont les ravages de la guerre n'étaient pas les seuls responsables. Cet échange d'images déformées avaient d'importantes conséquences politiques : prévoir les intentions de l'autre camp relevait souvent de l'art de la devinette.

La guerre froide a été une confrontation des plus inhabituelles. Vue de Moscou, elle a été déclenchée à grand bruit par les bombes atomiques lancées sur le Japon. Mais, à en croire les Mémoires de Berežkov, elle serait antérieure et remonterait à l'irritation de Staline face au retard des Américains à ouvrir un second front à l'Ouest : il y voyait un choix politique consistant à s'engager au cœur même de la guerre le plus tard possible, lorsque les deux belligérants allemand et soviétique seraient épuisés[44]. Ce retard, aggravé par les deux bombes atomiques larguées sur le Japon, avait été perçu comme une volonté de l'Amérique de faire savoir qu'une nouvelle ère s'ouvrait dans les relations internationales. Une déclaration faite à l'intention non pas du Japon, mais de l'URSS et du reste du monde, et qui avait effectivement été interprétée dans ce sens. Il n'est d'ailleurs pas exclu que tel ait été le raisonnement américain à l'époque. On ne peut que spéculer sur ce qui se serait passé si un second front avait été ouvert un an plus tôt, ou si les États-Unis n'avaient pas recouru à l'arme atomique sur Hiroshima et Nagasaki. En tout cas, les événements de la guerre et de l'après-guerre ont propulsé l'URSS dans une position de superpuissance, et l'ont poussée dans une course aux armements qui a largement contribué à perpétuer les pires aspects conservateurs du système et à amoindrir sa capacité à se réformer.

Parmi les nombreuses séquelles de la guerre froide, il faut mentionner le fait que les États-Unis se sont retrouvés en position d'exercer une influence et des pressions non négligeables sur la façon de penser des dirigeants soviétiques. À l'« Occident d'antan » (Angleterre, France, Allemagne), qui servait jusque-là de modèle, ont succédé les États-Unis, devenus aux yeux des Soviétiques l'étalon de référence pour évaluer leurs propres performances en matière d'économie, de recherche scientifique, de capacité militaire et, bien entendu, d'espionnage. L'impact de ce recentrage sur les États-Unis a été dissimulé aussi bien à la population soviétique qu'à l'Occident (c'est là un vaste sujet resté inexploré). On peut supposer qu'à cause des États-Unis les dirigeants soviétiques ont pris conscience du fait que la gravité de leur retard était systémique, même si certains d'entre eux ont refusé de voir cette réalité. Après la défaite soviétique dans la course (parfaitement inutile) à la Lune, l'incapacité du pays à entrer dans la nouvelle révolution scientifique et informatique (bien qu'un ministère spécial ait été créé pour organiser ce secteur) a probablement engendré un sentiment d'impuissance dans certains cercles dirigeants, tandis que les conservateurs s'accrochaient davantage encore à leur immobilisme et à une ligne dure.

C'est cette même image des États-Unis comme superpuissance qui a conduit tant de membres de l'ancienne *nomenklatura* à quémander les faveurs de l'Amérique après avoir pris le contrôle du Kremlin, sous le manteau d'Eltsine. Mais cet épisode relève de l'ère postsoviétique, qui ne nous intéresse ici que dans la mesure où elle donne quelques éclaircissements complémentaires sur le bilan historique du défunt système – un système qui reste toujours présent dans la quête d'une identité nationale, laquelle ne pourra être menée à bien que si l'on repense sérieusement et sans complaisance le passé, seule chance de sortir des errances actuelles.

Post-scriptum : un pays à la recherche d'un passé

Il est tout naturel que des chercheurs qui étudient l'état de la Russie des années 1990 utilisent comme point de départ des données remontant à la dernière période du système soviétique. Mais l'ironie apparaît quand des sociologues, qui connaissent parfaitement ce passé pour avoir produit à l'époque des travaux très critiques sur le système, le décrivent aujourd'hui comme un eldorado perdu pour la simple raison que le niveau de vie de la population soviétique et la couverture sociale dont elle bénéficiait il n'y a pas si longtemps encore n'ont cessé de se dégrader depuis le début des années quatre-vingt-dix[45]. Le tableau qu'ils dressent est instructif. La fréquentation des théâtres, des salles de concerts, des cirques, des bibliothèques, tout comme la lecture d'ouvrages littéraires ou les abonnements à des journaux, sont en forte régression, voire désormais inexistants, aussi bien dans les villes que dans les campagnes. Toute la structure des loisirs a été bouleversée en raison de l'accroissement de la charge de travail. Les loisirs sont désormais beaucoup plus passifs (l'essentiel est de « récupérer »), alors qu'ils étaient tournés vers la culture, surtout dans les derniers temps de l'ère soviétique, où la tendance était à l'augmentation du temps libre. Le phénomène est particulièrement frappant dans le cas des spécialistes et des gestionnaires. Par ailleurs, le besoin d'accroître les revenus du ménage oblige de nombreux Russes à élever davantage de bêtes et de volailles dans leur petite exploitation pour améliorer leur nourriture et gagner un peu d'argent, ou simplement survivre, au prix d'une diminution de leur temps de sommeil et de leur temps libre.

L'extension des libertés et des droits ainsi que l'apparition de services coûteux n'ont bénéficié qu'aux plus aisés, aux plus qualifiés professionnellement, à ceux qui avaient le plus grand sens de l'initiative. La plupart des gens ont connu une réduction notable de leurs possibilités d'accès à la culture nationale et internationale. Les sociologues auxquels nous nous référons se montrent très critiques à propos de la qualité des programmes de télévision, laquelle est devenue l'activité de loisir dominante, avec des effets particulièrement désastreux sur les enfants, qui, abandonnés à eux-mêmes l'après-midi, restent vissés devant des émissions idiotes.

Selon les auteurs de cette étude, deux processus sont à l'œuvre en Russie : un accroissement général de la différenciation sociale et un repli des individus sur eux-mêmes (diminution des contacts sociaux et des relations avec la parentèle, désintérêt pour les valeurs culturelles et la politique), moins prononcé dans les grandes villes de la Russie d'Europe, mais très marqué dans les villes de province et dans les campagnes. L'étude n'aborde pas les questions du déclin de la recherche scientifique, de la fréquentation des établissements d'enseignement, des services médicaux et sociaux, de la chute des indicateurs de la démographie, qui font que le pays est dans une situation catastrophique et que la survie même de la nation est en jeu.

Pour dissimuler cet état pitoyable, les nouveaux détenteurs du pouvoir (issus pour la plupart de l'ancienne *nomenklatura* et rebaptisés « démocrates », « libéraux » ou « réformateurs ») se sont lancés dans une vaste campagne de propagande contre le défunt système soviétique. Ils recourent à tous les procédés utilisés jadis en Occident, et en rajoutent même : ce système n'aurait été qu'un monstre dirigé par des monstres, et cela du péché originel de 1917 jusqu'au coup d'État manqué d'août 1991, mené contre Gorbatchev par des partisans affichés de la ligne dure. À les écouter, le miracle s'est produit en 1991 avec l'ouverture d'une ère nouvelle de liberté sous l'égide du président Eltsine. La conséquence de ce type de discours politique est que la Russie contemporaine, si lamentablement diminuée et encore en état de choc, souffre aussi d'un « autodénigrement » de son identité historique. Les « réformateurs » ne se sont pas contentés de piller les richesses du pays, ils ont également lancé une attaque frontale contre son passé, une attaque qui vise sa culture, son identité et sa vitalité. En fait, loin d'être une approche critique du passé, elle n'est qu'ignorance.

Parallèlement à cette campagne mensongère et nihiliste menée contre le siècle soviétique, on a assisté à une sorte de quête frénétique d'autres passés qui puissent être proposés à la nation pour qu'elle s'identifie à eux. Cela a commencé par une réappropriation de tout ce qui était tsariste et prérévolutionnaire, tentative dérisoire de se donner un prédécesseur en la personne d'un régime en plein déclin. Ensuite, quand le rejet de tout ce qui était soviétique est devenu encore plus fort, basculant dans la haine de Lénine, du léninisme et du bolchevisme, présentés comme des émanations de l'enfer, on a cherché à réhabiliter les Blancs de la guerre civile, l'aile droite la plus rétrograde du spectre politique du tsarisme, qui a perdu la bataille parce qu'elle n'avait rien à offrir au pays.

Cet amour fébrile de tout ce que les bolcheviks ou le régime soviétique avaient détesté n'est qu'un témoignage de débilité intellectuelle. Les premières vagues des « nouvelles élites » qui ont conquis le Kremlin et le pouvoir ont été perçues par beaucoup de Russes comme de nouveaux « envahisseurs tatars », qui s'attaquaient aux intérêts politiques et culturels de la nation. Les meilleurs esprits et les autorités morales du pays redoutaient que la Russie n'ait d'autre perspective que celle, cauchemardesque, de tomber au niveau d'une nation du tiers monde.

Il faut toujours du temps pour vaincre les ravages de l'obscurantisme. Mais on peut observer certains événements culturels comme des signes positifs. Il faut nous rappeler les propos de l'historien Kliučevskij, qui, au début du XXe siècle, contestait ceux qui prétendaient que « le passé est dans le passé ». Non, disait Kliučevskij, avec toutes les difficultés qui nous entourent et toutes les erreurs qui ont été commises, le passé est tout autour de nous, il enveloppe les réformes, il les dévore et les dénature.

Le philosophe Mežuev[46], intervenant lors d'une conférence organisée à Moscou par Tatiana Zaslavkaja, a développé avec vigueur la thèse selon laquelle « un pays ne peut exister sans son histoire ». Ce faisant, il reprenait le flambeau là où Kliučevskij l'avait laissé. Je citerai ici longuement son discours très stimulant.

« Nos réformateurs, qu'ils soient communistes, démocrates, slavophiles ou fascinés par l'Occident, commettent tous l'erreur cruciale de ne pas chercher le lieu qui fonde une continuité rationnellement et moralement justifiée entre le passé et l'avenir de la Russie, entre ce qu'elle a été et ce qu'elle devrait devenir selon eux. Les uns nient le passé, les autres y voient le seul modèle possible, si bien que pour certains l'avenir n'est qu'une mixture de thèmes anciens et pour d'autres l'acceptation mécanique d'une formule opposée qui n'a pas de précédent dans l'histoire russe. Or l'avenir doit être pensé avant tout dans sa relation avec le passé, et en particulier avec celui que nous venons juste de quitter. »

Mežuev s'en prend ensuite à l'économiste libéral A. Illarionov, lequel considère que le XXe siècle est un siècle perdu pour la Russie : ayant vécu sous le socialisme, le pays se serait détourné de son itinéraire libéral, et c'est pourquoi le géant qu'il était jadis ne serait plus aujourd'hui qu'un nain. Pour Illarionov, la seule chance réside dans un retour au libéralisme. Pour Mežuev, un tel nihilisme est historiquement absurde. Il est plus facile de faire le sage après coup que d'analyser ce qui est arrivé et pourquoi. Railler la Russie de n'être pas devenue libérale au début du siècle, c'est démontrer une ignorance profonde aussi bien de l'histoire russe que du libéralisme. La victoire du libéralisme est le résultat d'un long processus historique : Moyen Âge, Réforme, Renaissance, révolutions qui ont émancipé la société des monarchies absolues (mais pas partout !). L'Angleterre elle-même, mère du libéralisme, a mis du temps à en prendre le chemin. La Russie et d'autres pays n'ont pas développé une économie de marché libérale – faut-il les blâmer pour cela ? Cette attitude ne mène à rien. L'important, c'est de comprendre le siècle passé et le rôle qu'il va jouer dans les développements à venir.

Pour Mežuev, la clé de l'histoire russe au XXe siècle est à chercher dans le surgissement de trois révolutions, et non pas dans la seule révolution bolchevique. La première, celle de 1905, a été défaite, la deuxième, celle de février 1917, a donné la victoire aux révolutionnaires modérés, et Octobre, qui l'a donnée à des révolutionnaires plus radicaux, n'est que la dernière phase de ce processus révolutionnaire. C'est toujours ainsi qu'un processus révolutionnaire se déroule. Une fois qu'il est déclenché, personne n'est à mettre en cause, il va de lui-même jusqu'à son terme. Le philosophe Berdiaev l'avait bien vu : les bolcheviks étaient non pas les auteurs de la révolution, mais l'instrument de son déroulement. Il ne sert à rien d'adopter des critères avant tout moraux, ni de dénoncer les cruautés déployées. Il en est toujours ainsi dans les situations de guerre civile ou de lutte contre un asservissement. Une révolution n'est pas une action morale et légale, c'est un déploiement de force coercitive. Il n'existe pas de « bonne » révolution : elles sont toujours sanglantes. « Condamner les révolutions, c'est condamner presque toute l'intelligentsia russe et toute l'histoire russe, qui constituent le terreau de ces événements révolutionnaires. Les révolutions ne vont pas dans le sens de l'apaisement, elles font tout le contraire. Elles déçoivent toujours les attentes, mais elles ouvrent une page véritablement nouvelle. L'important est de comprendre de quelle page il s'agit, sans trop se fier ni à ce que disent les vainqueurs, ni à ce que disent les vaincus. [...] Notre socialisme était en fait un "capitalisme à la russe", un capitalisme dans son contenu technologique et un anticapitalisme dans sa forme. » Sur ce point, Mežuev passe en revue les opinions des penseurs comme Berdiaev, Fedotov, Bogdanov, etc.

Pour Mežuev, il est difficile à un pays situé à la périphérie de combiner la modernisation avec la démocratie et les libertés. Pendant un temps, l'une des deux tendances (modernisation ou démocratie) doit céder le pas à l'autre. Les bolcheviks l'ont bien compris, et c'est pour cette raison qu'ils ont gagné la guerre civile et que l'URSS est sortie victorieuse de la Seconde Guerre mondiale. La Chine aussi l'a compris : elle a choisi de combiner une modernisation accélérée par le marché et le maintien d'un système politique non démocratique. Pour tout régime, quel qu'il soit, la sagesse ne consiste pas à récuser le passé comme s'il était un désert où rien ne pousse, elle est de le considérer comme un tremplin pour de nouveaux progrès et de préserver ce qui en faisait la grandeur réelle, et non mythique.

De ce point de vue, il faut faire crédit à la variante russe du socialisme d'avoir cru à la science. Jamais dans l'histoire du pays le prestige du savant et de l'ingénieur n'a été aussi grand, et le régime a su ouvrir les portes de la science à beaucoup. Dans ce domaine, les dirigeants ne se comportaient pas comme des fanatiques, ils agissaient de façon réaliste et pragmatique. L'Ouest avait tort d'y voir une quelconque hostilité – c'était prendre au pied de la lettre le discours des dirigeants. La Russie d'aujourd'hui, avec sa nostalgie des temps prérévolutionnaires, est bien plus éloignée de l'Occident que ne l'étaient les bolcheviks. « Nos libéraux ne peuvent se vanter de rien, sauf d'avoir anéanti toutes ces réussites. L'avenir de la Russie doit se construire sur la base d'une préservation et d'un développement de ces acquis. Il faut assurer une continuité tout en définissant de nouvelles tâches. À l'heure actuelle, le lien avec le passé est rompu, mais il sera rétabli un jour. Il ne s'agit pas pour autant de revenir au passé d'avant ou d'après la Révolution. Demandez-vous ce qui dans le passé vous est cher, ce qui doit être poursuivi ou conservé, et cela vous aidera à affronter l'avenir. […] Si le passé ne contient rien de positif, alors il n'y a pas d'avenir, il ne reste plus qu'à "se laisser aller et à sombrer dans le sommeil". […] Ceux qui veulent effacer le XX\ :superscript:`e` siècle, un siècle de grandes catastrophes, doivent aussi dire adieu à une grande Russie. » Mežuev reste persuadé que la révolution russe recevra un jour en Russie la reconnaissance officielle dont bénéficient les révolutions qu'a connues l'Occident, une reconnaissance dont il faut espérer qu'elle ouvrira la porte à une véritable renaissance russe.

Les lignes qui précèdent ne sont que le résumé d'une longue et passionnante conférence. L'auteur n'est pas un historien, et son interprétation n'est pas sans poser quelques problèmes. Les termes « socialisme », « bolchevisme », « communisme », mais aussi toute une série d'idées à propos de la révolution relèvent d'une terminologie et d'une approche qui demandent à être repensées. Mais le lecteur devrait être sensible à ce défi lancé au « nihilisme » et à cette bataille pour l'histoire : pour une nation plongée dans les souffrances du déclin, l'histoire est un remède qui doit permettre de recouvrer une identité et un avenir.

L'histoire, on le sait, est constamment l'objet d'us et d'abus. Entendre un intellectuel, qui n'est pas un historien, plaider pour la construction d'un véritable savoir historique, indispensable à une nation (qu'elle soit dans la tourmente ou connaisse des jours glorieux), n'est pas chose fréquente en ces temps où le règne des médias et des ordinateurs ne veut connaître que l'instant présent. Mais l'instant est ce qui passe, alors que l'histoire ne s'en va jamais. Elle ne cesse de fournir des matériaux pour la construction de l'avenir, tantôt de bonne qualité, tantôt défectueux. Elle constitue le socle sur lequel reposent les nations et qu'elles élèvent sans cesse. Il n'est pas absurde de penser que l'histoire a une dimension pratique, comme toute science appliquée, même si elle est incapable de livrer des remèdes directement utilisables et aux effets garantis.

Notes

La majeure partie des documents utilisés dans ce livre viennent des archives soviétiques. Certains ont été découverts par moi-même dans les archives moscovites, d'autres ont été publiés dans des revues spécialisées ou dans des recueils (ou compilations) de documents. Dans ce dernier cas, les références données dans les notes mentionnent le nom de ceux qui ont effectué la compilation et donnent d'autres précisions indispensables.

Les archives d'où sont tirés la plupart des documents utilisés sont les suivantes :

GARF : Gosudarstvennyj Arhiv Rossijskoj Federacii (Archives d'État de la Fédération de Russie), avec une section distincte pour les archives de la République socialiste fédérative soviétique de Russie – GARF Berežki –, laquelle présente de légères différences de cotes.

RGASPI : Rossijskij Gosudarstvennyj Arhiv Social'no-Političeskih Issledovanij (Archives d'État de Russie pour la recherche en sciences politiques), antérieurement dénommées RCHIDNI.

RGAE : Rossijskij Gosudarstvennyj Arhiv Economiki (Archives d'État de Russie pour l'économie).

RGVA : Rossijskij Gosudarstvennyj Voennyj Arhiv (Archives d'État de Russie militaires).

CHSD : Central'noe Hranilišče Sovremennoj Dokumentacii (Dépôt central de la documentation contemporaine). Je n'ai pas consulté personnellement ces archives du Comité central, et les documents que je cite en provenance de cette source ont tous été publiés.

Chaque référence à un document commence par le nom des archives d'où il est tiré, suivi du numéro du fonds (f.), du numéro du catalogue concerné (op.), du numéro du document (d.) et de celui de la page (L.). Mais c'est aussi une pratique fréquente chez les historiens que d'omettre les lettres des cotes et de ne donner que les quatre chiffres dans leur ordre successif.

Les autobiographies constituent des sources importantes et légitimes pour les historiens, surtout dans le cas de l'Union soviétique, parce qu'elles rapportent parfois des témoignages directs des événements ou des réunions secrètes pour la période récente, qui ne peuvent pas être étudiés à partir des documents auxquels ils ont donné lieu.

Les biographies sont une autre source précieuse quand leurs auteurs ont réussi à découvrir des faits et des événements par ailleurs inaccessibles.

* *
*

INTRODUCTION ET PREMIÈRE PARTIE

1. Voir C. Eisendrath, ed., *National Insecurity – U.S. Intelligence After the Cold War*, Philadelphie, 2000, pp. 8-9.

2. Voir P. Baldwin, ed., *Reworking the Past : Hitler, the Holocaust and the Historian's Debate*, Boston, 1990.

3. V.P. Mežuev (dr. fil. nauk, Inst. Filosofii RAN), « Otnošenie k prošlomu – kliuč k buduščemu », in *Kuda idet Rossija ? Krizis institucional'nyh system : vek, desatiletie, god*, Moscou, 1999, p. 47. « *Kuda idet Rossija ?* » est l'intitulé d'un colloque réuni une année sur deux sous la direction de T.I. Zaslavskaja et publié par l'École des sciences sociales de Moscou, dirigée par T. Šanin.

4. Il m'était impossible de savoir tout cela à l'époque (1967) où je rédigeais mon *Dernier Combat de Lénine* (Paris, Minuit, 1967)...

5. *Istoričeskij Arhiv*, n° 2, 1994, pp. 220-223.

6. A.P. Nenarokov, V.A. Gornij, V.N. Dobrohotov, A.I. Kožokina, A.D. Kotyhov, A.I. Ušakov, *Nesostojaščijsja jubilej ; Počemu SSSR ne otprazdnoval svoego semidesjatiletija*, Moscou, 1992 (une très riche sélection de documents, avec des articles des éditeurs).

7. Voir Lénine, *Sočinenija*, 5ᵉ édition, vol. 45, et, pour plus de détails, les documents publiés par A.P. Nenarokov *et al.*, *op. cit.*

8. Lénine, « K voprosu o nacional'nostjah ili ob avtonomizacii », *Sočinenija*, 5ᵉ édition, vol. 45, pp. 356-362.

9. RGASPI, f. 17, op. 84, d. 304, pas d'indication de page, daté du 26 juin 1922. Les cinq médecins réunis en conseil pour examiner et soigner Trotski (trois Russes – Ramonov, Vojcik, Semaško – et deux Allemands venus pour traiter Lénine – les professeurs Klemperer et Fester), avaient diagnostiqué une colite chronique, une légère hypertrophie cardiaque et une tendance syncopale due à l'anémie. Ils considéraient que Trotski avait besoin de suivre un régime alimentaire spécial et qu'il devait éviter les efforts physiques et intellectuels (la copie du rapport était difficile à déchiffrer, j'ai recopié littéralement).

10. Citation tirée de Staline, *Sočinenija*, vol. 5, pp. 210-211.

11. V. Berežkov, *Rjadom so Stalinym*, Moscou, 1999, pp. 244-245.

12. G. Duby, « Hérésies et sociétés », in *L'Europe pré-industrielle, XI*-XII* siècles*, Paris-La Haye, 1968, p. 404.

13. RGASPI, f. 613, op. 1, d. 79, documents du collège de la commission centrale de Contrôle.

14. RGASPI, f. 17, op. 84, d. 488, L. 68.

15. RGASPI, f. 17, op. 114, d. 685, L. 235, 239.

16. « VKP(b) i oppozicija », dossier de RGASPI, f. 17, op. 120, d. 68, L. 6, qui reproduit, pour l'information interne du Parti, certains textes émanant de l'opposition de gauche, en fait copiés dans le bulletin de Trotski publié à l'étranger (*Bjulleten' Oppozicii*). Trotski continuait à recevoir certaines informations de Russie et a publié ce texte (et d'autres) de Rakovskij.

17. Voir M. Djilas, *La Nouvelle Classe dirigeante*, Paris, 1957.

18. RGASPI, f. 17, op. 120, d. 278, avec des documents sur les différentes purges d'avant 1937, sur l'appareil du Parti et sur la base.

19. V.G. Kolyčev, *in* D.A. Volkogonov, otvet. red., *Tridcatye gody : vzgljad iz segodnja*, Moscou, 1990, pp. 24-25.

20. RGASPI, f. 3, op. 3, d. 439.

21. RGASPI, f. 56, op. 1, d. 198 (papiers de Molotov). Le 16 mai 1934, sur ordre de Staline, deux notes « pour votre information », écrites par Steckij (un ancien partisan de Boukharine) et par Mehlis, sont envoyées aux membres du Politburo et à Jdanov. Les deux apparatchiks y attaquent un article de Boukharine paru le 12 mai 1934 dans les *Izvestja*.

22. Iu. A. Poljakov et V.A. Isupov, introduction à *Vsesojuznaja perepis' naselenija 1939 goda – Osnovnye itogi*, Moscou, 1992, pp. 7-8.

23. Voir CSU (Office central des statistiques), *Gosapparat SSSR*, Moscou, 1929, p. 47 ; L.I. Vas'kina, *Rabočij klass SSSR nakanune socialističeskoj industrializacii*, Moscou, 1981, p. 16 ; voir aussi des articles de *Statističeskoe obozrenie*, 1928 et 1928, et certains documents d'archives du CSU. Bien d'autres données utilisées ici et ailleurs viennent de *Trud v SSSR, Statističeskij sbornik*, Moscou, 1998, p. 47 et *passim*, qui contient également des données sur 1939, mais c'est aussi le cas de la publication du CSU, *Itogi vsesojuznoj perepisi naselenija v 1959 g.*, Moscou, 1969, basée sur le recensement non publié de 1939, lequel est également disponible aujourd'hui dans Iu. A. Poljakok et V.A. Isupov, *Vsesojuznaja Perepis' Naselenija 1939 g.*, *op. cit.*

24. Voir *Narodnoe obrazovanie, nauka i kultura v SSSR, Statističeskij Sbornik*, Moscou, 1971, pp. 233-235, 247.

25. *Ibid.*

26. *Social'noe razvitie rabočego klassa SSSR : istoriko-sociologičeskie očerki*, p. 275 ; V.M. Selunskaja, otvet. red., *Izme-*

nenija social'noj struktury Sovetskogo Obščestva,1921 – seredina 30yh godov, Moscou, 1979, p. 306 ; et *Trud v SSSR, op. cit.*, p. 118.

27. *Trud v SSSR, op. cit.*, p. 189.

28. *sesojuznaja perepis' naselenija*, *op. cit.*, tableau 33, p. 112.

29. V.P. Danilov, *Sovetskaja dokolhoznaja derevnja*, Moscou, 1977, pp. 29-30.

30. A.S. Moskovskij, V.A. Isupov, *Formirovanie gorodskogo naseleniia Sibiri (1926-1939)*, Novosibirsk, 1984, p. 148. L'étape suivante de l'urbanisation, 1939-1959 (avec interruption pendant la guerre), a accru de 39,4 millions d'habitants la population des villes (les chiffres sont ceux du recensement de 1939 et tirés de A.G. Rašin, *Istoričeskie Zapiski*, n° 66, 1960, p. 269 – il donne, pour 1939, 32 %, et non 33 %, de citadins, ce qui porte à 68 % la part des populations rurales).

31. B. Kerblay, *La Société soviétique contemporaine*, Paris, 1977, p. 61 ; V.M. Selunskaja, red., *Socialističeskoe stroitel'stvo sovetskogo obščestva, 1921 – sered. 30yh godov*, Moscou, 1979, pp. 192-193.

32. *Trud v SSSR, op. cit*, p. 30.

33. *Socialističeskoe Zemledelie*, 10 août 1940.

34. RGASPI, 17, 85, 170, LL. 69-80 (document de la GPU, riche en détails, sur le comportement et les propos des ouvriers de nombreuses usines dans de nombreuses régions, pour la période janvier-septembre 1926).

35. B.A. Viktorov, *Bez grifa « sekretno » – zapiski voennogo prokurora, Moscou*, 1990, pp. 95-116.

36. Voir O.V. Hlevnjuk, « The Politburo, penal policy and "legal reforms" », *in* P.H. Solomon, Jr., ed., *Reforming Justice in Russia, 1964-1966 – Power, Culture and the Limits of Legal Order,* Armonk, New York/Londres, 1997.

37. O.V. Hlevnjuk, *Politbjuro – mehanizm političeskoj vlasti v 1930ye gody*, Moscou, 1996, pp. 159-165.

38. RGASPI, f. 39, op. 3, d. 188, L. 246 ; tout cela vient d'une note du tome 4 des Mémoires de A. Mikoyan, « O Staline i moem otnošenij k nemu », 1934-1953 (« Sur Staline et mon attitude envers lui »).

39. Une de mes sources ici est L. Samuelson, *Plans for Stalin's War Machine : Tukhachevskij and Military-Economic Planning. 1925-1941* (Studies in Russian and East-European History and Society), New York, St. Martin's Press, 2000.

40. C. Simonov, *Glazami čeloveka moego pokolenija. Razmyšlenija o Staline*, Moscou, 1990.

41. T.I. Fetisov, sost., *Prem'er, izvestnyj i neizvestnyj ; vospominanija o A.N. Kosygine*, Moscou, 1997.

42. RGASPI, f. 56, op. 1, d. 198.

43. O.V. Hlevnjuk, *1937oj*, Moscou 1992, pp. 20-21.

44. *Ibid.*, p. 165.

45. *Ibid.*, pp. 164-167.

46. GARF, 9401, 8, 46, LL. 1 et 9-15, rapport au chef du département des Cadres du NKVD.

47. GARF, 9401, 8, 45, LL. 4-5.

48. La source est ici R.G. Pihoja, *Sovetskij Sojuz : Istorija Vlasti, 1945-1991*, pp. 138-139 et *passim*.

49. E.M. Andreev, L.A. Darskij, T.L. Harkova, *Vestnik Statistiki*, 7, 1990, p. 44 (venant du KGB et cité dans les *Izvestja*, 14 février 1990).

50. *Organy i vojska MVD Rossii, Kratkij istoričeskij očerk : MVD 200 let*, Moscou, 1996 (chapitres rédigés par des experts du MVD, certains plus « libéraux », d'autres toujours « staliniens »).

51. *Železnodorožnyj transport v gody industrializacii SSSR (1926-1941)*, Moscou, 1970, pp. 309-310, doc. n° 91 (de CGanh SSSR, f. 1884, op. 31, d. 2546, LL. 171-173). Il s'agit d'un rapport en date du 17 novembre 1938, rédigé par le secteur des cadres au sein du commissariat aux Transports et adressé au commissaire lui-même, portant sur l'état d'esprit des cadres dirigeants des chemins de fer. Le tableau A (durée de services) montre que sur 2 968 cadres dirigeants de ce commissariat stratégiquement si important, 75 % (des directeurs aux responsables de rang moyen et aux spécialistes) avaient été nommés dans leur fonction entre le 1er novembre 1937 et le 1er avril 1938. Parmi ceux qu'ils remplaçaient, la plupart avaient certainement été limogés ou victimes des purges.

52. Ici, les données viennent surtout de O.V. Hlevnjuk, *1937oj*, *op. cit.*

53. CHSD, f. 89 (différents comptes rendus et autres textes de ce dossier ont déjà été publiés).

54. CHSD, perečen' 73, doc. n° 1, PB-CK, n° 56, 9 janvier 1938.

55. Le GUGB, *Glavnoe Upravlenie Gosudarstvennoj Bezopasnosti* (Direction générale de la Sécurité d'État), était l'héritier direct de la Tcheka et de la GPU. Il pouvait être à tout moment détaché du NKVD et devenir un service autonome de police secrète. À différentes périodes, surtout pendant et après la guerre, le GUGB est devenu NKGB (commissariat du peuple à la Sécurité d'État), puis MGB (ministère de la Sécurité d'État), pour ensuite être réintégré au sein du NKVD ou MVD pour des raisons qui ne sont pas toujours claires. La séparation définitive intervient en 1953, avec la création du MGB, par la suite renommé KGB.

56. RGAE, 7733, 36, 331, LL. 56-65, janvier 1940.

57. RGAE, 7733, 36, 218, LL. 330-350. Il s'agit d'un rapport remis au commissariat aux Finances au début de 1940.

58. M. Kraven, O.V. Hlevnjuk, « Krizis èkonomiki MVD – konec 1940yh-1950ye gody », *Cahiers du monde russe*, XXXVI (1-2), janvier-juin 1995, pp. 179-190.

59. RGASPI, f. 56, op. 1, d. 900, LL. 25-27, papiers de Molotov.

60. RGAE, f. 7733, op. 36, d. 442, L. 192.

61. RGAE, f. 4372, op. 95, d. 672, L. 26.

62. RGAE, f. 7733, op. 36, d. 2998.

63. M. Kraven, O.V. Hlevnjuk, « Krizis èkonomiki MVD – konec 1940yh-1950e gody », *Cahiers du monde russe, op. cit.*

64. Dans mon livre *Russia – USSR – Russia,* New York, 1995, j'ai publié en annexe les tableaux, compilés à partir de bonnes sources par des auteurs fiables. Des données similaires ont été publiées par A. Getty, G. Rittersporn et V.N Zemskov dans *The American Historical Review*, 98, n° 4 (1993), pp. 1017-1049.

65. B.P. Kurašvili, *Istoričeskaja logika stalinizma*, Moscou, 1996.

66. *Ibid.*, pp. 161-162, et GARF, f. 9479, op. 1, d. 89, LL. 205, 216.

67. R.W. Davies, *Soviet Economic Developments from Lenin to Krushchev*, Cambridge, 1998.

68. Les histoires de la littérature soviétique comportent de bonnes études du « jdanovisme ». On en trouvera une présentation concise et utile dans M. Slonim, *Soviet Russian Literature : Writers and Problems, 1917-1967*, New York, 1967, chapitre 26.

* *
*

DEUXIÈME PARTIE

1. GARF, 8131, 32, 6610, LL. 91-96, d'un rapport plus étendu dû à A. Mišutin, procureur général adjoint, 13 mai 1961.

2. GARF, 9401, 8, 9.

3. Cette information ne vient pas des textes cités ci-dessus mais de l'annexe de mon livre *Russia – USSR – Russia*, New York, 1995.

4. Mes principales sources ici sont : N.A. Stručkov, *Kurs ispravitel'no-trudovogo prava – problemy obščej časti*, Moscou, 1984, et N.A. Struckov, V.A. Kirin, reds, *Kommentarij k osnovam ispravitel'no-trudovogo zakonodatel'stva SSSR i Sojuznyh respublik*, Moscou, 1972. D'autres documents viennent d'un expert anglais très compétent, W.I. Butler, *Soviet Law*, Londres, 1983, qui offre une vue très équilibrée du système juridique soviétique. Les autres références seront citées séparément.

5. N.A. Stručkov, *Kurs ispravitel'no-trudovogo prava – problemy osobennoj časti*, Moscou, 1985, pp. 83-84.

6. *Ibid.* Plus clair sur bien des aspects est l'ouvrage du même auteur *Problemy obščej časti*, Moscou, 1984, pp. 20-21.

7. W.I. Butler, *op. cit.,* pp. 282 et *passim*.

8. Voir P.H. Solomon, *Soviet Criminologists and Criminal Policy : Specialists in Policy Making*, Londres, 1978.

9. Amnesty International, *Prisoners of Conscience in the USSR*, Londres, 1974.

10. T. Fogleson, « The reform of criminal justice and evolution of judicial dependance in Late Soviet Russia », *in* P.H. Solomon, Jr., ed., *Reforming Justice in Russia, 1864-1996 – Power, Culture and the Limits of Legal Order*, Armonk, New York/Londres, 1997.

11. W.I. Butler, *op. cit.*, p. 208-222, est ici ma source principale.

12. On trouve des documents sur les conflits du travail et autres problèmes semblables dans V.I. Terebilov, obščaja redakcija, *Kommentarij k zakonodatel'stvu o trude*, Moscou, 1996. L'éditeur en chef du volume était le président de la Cour suprême d'URSS. Les « conflits du travail » sont étudiés en détail p. 409 (paragraphes 86-94 et 201-224 du Code du travail). Sur le contrat de travail et le droit de l'ouvrier ou de l'employé à l'annuler, voir pp. 50-55, notamment le paragraphe 29 du Code du travail de la RSFSR : « Motifs d'annulation du contrat de travail ».

13. Décision du plénum de la Cour suprême, 29 juin 1979, sur les tâches des tribunaux, à la lumière de la décision du Comité central sur l'amélioration du travail idéologique et politico-éducatif.

14. Voir Iu. A. Koršunov *et al.*, *Sovetskoe zakonodatel'stvo o trude – spravočnik*, Moscou, 1980, p. 57, et *passim*.

15. La dernière version du Code du travail de l'URSS a été publiée en 1970 (celle du code de la RSFSR en 1971), et la meilleure source, à mes yeux, sur ces codes et l'évolution des comportements en fonction de cette législation est V.I. Terebilov, pred. verhsuda SSSR, obščaja red. ; rukovod. avtorskogo kollektiva – A.I. Startseva, specijal'nyj redaktor, M.E. Pankin, *Kommentarij k zakonodatel'stvu o trude*, Moscou, 1986.

16. A. Mikoyan, *Tak bylo – razmyšlenija o minuvšem*, Moscou, 1999.

17. Les sources utilisées ici sont R.G. Pihoja, *Sovetskij Sojuz : Istorija Vlasti, 1945-1991*, Moscou, 1998 ; T.P. Koržihina, *Sovetskoe gosudartvo i ego učreždenija, nojabr' 1917 – dekabr' 1991 g.*, Moscou, 1995 ; et A.I. Kokurin, M.V. Petrov, sost., *Lubjanka : VCHK – KGB – 1917 – 1960, Spravočnik*, Moscou, 1997.

18. Rapporté par R.G. Pihoja, *op. cit.*, qui utilise des documents sur des événements également couverts par d'autres sources dont je dispose, mais avec plus de détails.

19. Les détails sur les émeutes de Novotcherkassk se trouvent dans *Arhivno-informacionnyj bjulleten'*, n° 1, 1993, pp. 110-136, annexe à *Istoričeskij Arhiv.*

20. CHSD, f. 89, op. 6, d. 20, L. 1-11, comporte trois documents de 1962, dont deux de la catégorie « Dossier spécial – Secret absolu ; à

retourner dans les 24 heures au 1er secteur du Département général du Comité central ». Le troisième relève de la catégorie « Dossier spécial – Secret absolu ». On y trouve, entre autres, un extrait du compte rendu n° 42 de la session du Présidium du Comité central du 19 juillet 1962.

21. Amnesty International, *Prisoners of Conscience in the USSR : Their Treatment and Conditions*, Londres, 1975, *passim*, et W.I. Butler, *op. cit.*, pp. 7-8.

22. O.V. Edelman, sost., *58.10. Nadzornye proizvodstva prokuratury SSSR po delam ob antisovetskoj agitacii i propagande. Annotirovannyj katalog 1953-1991*, Moscou, 1999. C'est aussi ma source sur les méthodes de supervision des enquêtes du KGB par le procureur général.

23. R.G. Pihoja, *Sovetskij Sojuz, op. cit.,* pp. 365-366.

24. CHSD, op. 25, d. 47, LL. 4-5 (« Dossier spécial »), rapport d'Andropov et du procureur général Rudenko.

25. V. Lakšin, *Solzhenitsyn, Tvardovskij and « Novij Mir »,* traduit et édité par M. Glenny, avec contributions additionnelles de M. Chaffin et L. Aldwinckle, Cambridge, 1980.

26. O.V. Edelman, sost., *58.10. Nadzornye proizvodstva prokuratury SSSR, op. cit.,* pp. 5-9.

27. RGAE, 1562, 44, 2598, L. 60, 19 mars 1965, tableau dû à l'Office central des statistiques.

28. RGAE, 4372, 81, 1091, LL. 1-44. Le 6 février 1965, le chef du Gosplan, Efimov, reçoit de son adjoint, Korobov, un rapport (commandé le 26 décembre 1964) sur « Les principaux problèmes liés à la rationalisation de l'utilisation des ressources en main-d'œuvre dans les régions d'URSS en 1966-1970 » (intitulé russe : « Osnovnye problemy ulučšenija ispol'zovanija trud. resursov i predloženija po racional'nomu ih ispol'zovaniia po èkonomicheskim rajonam strany v 1966-1970 »).

29. GARF, f. A-10005, op. 1, d. 248, LL. 51-55.

30. GARF, f. A-10005, op. 1, d. 249, LL. 244-253, octobre 1972 (rapport du chef du Comité d'État de la RSFSR au Conseil des ministres de la RSFSR sur les ressources en main-d'œuvre).

31. À l'exception de quelques remarques qui me sont propres, cela est tiré de R.W. Davies, *Soviet Economic Development from Lenin to Khrushchev*, Cambridge, 1998, p. 67 et *passim*.

32. RGAE, f. 4372, op. 82, d. 1086 (date non donnée, mais cela émane du collège du Gosplan en 1970).

33. RGAE, 4372, 66, 3717, LL. 1-3.

34. T.P. Koržihina, *op. cit.*

35. T.I. Fetisov, sost., *Prem'ier – izvestnyj i neizvestnyj. Vospominanija o A.N. Kosygine*, Moscou, 1997.

36. RGASPI, f. 17, op. 75, d. 9.

37. RGASPI, f. 17, op. 75, d. 23, L. 67.

38. RGASPI, f. 17, op. 75, d. 23, LL. 62-67.

39. RGASPI, f. 17, op. 75, d. 22, L. 64.

40. Voir M. Woslenski, *Les Nouveaux Secrets de la nomenklatura*, Paris, 1965, pp. 441-450.

41. RGAE, f. 7733, op. 36, d. 7242, LL. 10-1. Il s'agit de la version initiale de cette décision envoyée au ministère des Finances par le département des Organes du Parti.

42. E.K. Ligačev, *Zagadka Gorbačeva*, Novosibirsk, 1992, p. 22.

43. A. Dobrynin, *Sugubo doveritel'no*, Moscou, 1996.

44. E.K. Ligačev, *op. cit.*, pp. 26-27.

45. A. Dobrynin, *op. cit.*, pp. 652-653.

46. E.V. Nesternko, red., *A.A. Gromyko – diplomat, politik, učenyj*, Moscou, 2000, p. 222 ; articles d'un colloque à l'occasion du 90ᵉ anniversaire de la naissance d'A.A. Gromyko, organisé par l'université de Moscou (avec des contributions envoyées par certains hommes politiques étrangers).

47. R.G. Pihoja, *op. cit.*, a vu les documents pertinents dans les archives du Politburo et établi le déroulement détaillé de ce XXᵉ congrès.

48. T.I. Fetisov, sost., *Prem'er – izvestnyj i neizvestnyj ; vospominanija o A.N. Kosygine*, Moscou, 1997.

49. Cela vient du livre de V. Nemčinov, *O dalnejšem soveršenstvovanii planirovanija i upravlenija hozjajstvom*, Moscou, 1965, p. 53, cité par moi-même dans *Political Undercurrents in Soviet Economic Debates – from Bukharin to the Modern Reformers*, Princeton, N.J., 1974, p. 157, republié sous le titre *Stalinism and the Seeds of Soviet Reforms*, Londres et Armonk (New York), 1991.

50. M. Wolf, *Man Without a Face – The Autobiography of Communism's Greatest Spymaster*, New York, 1999.

51. « Intelligencija i vlast' », *Istoričeskij arhiv*, 1, 1994, pp. 175-207.

52. F.D. Bobkov, *KGB i Vlast'*, Moscou, 1995, p. 4.

53. V. Kevorkov, *Tajnyj Kanal*, Moscou, 1997.

54. V.A. Medvedev, *V komande Gorbačeva. Vzgljad iznutri*, Moscou, 1994.

55. V.I. Vorotnikov, *A bylo èto tak – iz dnevnika člena Politburo CK KPSS*, Moscou, 1995.

56. Nous suivons ici ce qu'a découvert le professeur R.G. Pihoja (lequel a eu accès aux archives présidentielles et à d'autres archives fermées au « commun des mortels ») dans *Sovetskij Sojuz, op. cit.*, Moscou, 1998.

57. La citation et les données viennent de R.G. Pihoja, *op. cit.*, pp. 434-435.

* *
*

TROISIÈME PARTIE

1. Lettres de Boukharine à Lénine, en 1915, reproduites dans *Voprosy Istorii*, 3/94, pp. 166-169.

2. Z. Galili, « Menševiki i vopros o koalicionnom pravitel'stve : pozicija 'revoliucionnyh oboroncev' i ee političeskie posledstvija », *Otečetsvennaja istorija*, 6, 1993, pp. 15-26.

3. Un extrait du tome 1 de *Rossija na perelome*, Paris, 1927, a été reproduit dans *Svobodnaja Mysl'*, février 1997, pp. 103-113.

4. N. Miljukov, « Pri svete dvuh revoliucij », in *Istoričeskij Arhiv*, n° 1-2, 1993.

5. A.I. Šingarev, *Finansovoe položenie Rossii*, Petrograd, 1917, discours sans date.

6. O.N. Znamenskij, *Vserossijskoe učreditelnoe sobranie*, Leningrad, 1976, pp. 337-338. Selon des calculs faits dans les années vingt, l'Assemblée constituante était composée de 370 socialistes-révolutionnaires, 175 bolcheviks, 40 socialistes-révolutionnaires de gauche, 86 représentants de partis et organisations nationales, 17 Cadets, 2 socialistes nationaux, et 1 élu à l'affiliation inconnue. Les bastions de l'électorat bolchevique se trouvaient dans les régions industrielles et chez les soldats, où ils avaient souvent la majorité. Les campagnes, surtout, avaient élu des socialistes-révolutionnaires. Les mencheviks ne sont pas mentionnés : ils n'avaient qu'un petit nombre d'élus (17 sièges).

7. Note 121 dans *Istoričeskij Arkhiv*, 2, 1993, p. 168.

8. Lénine, *Sočinenija*, vol. 13, p. 406.

9. « Graždanskaja vojna v Rossii – kruglyj stol », in *Otečestvennaja Istorija*, n° 3, 1993, pp. 102-115 (la discussion est très intéressante. Je n'utilise ici que les contributions de Iu. I. Igrickij et L.M. Gavrilov).

10. Les données sur les pertes de la guerre civile viennent de différentes sources, et notamment de R.W. Davies, *Soviet Economic Development from Lenin to Khrushchev*, Cambridge, 1998, pp. 21-22.

11. Ces textes, connus depuis sous le nom de « testament » de Lénine, se trouvent dans ses *Sočinenija,* vol. 45.

12. Lénine, *Sočinenija*, 5e ed., vol. 45, p. 280.

13. Sur les sources, voir mon ouvrage *Russia – USSR – Russia,* New York, 1995, pp. 156-157.

14. Cette idée est exprimée dans l'article de Lénine « Mieux vaut moins mais mieux ». L'adjectif « civilisé » est ma traduction du russe *gramotnye* (« instruit »), car il me semble que c'était pour Lénine le terme adapté aux intentions et à l'essence du socialisme dans une situation historique donnée.

15. Ces idées sont exposées avec plus de détails dans mon ouvrage *Le Dernier Combat de Lénine*, Paris, Minuit, 1967.

16. Voir les remarquables comptes rendus dans leur traduction anglaise due à A. Bone, intitulée *The Bolsheviks and the October Revolution*, minutes du Comité central, août 1917-février 1918.

17. D. Dallin, *Posle vojn i revoljucij*, Berlin, 1921. (Il s'agit du père de feu notre collègue Alexander Dallin.)

18. B.N. Mironov, *Social'naja istorija SSSR*, t. 2, Saint-Pétersbourg, 1999, pp. 348-356.

19. V.A. Kozlov, *Massovye besporjadki v SSSR pri Hruščeve i Brežneve. 1953 – načalo 1980yh godov*, Novosibirsk, 1999, p. 402.

20. Localiser les « sources potentielles de troubles » est une des tâches de tout service secret, quels que soient les moyens utilisés pour surveiller de tels groupes ou organisations.

21. D'après les Mémoires de certains d'entre eux, notamment Arbatov, Šahnazarov, Černjaev, Burlackij, Fenomenov-Agentov, Beketin (rédacteur en chef de *Svobodnaja Mysl'*).

22. Voir E. Hobsbawm, *Age of Extremes*, p. 400, citant Offer, 1987, pp. 177-178.

23. L'académicien Evgenij Fedoseev, qui a présenté ce rapport sur « les principaux problèmes et perspectives d'une compétition entre l'URSS, les États-Unis et les autres grands pays capitalistes » le 5 août 1966 (conformément à une instruction du Conseil des ministres du 14 avril 1966), expliquait que le travail avait été effectué par l'Institut de l'économie mondiale et des relations internationales de l'Académie des sciences, avec la collaboration du directeur du Gosplan, Bajbakov, qui avait reçu de Kossyguine, le 15 mars, les instructions suivantes : 1) discuter du rapport au collège du Gosplan, avec des représentants de l'Académie, afin d'incorporer ses conclusions et recommandations jugées pertinentes dans le texte préparatoire du nouveau plan quinquennal ; 2) communiquer les textes en question aux membres du présidium du Conseil des ministres.

24. RGAE, 4372, 66, 670, LL. 31-53, 54-66 et LL. 67-91.

25. GARF, f. A-10005, op. 1, d. 48, LL. 2-62, 16 septembre 1968.

26. Mais on trouvera de l'aide dans les versions de 1986 et de 1995 du livre de T.P. Koržihina (voir *infra*, note 28) et dans le très précieux ouvrage de référence *Soviet Government Officials 1922-1941 : A Handlist* (édité, au prix d'un dur labeur, par R.W. Davies et ses collègues du CREES de Birmingham en 1989).

27. RGAE, f. 1562, op. 47, d. 1896, LL. 1-47. Il s'agit des résultats du recensement (*edinovremennyj učet*), dactylographiés et présentés avec soin. Le document a été produit par le centre de calcul de l'Office central des statistiques (Otdel podgotovki i vypuska statističeskih materialov, po trudu i zarplate, gruppa perepisej), vol. I.1. Voir aussi RGAE, f. 1562, op. 47, d. 1897, LL. 1-211, vol. I.2.

28. T.P. Koržihina, *Sovetskoe gosudartvo i ego učreždeniia. Nojabr' 1917 – dekabr' 1991 g.*, Moscou, 1995.

29. RGAE, 4372, op. 66, d. 670, LL. 175-176, 3 septembre 1966. Compte rendu de la session de la « komissija po èkonomii gosudarstvennyh. sredtsv » (« Commission pour l'économie des ressources de l'État »), dotée de grands pouvoirs, présidée par le chef du Gosplan Bajbakov et où l'on trouvait aussi Starovskij, chef de l'Office central des statistiques, Garbuzov, ministre des Finances, Martynov, chef du Mattehsnab (le service de fourniture en matériels et en techniques, d'un poids considérable), Poskonov, le chef de la Gosbank, et Čikin, l'un des chefs du Comité de contrôle d'État. Le Comité du travail et des salaires était représenté par Volkov. Le compte rendu est signé par le vice-Premier ministre Poljanskij, réunion du 21 septembre 1966.

30. RGAE, 4372, 66, 670, LL. 31-38.

31. GARF, A-259, op. 45, d. 7501, LL. 49-62 : il s'agit d'un ensemble de documents émanant du gouvernement de la RSFSR (octobre-novembre 1968), sur la campagne lancée au niveau de toute l'Union contre « les dépenses illégales de l'argent public pour des banquets et des réceptions ».

32. RGAE, f. 7733, op. 58, d. 2892, LL. 1-5, 85-97 : ensemble de documents (juillet- décembre 1970) sur le marchandage entre le Gossnab et le ministère des Finances concernant les effectifs du haut appareil du Gossnab.

33. RGAE, f. 1562, op. 47, d. 1183, LL. 4-8 : données d'un recensement en date du 1er octobre 1970 effectué par l'Office central des statistiques sur les « pokazateli dejatel'nosti snabženčesko-sbytovyh organizacij » (indicateurs de l'activité des organismes d'approvisionnement et de commercialisation).

34. I.G. Minervin, « Tenevaja èkonomika v SSSR – pričiny i sledstvija », pp. 103-127, *in* I. Iu. Žilina, L.M. Timofeev, otvet red, « Tenevaia èkonomika : èkonomičeskie i social'nye aspekty », le tout se trouvant dans un ouvrage publié sous l'égide de l'Académie des sciences de Russie, *Ekonomičeskie i social'nye problemy Rossii – 1999 – 4,* Moscou, 1999.

35. A. Portes et J. Boroch, *ibid.,* p. 121.

36. *Ibid.* p. 125.

37. T.I. Zaslavskaja, Z.I. Kalugina, otvet. red., *Social'naja traektorija reformiruemoj Rossii – issledovanija Novosibirskoj èkonomikosociologičeskoj školy*, Novosibirsk, 1999, pp. 577-584.

38. S. Menšikov est cité dans I. Iu. Žilina, L.M. Timofeev, otvet. red., *op. cit.,* pp. 116-117.

39. RGAE, 4372, 66, 3717, LL. 1-9.

40. Cité par G. Vernadskij, *Russkaja Istoriografija*, Moscou, 1998, p. 106. La formule russe est « židkij èlement v russkoj istorii » (« l'élément dilué de l'histoire russe »).

41. D. Joravsky, « Communism in historical perspective », *The American Historical Review*, vol. 99, n° 3, juin 1994, pp. 837-857.

42. Voir T.P. Koržihina, *Istorija gosud. učreždennij SSSR*, Moscou, 1986, p. 45 et *passim*, ainsi que Lénine, *Sočinenija*, vol. 45, p. 290.

43. H. Rosenberg, *Bureaucracy, Aristocracy and Autocracy*, Boston, 1966.

44. V. Berežkov, *Rjadom so Stalinym*, Moscou, 1999.

45. T.I. Zaslavskaja, Z.I. Kalugina, otvet. red., *Social'naja traektorija reformiruemoj Rossii – issledovanija Novosibirskoj èkonomiko-sociologičeskoj školy*, Novosibirsk, 1999, pp. 577-584.

46. V.P. Mežuev (dr. fil. nauk, Inst. Filosofii RAN), « Otnošenie k prošlomu – ključ k buduščemu », in *Kuda idet Rossija ? Krizis institucional'nyh sistem : vek, desjatiletie, god*, Moscou, 1999, pp. 39-47.

Glossaire

Appareil : désigne l'administration du Parti. (Nous utilisons parfois ce terme pour désigner des institutions administratives autres que celles du Parti. En revanche, le terme « apparatchik » est utilisé exclusivement pour désigner un responsable de l'appareil du Parti.)

Assemblée constituante : réunie en janvier 1918 à Petrograd, elle est dissoute par les bolcheviks, car les socialistes-révolutionnaires (SR), qui rejettent le pouvoir de ces derniers, y détiennent la majorité.

Blancs : le camp dominé par les monarchistes, qui combat les Rouges durant la guerre civile.

Cadets : les constitutionnels-démocrates (KD). Parti libéral dans la Russie tsariste et durant l'année 1917. Les Cadets rallient le camp des Blancs durant la guerre civile. Après la fin de la guerre civile, ils poursuivent leur combat dans l'émigration.

Collège : regroupe dans chaque ministère les plus hauts responsables.

Comité central : son appareil est coordonné par un Secrétariat, au-dessus duquel se trouve un Orgburo – ces deux organismes ont pour fonction de préparer les matériaux pour le Politburo. Par la suite, ils fusionnent pour former un Secrétariat du Comité central.

Conseil des commissaires du peuple (rebaptisé Conseil des ministres en 1946) : c'est le gouvernement du pays. Nous utilisons les deux appellations comme des équivalents.

Deržava : un des termes anciens pour désigner l'État. Il vient du verbe *deržat'*, « tenir, garder », et suppose l'idée que quelqu'un est propriétaire. Ce point renvoie directement à l'essence politique de l'État tsariste : *samoderžavie* (« autocratie ») et *samoderžec* (« autocrate »). On trouve aussi le terme *deržavnost*, qui désigne la conception de l'État comme grande puissance.

Économie de l'ombre : ce terme désigne toute une série d'activités économiques, illégales, criminelles, semi-légales ou entièrement légales, mais exercées à titre privé.

Gosplan : Comité d'État à la planification économique.

Gossnab : Comité d'État à l'approvisionnement matériel et technique. Une sorte de superministère qui assure l'approvisionnement de base des entreprises en matières premières, machines et produits finis nécessaires à la production. Le reste des échanges entre les ministères économiques et leurs entreprises est assuré par leurs propres services d'approvisionnement (*snaby*) et de commercialisation (*sbyty*).

Goulag (*Glavnoe upravlenie lagerej*, « Direction générale des camps ») : la direction principale en charge des camps au sein du NKVD. Le nom officiel des camps était *Ispravitel'no-trudovye lagerja* (ITL, « camps de redressement par le travail »). Sous Staline, les ITK (*Ispravitel'no-trudovye kolonii*, « colonies de redressement par le travail ») étaient réservés aux petits délinquants et aux mineurs. Il existait également des « lieux de déportation » (*specposelenija*) pour les personnes condamnées à des peines d'exil : ils étaient sous le contrôle du NKVD, mais le régime n'était pas celui du camp.

Hozjain : le maître (à la fois propriétaire et gestionnaire), ou, dans une hiérarchie, le supérieur. Le terme possède également une acception populaire, où il désigne le mauvais esprit qui hante la maison.

Kolkhoze : ferme collective (*kollektivnoe hozjajstvo* : « exploitation collective »).

Komsomol : « Union communiste de la jeunesse », organisation de jeunesse du Parti.

Koulak : surnom péjoratif donné aux paysans les plus prospères et les plus entreprenants (*kulak* signifie « poing »). Les koulaks ont été persécutés lors de la collectivisation lancée par Staline. Beaucoup ont été déportés dans des territoires lointains (principalement en Sibérie).

Mencheviks : sociaux-démocrates russes d'orientation marxiste. En 1917, ils occupent une position dominante dans les soviets et dans le Gouvernement provisoire. Ils ne coopèrent pas avec les Blancs, mais les bolcheviks les éliminent de la vie politique. Ils poursuivent leurs activités dans l'émigration.

MTS : stations de machines agricoles et de tracteurs appartenant à l'État. Elles assuraient les travaux mécanisés dans les kolkhozes. Khrouchtchev les a dissoutes et a vendu leurs équipements aux kolkhozes.

Načal'nik : chef (administration, institution, service). *Načal'stvo* désigne la strate des chefs. Pour les hauts responsables du Parti, on utilise le terme *rukovodjaščij rabotnik* (littéralement « travailleur dirigeant »). Ne pas confondre *rabotnik* (« travailleur ») avec *rabočij* (« ouvrier »).

Nepmen : bénéficiaires de la NEP (nouvelle politique économique), néo-bourgeois (définition tirée de mon ouvrage *Le Dernier Combat de Lénine*).

Nizy : « ceux d'en bas ».

NKVD : commissariat aux Affaires intérieures, devenu ministère aux Affaires intérieures. En 1962, il devient le MOOP (*Ministerstvo ohrany obščestvennogo porjadka*, ministère du Maintien de l'ordre public), mais perd son statut de ministère compétent pour toute l'Union. Il retrouve ce statut en 1966, et son nom de MVD en 1968. Sous Staline, au sein du NKVD (MVD) existait une Conférence spéciale, un organisme extra-judiciaire qui a condamné de façon expéditive un grand nombre de personnes accusées de trahison ou de crimes politiques. À l'échelon local, les troïkas, composées du secrétaire du Parti, du procureur et du chef du NKVD, remplissaient une fonction analogue.

Nomenklatura : liste des postes qui doivent être pourvus sous le contrôle du Comité central.

Orgburo : voir Comité central.

Politburo : l'organe dirigeant du Parti. Staline le remplace par le Présidium du Comité central. Il redevient le Politburo après le limogeage de Khrouchtchev.

Politrabotniki : cadres du Parti.

Praktik (pluriel : *praktiki*) : personnes ayant des fonctions, techniques ou administratives, sans avoir suivi de formation préparant à les exercer (ou personnes formées sur le tas).

Prinud-raboty : travail obligatoire (ou travail coercitif). Peine sans détention.

Procurature générale : institution comparable au parquet, chargée de veiller au respect de la légalité et des lois, mais avec des fonctions et un fonctionnement différent (ce qui explique que nous ayons choisi de conserver le terme « Procurature »).

Prophylaxie : politique de prévention adoptée par le KGB sous Khrouchtchev et qui s'est poursuivie par la suite, consistant à mettre en garde les personnes engagées dans des actions politiques sur les conséquences de ces activités.

Rukovoditeli (pluriel) : les dirigeants, c'est-à-dire les personnes exerçant des fonctions de direction.

Šaraški : instituts de recherche scientifique secrets, où des chercheurs et des ingénieurs, le plus souvent condamnés pour « sabotage de l'édification du socialisme » ou « atteinte à la puissance défensive de l'URSS », travaillent sous le contrôle de la police politique.

Secrétaire général du Parti : élu par le congrès du Parti. Par ailleurs, il existe des secrétaires du Comité central, dont le statut varie. Certains sont responsables d'un domaine d'activité, mais ne sont pas membres du Politburo. Les membres du Politburo (à l'exception du secrétaire général) peuvent ne pas avoir le statut de secrétaires du Comité central. C'était le cas par exemple de Gromyko, qui avait la charge du ministère des Affaires étrangères.

Secrétariat : voir Comité central.

Služaščie (pluriel) : littéralement, les « employés ». Terme d'une acception très large, désignant les responsables de tous niveaux, des cols bleus aux *načal'niki* (chefs).

Snaby-sbyty : services d'approvisionnent et de commercialisation (dans les ministères et les entreprises).

Socialistes-révolutionnaires (SR) : socialistes non marxistes, très actifs dans les soviets et dans le Gouvernement provisoire. En certaines occasions, ils coopèrent avec les Blancs. Leur aile gauche coopère brièvement avec Lénine, mais prend ensuite les armes contre les bolcheviks, les SR étant opposés à la paix avec les Allemands.

Sovkhoze : entreprise agricole d'État (*sovetskoe hozjajstvo* : « exploitation soviétique »).

Sovnarkhoze : conseil de l'économie du peuple (*Sovet narodnogo hozjajstva*). C'est le nom que prennent différents organismes à l'échelon central et local. Mais les sovnarkhozes sont surtout connus comme les conseils économiques introduits par Khrouchtchev dans toutes les régions du pays en remplacement des ministères économiques qui avaient été dissous (pendant quelques années).

Ssylka : peine d'exil (déportation).

Stihia : phénomènes spontanés.

Stukači : informateurs non rétribués.

Tolkači (pluriel) : du verbe *tolkat'* (« pousser, faire bouger »). Personnage semi-légal détaché par les entreprises et les organisations pour « faire bouger » les services d'approvisionnement et obtenir d'eux les marchandises nécessaires.

Uklady : désigne les couches (ou strates) sociales.

Upravlency : « ceux qui remplissent des fonctions de direction ».

Uravnilovka : terme péjoratif désignant une conception égalitariste des revenus (nivellement).

Velikoderžavniki : représentants ou partisans de la Russie comme grande puissance dominatrice face aux autres nationalités, d'où, par extension, « Russes chauvins ».

Verhi : « ceux d'en haut ».

Vožd' : guide.

Vysylka : interdiction de résidence dans une ou plusieurs villes données.

Zastoj : stagnation. Le terme désigne la période d'après 1970 (souvent désignée comme *zastojnye gody*, « les années de stagnation »).

Zek : détenu (abréviation de *zaključennyj*).

ANNEXES

.

Annexe 1

Source : B.P. Kurašvili, *Istoričeskaja logika stalinizma*, Moscou, 1996, pp. 159-160.

Nombre de personnes condamnées pour des crimes contre-révolutionnaires et autres crimes particulièrement dangereux, et répartition par type de peine.

Année	Nombre de personnes condamnées	Peine de mort	Camp, colonie, prison	Exil*	Autres peines
1921	35 829	9 701	21 724	1 817	2 587
1922	6 003	1 962	2 656	166	1 219
1923	4 794	414	2 336	2 044	-
1924	12 425	2 550	4 151	5 724	-
1925	15 995	2 433	6 851	6 274	437
1926	17 804	990	7 547	8 571	696
1927	26 036	2 363	12 267	11 235	171
1928	33 757	869	16 211	15 640	1 037
1929	56 220	2 109	25 853	24 517	3 741
1930	208 069	20 201	114 443	58 816	14 609
1931	180 696	10 651	105 683	63 269	1 093
1932	141 919	2 728	73 946	36 017	29 228
1933	239 664	2 154	138 903	54 262	44 345
1934	78 999	2 056	59 451	5 994	11 498
1935	267 076	1 229	185 846	33 601	46 400
1936	274 670	1 118	219 418	23 719	30 415
1937	790 665	353 074	429 311	1 366	6 914
1938	554 258	328 618	206 009	16 342	3 289
1939	63 889	2 552	54 666	3 783	2 888
1940	71 806	1 649	65 727	2 142	2 288
1941	75 411	8 001	65 000	1 200	1 210
1942	124 406	23 278	88 809	7 070	5 249
1943	78 441	3 579	68 887	4 787	1 188
1944	75 109	3 029	70 610	649	821
1945	123 248	4 252	116 681	1 647	668
1946	123 294	2 896	117 943	1 498	957
1947	78 810	1 105	76 581	666	458
1948	73 269	-	72 552	419	298
1949	75 125	-	64 509	10 316	300
1950	60 641	475	54 466	5 225	475
1951	54 775	1 609	49 142	3 425	599
1952	28 800	1 612	25 824	773	591
1953 (1re moitié)	8 403	198	7 894	38	273
TOTAL	4 060 306	799 455	2 631 397	413 512	215 942

* La peine d'exil existe sous deux formes. *Ssylka* désigne la peine qui consiste à être déporté dans un lieu et à y demeurer sous le contrôle de la police, soit pour un nombre déterminé d'années, soit à vie. Ce n'est ni un camp ni une prison mais un « lieu de regroupement », avec la possibilité de vivre en famille dans un logement séparé et d'occuper un emploi rémunéré en fonction des possibilités locales. *Vysylka* est une interdiction de résider dans une ville ou un autre lieu, que l'accusé y réside ou non au moment de la condamnation. Il est libre d'habiter et de travailler dans tout autre lieu. Il ne fait aucun doute qu'un dossier suit la personne sur son nouveau lieu de résidence.

Annexe 2

Même source.

J'ajoute des données tirées d'une source qu'utilise Kurašvili. Il s'agit d'un chercheur de Moscou, V.N. Zemskov, connu pour avoir publié, avant beaucoup d'autres, des données fiables sur les camps et les purges. Je ne donne ici que quelques exemples de la pratique très répandue consistant à donner des chiffres incroyablement exagérés concernant l'ampleur de la répression sous Staline.

Zemskov polémique avec Roy Medvedev et Ol'ga Šatunovskaja dans son article « Gulag – istoriko-sociologičeskij aspekt » (*Sociologičeskie issledovanija*, 6, 1991, pp. 12-13). Medvedev affirmait que, durant les purges de 1937-1938, le nombre de détenus au Goulag avait augmenté de plusieurs millions, et que 5 à 7 millions de personnes avaient été victimes de la répression. En fait, la population des camps est passée de 1 196 369 détenus en janvier 1937 à 1 881 570 détenus en janvier 1938, et retombée à 1 672 438 détenus au 1ᵉʳ janvier 1939. Il y a bien eu une explosion du nombre de détenus en 1937-1938, mais elle se chiffre en centaines de milliers, et non en millions. Krjučkov (chef du KGB sous Gorbatchev) a déclaré qu'« il n'y a pas eu plus d'un million d'arrestations » en 1937-1938. Zemskov souligne que, selon le document officiel que nous reproduisons en annexe 1, environ 700 000 personnes arrêtées pour des raisons politiques ont été exécutées entre 1921 et 1953. Šatunovskaja (elle-même victime de la répression, et qui a participé à la campagne de réhabilitation sous Khrouchtchev) a affirmé que, pour la seule période 1935-1941, plus de 19 millions de personnes avaient été arrêtées et 7 millions fusillées (des chiffres repris avec enthousiasme à l'Ouest) – les autres ayant disparu dans les camps. Or Zemskov écrit que Šatunovskaja a multiplié les chiffres par dix – une exagération de taille ! Des données fiables existent pour la période du 1ᵉʳ janvier 1934 au 31 décembre 1947, montrant que, dans l'ensemble des camps du Goulag, 963 766 prisonniers sont morts – ce chiffre concerne les « ennemis du peuple », mais aussi les détenus de droit commun. Ce dernier chiffre, ainsi que celui des personnes décédées lors de la déportation des koulaks (*raskulačivanie*), peut être ajouté au « terrible prix » qui a été payé.

1,5 million de traîtres durant la Seconde Guerre mondiale

B.P. Kurašvili, dans son livre *Novyj socijalizm* (Moscou, 1997), a une formulation qui se présente comme un plaidoyer pour le régime : il souligne (pp. 22-27) que celui-ci avait effectivement des ennemis, les 1,5 million de personnes qui ont collaboré avec les Allemands. Il ne cite pas de source pour fonder cette estimation, qui – et il a raison sur ce point – correspond à environ 1 % de la population active. Mais l'existence de ces personnes ayant collaboré avec les Allemands confirme que les purges lancées par le pouvoir contre les « ennemis du peuple » ont frappé aveuglément des innocents, épargnant ceux qui, par la suite, pendant la Seconde Guerre mondiale, ont trahi. Beaucoup de ceux qui ont combattu aux côtés des Allemands ont été capturés, mais n'ont pas été exécutés. Après la guerre, ils n'ont pas été soumis à un traitement trop dur. Selon Kurašvili (et certains documents en ma possession), beaucoup de ceux qui ont servi les Allemands durant la guerre (armée de Vlassov, unités de cosaques, unités composées de personnes appartenant à des nationalités non russes), lorsqu'ils ont été arrêtés, n'ont pas été accusés de crimes particuliers et ont été envoyés pour cinq ans dans des « bataillons de travail ». Il en a été de même pour beaucoup de partisans ukrainiens et baltes qui ont combattu le régime soviétique après la guerre. Ces affrontements ont été très durs, avec un grand nombre de victimes, mais la majorité des partisans qui ont été arrêtés ont été envoyés en exil, puis amnistiés et autorisés, à partir de 1960, à rentrer chez eux. Il est possible que cette relative indulgence ait été une concession à certains cercles nationalistes en Ukraine et dans les pays baltes.

Annexe 3

Source : R.G. Pihoja, *Sovetskij Sojuz – istorija vlasti, 1945-1991*, Moscou, 1998, pp. 365-366.

Les poursuites judiciaires comparées aux mesures « prophylactiques » du KGB, 1959-1974

A. Poursuites judiciaires

Période	1959-1962	1963-1966	1967-1970	1971-1974
Total des personnes déférées devant un tribunal pour :	5 413	3 251	2 456	2 423
Trahison	1 010	457	423	350
Espionnage	28	8	0	9
Agitation antisoviétique	1 601	502	381	348
Contrebande	47	103	183	474
Opérations monétaires illégales	587	474	382	401
Passage illégal de la frontière	926	613	704	553
Divulgation de secrets d'État	22	31	19	18
Autres délits	1 003	1 011	321	258

B. Mesures « prophylactiques »
(ces mesures ne sont pas enregistrées pour les deux premières périodes)

Période	1959-1962	1963-1966	1967-1970	1971-1974
Total des personnes soumises à des mesures « prophylactiques »	-	-	58 298	63 108
Pour contacts suspects avec des étrangers susceptibles d'être liés à un projet de trahison	-	-	5 039	6 310
Pour manifestations politiques nuisibles	-	-	35 316	34 700
Cas où ces mesures ont été appliquées publiquement (lieu de travail, d'étude, etc.)	-	-	23 611	27 079
Cas ayant donné lieu à un avertissement officiel	-	-	-	981
Nombre de personnes ayant fait l'objet d'une « discussion prophylactique » et déférées par la suite devant un tribunal	-	-	100	50

Annexe 4

Le ministère de l'Intérieur comme agence industrielle, le Goulag comme fournisseur de main-d'œuvre (1946)

Source : RGAE, f. 4372, op. 84, d. 271.

En décembre 1946, le département statistique du Goulag produit un rapport sur le nombre des détenus et des « contingents spéciaux » qui travaillent pour différents ministère, le MVD étant le fournisseur de main-d'œuvre. Une liste de 47 ministères et services gouvernementaux est donnée, avec le nombre de détenus employés : industrie lourde, entreprises militaires et de la marine militaire, chantiers d'entreprises pétrolières, construction aéronautique, construction de machines agricoles, ministère de l'Énergie électrique. Dans un document en date du 13 septembre 1946 adressé à Beria, Kruglov, ministre de l'Intérieur, se plaint que 45 agences gouvernementales qui utilisent de la main-d'œuvre fournie par le Goulag ne paient pas pour cette main-d'œuvre. Elles ont une dette de 50 millions de roubles, ce qui met le Goulag dans une situation financière difficile : il n'a plus assez d'argent pour... acheter la nourriture des détenus (non seulement les détenus ne sont pas payés, mais ils ne sont même pas nourris !).

Source : RGAE, f. 7733, op. 36, d. 2097, LL. 253, 256.

Le 1er novembre 1946, le même Kruglov envoie un rapport à Voznesenskij, le chef du Gosplan, pour lui annoncer que le MVD a dépassé les objectifs du Plan pour ce qui est des chantiers (industriels et autres), et demande 222 millions de roubles... sous prétexte qu'il a dépassé le Plan pour ce qui est des investissements. Un tableau dresse la liste de 17 services du MVD et de leurs investissements. Il fait apparaître un réseau d'administrations en plein développement, qui gère un nombre toujours croissant de branches – l'organigramme est de plus en plus difficile à suivre. Leur créativité administrative est remarquable, et plus leurs investissements augmentent, plus les salaires des administrations et les primes énormes des grands chefs sont élevés. Une attention toute particulière est apportée aux travaux liés aux besoins de la défense – le nom de ces départements et services est généralement précédé de la mention *spec* (abréviation de l'adjectif « spécial » en russe).

Source : RGAE, f. 7733, op. 36, d. 2291, L. 315.

Avril 1947. Le MVD possède désormais douze directions de branches, qui gèrent la production des métaux, des mines, des exploitations forestières, des scieries, des usines de machines, des entreprises textiles, des fabriques de chaussures, des raffineries, des usines à gaz, des entreprises traitant le cobalt, le nickel, des verreries, des fabriques de caoutchouc – la liste est longue et donne les noms des camps (Norilsk, Vorkuta, Uhta, Dal'stroï) célèbres pour leurs productions et leurs conditions de vie très dures. Le ton très « affaires » néglige ou occulte la misère qui sous-tend précisément ces « affaires » et la dégradation morale des dirigeants de ce régime.

Index

ALEXANDRE II, 393.
ALEXANDRE III (Alexandrovitch), 191.
ANDREEV, Andrej A., 92, 117, 119, 182.
ANDROPOV, Iuri V., 16, 199, 245-249, 293, 294, 299, 301, 319-336, 410, 412, 470, 471, 480.
ARBATOV, Georgij, 320.
ARISTOV, A.B., 303.
AVKSENT'EV, N., 354-357.
AVREH, A.J., 352.
BAHR, Egon, 301.
BAJBAKOV, N.K., 443.
BALTHAZAR, 328.
BENJAMIN, Walter, 86.
BERDIAEV, Nicolaj, 488.
BEREŽKOV, Valentin, 53, 483.
BERIA, Lavrenti P., 119, 144, 145, 149, 157, 163, 192, 201, 202, 233, 309.
BLJUHER, Vasilij K., 125.
BLOCH, Jean-Richard, 71.
BOBKOV, F.D., 322, 324-327.
BOGDANOV, Aleksandr A., 488.
BOGDANOV, S.I., 147.
BOLDIN, Valerij, 296.
BOUKHARINE, Nikolaï I., 32, 71, 73, 133, 134, 312, 348, 439.
BREJNEV, Leonid I., 12, 199, 242, 244, 291, 293, 294, 296, 299, 301, 311, 313, 314, 322, 323, 324, 326, 329-333, 405, 434, 439, 460, 462.
BUDENNYJ, Semen M., 27.

BURLACKIJ, F.M., 307, 320.
BUTLER, W.I., 215, 219.
ČAZOV, E.I., 293.
ČERNOV, Viktor M., 359.
CHOLOKHOV, Mikhaïl A., 126-129, 135.
ČUBAR, Vlas, 116.
CVIGUN, Semen, 324, 329, 330.
DALLIN, David, 381, 382, 385.
DANILOV, V.P., 86.
DAVIES, Robert W., 166, 273, 413.
DJILAS, Milovan, 66.
DOBRYNIN, Anatolij, 292, 295, 296, 300.
DUBY, Georges, 55.
DUDOROV, Nikolaj, 205-207, 231, 233.
DYMŠIC, V., 447, 448.
DZERJINSKI, Felix E., 42, 43, 45.
EFIMOV, Anatolij N., 261, 262, 268, 315.
EGOROV, Aleksandr, 125.
EHRENBOURG, Ilya G., 71, 72, 203.
EIKHE, Robert, 116, 142.
ELTSINE, Boris N., 467, 484, 486.
ENGELS, Friedrich, 365.
EŽOV, Nicolaj I., 117-119, 135, 145, 146, 148.
FAINSOD, Merle, 114.
FEDOTOV, Georgij, 488.
FOGLESON, Todd, 220, 221.
FOTIEVA, Lidija A., 32, 46.
FOUCAULT, Michel, 392.
GALIČ, Aleksandr, 337.
GALILI, Ziva, 350.

GARBUZOV, V.F., 284, 446, 505.
GEORGIEV, V., 317.
GOGOBERIDZÉ, L., 37.
GORBATCHEV, Mikhaïl S., 291, 293-297, 301, 319, 326, 333, 336, 486.
GORBATOV, A.B., 147.
GREGORY, P.R., 393.
GROMYKO, Andreï A., 293, 294, 296, 299-301.
GROSSMAN, Gregory, 453, 454.
GVIŠIANI, D.M., 129, 130, 314, 318.
HAMMOURABI, 209.
HAVINSON, 65.
HITLER, Adolf, 15, 130, 131, 475.
HLEVNJUK, Oleg V., 107, 117, 120, 135-137, 146, 156, 161, 163.
HOLOSTJAKOV, G.N., 147.
HOOVER, Herbert Clark, 475.
HOROWITZ, David, 300.
HUXLEY, Aldous, 472.
IAKOVLEV, I.A., 60.
ILLARIONOV, A., 487.
IONESCO, Eugène, 309.
IVAN IV LE TERRIBLE, 136, 189.
IVAŠUTIN, P., 237.
JAGODA, Genrih H., 119, 145.
JDANOV, Andreï A., 71, 116, 118, 119, 141, 168, 170, 182.
JORAVSKY, David, 476.
JOUKOV, Gueorgui K., 130, 292.
JUDENIČ, Nikolaj, 54.
KADAR, Janos, 319.
KAGANOVIČ, Lazar' M., 64, 65, 72, 117-119, 129-131, 141, 192, 236, 303, 311.
KAHIANI, M.I., 37.
KALININE, Mikhaïl I., 119.
KAMENEV, Lev B., 27, 39, 40, 42, 45-48, 119, 312, 361, 379.
KANTOROVIČ, Leonid V., 315.
KASIMOVSKIJ, E.V., 268, 420, 423, 424.
KERENSKI, Alexandre F., 351, 356, 359, 369.
KEVORKOV, Vjačeslav, 332.

KHROUCHTCHEV, Nikita S., 16, 32, 104, 119, 140, 143, 160, 161, 164, 165, 173, 193-195, 199, 202, 203, 209, 229, 230, 232-234, 236-238, 241-244, 265, 275, 276, 279, 282, 285, 286, 299, 301-309, 311, 312, 314, 317, 329, 331, 334, 363, 401, 405-407, 429, 434, 437, 438.
KIRILENKO, Andrej, 299, 314.
KIROV, Sergueï M., 37, 73, 116, 130, 137, 141, 172, 310.
KISSINGER, Henry, 300.
KLIUČEVSKIJ, Vasilij O., 473, 487.
KOBULOV, Amaiak, 202.
KOMAROV, K., 303.
KORNAI, Janos, 453.
KORNILOV, Lavr G., 351, 358.
KOROLEV, Sergej P., 147, 153.
KOSALS, L., 458.
KOSIAČENKO, G.P., 161.
KOSSIOR, Stanislas, 119.
KOSSYGUINE, Alexeï N., 129, 130, 282-285, 313-319, 326, 328, 413-415, 418, 439.
KOTOV, F., 274.
KOUÏBYCHEV, Valerian V., 109, 110, 116.
KOVANOV, P.V., 446.
KRAVEN, Martha, 156, 161.
KRIVCOV, 92.
KRUGLOV, Sergej N., 159, 160, 202, 233.
KRUPSKAJA, Nadejda K., 29, 30, 44, 45.
KSENOFONTOV, Ivan K., 64.
KUZNECOV, Aleksej, 168-173, 176-179, 182.
KVECINSKIJ, Julij A., 300.
LAKŠIN, Vladimir, 251, 252.
LANDAU, Lev D., 147.
LÉNINE, Vladimir I., 14, 22, 26-33, 35-49, 53, 54, 58, 106, 109, 131, 137, 178, 190, 277, 309, 332, 341, 342, 346-349, 351-353, 360-363, 371, 373-381, 383-

387, 389, 390, 439, 470, 471, 477-479, 486.
LIGAČEV, Egor', 291, 293-295, 301.
LOUNATCHARSKI, Anatoli V., 332.
LUKJANOV, Anatolij, 296.
LYSSENKO, Trofime D., 123, 124.
MAHARADZÉ, F., 35, 37, 44.
MALENKOV, Gueorgui M., 67, 119, 162, 202, 236, 309, 434.
MALRAUX, André, 71.
MARTOV, Julij O., 350, 355, 357.
MARX, Karl, 316, 363, 365.
MASLENNIKOV, Ivan I., 202.
MAZUROV, Kirill, 326.
MDIVANI, P., 35, 39, 44, 45.
MEDVEDEV, Jaurès, 248.
MEDVEDEV, Roy, 251, 316, 322, 327.
MEDVEDEV, Vadim, 334.
MEHLIS, Lev, 176.
MENŠIKOV, S., 456, 463, 464.
MERECKOV, Kirill, 147.
MEŽUEV, V.P., 16, 487-489.
MIASIŠČEV, Vladimir, 147.
MIHOELS, Salomon, 173.
MIKOYAN, Anastase I., 27, 30, 116, 119, 129, 192, 201, 232, 303, 306-312, 331.
MILJUKOV, Pavel N., 351-353, 357, 360, 362, 371, 386, 431.
MINERVIN, I.G., 454.
MIRONOV, B.N., 237, 391-397, 399, 425.
MIŠUTIN, A.N., 205, 207.
MOLOTOV, Viatcheslav M., 27, 53, 79, 118-120, 124, 129, 131, 134, 141, 142, 148, 149, 157, 161, 192, 201, 236, 303, 308, 309, 311, 376, 434.
NEIZVESTNYJ, Ernst, 306.
NEMČINOV, V.S., 315, 318, 328.
NICOLAS Ier, 191.
NICOLAS II (Alexandrovitch), 189, 352, 355, 360.
NITZE, Paul, 301.
NOVOŽILOV, Viktor, 315.

OKUDJAVA, Bulat, 337.
ORDJONIKIDZÉ, Grigori K., 27, 37, 41-43, 45.
ORWELL, George, 472.
OSINSKIJ-OBOLENSKIJ, Valerian V., 379, 471.
PANKRATOV, D.V., 148.
PATOLITŠEV, N.S., 182.
PIERRE LE GRAND (Pierre Ier), 173, 189, 191, 200.
PIHOJA, R.G., 140, 233, 236, 241, 245.
PLEKHANOV, Gueorgui V., 347.
POPOV, Georgij, 182.
POSKREBYŠEV, Aleksandr, 120.
POSPELOV, P.N., 140-142, 303.
RADEK, Karl, 71, 380.
RAKOVSKIJ, Christian, 35, 41, 65, 66, 106.
RATHENAU, Walther, 375.
REAGAN, Ronald, 300.
REVSKIJ, 182.
RIFKINA, R., 458.
RJAZANOV, David B., 383.
RJUTIN, Ivan, 106.
RODOS, Boris, 303.
ROGOVSKIJ, N., 442.
ROKOSSOVSKI, Konstantin, 147.
ROMM, Mikhaïl, 306.
ROOSEVELT, Franklin Delano, 53.
RUDENKO, Roman, 237, 238, 246, 247.
RUDZUTAK, Jan E., 119.
RYKOV, Alexei I., 119.
SABUROV, Maxim, 303.
SAKHAROV, Andreï D., 248, 249, 251, 316, 322, 323.
ŠARANSKIJ, A., 248.
ŠČELEKOV, N.A., 333.
ŠČERBAKOV, S.G., 68.
ŠČERBICKIJ, V.V., 326.
ŠELEPIN, Aleksandr N., 230, 231, 234, 237, 246, 326, 434.
SEMIČASTNYJ, V.E., 234, 237-240, 242, 243, 247, 323, 325, 405.
SEROV, Ivan A., 202, 230, 232, 303.
SHELLEY, Louise, 454, 455, 457.

ŞIMONOV, Constantin M., 126.
ŞINGAREV, A.I., 353.
SINIAVSKI, Andreï, 251.
ŞKLJANSKIJ, Efraim, 31.
ŠKREDOV, V.P., 316, 317.
SKRYPNIK, Nikolaj, 35.
SLEPČENKO, 65.
SOKOLNIKOV, Grigorij I., 39.
SOKOLOV, T.I., 274.
SOLJENISTYNE, Alexandre I., 248-252, 305, 322, 323.
SOLOVIEV, Alexandre, 188, 472.
SOUSLOV, Mikhaïl A., 293, 299, 314, 325, 326, 329.
STALINE, Joseph V., 14, 15, 22-58, 65-67, 70-74, 82, 85, 86, 91, 96, 98, 99, 104-107, 110, 113, 116-137, 139-142, 144, 146-150, 156, 159, 162, 163, 165, 167-169, 172, 173, 176, 177, 179, 186-195, 199, 201, 203, 218, 229-231, 233-235, 254, 271, 275, 279, 296 (n.), 301-304, 307-312, 327, 331, 343, 365, 370, 376, 377, 385, 390, 401, 406, 408, 411, 430, 431, 437-439, 463, 465, 469, 470, 475-479, 482, 483.
STROGOVIČ, M., 318.
SULTAN-GALIEV, Mirza, 35.
ŞVERDLOV, Jakov M., 379.
ŠVERNIK, Nikolaj M., 143, 303.
TCHERNENKO, Constantin O., 199, 244, 293-296, 299, 301, 330, 331, 336.
TEREŠČENKO, M.I., 356.
TIHONOV, N.A., 293.
TIKUNOV, V.S., 237.
TJULENEV, I.V., 147.

TOLSTOÏ, Alexis C., 23.
TOUKHATCHEVSKI, Mikhaïl N., 123-125.
TRAPEZNIKOV, S.P., 333, 334, 371.
TROTSKI, Léon, 26, 27, 30, 31, 35, 44-48, 53, 54, 56, 73, 106, 119, 131, 172, 352, 361, 370, 375, 376, 379, 380, 386, 389, 431, 439, 449.
TUPOLEV, Andreï N., 147, 153.
TURŠIN, V.F., 316.
TVARDOVSKI, Alexandre T., 249-251, 253, 305, 317.
ULJANOVA, Marija, 46.
ULRIH, Vasilij, 149.
USTINOV, Dmitri, 294, 323.
UVAROV, S.S., 252.
VAJNŠTOK, 138.
VASSILI III, 189.
VIKTOROV, B.A., 104, 105.
VOROCHILOV, Kliment E., 27, 119, 123-126, 133, 134, 203, 303.
VOROTNIKOV, V.I., 334.
VOZNESENSKIJ, Nikolaj A., 119, 130, 173.
VYCHINSKI, Andreï I., 53, 148, 192.
VYSSOTSKI, Vladimir, 337.
WILES, Peter, 454.
WITTFOGEL, Karl, 191.
WOLF, Markus, 320-322.
XERXÈS, 191.
ZAHAROV, M.V., 237.
ZAMIATINE, Eugène I., 472.
ZASLAVSKAJA, Tatjana, 396, 412, 487.
ZINOVIEV, Grigori E., 45, 48, 118, 119, 172, 312, 361, 379, 381, 382.
ZVEREV, Arsenij G., 463.

Table des matières

Préface 7
Introduction 11

PREMIÈRE PARTIE
UN RÉGIME ET SA PSYCHÉ

Introduction 21
I. Staline sait où il veut aller, et il y va 25
II. Autonomies versus fédération (1922-1923) 35
III. La transformation des « cadres » en « hérétiques » 51
    Le stalinisme et le syndrome de l'hérésie 54
IV. Du Parti et de l'administration 59
    La lassitude de l'appareil du Parti (1924-1934) 64
    Compléments sur les administrations du Parti
    et de l'État 67
    L'« interlude » 70
V. Flux sociaux et « paranoïa systémique » 75
    Le tissu social 75
    Population et main-d'œuvre 76
    Le quiproquo
    « employés-spécialistes-intelligentsia » 78
    Les détenteurs d'un poste de direction 84
    Une urbanisation galopante :
    villes, baraquements, casernes 85
VI. L'impact de la collectivisation 91
VII. Vers le règne de l'arbitraire 101
    Des membres du Parti participent
    à des grèves (1926) 101

        Le « gène » bureaucratique 109
VIII. Comment gouvernait-il ? 115
        Le Politburo (1935-1936) 116
        L'appareil du Parti... 120
        Dominer les talents et les utiliser 122
        Staline « s'excuse » devant Toukhatchevski................. 123
        Le Don n'est pas si tranquille 126
        La vie au sommet (années quarante)......................... 129
IX.   Les purges et leur « raison » 133
        La malédiction de Boukharine 133
        Préparer les vaillants tchékistes............................. 135
        Crime et châtiment au sein du NKVD (1935-1950) 137
        « Chasse à l'homme » 140
X.   L'étendue des purges 143
XI.   Les camps et l'empire industriel du NKVD 151
        Le MVD comme agence industrielle 155
        Les nouveaux « projets » pour le Dal'stroï
        (novembre 1948) 161
        Des chiffres de mauvais augure 163
XII.   Fin de partie 167
        Le jdanovisme et ses « tribunaux d'honneur »
        (1946-1950) 170
        Une nouvelle approche des fonctions du Parti 174
        Le retour en arrière 180
        La nomenklatura du Comité central 182
XIII. Un despotisme agraire ? 187

DEUXIÈME PARTIE
D'UN NOUVEAU MODÈLE À UNE NOUVELLE IMPASSE,
DE KHROUCHTCHEV À ANDROPOV

I.   « E pur, si muove ! » 199
        Le travail dans les colonies 214
        Le droit du travail et son histoire 223
        Les conflits du travail 225
II.   Le KGB et l'opposition politique 229
        Oppositions et critiques 236

Contrer l'opposition. Des lois contre les critiques 243
Arrestations politiques et « prophylaxie »
(1959-1974) 245
III. Le raz de marée de l'urbanisation 257
Autres malheurs du modèle économique 271
Les facteurs extensifs dans l'économie
continuent de croître 273
IV. Des « administrateurs » malmenés, mais prospères 275
Le « marchandage » 275
L'administration d'État 277
Le chambardement administratif de Khrouchtchev
(1957-1964) 279
L'appareil du Parti 286
Privilèges et avantages 288
Les retraites : un sujet délicat 290
Un État-providence pour... les pontes du Parti
et de l'État 291
V. De quelques dirigeants 299
Andreï Gromyko 299
Nikita Khrouchtchev 301
Anastase Mikoyan 307
VI. Kossyguine et Andropov 313
Alexeï Kossyguine 313
Iuri Andropov 319
Les arrestations, les dissidents 327
Le nouveau patron 328
Notes pour un diagnostic 336

TROISIÈME PARTIE
LE SIÈCLE SOVIÉTIQUE.
LA RUSSIE DANS SON CHEMINEMENT HISTORIQUE

I. Lénine et ses deux mondes 341
1917 : les principaux camps 349
Septembre-octobre 1917, le préparlement 354
II. L'arriération et la rechute 367
L'arriération de la Russie et le léninisme 370

Les léninismes et la dernière révision 373

Qu'est-ce que le bolchevisme ? 377

Un système à parti unique ? 384

III.   La modernité avec une torsion 389

Les indicateurs de la modernité en URSS 391

IV.   L'urbanisation : succès et échecs 399

Que « dit » l'économie ? 413

V.   Main-d'œuvre et démographie : un casse-tête 419

Les causes de la chute de la natalité 422

Les réserves de main-d'œuvre existent-elles ? 425

Population et migrations de main-d'œuvre 426

VI.   Le labyrinthe bureaucratique 429

Le « milieu » où se forment les dirigeants 433

D'un système de « parti unique »
à un système « sans parti » 436

La commission Antigaspillage au travail 440

Le Gossnab d'URSS.
Personnels et activités (1970) 447

VII.   « Distinguer la lumière de l'ombre » ? 453

L'étendue de l'économie de l'ombre 456

Les sociologues et le niveau de vie (1972-1980) 459

Une privatisation de l'État ? 461

Le fardeau de l'histoire 471

VIII.   Qu'est-ce que le système soviétique ? 475

Le facteur étranger 481

Post-scriptum : un pays à la recherche d'un passé 484

Notes 491

Glossaire 505

Annexes 511

Index 519

Achevé de composer par
Paris Photocomposition
75017 Paris

Impression réalisée sur CAMERON par
BRODARD ET TAUPIN
La Flèche

pour le compte des Éditions Fayard
en mars 2003

Imprimé en France
Dépôt légal : mars 2003
N° d'édition : 33791 – N° d'impression : 18146
ISBN : 2-213-61107-6
35-57-1307-4/02